KB036390

유한계급론

Thorstein Veblen

The Theory of the Leisure Class

유한계급론

소스타인 베블런 지음 박종현 옮김

*An Economic Study
in the Evolution
of Institutions*

제도 진화의 경제적 연구

(H)

일러두기

이 책은 *The Theory of the Leisure Class* by Thorstein Veblen(1899)을 번역한 것이다. 마사 밴터(Martha Banta)의 옥스퍼드판(2009)을 비롯해, 스탠리 아펠바움(Stanley Appelbaum)의 도버 스리프트판(1994), 오하라 게이지(小原敬士)의 이와나미문고판(1961), 다카 테츠오(高哲男)의 고단샤판(2015)을 참고했다. 국역본으로 김성균의 우물이있는집판(2012), 이종인의 현대지성판(2018), 박홍규의 문예출판사판(2019), 한성안의 지만지판(2011)도 검토했다. 본문의 [　]는 독자의 이해를 돕기 위해 옮긴이가 덧붙였다.

이 연구의 목적은 근대 생활에서 경제적 요소의 하나로 존재하는
유한계급(leisure class)[1]의 지위와 가치를 고찰하는 것이다.[2] 그런데
논의를 경제적 범위로 엄격하게 제한하는 것은 불가능하다는 점이

---

1) leisure class를 직역하면 '여가를 누리는 계급'이라고 할 수 있는데, 이 개념의 전체적
인 맥락을 고려하면 이미 고유명사처럼 사용되고 있는 '유한계급(有閑階級)'이라는
용어가 타당해 보인다. 국립국어원 우리말 사전은 '유한(有閑)'을 '시간의 여유가 있
어 한가함', '재물이 많아 생활에 여유가 있고 여가가 많음' 등으로 정의한다. 따라서
유한계급이란 '재물이 많아 시간의 여유가 있어서 여가를 즐길 수 있는 계급'이라고
할 수 있다. 베블런의 이 책이 우리나라는 물론 일본과 중국에서 《유한계급론》으로
번역된 것도 이러한 맥락에서 이해할 수 있다. 국어사전에는 한자가 다른 '유한(遊
閑)' 개념도 있다. 유한(遊閑)은 '시간이나 재물 따위에 여유가 있어 한가함'을 의미한
다. 과거 번역본 중에는 이러한 용례를 근거로 '한가롭게 놀며 삶을 영위할 수 있다'
는 점을 강조해 '유한계급(遊閑階級)'이라고 표기한 경우가 있다는 점도 밝혀둔다. 유
한계급이란 표현은 베블런이 본격적으로 사용했지만, 대표적인 고전학파 경제학자
인 애덤 스미스(Adam Smith, 1723~1790)와 존 스튜어트 밀도 여가를 누릴 수 있는
계급의 존재를 언급했다. 베블런 당대에는 헨리 조지(Henry George, 1839~1897)와
베블런의 스승이었던 윌리엄 그레이엄 섬너(William Graham Sumner, 1840~1910)
가 유한계급에 주목한 바 있다. 이때 유한계급의 핵심은 땀 흘려 일하지 않고 막대한
부를 획득한다는 점에 맞춰졌다.

확인되었다. 따라서 일반적으로 경제적 요소로 분류되지 않는 사회 생활의 특징뿐만 아니라 제도의 기원이나 발전의 계보에 관해서도 관심을 기울일 필요가 있다.

어느 지점부터는 경제 이론이나 민족학[3]의 일반론에 근거해서 논의가 전개될 텐데, 이는 다소 생소하게 느껴질 수도 있다. 1장에서는 이러한 이론적 전제의 성격을 충분히 제시함으로써 독자의 이해를 도우려 했다. 《미국 사회학 저널(American Journal of Sociology)》 4권에 실린 〈장인 본능과 노동 혐오(The Instinct of Workmanship and the Irksomeness of Labour)〉, 〈소유권의 시작(The Beginnings of Ownership)〉, 〈여성의 야만적 지위(The Barbarian Status of Women)〉는 관련된 이론적 입장에 대한 좀 더 명확한 서술을 제공한다. 이 책의

---

2) 베블런은 19세기 말 미국인의 경제적 삶을 그 기원과 성격에 기초해 해명하는 것은 물론, 당시 많은 주목을 받던 소득분배 이론인 한계생산성 이론 또는 한계효용 이론의 취약성을 드러내려고 《유한계급론》을 썼다. 그는 근대 미국 사회를 이해하려면 오랜 기간에 걸친 인간 사회의 역사적 변화에 대한 검토가 필요하다는 문제의식 위에 제도의 진화에 대한 접근을 핵심적인 분석 틀로 삼았다. 베블런이 《유한계급론》에 '제도 진화의 경제적 연구'라는 부제를 단 것도 이 때문이다. 이 책의 맨 앞에서 유한계급의 경제적 지위와 가치에 대한 검토가 목적임을 명시한 것은 막대한 부가 유한계급에 집중되는 현상을 정당화하던 한계생산성 이론에 대한 비판이 이 책의 숨겨진 주제임을 시사한다.

3) 19세기의 학자들은 여러 분과 학문을 넘나드는 학제적 연구의 성격이 강했다. 베블런도 경제학을 연구하면서 철학·민족학·심리학·생물학 등 여러 분야의 문헌을 적극적으로 참고했다. 당시 민족학자들은 '미개(savage)' 및 '야만(barbarian)' 사회와 그 사회를 구성하는 '인종(races)'의 사회적·심리적 특성에 대한 보고서를 수집함으로써 경제생활의 실상을 파악하려 했다. 베블런은 이를 활용해 당시 고전학파 및 한계학파 경제학자들이 주도했던 '경제인(economic man)' 개념을 비판했다.

주장은 부분적으로 새롭게 제시된 이러한 일반론에 근거하고 있지만, 여기에 전적으로 의존하지는 않는다. 그러므로 새로운 일반화 부분이 출전이나 자료에 의해 충분히 뒷받침되지 않는다는 인상을 독자들에게 주더라도, 이 책이 지닐 상세한 경제 이론으로서의 가치는 유효할 것이다.

나는 이 책의 주장을 분명히 보여주거나 강조해주는 자료를 우리에게서 멀리 떨어져 있고 난해한 출처가 아니라 직접적인 관찰이나 널리 알려진 사실 등 우리의 일상생활에서 가져오려 했다. 이는 편의상의 이유와 함께 모든 사람에게 친숙한 현상일수록 그 의미를 잘못 이해할 가능성이 작다고 보았기 때문이다. 이렇게 누구나 알고 있는 사실에 의지한다고 해서, 그리고 사람들의 생활 속에 가까운 위치에 있기에 경제학적 논의의 영향에서 종종 벗어나는 세속적인 현상을 때로는 무신경할 정도로 자유롭게 다루는 것처럼 보인다고 해서, 독자 여러분의 문학적 안목이나 과학적 소양이 무시당했다고 느끼지 않기를 희망한다.

민족학에서 빌려온 이론이나 추론이 담긴 논문은 물론이고 더 먼 출처[4]에서 가져온 전제나 이를 뒷받침하는 증거도 사람들에게 익숙하고 접근하기 용이하므로, 책을 즐겨 읽는 독자라면 그 출처를 쉽게 추적할 수 있을 것이다. 그러므로 출처와 출전을 일일이 열거하는 관행은 따르지 않았다. 마찬가지로 주로 예시를 위해 소개한

---

4) 생물학 등에서 전개된 진화론을 의미하는 것으로 보인다.

소수의 인용문 또한 일반적으로 출전의 안내가 없더라도 충분히 쉽게 확인할 수 있을 것이다.

차례

Thorstein Veblen

1장

서론

유한계급 제도[1]는 야만 문화의 높은 단계, 예를 들어 봉건시대
의 유럽이나 일본에서 가장 잘 발달한 것으로 알려져 있다.[2] 이러

---

1) 베블런은 경제학을 경제 제도의 기원과 성장을 설명하는 진화론적 과학으로 재설계
하는 동시에, 경제활동을 사회적 성격을 띠며 진화 과정 속에서 변화하는 속성을 지
닌 인간의 행위로 개념화하려고 노력했다. 이때 그는 유한계급 제도를 19세기 후반
미국의 경제와 사회를 설명하는 대표적인 제도로 상정하고, 그것의 발생과 진화, 특
징을 자세히 검토한다. 이러한 문제의식과 연구 계획을 이해하려면 베블런이 《유한
계급론》을 집필할 당시의 경제학계 동향을 살펴볼 필요가 있다. 베블런 당대의 경
제 이론, 특히 칼턴칼리지 시절 베블런의 스승이었던 존 베이츠 클라크(John Bates
Clark, 1847~1938) 등이 표방한 한계효용 이론은 역사적 변화라는 사실 자체를 부정
하지는 않았지만, 경제생활의 정태적 분석에 우선순위를 뒀다. 그들은 시간을 초월
한 보편적인 경제 법칙을 정립할 때까지 동태적 연구를 미뤘고, 자신들의 눈앞에서
작동하는 당대의 경제생활을 모든 시대와 장소에서 추출할 수 있는 정상적인 생활의
표본으로 간주했다. 그 결과 한계효용 이론을 표방하는 경제학자들은 현재를 영구적
인 상태로 보고 있는 그대로 받아들임으로써, 베블런 당대의 근대 과학, 즉 '현재 상
황의 기원과 인과관계에 대한 이론'을 추구하는 과학적 흐름에 역행했다. 베블런은
이처럼 경제학계에서 무시한 현상을 포착할 수 있는 개념으로 제도, 특히 경제 제도
에 주목했다. 이때 경제 제도는 '물질적 환경과 접촉하는 삶의 과정에서 공동체가 갖
는 습관적인 수행 방법'으로 정의되는데, 이러한 제도는 진화적 방식 속에서 때로는
성공하고 때로는 실패한다. 베블런이 유한계급을 오랜 기간에 걸쳐 단계적으로 발전
해온 제도로 규정했던 것도 이러한 맥락에서 이해할 수 있다.

한 공동체에서는 계급 간의 매우 엄격한 구별이 관찰된다. 계급 간의 이러한 차이에서 가장 눈에 띄는 경제적 중요성은 각 계급에 고유한 활동(employments)[3]의 구별이 유지된다는 점이다. 상층계급 (upper classes)은 관습적으로 산업적 업무(industrial occupation)에서 면제되거나 제외되며, 어느 정도의 명예가 따르는 특정 활동을 별도로 배정받는다. 모든 봉건사회에서 가장 명예로운 활동은 전투 행위다. 다음으로 명예로운 자리는 보통은 사제직이 차지한다. 전쟁이 일상화되지 않은 야만 사회에서 가장 명예로운 자리는 사제가 차지하고 전사는 그다음으로 밀려날 것이다. 그러나 일반 원칙은 거의 예외 없이 유지된다. 즉, 전사든 사제든 상층계급은 산업적 활동에서 면제

---

2) 베블런은 19세기 후반의 생물학·인류학·심리학 등 분과 학문을 중심으로 전개되었던 연구 성과를 바탕으로 유한계급의 역사적 진화를 해명한다. 그에 의하면 인류의 진화 단계는 미개 시대-야만 시대-수공예 시대-기계 시대 등 크게 네 단계로 구별할 수 있다. 미개 시대(savage era)는 태곳적부터 신석기 초기까지 지속된 시기로 생산력 수준이 낮아 집단에 대한 의존을 통해 각자의 생존을 도모해야 했고 잉여가 축적되지 못해 약탈도 본격화되지 못했다. 그러므로 개인에 대한 관심보다는 전체에 대한 관심이 더 컸고 상대적으로 평화로운 시대였다. 미개 시대의 뒤를 이어 출현한 야만 시대(barbarian era)에서는 생산력이 향상되면서 잉여가 축적되었고, 무기를 만드는 기술의 발달과 함께 약탈 문화가 등장했으며, 사유재산 제도의 확대와 함께 계급이 분화되기 시작했다. 베블런은 각 시대를 높은 단계와 낮은 단계로 구별했는데, 야만 시대의 경우 낮은 단계에서는 성(sex)과 계급(class)의 차별이 본격화되었고, 높은 단계에서는 유한계급이 출현했다고 주장한다. 베블런은 1장에서 이를 본격적으로 검토한다.

3) 베블런은 인간이 공동체 속에서 부여받은 여러 활동을 계급이라는 상이한 지위 속에서 수행한다고 상정한다. 그는 각각의 계급에 속한 사람들의 행위를 employment, occupation, office 등의 용어로 표현한다. 여기서는 employment를 '활동', occupation을 '업무', office를 '직무'로 옮겼다.

유한계급론

되었는데, 이러한 면제는 그들의 우월한 지위의 경제적 표현이다. 인도의 브라만 계급은 이 두 계급이 산업적 활동을 면제받는 것을 대표하는 사례다. 고도의 야만 문화에 속한 사회에는 유한계급으로 통칭되는 집단 안에 상당히 분화된 세부 계급이 존재한다. 그리고 이들 세부 계급도 업무에 따라 분화한다. 전체로서의 유한계급은 귀족계급과 사제 계급 그리고 그들을 수행하는 상당수의 인원으로 구성된다. 따라서 이들 계급의 활동은 분화되어 있기는 하지만, 산업적 활동에 종사하지 않는다는 경제적 특성을 공유한다. 비산업적 상층계급의 업무는 대체로 통치, 전쟁, 종교 의례, 스포츠[4]로 구성된다.

유한계급은 야만 문화의 초기 단계에—그러나 최초는 아닌 시기에—등장했는데, 그때는 분화가 덜 된 형태로 존재했다. 계급의 구별이나 유한계급 내 직업의 구별은 그다지 촘촘하지도 복잡하지도 않았다. 폴리네시아의 섬 주민은 이러한 발전 단계를 일반적으로 보여주는 좋은 예다. 다만 큰 사냥감이 없어 그들의 생활체계(scheme of life)[5]에서는 사냥이 일상적인 명예의 자리를 차지하지 않았다는 예외가 있을 뿐이다. 사가(Saga)[6]에 나오는 아이슬란드 공동체도 비슷한 사례다. 이 공동체에서는 계급 간에 그리고 계급에 고

---

4) 스포츠는 일정한 규칙에 따라 개인이나 단체끼리 속력, 지구력, 기능 따위를 겨루는 일로 정의된다. 스포츠에는 일반적으로 여가와 즐거움을 추구하거나 다른 존재와 승패를 겨루는 성격이 포함된다. 베블런은 스포츠의 본질을 빼앗고 겨루는 약탈적 충동의 표출에서 찾는다.

5) 여기서 '생활체계'는 어떤 사회 또는 집단의 구성원이 환경에 적응하면서 생활해 나가려는 행동 양식이나 사고방식을 가리킨다.

유한 업무 간에 엄격한 구별이 있었다. 육체노동이든 산업이든, 생계유지를 위한 일상의 활동과 관련된 모든 것은 하층계급만이 수행했다. 하층계급은 노예와 하인 그리고 보통은 여성을 포함한다. 귀족계급을 몇몇 부류로 나눌 경우, 높은 신분의 여성은 산업적 활동에서 제외되거나, 최소한 비천한 종류의 육체노동을 면제받는 것이 일반적이다. 상층계급에 속하는 남성은 모든 산업적 활동을 면제받을 뿐만 아니라, 규범화된 관습에 힘입어 산업적 활동이 완전히 금지된다. 그들에게 허용된 활동의 범위는 엄격하게 규정되어 있다. 이미 언급했듯이 이런 높은 차원의 활동으로는 통치, 전쟁, 종교 의례, 스포츠가 있다. 이 네 가지 활동 분야가 상층계급의 생활체계를 지배한다. 가장 높은 계급인 왕이나 족장에게는 관습이나 공동체의 상식에 따라 이런 활동만이 허용된다. 실제로 이러한 생활체계가 잘 발달된 공동체에서는 스포츠조차 지위가 매우 높은 구성원이 수행하기에는 적합하지 않은 활동으로 간주되기도 했다. 유한계급 중 낮은 부류의 사람들은 다른 직업이 허용되었지만, 그마저도 유한계급의 전형적인 활동에 종속된 역할에 국한되었다. 그 사례로는 무기나 장비의 제작·관리, 전투용 카누의 제작·수리, 말·개·매의 훈련과 조련, 종교 의례용품 준비를 들 수 있다. 야만 사회의 하층계급

---

6) 아이슬란드어로 saga는 '말하다'는 뜻의 동사 segja와 연관되어 '말해진 것' 또는 '전해 들은 것'을 뜻한다. 사가에는 스칸디나비아 통치자들의 삶을 이야기하는 '왕의 사가', 신화와 전설에서 나온 주제를 다룬 '전설 사가', '가족 사가'라고도 불리는 '아이슬란드 사가' 등이 있다. 이 중 아이슬란드 사가는 영웅시대(930~1050년경)를 배경으로 한다.

유한계급론

은 이처럼 이차적으로 명예로운 활동에서도 배제되었는데, 이 중에서 산업적 성격이 뚜렷한 활동이나 유한계급의 전형적인 직업과 크게 동떨어진 활동은 예외적으로 허용되었다.

이처럼 전형적인 야만 문화에서 한 걸음 거슬러 내려가 더 낮은 야만 문화 단계로 눈을 돌린다면, 완전하게 발전한 형태의 유한계급은 볼 수 없을 것이다. 그러나 낮은 단계의 야만 문화는 유한계급 제도의 관습과 동기 그리고 이들이 출현한 환경을 보여주며, 초기의 발전 단계도 잘 드러낸다. 세계 각지의 유목·수렵부족은 원시적인 분화 단계의 대표적인 사례다. 손쉽게 접근할 수 있는 대표적인 사례로는 북미 수렵 부족을 들 수 있다. 물론 이러한 부족에 전형적인 유한계급이 있다고 말할 수는 없다. 이런 사회에도 기능의 분화가 있고, 그에 기초한 계급 사이의 구별이 존재한다. 하지만 상층계급의 [노동] 면제가 충분히 진행되지 않았으므로 '유한계급'이라는 명칭을 전적으로 적용하기는 어렵다. 이러한 부족은 남성과 여성의 직업에 현저한 구별이 발생하는 지점까지 경제적 분화를 이뤘고, 이러한 구별은 서열을 매기고 시샘을 자아내려는 성격(invidious[7] character)을 지닌다. 여성은 거의 모든 부족에서 규범화된 관습에 따라 다음 발전 단계 때 엄밀한 의미에서 산업적 업무로 발전할 활동에 묶여있다. 반면 남성은 천한 활동에서 면제되어 전쟁, 사냥, 스포츠, 종교 의례를 위해 남겨진다. 이 점에서 대단히 꼼꼼한 차별을 볼 수 있다.

이러한 노동 분업은 상대적으로 발달한 야만 문화에서 나타나는 노동계급과 유한계급 사이의 구별과 유사하다. 활동이 분화되고 전문화됨에 따라, 비생산적 활동과 생산적 활동을 가르는 경계선이 그어진다. 초기의 야만 단계에서 남성이 담당했던 업무는 후대의 여러 산업으로 발전한 업무와는 거리가 멀다. 남성의 업무는 이후의 발전 단계에서 전쟁, 정치, 스포츠, 학문 그리고 사제직과 같이 산업으로 분류될 수 없는 활동 속에서만 존속되었다. 눈에 띄는 유일한 예외가 어업의 일부와 무기·장난감·스포츠용품 제작처럼 산업으로 분류하기 애매한 일부 활동이다. 산업적 활동에 속하는 거의 모든 분야는 원시 야만 공동체에서 여성의 몫으로 분류되던 활동의 자연스러운 결과물이라고 할 수 있다.

초기 야만 문화에서 남성의 일은 여성이 수행하던 일 못지않게 집단의 삶에 필수적이었다. 남성의 일은 집단에 식량을 공급한다거나 그 밖의 필수적인 소비를 진작하는 데 크게 기여했을 것이다. 사실 남성의 일이 가지는 '생산적' 특성은 너무도 명백했기에, 전통적인 경제학 저작에서는 사냥을 원시적 산업의 한 유형으로 취급했다. 그러나 이 사안에 관한 야만인의 의식(sense)은 그렇지 않았다. 야만인 남성은 자신이 노동하는 사람이 아니고, 따라서 여성과

---

7) invidious는 베블런의 고유한 용어로《유한계급론》전체를 관통하는 중요한 개념이다. 《유한계급론》에는 invidious distinction, invidious comparison, invidious consumption, invidious discrimination, non-invidious interest, invidious exploit, invidious success 같은 표현이 100여 차례 등장한다. 대부분의 판본이 invidious를 '차별'로 번역했는데, 대체로는 무난한 선택이지만 문맥에 따라서는 최선이 아닐 때도 많다. invidious에는 '남의 심기를 건드리는', '미움을 살 만한', '불편한 감정을 유발하는', '기분 나쁘게 만드는', '시샘을 받을 만한', '도발적인', '비교가 불공평해서 불쾌하거나 부당한' 등의 의미도 담겨 있기 때문이다. 이 책에서는 '서열을 매기고 시샘을 유발한다'는 뉘앙스를 부각하는 방향으로 옮겼다.

같은 계급으로 분류되어서는 안 된다고 믿었다. 또한 자신의 노력이 노동이나 산업으로 분류됨으로써 여성의 천한 일과 혼동되어서는 안 된다고 생각했다. 모든 야만 공동체에는 남성의 일과 여성의 일은 다르다는 관념이 깊이 뿌리내렸다. 남성의 일이 집단을 유지하는 데 도움이 될 수는 있다. 그러나 남성의 일은 여성의 단조로운 근면과 결코 비교될 수 없는 종류의 탁월함과 능력을 통해 행해지는 것으로 간주되었다.

문화 단계를 한 단계 더 뒤로 돌리면 미개 문화 집단이 있다. 미개 문화 집단에서는 구성원의 활동이 덜 분화되어 있다. 계급이나 활동을 놓고 시샘을 유발하는 구별이 존재하기는 하지만 그렇게 일관되거나 엄격하지는 않았다. 원시적인 미개 문화를 분명하게 보여주는 사례를 찾기는 어렵다. '미개 단계'로 분류되는 집단이나 공동체는 선진적인 문화 단계에서 퇴행한 흔적을 보이는 경우가 대부분이다. 그러나 원시적인 미개 상태의 특색을 충실하게 보여주는 집단도 존재하며, 그중에는 퇴행의 결과라고 단언할 수 없는 곳도 있다. 그들의 문화는 야만 공동체와 다른데, 유한계급도, 유한계급 제도의 바탕이 되는 정신적 태도 또는 아니무스(animus)[8]도 대부분 존재하지 않는다. 이처럼 경제적 계급의 위계가 없는 원시적인 미개 사회는 인류 중 극히 일부일 뿐이며 눈에 잘 띄지도 않는다. 이러한 문

---

8) 《유한계급론》에는 '아니무스'라는 용어가 곳곳에 등장한다. 아니무스는 적개심·적대감·반감·의지를 가리키며, 베블런은 이를 유한계급의 고유한 정신적 태도라는 의미로 사용하고 있다.

화 단계의 적절한 사례는 안다만족이나 인도 남부 닐기리 구릉의 토다족에게서 볼 수 있다.[9] 이들이 유럽인과 최초로 접촉했을 당시, 집단의 생활체계에 유한계급이 없었다는 점에서 미개 단계의 전형에 가까웠을 것으로 보인다. 여기에 에조의 아이누족과, 좀 더 불확실하지만 부시먼이나 에스키모 집단도 덧붙일 수 있다.[10] 일부 푸에블로 사회도 분명치는 않지만 같은 부류에 포함될 수 있다.[11] 여기에서 언급한 사회는 태곳적부터 계속해서 현재 수준에 머물러 있는 것이 아니라 좀 더 발달한 야만 문화에서 퇴보한 경우가 대부분일 것이다.[12] 그렇다면 현재의 목적과 관련해 이들을 사례로 제시할 때는 이러한 한계를 어느 정도 감안해야 할 것이다. 그럼에도 진

---

9) 안다만족은 벵골만의 안다만제도와 니코바르제도에 사는 원주민이다. 대부분 부족의 정체성을 잃고 현대 인도 사회에 흡수되었으나 일부 부족은 아직도 사냥이나 채집으로 생계를 유지하고 있다. 토다족은 인도 남부의 닐기리 구릉지대에 사는 유목민이다. 전형적인 목조 초가집에서 살며 닐기리 지대의 다른 종족과 낙농품이나 등나무·대나무 제품을 교역하며 생계를 유지한다.

10) 아이누족은 일본의 홋카이도(北海道)와 사할린, 쿠릴열도에 사는 소수민족이다. 이들은 일본 전역에 걸쳐 살았으나 수세기에 걸쳐 북부로 밀려났다. 아이누족은 수렵으로 생계를 유지하다가 일본인이 홋카이도로 이주해오면서 한곳에 정착해 농사를 지었다. 아이누 종교에서 가장 중요한 의식으로는 신에게 곰을 바치는 제사를 들 수 있다. 부시먼은 아프리카 남부의 원주민으로 '산족'이라고 불린다. 주로 보츠와나, 남서아프리카(나미비아), 남아프리카 북서부에 산다. 부시먼은 네덜란드인이 쓰던 영어식 이름이다.

11) 푸에블로인(Puebloans)은 뉴멕시코, 애리조나, 텍사스 등 미국 남서부 일대에 거주하는 아메리카 원주민의 일파다. 푸에블로(Pueblo)는 에스파냐어로 '마을'을 뜻한다. 주변의 아파치족이나 나바호족과 끊임없이 갈등했고 1680년에는 반란을 일으켜 한때 에스파냐인을 몰아내는 데 성공했다. 아파트 형식의 다층 가옥을 짓고 살았던 것으로 유명하다.

유한계급론

짜 '원시' 인구 집단이 어떻게 살았는지를 가늠하려면 그들의 사회를 제시하는 것으로 충분하리라고 생각한다.

미개 사회는 잘 정의되는 유한계급이 없다는 점 이외에 사회구조나 생활 방식 등의 특성에서도 서로 닮았다. 즉, 이와 같은 부류의 사회는 규모가 작고 단순한(고대적인) 구조를 지니고 있다. 미개 사회의 구성원은 통상 비폭력적이고 일정한 곳에 정주해서 살아간다. 이들은 가난하며 그들의 경제 체제에서 개인소유는 지배적인 특징이 아니다. 하지만 미개 사회가 현존하는 공동체 중 가장 작다거나 미개인의 사회구조가 모든 측면에서 가장 미분화되었다고 볼 수는 없다. 또한 잘 정의된 개인소유 체제가 없는 원시 공동체 모두가 이들 사회에 포함되는 것도 아니다. 그러나 주목할 것은 이 부류에 가장 평화적인 원시인 남성 집단이—어쩌면 평화 애호적 특성을 갖는 모든 집단이—포함된다는 점이다. 사실 이러한 공동체에 속한 구성원에게 공통되는 가장 인상적인 특색은 폭력과 기만(force and fraud)에 직면했을 때 보이는 온순한 무능력이다.

발전 단계가 낮은 사회의 관습과 문화적 특색이 보여주는 증거에 따르면, 유한계급 제도는 원시적인 미개 단계에서 야만 단계로 점차 이행하는 과정에서, 좀 더 정확히는 평화로운 생활 습관에서 항상 호전적인 생활 습관으로 이행하는 과정에서 출현했다. 유한계급

---

12) 이들 원주민에 대한 언급은 루이스 헨리 모건(Lewis Henry Morgan, 1818~1881)의 《고대 사회(Ancient Society)》(1877)로 대표되는 민족지학(ethnography)에 대한 베블런의 높은 관심을 반영한다.

제도가 일관된 형태로 출현하려면 두 가지 조건이 필수적이다. (1) 공동체에 약탈적 생활 습관(전쟁이나 큰 사냥감의 사냥 또는 양자 모두)이 존재해야 한다. 말하자면 최초의 유한계급을 구성하는 남성은 폭력과 계략을 통해 위해를 가하는 행위에 익숙해져야 한다. (2) 생필품을 충분히 쉽게 획득할 수 있게 됨으로써 공동체 구성원의 상당수가 지속적이고 반복적인 노동에서 면제되어야 한다. 유한계급 제도는 가치 있는 활동과 가치 없는 활동을 구별하던 앞선 단계의 차별에 따른 결과물이다. 이러한 오래된 구별에 의하면 공훈(功勳, exploit)[13]으로 분류될 수 있는 일은 가치 있는 활동이 되고, 공훈의 요소가 전혀 없는 일상적이고 필수적인 일은 가치 없는 활동이 된다.

  이러한 구별은 근대 산업사회에서는 그 의미가 크지 않으며, 따라서 경제학자들의 주목도 그다지 받지 못했다. 경제적 논의를 이끌어온 근대의 상식에 비춰보면 이는 형식적이고 사소하다. 그러나 이러한 구별은 심지어 근대적인 생활에서도 일상적인 선입견으로 끈질기게 남아있는데, 예를 들어 천한 직업에 대한 우리의 습관적인 혐오에서 이를 확인할 수 있다. 이는 우월한 인간과 열등한 인간

---

13) 다른 번역본은 exploit를 '영웅적인 것', '약탈', '공명'으로 옮겼다. 그러나 exploit는 문맥을 고려하고 베블런의 다른 용어와 어떻게 조응하는지를 염두에 둔다면, '공동체를 위해 세운 명예로운 공로'를 뜻하는 '공훈'으로 번역하는 것이 적절해 보인다. 이때 공훈은 다른 의지에 반해 전략적으로 사고하고 행동하는 인간의 능력 또는 반대 의지에 맞서 무력이나 기만을 구상하고 실행하는 능력을 의미한다는 점에서 산업적 활동과 대비된다. 그런데 야만 문화가 심화되고 약탈이 생활체계에 본격적으로 도입됨에 따라, 공훈은 폭력을 통해 개인의 명예를 높이고 타인의 것을 자신의 것으로 만든다는 점에서 약탈이나 착취의 성격도 동시에 지닌다.

을 나누는 인격적 종류의 구별이다. 개인의 인격적 힘이 사건의 향방에 즉각적이고 확실한 영향을 미치던 초기 단계의 문화에서 공훈의 요소는 일상적인 생활체계에 있어 아주 중요한 것으로 간주되었다. 그리고 이러한 사실에 더 큰 관심(interest)[14]이 집중되었다. 결국 개인의 공훈에 근거해 펼쳐진 구별은 오늘날보다 더 절대적이고 더 결정적이었을 것으로 보인다. 따라서 이러한 구별은 일련의 발전 과정에서 관찰되는 객관적인 사실의 하나로, 상당히 중요할 뿐 아니라 충분히 타당하고 설득력 있는 근거에 기반하고 있다.

여러 사실을 구별하는 습관의 근거는 그러한 사실을 보는 평소의 관심이 바뀜에 따라 같이 변화한다. 여러 특징적인 사실 중에서도 그 시대의 지배적인 관심이 집중되는 것이야말로 가장 중요하다고 간주된다. 중요하다고 간주된 사실을 상이한 관점에서 파악하는 데 익숙하고 사실의 가치를 다른 목적과 관련해 평가하는 사람들은 구별에 어떤 근거를 대더라도 공허하다고 느낄 것이다. 여러 가지 목적이나 활동 방향을 구별하고 분류하는 습관은 언제 어디서나 보편적으로 존재할 수밖에 없다. 왜냐하면 유용한 이론이나 생활체계를 확보하려면 구별하고 분류하는 습관이 반드시 필요하기 때문이다. 특정한 관점, 즉 생활상의 여러 사실을 분류하는 데 결정적인 역

---

14) interest는 일반적으로 '이익'이나 '이해관계'라는 의미로 사용된다. 그러나 《유한계급론》에서는 여러 종류의 사실이나 현상에 관한 관심을 의미하는 경우도 많은데, 이때 '관심'은 사람들의 목적이나 목표와 직결된다. 베블런은 다른 동물과 인간의 결정적 차이가 목적을 가지고 행동하고 목표를 추구하며 살아간다는 점에 있다고 봤는데, 이러한 목적이나 목표를 세우는 출발점이 바로 관심이라고 할 수 있다.

할을 담당하는 특별한 특성은 사실을 구별하려는 관심이 무엇인가에 따라 달라진다. 따라서 구별의 근거나 사실을 분류할 때의 절차에 관한 규범은 문화의 성장에 따라 점진적으로 변화한다. 왜냐하면 이 과정에서 생활상의 사실을 이해하려는 목적이 변하고 그것에 대한 관점도 결과적으로 바뀌기 때문이다. 따라서 어떤 단계의 문화에서 두드러지고 결정적인 특징으로 주목받던 부류의 활동이나 사회 계급이 다른 단계에서도 분류의 목적상 똑같이 중요하다고 간주될 수는 없을 것이다.

그러나 표준(standard)[15]이나 관점의 변화는 점진적으로만 발생하며, 일단 수용된 관점이 뒤집히거나 전적으로 억압되는 경우는 드물다. 산업적 업무와 비산업적 업무의 구별은 여전히 습관적으로 행해지고 있다. 근대의 이러한 구별은 공훈과 천역(賤役)에 대한 야만 시대의 구별을 변형한 것이다. 전투, 정치, 공공 예배, 공공 축제와 관련한 활동은 대중이 느끼기에 물질적인 생활 수단을 정교하게 만드는 노동과 본질적으로 다르다. 정확한 경계선이야 초기 야만 시대와 똑같지는 않겠지만, 전반적인 구별은 여전히 통용되고 있다.

오늘날의 암묵적이고 상식적인 구별에 따르면, 궁극적인 목적이 비인간적 사물의 이용에 맞춰진 모든 노력은 산업적 활동으로 간주된다. 인간에 의한 인간의 강제적 이용은 산업의 기능으로 여겨지지 않는다. 그러나 비인간적 환경을 이용해 인간의 생활을 향상시

---

15) standard는 문맥에 따라 '기준'과 '표준'을 병행한다.

키는 데 맞춰진 노력은 모두 산업적 활동으로 분류된다. 오늘날 고전학파[16]의 전통을 가장 잘 유지하고 발전시킨 경제학자들은 인간의 '자연을 지배하는 힘(power of nature)'을 산업 생산성의 특징적인 사실로 상정하고 있다. 자연에 대한 산업적 힘은 동물의 생명과 모든 자연력에 대한 인간의 힘을 포괄하는 것으로 간주된다. 인류와 자연의 창조물 사이에는 경계선이 이렇게 그어진다.

다른 시대에 살아가고 다른 선입견에 물든 사람들이 그은 경계선이 오늘날 우리가 그은 경계선과 일치할 수는 없다. 미개 시대나 야만 시대의 생활체계에서는 경계선을 다른 장소에 다른 방식으로 그었을 것이다. 야만 문화에 속한 모든 사회에서는 두 가지 포괄적인 부류의 현상을 대립 관계로 느끼는 예민한 감각이 널리 퍼져있는데, 그중 한 부류에는 야만인 자신이, 다른 부류에는 그의 먹잇감이 포함된다. 경제적 현상과 비경제적 현상 사이의 대립도 감지되지만, 이는 근대적인 방식의 대립은 아니다. 왜냐하면 사람과 동물 사이가 아니라 활기 있는 것과 활기 없는 것 사이에 선이 그어지기 때문이다.

'활기 있다(animate)'[17]는 말로 전달하려는 야만 시대의 관념이

---

16) 고전학파(Classical economics)는 애덤 스미스(Adam Smith, 1723~1790)의 《국부론(An Inquiry into the Nature and Causes of the Wealth of Nations, 1776)》에 토대를 둔 학파다. 스미스는 《국부론》에서 노동, 자본, 토지 등 생산요소 사이의 분배를 임금, 이윤, 지대로 개념화하고, 생산, 분배, 교환을 결정하는 보편적인 원리 또는 법칙의 체계화를 시도했다.

17) animate는 '생명을 주다', '생기를 불어넣다', '활기 띠게 하다'는 의미를 지니는데, 애니미즘의 번역어가 '정령숭배'와 더불어 '물활론'이라는 점에서 이 책에서는 '활기 있는'이라는 표현을 주로 사용한다.

'살아있다(living)'는 말로 표현하려는 의미와 다를 수 있다는 설명은 불필요할지도 모른다. '활기 있다'는 말은 살아있는 것 모두를 포함하지 않는 반면, 생물이 아닌 것도 다수 포함한다. 폭풍, 질병, 폭포와 같이 놀라운 자연현상은 '활기 있는' 것으로 인식된다. 반면 과일이나 초목, 심지어 파리·구더기·나그네쥐·양과 같이 눈에 잘 띄지 않는 동물은 집합적으로 취급되지 않는 한, 활기 있는 것으로 인정되지 않는 것이 일반적이다. 이를 통해 이 단어가 영혼이나 정령이 깃들어 있는 상태를 의미하는 것만은 아님을 확인할 수 있다. 이 개념은 실제로든 상상 속에서든 움직임을 습관적으로 일으킴으로써 애니미즘적(animistic)[18] 미개인이나 야만인의 놀라움이나 두려움을 자아내는 사물을 포함한다. '활기 있다'고 분류되는 것은 다수의 광범위한 자연물과 자연현상으로 구성된다. 활기 있는 것과 활기 없는 것의 구별은 분별력이 떨어지는 사람들의 사고 습관 속에서 여전히 존재하며, 인간의 생활이나 자연적 과정에 관한 대중적인 이론에도 크게 영향을 미친다. 그러나 문화와 신앙의 초기 단계만큼 우리의 일상생활에 침투해 있는 것은 아니며, 실질적인 영향력도 그렇게 크지는 않다.

　야만인이 생각하기에 활기 없는 자연물에서 얻은 것을 가공하거나 정교하게 만드는 일은 '활기 있는' 사물이나 힘을 다루는 것과 전

---

18) 애니미즘은 자연계의 모든 사물에 영적·생명적인 것이 들어있으며 자연계의 여러 현상도 영적·생명적인 것이 작용해 나타난다고 보는 세계관이나 원시 신앙을 가리킨다. '물활론' 또는 '정령숭배'로 번역된다.

유한계급론

혀 다른 차원의 활동이다. 이들 사이의 경계선은 다소 막연하고 가변적이지만, 이들을 대체로 구별하는 것은 충분히 현실적이고 설득력도 있기에 야만인의 생활체계에 영향을 미칠 수 있었다. 야만인은 활기 있다고 여겨지는 부류의 사물이 어떤 목적지를 향해 활동을 펼친다고 상상한다. 어떤 대상이나 현상을 '활기 있는' 사실로 만드는 것은 이처럼 목적을 향한 활동인 것이다. 미개 시대와 야만 시대의 투박하고 단순한 사람들은 자신을 방해하는 활동을 만나면, 자기 행동을 의식할 때 즉각 떠올릴 수 있는 익숙한 용어로 현상을 해석한다. 그러므로 어떤 활동은 인간의 행동과 동일시되고, 활동적 대상은 그러한 한에서 인간 행위자와 동일시된다. 이러한 특성을 갖는 현상은, 특히 그 활동이 두려움이나 당혹감을 유발하는 현상은 활기 없는 사물을 다룰 때 요구되는 것과 전혀 다른 정신과 수완으로 대처해야 한다. 이러한 현상에 성공적으로 대처하는 것은 산업이 아니라 공훈으로 불리며, 공훈을 얻으려면 근면보다 용맹이 필요하다.

활기 있는 것과 활기 없는 것이라는 소박한 구별에 근거했던 원시 시대 사회집단의 활동은 오늘날 공훈과 산업이라는 두 부류로 나뉘는 경향이 있다. 산업은 새로운 사물을 창조하려고 노력하는 활동으로, 수동적인('무감각한') 재료에 제작자의 손길이 닿아 만들어진 사물은 이로써 새로운 목적을 부여받는다. 반면 공훈은 행위자에게 유용한 결과를 낳으려고 이전에 다른 행위자가 다른 목적에 사용했던 에너지를 자신의 목적에 맞게 전환하는 활동을 뜻한다. 우리가 '무생물(brute matter)'이라고 말할 때, 이 말에는 야만인이 깨달았던 심오한 의미가 여전히 담겨있다.

공훈과 천역의 구별은 성별 차이와도 관련이 있다. 남성과 여성은 신장과 근력만이 아니라 기질에서도 아주 다르다. 이러한 차이로 인해 일찍부터 상응하는 노동의 분화, 곧 분업이 발생한 것으로 보인다. 공훈에 포함되는 활동은 일반적으로 남성의 몫이다. 왜냐하면 남성이 더 강하고, 덩치도 더 크며, 완력을 갑작스럽고 격렬하게 쏠 줄 알고, 자기과시와 적극적인 경쟁심 그리고 공격성 측면에서 더 우월하기 때문이다. 원시 집단의 구성원은 몸집, 생리학적 특성, 기질 면에서 차이가 크지 않았을 것이다. 실제로 안다만족처럼 우리에게 친숙한 원시 공동체에서는 그러한 차이가 상대적으로 더 미미하고 하찮아 보인다. 그러나 신체 조건이나 아니무스의 차이에 기반한 기능의 분화가 본격적으로 진행되면, 남성과 여성 사이의 본원적 차이는 더욱 확대된다. 이때 집단 내 활동의 배치를 새롭게 하는 선택적 적응의 누적 과정(cumulative process of selective adaptation)[19]이 시작되는데, 해당 집단이 접촉하는 동물군이나 서식

---

19) 베블런의 이론에 가장 큰 영향을 미친 선행 연구 중 하나는 다윈의 진화론이다. 다윈이 생물학적 차원에서 진화를 밝히려 했다면, 베블런은 다윈의 이론을 사회의 영역에 적용해 사회구조의 진화를 설명하려 했다. 그는 외부 환경의 변화에 대응하는 과정에서 인간의 본능을 특정한 방향으로 고양하거나 억제하는 습관과 제도에 주목했다. 베블런에 따르면 사회적 진화는 군집 생활의 긴장 속에서 인간의 본능과 사고 습관이 제도 변화를 통해 선택적으로 적응해가는 과정이다. 상황이 바뀌면 사고 습관과 제도가 변하고 사회의 성격도 달라진다. 이때 상황의 변화에 따른 특정한 결과가 사고 습관과 제도의 변화를 낳으면서 특정한 방향으로의 변화가 공고화되거나 가속화될 수 있다. 베블런은 이처럼 특정한 결과가 새로운 현상의 원인이 되는 과정을 '누적 과정' 또는 '누적 인과 과정'이라고 부른다.

유한계급론

지를 확보하려고 좀 더 강인한 능력을 발휘할 필요가 있는 경우에는 특히 그렇다. 큰 사냥감을 습관적으로 찾아 나서려면 몸집이나 민첩성, 난폭성과 같은 남성적 자질이 더 필요해지고, 그로 인해 성별 기능의 분화는 더욱 촉진되고 확대된다. 그리고 집단이 다른 집단과 적대적으로 접촉하는 과정에서 남녀 간 기능의 분화는 공훈과 산업의 구별이라는 형태로 발전한다.

이처럼 약탈적인 사냥꾼 집단에서 싸우고 사냥하는 일은 신체 건장한 남성의 업무가 된다. 여성은 그 밖에 요구되는 나머지 일을 담당한다. 남성의 일에 적합하지 않아 여성과 함께 일하는 다른 남성 구성원은 여성으로 분류된다. 그러나 남성의 사냥과 전투는 둘 다 약탈적 성격을 지닌다는 공통점이 있다. 전사와 사냥꾼은 씨앗을 뿌리지 않고도 거두기 때문이다. 그들이 과시하는 무력(武力)과 기지(奇智)의 공격적인 발휘는 여성이 유용한 무언가를 만드는 과정에서 보이는 성실과 평온과는 분명히 다르다. 남성의 활동은 생산적인 노동이 아니라 무력으로 유용한 것을 획득하는 과정이다. 야만 시대 남성의 일이 고도로 발달하면서 여성의 일과 크게 달라지면, 용맹을 과시할 수 없는 어떤 노력도 남성에게는 무가치한 것이 된다. 그와 같은 인식은 전통으로 굳어지고, 공동체의 행동 규범 속에서 상식으로 자리 잡는다. 따라서 이러한 문화적 단계에서 자부심 강한 남성들은 폭력이나 기만과 같이 용맹에 기반한 활동 이외의 어떤 것도 용납하지 않으려 한다. 약탈적 행위가 일상적으로 반복됨으로써 습관이 되고 집단 속에 뿌리내리면 생존을 위한 투쟁 속에서 자신에 맞서 싸우거나 도망치려는 상대방을 살상하는 행위는, 그리고 순종하지 않는 주위의 세력을 제압하고 굴복시키는 행위는 신체 건장한 남성이 사회적으로나 경제적으로나 마땅히 해야 할 일이 된다. 여러 수렵 부족은 공훈과 천역 사이의 이론적 구분을 매우 강고하게 그리고 꼼꼼히 지킨다. 그로 인해 남자는 그가 잡은 사냥감을 집으로 직접 가져와서는 안 되고 자신의 여자를 보내서 그 천한 임무를 수행하도록 해야만 한다.

***

앞에서 언급했듯이 공훈과 천역의 구별은 활동 사이에 서열을 매기고 시샘을 자아내려는 것이다. 공훈으로 분류되는 활동은 가치 있고 명예로우며 고귀하다. 이러한 공훈의 요소를 포함하지 않는 다른 활동, 특히 복종이나 굴복이 수반되는 활동은 하찮고 천하며 수치스럽다. 사람이나 행위에 적용되는 존엄·가치·명예라는 개념은 계급의 발전 그리고 계급 구별의 발전에 있어 가장 중요한 결과물이므로, 이러한 개념의 기원과 의미에 관해 다소간 살펴볼 필요가 있다. 그 심리학적 근거는 대략 다음과 같이 개관할 수 있다.

선택의 필요와 관련해 인간은 행위자다. 그는 자신이 느끼기에 충동을 펼치는 활동, 곧 '목적을 이루고자 하는' 활동의 중심이다.[20] 그는 모든 행동에서 모종의 구체적이고 객관적이며 특정 개인을 뛰어넘는(impersonal) 목표를 달성하고자 분투하는 행위자다. 이처럼 인간은 목적을 가진 행위자이기 때문에 효율적인 일을 애호(愛好)하고 무익한 노력을 혐오한다. 그는 유용성이나 효율성을 가치 있게 여기는 감각도, 무익과 낭비 또는 무능을 나쁘게 여기는 감각도 지닌다. 이러한 적성이나 성향을 '장인 본능(the instinct of workmanship)'[21]이라고 부를 수 있다. 환경이나 전통이 사람들을 효율성의 측면에서 습관적으로 비교하게 만드는 사회에서 장인 본능은 경쟁심이나 서열을 나누고 시샘을 유발하는 비교를 통해 작동한다. 이러한 결과가 어느 정도 발생할 것인지는 인구 집단의 기질에 크게 좌우된다. 서열을 나누고 시샘을 유발하는 비교에 익숙한 사회에서는 가시적인 성공이 추구해야 할 목표가 되는데, 이것이 존경(esteem)의 근거가 되기 때문이다. 이때 사람들은 자신의 효율을 입증함으로써 존경을 얻고 비난을 피할 수 있다. 결국 이러한 사회에서 장인 본능은 역량을 경쟁적으로 과시하는 형태로 발휘된다.

원시적인 미개의 사회 발전 단계에서 공동체는 여전히 평화 애호적인 습관을 지니고, 상당히 정주적이며, 개인소유 체제는 아직 발달하지 않은 상태다. 이때 개인의 효율은 집단 전체의 삶을 증진시

---

20) 베블런은 인간이 행위자(agent), 곧 행동의 주체라는 점 그리고 모든 행동에는 모종의 목적이 있다는 점을 강조한다. 이때 이들 목적은 본능과 습관 및 제도에 의해 그 방향이 설정되고 목표로 연결되며, 지능과 장인 본능에 힘입어 효과적으로 달성될 수 있다.

21) 영한사전은 workmanship의 뜻을 '직공 등의 솜씨나 기량', '작품' 등으로 풀었다. 이를 반영해 the instinct of workmanship을 '솜씨 본능'이나 '제작 본능'으로 옮기면 베블런의 진의가 정확하게 전달되지 않을 위험이 있어, workmanship은 '장인 정신', the instinct of workmanship은 '장인 본능'으로 옮겼다. 베블런은 이 개념을 통해 인간에게는 유용성이나 효율성에 대한 선호, 무용성이나 낭비에 대한 혐오, 집단의 안녕이나 발전에 대한 기여 등의 성향이 깃들어 있다는 점을 강조하기 때문이다.

키는 몇몇 직업에서 주로 그리고 가장 일관되게 드러날 수 있다. 그러한 집단의 구성원 사이에 벌어지는 경제적 종류의 경쟁은 주로 산업적 유용성을 놓고 벌어질 것이다. 이때 경쟁심의 자극(incentive)은 강력하지 않고 경쟁의 범위도 그리 넓지 않다.

공동체가 평화로운 미개 단계에서 약탈적인 야만 단계로 넘어가면 경쟁의 조건도 바뀐다. 경쟁을 불러일으키는 자극과 기회가 범위는 물론 긴급한 정도에서도 많이 늘어나기 때문이다. 남성의 활동은 점점 더 공훈의 성격을 띤다. 그리고 사냥꾼이나 전사(戰士)들 상호 간에 서열을 가르고 시샘을 유발하는 비교가 점점 더 용이해지고 습관화된다. 용맹의 가시적인 증거인 전리품은 남성의 사고 습관에서 인생의 본질적인 장식품으로 자리 잡는다. 수렵이나 습격의 노획물인 전리품은 탁월한 힘을 보여주는 증거물로 높게 평가된다. 공격성은 공인된 행동 형태가 되고, 전리품은 성공적인 공격 행위를 한눈에 보여주는(prima facie) 증거물 역할을 담당한다. 이러한 문화적 단계에서는 겨룸(contest)이 존경받을 자격이 있는 과시의 한 형태로 공인된다. 강탈이나 협박으로 획득한 유용한 물품이나 서비스는 겨룸에서의 성공을 입증하는 전통적인 증거물이었다. 이와는 대조적으로 압류가 아닌 다른 방법으로 물건을 얻는 것은 최고의 지위에 있는 사람에게 합당하지 않은 것으로 여겨졌다. 같은 이유로 생산적인 일이나 개인적인 서비스를 제공하는 활동은 멸시를 받았다. 공훈 및 강탈에 의한 획득과 산업적 활동 사이에 시샘을 부추기는 구별은 이러한 방식으로 본격화되었다. 이 과정에서 노동에는 경멸의 불명예가 씌워졌고 불쾌한 성격이 부여되었다.

원시적인 야만 시대에는 명예라는 개념은, 세분화되지도 유사 관념의 이차적 성장도 없었으므로 무척 단순했다. 이런 시대를 산 야만인에게 '명예로운 활동'이란 우월한 힘의 행사 외에 아무것도 아니었을 것이다. 이 사회에서 '명예로운 활동'은 '공포를 일으키는 활동'이었고, '가치 있는 것'은 곧 '힘이 센 것'이었다. 명예로운 행동의 궁극적인 핵심은 성공을 거둔 공격적 행위, 승리로 인정받은 공격적 행위에 있다고 할 수 있다. 그리고 공격이 사람과 짐승의 대결을 의미하는 경우, 강한 완력을 발휘하는 것이 가장 명예로운 활동이었다. 힘의 모든 발현을 인격이나 '의지력'의 관점에서 순진하게 해석하는 고대적 습관은 완력을 찬양하는 관습을 한층 강화했다. 선진적인 문화 속에서 살아가는 사람들 사이에 유행하는 존칭은 물론 야만 시대 부족 사이에 유행하던 존칭에도 명예에 대한 이처럼 단순한 감각이 새겨져 있는 경우가 많다. 족장을 지칭하거나 왕과 신에게 용서를 구할 때 사용되는 칭호와 존칭은 일반적으로 그 대상자에게 압도적인 폭력의 성향이나 저항할 수 없는 파괴적인 힘을 부여한다. 문명화가 진행된 오늘날의 공동체에서도 사정은 크게 다르지 않다. 문장(紋章)[22]의 도안으로 맹수나 맹금을 즐겨 그려 넣는 것도 동일한 인식을 반영한다.

가치나 명예에 관해 야만인이 가졌던 이러한 상식에 비춰볼 때,

---

22) 씨족, 가문, 집안 등을 나타내는 상징을 새긴 표지로, 중세 유럽 등에서 널리 사용되었다.

생명을 빼앗는 행위는—짐승이든 인간이든 공포를 불러일으킬 정
도로 두려운 상대를 죽이는 행위는—최고로 명예로운 일이다. 살육
행위가 살육자의 탁월성이 발현된 것으로 해석되면서, 모든 살육
행위와 그 행위에 사용된 도구나 부속품에도 높은 가치가 부여된
다. 무기는 명예로운 것이어서, 들판에 사는 가장 비천한 생물의 목
숨을 거둘 때조차 무기의 사용은 명예로운 것으로 간주된다. 반면
산업적 활동에 종사하는 일은 혐오스러운 것으로 여겨지고, 산업에
사용된 도구와 장비를 다루는 일은 건장한 남성의 존엄을 해치는
일이라는 통념이 자리 잡는다. 그리고 노동은 짜증 나고 귀찮은 일
이 되어버린다.

***

이 책에서는 문화적 진화의 순서와 관련해, 원시적인 집단이 초기
의 평화로운 단계에서 전투가 집단 전체에 의해 특징적인 활동으로
공인되는 후속 단계로 이행했다고 가정한다. 그러나 완전한 평화와
호의의 단계에서 어느 날 갑자기 객관적 사실로서의 전투가 처음으
로 발생하는, 더 나중의 또는 더 높은 생활 단계로 갑자기 옮겨갔다
고 말하려는 것은 아니다. 또한 약탈 문화 단계로 이행하는 과정에
서 평화로운 생산이 모두 사라졌다고 가정하는 것도 아니다. 사회 발
전의 초기 단계에서도 싸움은 다소간 있었을 것이다. 싸움은 특히 성
적 경쟁을 통해 빈번하게 일어났을 것이다. 유인원 집단의 습관은
물론 원시 집단의 익히 알려진 습관이 이를 잘 보여주며, 인간 본성

의 널리 알려진 충동에서 나온 증거도 그런 견해를 강화한다.

따라서 이 책에서 가정하는 것과 같이 인간의 평화로운 초기 단계란 존재할 수 없다는 반론이 제기될 수 있다. 싸움이 전혀 발생하지 않는 문화적 진화는 존재하지 않는다. 그러나 문제의 요점은 전투의 발생에 관한 것이 아니다. 즉, 전투가 때로는 산발적으로 발생하느냐 아니면 습관적으로 빈번하게 발생하느냐 여부가 아니다. 그것은 습관으로서의 호전적 사고방식의 발생, 곧 전투의 관점에서 사실과 사건을 판단하는 널리 퍼진 습관의 발생에 관한 질문이기 때문이다. 약탈 문화 단계는 약탈적 태도가 집단 구성원의 습관적이고 공인된 정신적 태도로 자리 잡았을 때 비로소 달성된다. 이 단계에서는 전투가 사람들의 인생관에서 중심적인 요소로 격상되고, 인간과 사물에 대한 상식적인 평가는 전투의 관점에서 내려지는 판단에 기반한다.

그러므로 문화의 평화적 단계와 약탈적 단계 사이의 실질적인 차이는 물리적인 것이 아니라 정신적인 것이다. 정신적 태도의 변화는 집단적 삶의 물질적 현실이 변화한 결과물로, 약탈적 태도를 촉진하는 물질적 환경이 조성됨에 따라 점차적으로 나타난다. 약탈 문화는 생산이 어떤 상한에 도달할 때 출현한다. 약탈이 어떤 집단이나 계급의 습관적이고 인습적인 자원이 되려면 산업 수단의 발달에 힘입어 높은 수준의 효율이 달성되어야 한다. 그래야만 생계유지 활동에 종사하는 사람들의 생존 수준을 넘어서서 싸울 가치가 있는 여분이 남기 때문이다. 따라서 평화에서 약탈로 이행하는 과정은 기술적 지식의 성장과 도구의 사용에 달려있다. 마찬가지로 무기의 발달에 힘입어 인간이 맹수까지도 죽이는 무시무시한 동물이 되기 전까지는 약탈 문화가 실현될 수 없다. 이 점에서 초기에 있었던 도구와 무기의 발달은 당연히 상이한 관점에서 바라본 동일한 사실의 두 측면인 것이다.

전투의 습관적인 반복으로 인해 남성의 일상적 사고 속에서 전투가 생활의 지배적인 특징으로 중시되지 않는 한, 그 집단의 삶은 평화롭다고 할 수 있다. 어떤 집단이 약탈적 태도를 어느 정도 분명하게 획득하면 그들의 생활체계와 행동 규범도 어느 정도는 약탈적인 정신적 태도에 따라 통제될 것이다. 따라서 약탈 문화 단계는 약탈적인 소질·습관·전통의 누적적인 성장을 통해 점진적으로 출현하는 것으로 보인다. 이러한 성장은 집단의 환경이 평화로운 생활보다는 약탈적인 생활을 만들어내는 인간 본성의 특성과 전통 그리고 행동 규범을 발전시키고 보존하는 방향으로 변화한 결과라고 할 수 있다.

원시 문화에 평화 애호 단계가 존재했다는 가설을 뒷받침하는 대부분의 증거는 민족학보다 심리학에서 찾을 수 있는데, 여기서 자세히 설명할 수는 없다. 그것은 근대 문화 속에 살아남은 인간 본성의 원시적 특성을 논의하는 후속 장에서 다시 언급할 것이다.[23]

---

23) 13장 〈시샘을 유발하지 않는 관심의 부활〉을 의미한다.

2장

금전적 경쟁

문화적 진화 과정을 보면 유한계급의 등장은 소유권의 출발과 일치한다. 두 제도는 동일한 경제적 힘의 흐름에서 비롯된 것이므로, 이들의 동시 발생은 필연적이라고 할 수 있다. 특히 발생 초기 단계에서 보자면, 이 두 제도는 사회구조 속에 존재하는 동일한 일반적 사실[1]의 상이한 두 측면에 불과하다.

유한계급과 소유권이 당면한 목적과 관련해 관심사가 되는 것은 이 두 제도가 사회구조의 기본 요소, 즉 관습화된 사실이기 때문이다. 습관적인 나태가 유한계급을 만드는 것은 아니다. 마찬가지로 사용과 소비라는 기계적[2] 사실이 소유권을 만드는 것도 아니다. 그러므로 게으름이 언제 시작되었고 개인적인 소비에 유용한 물건의

---

1) 여기에서 말하는 '사실'이란 사람들의 사고 습관 속에서 객관적 사실로 인식되며 사회구조의 특징을 보여주는 대표적인 현상을 뜻한다. 베블런은 사회구조를 '관습화된 사실'로 규정하는데, 유한계급, 소유권, 사유재산 제도가 대표적인 일반적 사실이다.

2) 베블런은 기계적인 것을 정신적인 것과 대비시킨다. '기계적(mechanical)'이란 시샘을 유발하는 것과 무관한 관심을 통해 물질적인 것을 만들어냄으로써 사람들의 필요를 충족시키려는 관심을 지칭하는 것으로 보인다.

점유가 언제 시작되었는지는 우리의 관심사가 아니다. 우리가 문제로 삼는 것은 한편에서는 관습으로 정착한 유한계급의 기원과 본성이고, 다른 한편에서는 관습적인 권리 또는 정당한 청구권으로 확립된 개인적 소유권의 시작이다.

유한계급과 노동계급(working class)이 구별되기 시작한 초기의 분화는 낮은 단계의 야만 문화에서 유지되던 남성과 여성 사이의 분업에서 유래한다. 이와 비슷하게 소유권의 최초 형태는 공동체의 힘센 남성이 여성에 대해 행사한 소유권이었다. 이 사실은 남성에 의한 여성의 소유라고 말해질 수도 있는데, 이는 야만인의 인생관에 입각한 의미에 충실한 표현이다.

여성을 소유하는 관습에 앞서 유용한 물건의 점유가 선행했음에는 의문의 여지가 없다.[3] 오늘날에도 존재하는 원시 공동체에 여성을 소유하는 관습이 없다는 사실은 이러한 주장을 정당화하는 근거가 될 수 있다. 모든 사회에서 구성원은 그가 남성이든 여성이든 다양한 종류의 유용한 물건을 관습적으로 점유해 개인적으로 사용한다. 그렇다고 해서 유용한 물건이 그것을 점유하고 소비하는 사람의 소유물로 간주되는 것은 아니다. 소소한 개인적 물건의 관습적인 점유와 소비는 소유권의 문제, 곧 외적 사물에 대한 관습적이고 유효한 법적 권리의 문제를 제기하지 않고도 잘 행해질 수 있다.

---

3) '점유'는 물건에 대한 사실상의 지배를 뜻하고, '소유'는 법질서에 의해 정당화된 지배를 뜻한다. 소유권은 재산권의 기초이며, 자본주의 사회의 법률상 기본 형태로서 사유재산 제도의 기초를 이룬다.

유한계급론

여성의 소유는 초기의 야만 문화 단계에서 시작되었는데, 여성을 포로로 잡아온 것이 그 계기였을 것이다. 여성을 포획하고 점유한 최초의 이유는 전리품으로 유용했기 때문으로 보인다. 적에게서 여자를 빼앗아 전리품으로 삼는 관행은 여자를 소유하는 형태의 결혼, 곧 소유혼(ownership-marriage)을 출현시켰고, 결국 남자를 가장으로 하는 가정으로 귀착되었다. 노예의 범위는 여성뿐 아니라 다른 포로나 천민으로 확대되었고, 소유혼은 결국 적에게서 빼앗은 포로가 아닌 여성으로도 확장되었다. 약탈적인 생활 환경에서 펼쳐진 경쟁의 결과, 한편에서는 강압에 의존하는 결혼 형태가, 다른 한편에서는 소유권의 관습이 출현했다. 두 제도는 최초의 발전 단계에서는 구별되지 않는다. 두 제도 모두 성공한 남성들이 그들의 공훈을 지속 가능한 행태로 보여줌으로써 용맹을 입증하려는 욕망에서 출현했기 때문이다. 결혼과 소유권은 모든 약탈 공동체에 만연한 정복 성향을 부추긴다는 공통점도 있다. 소유권 개념은 여성에 대한 소유권에서 여성의 산업적 활동에 따른 생산물을 포함하는 방향으로까지 확대되었고, 마침내 사람에 대한 소유권뿐 아니라 사물에 대한 소유권도 등장했다.

재화를 대상으로 한 소유권 제도는 이런 방식으로 일관성을 갖췄다. 그리고 발전의 최종 단계에 이르면 소비를 위한 재화의 유용성이 그 가치의 가장 두드러지는 요소가 되지만, 그럼에도 부(富)는 소유자의 우월성을 보여주는 명예로운 증거로서의 효용을 결코 상실하지 않았다.

***

사유재산 제도가 있는 사회에서의 경제적 과정은 그 발전 상태가 아무리 미미하더라도, 재화의 소유를 둘러싸고 벌어지는 남성들 사이의 투쟁이라는 성격을 띠게 마련이다. 전통적인 경제 이론에서는 부를 획득하려는 투쟁의 본질은 생존을 위한 투쟁이라고 주장하는데, 이러한 경향은 고전학파 경제학의 근대화된 교리를 가장 흔들림 없이 신봉하는 학자들[4]에게서 특히 두드러진다. 그러나 이러한 생존 투쟁은 대부분 효율적이지 못했던 초기 생산적 활동 단계의 특징이라고 봐야 한다. 그것은 또한 너무도 '빈약한 자연환경'으로 인해 생존 수단을 얻으려고 끊임없이 고투해야만 생계를 겨우 유지할 수 있었던 모든 공동체의 특징이기도 하다. 그러나 발전도상에 놓인 모든 사회에서는 기술 발전의 초기 단계를 뛰어넘는 진보가 이뤄졌다. 산업적 효율이 크게 개선된 사회는 산업적 과정에 참여하는 사람들에게 최소한의 생계 보장을 뛰어넘어 상당한 여유분을 제공할 수 있었다. 그러므로 경제학자들이 생산의 이처럼 새로운 기초 위에서 부의 획득을 놓고 더욱 치열하게 벌어지는 투쟁을 더 안락한 삶을 위한 경쟁으로, 특히 재화의 소비를 통해 얻을 수

---

4) 이는 베블런 당대의 '한계(margin)' 개념에 근거해 고전학파 경제학의 주요 주장을 옹호하는 학자들을 지칭하는 것으로 보인다. 한계생산성 개념을 중심으로 자본주의 시스템의 소득분배를 옹호하는 당대의 대표적인 경제학자로는 베블런의 스승이었던 존 베이츠 클라크가 있다.

있는 물질적 안락을 더 높이려는 경쟁으로 해석하는 것도 이상하지는 않다.

부를 획득하고 축적하는 것의 목표는 그렇게 축적한 재화를 소비하는 데—재화의 소유자 자신에 의한 직접적인 소비든, 소유자에게 딸려있어서 그가 느끼기에 소비라는 목적상 자신과 동일시되는 가족에 의한 소비든—있다는 게 통념이다. 소비는 적어도 재화의 획득을 경제적으로 정당화해주는 목표로 느껴지며, 경제 이론도 그것만을 고려해야 하는 것으로 간주된다. 물론 이러한 소비는 소비자의 물질적 욕구나 물질적 안락, 이른바 좀 더 높은 차원의 욕구를—정신적·심미적·지적 욕구 등의 여러 욕구를—충족하는 데 기여해야 한다. 이때 후자의 욕구는 경제학 독자들에게 잘 알려진 것처럼 재화의 지출을 통해 간접적으로 충족된다고 상정된다.

재화의 소비가 축적을 변함없이 지속할 유인을 제공한다고 말할 수 있으려면 소비에 관한 단순한 해석에서 어느 정도 벗어날 필요가 있다. 소유권의 뿌리에 놓여있는 근본적인 동기는 경쟁심(emulation)이다. 경쟁심의 동기는 그것이 발생시킨 소유권 제도를 더욱 발전시키고 이 소유권 제도와 관련된 사회구조의 모든 특징을 발전시키는 과정에서도 계속해서 적극적인 역할을 담당한다. 부의 소유는 서열을 가르고 시샘을 유발하기 때문에 명예를 선사한다. 재화의 소비와 부의 획득 그리고 무엇보다도 부의 축적과 관련해, 다른 어떤 유인보다도 강력한 자극이 바로 경쟁심이다.

거의 모든 재화가 사적 소유물인 사회에서 생계유지의 필요성은 가난한 구성원에게 강력하고 항구적인 유인으로 작용한다는 점을 간과해서는 안 된다. 관습적으로 육체노동에 종사하고 생계의 기반이 불안정하며 모아놓은 재산도 많지 않은 계급에는 생존의 욕구와 물질적 안락의 증대 욕구가 한동안은 재화 획득의 지배적인 동기가 될 것이다. 그러나 앞으로 확인하겠지만 가난한 계급조차 물질적 필요의 충족이 흔히 추정되는 것처럼 그렇게 결정적인 동기는 아니다. 한편 부의 축적에 주된 관심을 쏟는 사회 구성원이나 계급에 생존이나 물질적 안락의 유인이 차지하는 비중은 미미하다. 소유권은 생계유지를 위한 최소한의 조건과 무관한 기초 위에서 발생했고, 인간에게 고유한 제도로까지 발전했다. 소유권의 지배적인 유인은 처음부터 부가 부여하는 시샘 유발적 구별에 있었으며, 일시적인 예외를 제외한다면 이후의 모든 발전 단계에서도 다른 동기에 우위를 빼앗기지 않았다.

재산은 성공적인 약탈의 기념물인 전리품에서 시작되었다. 어떤 집단이 원시 공동체 조직에서 거의 벗어나지 않는 한, 그리고 다른 적대적인 집단과 여전히 밀접하게 접촉하고 있는 한 소유한 물건이나 사람의 효용은 주로 그것을 소유한 자와 그것을 빼앗긴 상대 사이에 서열을 매기고 시샘을 유발하는 비교에서 비롯된다. 개인의 이익과 그가 속한 집단의 이익을 나눠 생각하는 습관은 확실히 나중에 생겼다. 집단 내의 명예로운 전리품을 소유한 사람과 그렇지 않은 이웃 사이에 서열을 매기고 시샘을 유발하는 비교는 초기 단계에도 있었다. 다만 그러한 비교는 소유한 물건의 효용을 낳는 요인이기는 했지만, 처음에는 소유한 물건의 가치를 결정하는 주요한 요인이 아니었다. 한 남성의 용맹은 기본적으로는 집단의 용맹으로 간주되었고, 전리품의 소유자는 무엇보다도 그가 속한 집단의 명예를 수호하는 자로 인식되었다. 이처럼 공훈을 집단의 관점에서 높게 평가하는 것은 이후의 사회 발전 단계에도 남아있는데, 전쟁 영웅에게 바치는 월계관이 대표적이다.

그러나 개인의 소유권이 관습으로 굳어지기 시작하면서 사유재산의 토대인 시샘을 유발하는 비교를 행할 때 사람들이 취하는 관점도 변화하기 시작한다. 사실 한쪽의 변화는 다른 쪽의 변화를 반영한 것이다. 소유권의 초기 단계, 즉 단순히 포획과 강탈에 기반한 부의 획득 단계가 사유재산(노예)에 기초한 초기 산업 조직의 후속 단계로 넘어가기 시작한다. 이때부터 집단은 자급자족적인 산업 공동체로 발전하고, 재산은 습격이 성공했다는 증거가 아니라 공동체 내에서 재산 소유자가 다른 개인보다 우위에 있다는 증거로 평가받는다. 이제 서열을 매기고 시샘을 낳는 비교가 재산 소유자와 집단 내 다른 구성원을 가르는 기본적인 준거로 등장한다. 재산은 여전히 전리품의 성격을 지니지만, 문화가 발전하면서 유목 생활의 준(準)평화적 방식에 따라 집단 구성원 사이에 벌어지는 소유권 게임에서 거둔 성공의 전리품으로 바뀌기 시작한다.

산업적 활동이 공동체의 일상과 사람들의 사고 습관을 지배하던 약탈적 활동을 점진적으로 대체함에 따라, 축적된 재산은 약탈적 공훈의 전리품을 대신해 우월과 성공을 대표하는 관습적인 지표의 자리를 차지한다. 따라서 정주 산업이 성장함에 따라 부의 소유는 명성과 존경을 얻는 관습적 기반으로서 그 중요성과 영향력이 상대적으로 커진다. 그렇다고 해서 용맹을 입증하는 좀 더 직접적인 다른 증거에 근거해 존경을 얻어내지 못하는 것은 아니다. 성공적인 약탈적 침략과 호전적인 공훈이 군중의 승인과 찬사를 불러일으키거나, 성공하지 못한 경쟁자들의 시기심을 자극하는 것도 중단되지 않는다. 그러나 우월한 힘을 이렇게 직접 표현함으로써 구별을 얻어낼 기회는 범위와 빈도 모두에서 점점 줄어든다. 동시에 산업적 차원에서 공격성을 발휘할 기회나 유목업이라는 준평화적 방법으로 재산을 축적할 기회가 범위와 이용 가능성이라는 측면에서 늘어난다. 이제는 영웅적이거나 고결한 위업과 별개로, 재산이 소유자에게 명성을 안겨줄 성공의 가장 대표적인 증거가 되었다는 점에 더욱 주목할 필요가 있다. 이리하여 재산은 존경의 관습적인 근거가 된다. 사회에서 존경받을 수 있는 위치를 차지하려면 재산을 상당히 소유해야만 한다. 명성을 유지하려면 재산을 획득하고 계속해서 축적할 수 있어야만 한다. 이처럼 축적된 재화가 능력의 증거로 인정되면, 부의 소유는 존경을 얻는 데 결정적으로 중요하고 독자적인 토대가 된다. 재화의 소유는 노력을 통해 공격적으로 획득한 것이든 상속을 통해 수동적으로 물려받은 것이든 훌륭한 명성의 관습적 기초가 된다. 부의 소유는 처음에는 효율의 증거로 단순하게 평가되었지만, 시간이 지남에 따라 대중에게 그 자체로 명예로운 행동으로 인식된다. 이제 부는 그 자체가 내적으로 명예로운 것이 됨으로써 소유자에게 명예를 안겨준다. 부의 개념이 더욱 정교해짐에 따라 오늘날에는 상속을 통해 조상에게서 수동적으로 획득한 부가 소유자의 노력으로 획득한 부에 비해 더욱 명예로운 것으로 간주된다. 그러나 이러한 구별은 금전 문화의 진화 과정 중 후기 단계에

유한계급론

속하는 것으로, 앞으로 적당한 자리에서 살펴볼 것이다.

부의 소유가 보편적인 존경과 떳떳한 사회적 지위를 가능케 하는 토대로 정립되더라도, 용맹과 공훈은 대중에게서 가장 큰 존경과 인기를 이끌어내는 기초로서 여전히 남아있을 것이다. 약탈 문화의 규율에 따라 오랫동안 살아온 사람들의 사고 습관 속에 약탈적 본능 및 그에 따른 약탈적 능력에 대한 찬양이 깊이 새겨져 있기 때문이다. 대중의 평가에 따르면 인간이 도달할 수 있는 최고의 영예는 여전히 전쟁에서 엄청나게 영웅적인 성과를 내거나, 정치에서 전쟁 때에 준하는 약탈 본능을 효과적으로 드러냄으로써 얻을 수 있다. 그러나 공동체에서 명예로운 지위를 일상적으로 차지하려는 목적을 위해서는 재화의 획득과 축적이 이들을 대신한다. 사회 구성원의 존경을 얻으려면 관습적 기준에 어느 정도 부합하는 부를 확보하는 것이 반드시 필요하다. 이는 초기 약탈 문화 단계에서 야만 시대 남성들이 소속 부족의 존경을 얻으려면 부족 구성원의 기준에 부합하는 신체적 강인함과 지략 그리고 무기를 다루는 기술을 갖춰야 했던 것과 같은 이치다. 어떤 단계에서는 일정 수준의 용맹이, 또 다른 단계에서는 일정 수준의 부가 명성을 유지하기 위한 필요조건이며, 정상적인 수준을 뛰어넘어 용맹을 발휘하고 부를 축적하면 크게 칭송받는다.

그들의 용맹이나 재산이 이처럼 애매하지만 관습적으로 실존하는 기준에 미치지 못하는 사회 구성원은 동료 남성들의 존경을 받지 못한다. 이러한 상황에서는 그들도 자신을 존중하지 못하는 결과가 발생한다. 왜냐하면 주변 사람들이 주는 존경이야말로 자존감

(self-respect)의 통상적인 토대이기 때문이다. 동료들에게 경멸당하면서도 자존감을 오랫동안 유지할 수 있는 사람은 비정상적으로 일탈적인 기질을 지닌 이들뿐이다. 이러한 원칙의 예외도 있는데, 대표적인 경우가 바로 종교적 신념이 아주 강한 사람들이다. 그러나 이들도 진정한 예외라고 할 수는 없는데, 그들의 행동을 지켜보고 승인해주는 초자연적인 존재를 필요로 하기 때문이다.

따라서 재산 소유가 집단 구성원의 존경을 얻는 기초가 됨에 따라, 재산 소유는 또한 우리가 자존감이라고 흔히 부르는 자기만족의 필수 조건이 되었다. 재산을 각자가 소유하는 사회에서 사람들이 마음의 평안을 유지하려면 자신과 같은 계급에 속한다고 여기는 사람들에게 뒤처지지 않을 만큼의 재산을 소유하는 것이 필요하다. 그리고 다른 사람보다 더 많이 소유하는 것은 커다란 기쁨이 된다. 그러나 어떤 사람이 재화를 새롭게 획득하고 그에 따른 부의 새로운 표준에 익숙해지면, 새로운 표준은 예전의 기준보다 더 큰 만족감을 줄 수가 없다. 어떤 경우든 현재의 금전적 표준(pecuniary standard)을 출발점으로 삼아 부를 더욱 늘리려는 부단한 경향이 있기 때문이다. 이러한 경향은 다시 이웃과의 비교 속에서 충족의 표준(standard of sufficiency)을 새롭게 마련하거나 금전적 경쟁에서 자신의 위치를 새롭게 자리매김하는 결과를 낳는다. 그런 점에서 축적의 목적은 재력의 측면에서 공동체의 다른 구성원에 비해 높은 지위를 차지하는 데 있다. 금전적 비교에서 뒤처지면, 정상적이고 평균적인 개인도 자신의 불운을 탓하며 만성적인 불만 속에서 살아갈 것이다. 만약 이 사람의 재산이 그가 살아가는 사회나 그가 속한

계급의 정상적인 표준에 도달하면, 그때부터는 자신과 평균적 표준의 재산 격차를 계속해서 벌리려는 끊임없는 긴장에 시달린다. 이렇게 서열을 매기고 시샘을 유발하는 비교는 이를 행하는 개인에게도 결코 바람직하지 않다. 왜냐하면 그는 금전적 명성을 얻으려는 투쟁에서 자신이 경쟁자들보다 계속해서 우위에 있다고 흔쾌하게 평가하지 못할 것이기 때문이다.

사안의 이러한 성격에 비춰볼 때 부에 대한 욕망은 어떤 경우에도 충족되기 어려우며, 부에 대한 평균적이거나 일반적인 욕망을 충족시키는 것도 불가능할 것이 분명하다. 부가 아무리 넓게, 균등하게, '공정하게' 분배되더라도 사회 전체 차원에서 달성되는 부의 보편적인 증가가 이러한 필요를 충족할 수는 없다. 왜냐하면 이러한 필요의 토대가 바로 다른 모든 사람을 뛰어넘는 수준으로 부를 축적하려는 모두의 욕망이기 때문이다. 흔히 추정하듯이 축적의 동기가 생계나 물질적 안락을 위한 욕구라면 해당 사회의 전체적인 경제적 욕구는 산업적 효율이 개선되는 어느 시점에서 충족될 수 있을 것이다. 그러나 이때의 투쟁은 본질적으로 서열을 매기고 시샘을 유발하는 비교에 근거해 명성을 놓고 벌어지는 경주이기 때문에, 특정한 수준을 충족시키는 것은 불가능하다.

그렇다고 해서 재산으로 타인을 능가하고 이웃의 찬탄과 선망을 얻으려는 욕망 이외에 재산의 획득과 축적을 위한 다른 유인이 전혀 없다는 것은 아니다. 근대 산업사회에서는 축적 과정의 모든 단계마다 결핍으로부터 더 많은 안락과 안정을 얻고자 하는 욕망이 경제활동의 동기로 존재한다. 하지만 이러한 측면에서 충족의 표준은 다시 금전적 경쟁의 습관에 크게 영향을 받는다. 이러한 경쟁심은 개인적인 안락이나 근사한 생활을 위한 지출 방법과 지출 대상의 선택에 상당한 영향을 미친다.

여기에 더해 부에 의해 부여되는 권력도 재산 축적의 동기를 제공한다. 인간은 행위자로서의 성격을 지니기 때문에 목적을 가지고 활동하며 모든 무용(無用)한 노력을 혐오하는 성향이 있다. 소박한 원시 공동체 문화 속에서 살아가는 개인은 자신이 삶과 긴밀히 연결되어 있는 집단과 미분화되고 분석 불가능한 연대를 삶의 지배적인 특징으로 갖는다. 인간이 원시 공동체를 벗어나더라도 이러한 성향은 지속된다. 인간이 협소한 의미에서의 자기이익 추구가 생활의 지배적 기조를 이루는 약탈적 단계로 접어들더라도, 이러한 성향은 그의 생활체계 곳곳에 스며들어 있는 보편적 특색으로서 여전히 유지된다. 성취를 좋아하고 헛된 노력을 싫어하는 성향은 계속해서 중요한 경제적 동기가 된다. 이러한 성향은 그 표현 형태와 그 성향으로 인해 에너지를 쏟는 직접적인 대상만 바뀔 뿐이다. 개인 소유 체제에서는 목적을 확실하게 달성하기 위해 가장 유용한 수단이 재화의 획득과 축적을 통해 확보될 수 있다. 그리고 인간과 인간 사이의 자기중심적인 대립이 좀 더 완전하게 발전함에 따라, 성취를 갈구하는 성향은—장인 본능은[5]—금전적 성취에서 남들을 능가해야 한다는 압박으로 점차 구체화되는 경향을 보인다. 이때 상대적 성공은 서열을 매기고 시샘을 낳는 금전적 비교로 판단되기 시작하고 행동의 관습적 목표가 된다. 그 결과 이제는 다른 사람들과의 비교 속에서 거두는 성공이 노력의 정당한 목표로 인정받았

유한계급론

고, 헛된 노력, 곧 무용성에 대한 혐오감도 경쟁의 자극과 어느 정도 조화를 이룰 수 있었다. 이 감정은 금전적 성공의 측면에서 방해가 되는 모든 단점과 그 단점의 모든 증거를 신랄하게 비난하도록 부채질함으로써 재력으로 명성을 얻으려는 투쟁을 격화시킨다. 이제 목적 달성을 위한 노력은 주로 축적된 부를 좀 더 신뢰할 만하게 보이도록 하거나 실제로 그런 결과를 빚어내려는 시도를 의미한다. 사람들로 하여금 부를 축적하게 만드는 여러 동기 중 범위와 강도 면에서 가장 두드러지는 것은 역시 금전적 경쟁의 동기다.

이 책에서는 다른 사람의 심기를 건드리고 불공평하다거나 불쾌하다는 감정을 이끌어낸다는 뜻이 담긴 '서열을 매기고 시샘을 유발하는(invidious)'이라는 표현을 사용하고 있다. 나는 이 용어를 통

---

5) 베블런은 인간의 행동과 생존, 나아가 발전에 있어 본능이 중요한 역할을 담당한다고 믿었다. 본능은 사람들의 타고난 능력으로, 사람들에게 목표를 제공하고 특정한 방향으로 행동하게끔 영향을 미친다. 그는 인간에게 크게 두 가지 유형의 본능이 있다고 주장한다. 자기를 앞세우는 '자기중심(self-regarding) 본능'과 자신이 속한 집단을 앞세우는 '집단 고려(group-regarding) 본능'이 그것이다. 전자에는 자기보존 본능, 자기과시 본능, 약탈 본능 등이, 후자에는 부모 본능, 장인 본능, 한가한 호기심 본능 등이 속한다. 베블런은 두 유형의 본능이 서로 독립적이지도 고립적이지도 않다는 점, 이들이 때로는 서로를 강화하고 때로는 충돌하며 인간의 행동에 영향을 미친다는 점을 강조한다. 베블런에 따르면 인간 종의 생존과 발전을 위해서는 장인 본능이 잘 발휘되어야 하는데, 인간이 유용한 것을 행하면 내적인 즐거움을 느끼도록 진화해왔던 것이 이 점과 관련이 있다. 《유한계급론》은 이처럼 개인의 생존 및 공동체의 발전에 필수적인 장인 본능이 금전적 경쟁으로 오염되고 왜곡되는 과정을 묘사한다. 본능에 관한 베블런의 관심은 《유한계급론》 발간 이후에도 계속되었는데, 좀 더 상세하고 구체적인 논의는 1914년 출간된 《장인 본능: 그리고 산업 기술의 상태(The Instinct of Workmanship: And the State of the Industrial Arts)》에서 펼쳐진다.

해 주목한 현상을 격찬하거나 권장할 의도도, 폄하하거나 개탄할 의도도 없음을 밝힌다. 이 용어는 기술적(technical) 의미로 사용된 것이다. 즉, 상대적 중요성이나 가치의 측면에서 심미적이거나 도덕적인 의미로 평가하고 서열을 매길 목적으로 사람들을 비교하는 현상을 묘사하려고, 그리고 사람들이 자신과 타인에게서 합당한 평가를 받고 있는가와 관련해 느끼는 상대적 만족감의 정도를 판정하고 규정하려고 사용되었다. 서열을 매기고 시샘을 유발하는 비교는 사람들을 가치의 관점에서 평가하는 과정이다.

과시적 여가

지금까지 간략하게 설명한 금전적 분투는 다른 경제적 힘이나 경쟁적 과정의 다른 특징에 의해 방해받지 않는다면 사람들을 근면하고 검소하게 만드는 결과로 직결될 것이다. 흔히 생산적 노동을 통해 재화를 획득하는 하층계급에는 이러한 결과가 실제로 발생했다. 이런 사정은 농업적 산업 단계에 놓인 정주 공동체 속 노동계급에 특히 타당하다. 이때는 재산의 세분화가 꽤 진전되었고 노동계급이 농업 생산물 중 어느 정도 일정한 몫을 확보할 수 있도록 법과 관습이 뒷받침해줬기 때문이다. 하층계급은 어떤 경우에도 노동을 피할 수 없으며, 따라서 노동의 오명(汚名)은 적어도 해당 계급 내에서 그리 모욕적이지는 않다. 오히려 노동은 그들이 인정받고 용인되도록 해주는 생활양식(mode of life)이므로, 그들은 일을 효율적으로 수행한다는 평판 속에서 경쟁심의 충족과 함께 자부심을 느낀다. 이 점에서 노동은 흔히 그들에게 열려있는 유일한 경쟁의 길이 된다. 생산적 효율과 검약의 영역에서만 부를 획득하고 경쟁할 수 있는 사람들은 금전적 명성을 위한 분투를 통해 근면과 절약이 어느 정도 향상될 수 있을 것이다. 그러나 아직까지 언급되지 않은 경쟁 과정의 이차적 특징으로 인해, 근면과 절약을 추구하는 방향으로 펼쳐지는 경쟁은 금전적으로 우월한 계급은 물론 금전적으로 열등한 계급 사이에서도 크게 억제되고 변형된다.

그러나 이 책에서 우리가 관심을 가지는 일차적인 대상인 우월한 금전 계급(pecuniary class)의 경우는 사정이 다르다. 우월한 금전 계급에도 근면과 검약의 동기가 없는 것은 아니다. 그러나 금전적 경쟁의 이차적 요구가 그들의 행동을 크게 제약하게 마련이므로 근면이나 검약을 향한 모든 성향은 현실적으로 위축될 수밖에 없고, 결국 근면의 어떤 자극도 효과를 발휘하지 못한다. 금전적 경쟁에서 가장 광범위하고도 긴급한 이차적인 요구는 생산적 노동의 자제라는 필요조건이다. 이것이 가장 두드러지는 시대는 야만 문화 단계다. 약탈 문화가 지배적인 기간에는 노동을 인간의 사고 습관 속에서 나약함이나 주인에 대한 복종과 결부시킨다. 그러므로 노동은 열등함의 표시로, 따라서 최고의 지위에 있는 사람에게는 어울리지 않는 것으로 간주된다. 노동은 이러한 전통으로 인해 비천한 것으로 여겨지는데, 이 전통은 결코 사라지지 않는다. 그와는 반대로, 이 전통은 사회적 분화의 진행과 함께 만고불변의 관습이자 자명한 진리로서의 힘을 얻는다.

사람들의 존경을 얻고 유지하려면 부나 권력을 단지 소유하는 것만으로는 충분치 않다. 존경은 증거를 토대로 해서만 얻어지는 것이므로, 부나 권력은 증거를 보여야 한다. 그리고 부의 증거는 다른 사람들에게 자신의 중요성을 각인시키고 자신의 중요성에 대한 그들의 감각이 생생하고 기민하게 유지되도록 할 뿐만 아니라, 자기

유한계급론

자신에 대한 만족감을 쌓아나가고 보존하는 데도 쓸모가 있다. 가장 낮은 단계를 제외한 모든 문화에서, 보통 사람은 '품위 있는 주변 환경'과 '비천한 직무'의 면제를 통해 위안을 얻고 자존감을 유지한다. 품위의 습관적인 표준에서 멀어지도록 강요받는 것은 그것이 특정한 생활용품과 관련한 것이든 일상에서 벌어지는 모든 활동에 관련한 것이든 동료들의 찬성이나 반대에 대한 의식적인 고려와는 별개로, 인간적인 존엄에 대한 모욕으로 느껴진다.

인간의 생활 방식과 관련해 비천한 것과 고귀한 것을 가르는 고대적 관점의 구별은 심지어 오늘날에도 그 힘을 유지하고 있다. 그래서 상층계급 중 비천한 형태의 노동에 대해 본능적인 혐오감을 지니지 않은 사람은 거의 없다. 우리의 사고 습관 속에는 비천한 노고와 관련되는 것으로 여겨지는 업무에서 특별한 정도의 의례적 부정(儀禮的 不淨, ceremonial uncleanness)을 느끼는 감각이 있다. 고상한 감각을 지닌 사람들은 특정 직무에서 영적 오염이 불가피하다고 느끼고 관습적으로 하인을 요구한다. 비속한 환경, 누추한(즉, 값싼) 주거, 비천한 생산적 업무는 즉각적으로 비난받고 기피된다. 이런 것은 정신적 차원에서 만족스러운 생활, 즉 '고상한 사고'와 양립할 수 없다. 그리스 철학자들의 시대부터 현재에 이르기까지, 사려 깊은 사람들은 여가를 어느 정도 누리는 동시에 인간 생활의 일상적 목적에 직접적으로 기여하는 산업적 과정과의 접촉에서 어느 정도 면제받는 것이 가치 있거나 아름답거나 심지어 완전무결한 인간적 삶의 전제 조건이라고 믿었다. 여가를 누리는 삶은 문명화된 모든 사람의 눈에 아름답고 고상한데, 이는 그 자체로도 그렇고 그것이 초래하는 결과로도 그렇다.

여가와 부의 다른 증거가 부여하는 이처럼 직접적이고 주관적인 가치는 아마도 대부분 이차적이고 파생적일 것이다. 이러한 가치의 일부는 여가가 타인의 존경을 얻으려는 수단으로서 갖는 효용의 반영이며, 또 다른 일부는 노동을 정신적 활동으로 대체한 결과다. 노동의 수행은 관습상 열등한 힘의 증거로 간주되었다. 여기에 복잡한 것을 단순화하는 심리가 더해지면서, 노동 그 자체는 본질적으로 비천한 일이라고 간주되는 결과가 발생했다.

엄밀한 의미에서의 약탈적 단계에서는, 그리고 특히 그 뒤를 이은 준(準)평화적인 초기 산업 발전 단계에서는 여가 생활이 금전적 힘, 따라서 우월한 힘을 보여주는 가장 손쉽고도 결정적인 증거가 되었다. 여가를 즐기는 신사가 항상 여유롭고 안락하게 사는 것이 분명하다면 말이다. 이 단계에서 부는 주로 노예로 구성되며, 부와 권력의 소유에서 발생하는 편익은 주로 노예가 제공하는 개인적인 봉사와 이러한 봉사에서 비롯된 직접적 생산물의 형태를 취한다. 따라서 노동에 대한 자제를 과시하는 것은 우월한 재력을 확보했다는 관습적인 표시이자, 존경받을 만하다는 관습적인 지표가 된다. 이와 반대로 생산적 노동에 종사하는 것은 가난하고 종속되어 있다는 표시이므로, 공동체에서 존경받는 위치와 양립할 수 없다. 따라서 금전적 경쟁이 만연한 상황에서 근면과 절약의 습관이 일관되게 개선되기를 기대하기는 어렵다. 오히려 이러한 종류의 경쟁은 생산적 노동의 참여를 수치스럽게 여기도록 하는 결과를 간접적으로 초래한다. 노동은 초기 문화 단계에서 전해져 내려온 고대의 전통에 따라 불결하다고 간주되지는 않더라도, 가난의 증거라는 점에서 불명예가 될 수밖에 없다. 약탈 문화로 대표되는 고대의 전통에서 생산적 활동은 신체가 건장한 남자들에게 어울리지 않는 것이므로 기피되었다. 그리고 이러한 전통은 약탈적 생활체계에서 표면상 평화로운 준평화적 생활 방식으로 이행하는 과정에서 없어지기는커녕 더욱 강화되었다.

유한계급 제도는 생산적 활동에 따라붙었던 불명예에 힘입어 개인 소유권이 최초로 출현하는 과정에서 함께 등장했다. 그러나 그렇지 않았더라도 유한계급 제도는 소유권의 초기 귀결 중 하나로 어떻게든 등장했을 것이다. 그리고 이론상으로 유한계급은 약탈 문화의 시작 단계부터 존재했지만, 유한계급 제도가 새롭고 완전한 의미를 갖는 것은 약탈 문화에서 금전 문화 단계로 이행할 때부터라는 점에도 주목할 필요가 있다. 이때부터 '유한계급'은 이론 속에서는 물론 사실로도 존재하게 되었다. 유한계급 제도는 이때를 기점으로 완전한 형태를 갖췄을 것으로 추정된다.[1]

엄밀한 의미의 약탈 문화 단계에서 유한계급과 노동계급 사이에 행해지는 구별은 어느 정도 의례적인 구별에 불과하다. 신체 건장한 남자들은 그들의 생각에 비천한 노역이라고 여겨지는 것이라면 무엇이든 애써 외면하려 했지만, 그들의 활동은 실제로 집단의 생존에 적지 않게 기여한다. 그 뒤를 잇는 준평화적 산업 단계는 새로 확립된 동산 노예제(chattel slavery)[2], 가축 떼, 목동과 양치기로 구성된 하인 계급이 일반적인 특징이다. 이 단계에서는 산업도 발전하는데, 그로 인해 공동체의 생계는 사냥이나 공훈으로 충분히 분류될 수 있는 다른 형태의 활동에 더는 의존하지 않을 수 있다. 이 시점부터는 모든 유용한 활동에서의 과시적인 면제가 유한계급의 생활에서 나타나는 대표적인 특징이 된다.

유한계급이 이처럼 성숙한 역사적 단계에서 통상 수행하는 특징적인 업무는 초기 단계의 형태와 대단히 유사하다. 그와 같은 업무에는 통치, 전쟁, 스포츠, 종교 의례가 있다. 골치 아픈 이론적 세부 사항에 집착하는 사람들[3]은 이러한 업무도 부수적으로는 그리고 간접적으로는 여전히 '생산적'이라고 주장할 것이다. 그러나 이때 중요한 것은 이러한 업무에 종사하는 유한계급의 평범하고 표면적인 동기가 확실히 생산적인 노력에 의한 부의 증대에 있지 않다

---

1) 18~19세기의 고전학파 경제학은 생산적 노동과 비생산적 노동을 구분하면서 소유자가 행한 생산적 노동이 소유의 정당성을 뒷받침하는 기초라고 봤다. 19세기 이후 분배를 둘러싼 자본과 노동의 대립이 본격화되면서 한계효용 이론은 생산적 노동과 비생산적 노동이라는 구분을 폐기하는 대신, 자본과 노동 모두 생산적이라고 주장하면서 고전학파 경제학을 비판적으로 계승했다. 이에 반해 베블런은 소유자인 유한계급이 생산적 노동을 행하지 않았음을 역사학적·진화론적으로 입증함으로써, 고전학파와 한계효용학파의 사유재산 옹호론과 소득분배 이론을 비판한다. 베블런에 따르면 한계효용학파의 주장은 역사적 진화와 맞지 않는다. 사회가 미개 단계에서 야만 단계로 이행하고 경제적 환경이 변화함에 따라 생산적 노동은 비천하고 가치 없는 활동으로 격하되었고, 이때부터 약탈적 공훈을 통한 삶이 선호되고 약탈을 통한 부의 축적과 소유가 본격화되었다는 것이다.

2) 동산 노예는 노예시장에서 매매가 자유롭게 이뤄지는 노예를 지칭하는데, 사람을 움직일 수 있는 재산, 곧 동산으로 취급해 상품으로 사고팔기 때문에 이와 같은 이름이 붙었다. 동산 노예는 토지에 묶여있고 토지의 거래에 따라 소유권이 옮겨가는 중세의 농노, 곧 부동산 노예와는 성격이 다르다.

3) 한계효용 이론을 토대로 모든 종류의 소득을 정당화하는 당대의 경제학자들을 지칭하는 것으로 보인다.

는 점이다. 다른 문화 단계와 마찬가지로 이 단계에서도 통치와 전쟁은 최소한 부분적으로 참여자들의 금전적 이득을 위해 수행된다. 그러나 이때의 금전적 이득은 포획이나 강탈 같이 명예로운 방법으로 얻어지는 것이다. 그와 같은 업무는 본성상 생산적 활동이 아니라 약탈적 활동이라고 할 수 있다. 사냥의 경우도 비슷하지만 차이가 약간 있다. 사회가 고유한 의미에서의 사냥 단계를 벗어나면 사냥은 두 가지 상이한 업무로 점차 분화한다. 사냥은 한편으로는 주로 이득을 위해 수행되는 교역이며, 여기에서 공훈의 요소는 사실상 부재하거나 이득을 취하는 산업이라는 오명을 불식시킬 만큼 충분하지 않다. 사냥은 다른 한편으로는 스포츠, 즉 약탈적 충동을 단순히 표출하는 행위다. 스포츠는 그 자체로는 눈에 띌 만한 금전적 자극을 제공하지 않는 대신 공훈의 요소를 어느 정도 분명하게 포함한다. 발달한 유한계급의 생활체계에 확실히 속하고 그 자체로 칭송될 만한 것이 바로 두 번째 발전 유형의 사냥으로, 이때 숙련된 솜씨에 관한 오명은 모두 불식된다.

노동을 자제하는 행동은 명예롭거나 칭송될 만한 선택일 뿐 아니라, 이제는 품위를 유지하기 위한 필수 조건이 된다. 부의 축적이 이뤄지는 초기 단계에서는 명성의 기초로서 재산이 강조되었는데, 이는 투박하고 노골적인 방식이라고 할 수 있다. 노동에 대한 자제는 부를 입증하는 전통적인 증거이고, 따라서 사회적 지위를 나타내는 전통적인 표시다. 부의 장점에 대한 이러한 강조는 여가에 대한 더욱 완강한 강조로 이어진다. 상징에 대한 상징은 그것이 상징하는 사물 그 자체를 상징한다(Nota notae est nota rei ipsius).[4] 인간 본성에 관해 잘 정립된 법칙에 따르면, 현행 관례는 이러한 관습적인 증거로서의 부에 주목함으로써 부 자체를 실질적으로 가치 있고 고귀한 것으로 인간의 사고 습관에 고정시킨다. 반면 생산적인 노동은 같은 과정을 통해 이중의 의미에서 본질적으로 무가치한 것이 되어버린다. 이러한 관례로 인해 노동은 공동체의 눈에는 명예롭지 못한 것으로, 고귀하고 자유로운 인간에게는 도덕적으로 용인될 수 없는 것으로, 그리고 가치 있는 삶과는 양립할 수 없는 것으로 전락한다.

노동에 대한 이러한 금기는 계급의 산업적 분화에 추가적으로 영향을 미친다. 인구밀도가 높아지고 약탈 집단이 정주 형태의 산업 공동체로 성장함에 따라, 소유권을 맡아서 다루는 권능이나 관습의 범위와 일관성도 확대된다. 이제 단순한 포획으로 부를 축적하는 것도, 마찬가지 논리로 무일푼의 고결한 사람이 산업적 활동을 통해 부를 획득하는 것도 불가능하다. 그들에게 남은 대안은 구걸을 하거나 궁핍하게 사는 것이다. 과시적 여가(conspicuous leisure)의 규범이 방해받지 않고 자유롭게 펼쳐지는 세상에서는 이류의 유한계급, 어떤 의미에서는 허울뿐인 유한계급이 출현하게 마련이다. 이 가짜 유한계급은 극도의 가난 속에서 결핍과 불편을 끌어안고 불안정하게 살

---

4) 이 문장에서 처음 언급한 '상징'은 부를 가리키는 것으로 보인다. 이때 부는 그 자체로 훌륭한 것이 아니라 궁극적인 가치인 공훈을 상징한다고 할 수 있다. 상징에 대한 상징은 '부의 상징으로서의 여가'를 의미하는 것으로 보인다. 여가는 표면적으로 부를 상징하지만, 여가에 사냥 등이 포함된다는 점에서 그 자체로 공훈의 성격을 띤다고 할 수 있다. 이 점에서 베블런의 라틴어 인용문은 부의 상징인 여가가 좀 더 궁극적인 것, 곧 공훈의 상징이라는 의미로 해석할 수 있다.

아가지만, 이득을 얻고자 몸을 굽히는 것은 그들의 도덕규범상 불가능하다. 좋은 시절을 보내다가 몰락한 신사와 숙녀는 오늘날에도 낯선 현상이 아니다. 비천한 육체노동에 대한 경멸감이나 수치심은 이처럼 곳곳에 만연한데, 이와 같은 감정은 덜 발달한 금전 문화[5]의 사람들은 물론 문명화된 시대의 사람들에게도 친숙하다. 오랫동안 상층계급의 관습에 익숙해져서 예민한 감수성을 지닌 사람들은 육체노동에 대한 수치심이 대단히 강하다. 심지어 생사가 걸려있는 심각한 상황에서도 '자기보존 본능'을 저버릴 정도다.

예를 들어 예법을 지켜야 한다는 압박으로 인해 손으로 음식을 집어 먹는 대신 굶어 죽는 쪽을 택했다는 폴리네시아제도 어느 추장의 이야기도 들려온다. 사실 이러한 행동은 적어도 부분적으로는 추장의 인격에 신성함과 금기를 지나치게 부여한 데서 비롯되었을 것이다. 이때의 금기는 그의 손을 통해 전염되는 것으로 여겨졌기에, 추장의 손이 닿은 것이라면 그 어떤 것도 인간이 먹기에는 부적합하다고 간주되었을 것이다. 그러나 금기 자체는 노동의 무가치함 또는 노동과 도덕 규범 사이의 양립 불가능성에서 유래한 것이다. 그러므로 이러한 의미에서 해석하더라도 폴리네시아 추장의 행위는 처음의 언급보다는 명예로운 여가의 규범에 훨씬 부합한다.

---

5) "덜 발달한 금전 문화"는 베블런의 독특한 시대 구별이 담긴 표현이다. 공장제 대공업 시대를 발달한 금전 문화로 규정한 베블런은 그 양상에 있어 현대의 금전 문화에 훨씬 미치지 못하지만 기저에 흐르는 경쟁적이고 과시적인 성격이 면면히 이어진다는 점에 착안해, 야만 시대를 덜 발달한 금전 문화로 간주한다.

더 나은 사례 또는 최소한 오해의 여지가 없는[6] 사례로는 프랑스의 어느 왕에 관한 일화를 들 수 있다. 그는 훌륭한 예법을 준수하려는 의지가 지나친 나머지 목숨을 잃었다고 한다. 어느 날 화재가 발생했고 왕좌를 옮기는 시종이 자리에 없던 상황에서, 왕은 자신의 고상한 옥체가 회복할 수 없는 정도까지 타들어가는데도 고통을 호소하지 않고 앉아있었던 것이다. 그러나 그는 이러한 행동을 통해 '존귀하신 국왕 전하(Most Christian Majesty)'의 자리를 오욕(汚辱)에서 구할 수 있었다.

삶의 의미를 망각한 채 치욕스럽게 생명을 부지하는 것이야말로
세상에서 가장 큰 죄악임을 명심할지니.[7]

앞서 말했듯이 여기에서 사용한 '여가(leisure)'라는 단어는 게으름이나 비활동을 의미하지 않는다. 이 단어는 시간의 비생산적 소비를 뜻한다. 시간은 (1) 생산적 노동이 가치가 없고 하찮다고 느껴질 때, (2) 한가한 생활에 필요한 재력의 증거가 될 때 비생산적으로 소비된다. 이때 명예로운 여가는 유한계급 신사의 생활을 이상적인

---

6) 신성함이나 금기 등이 개입되지 않아 오해의 여지가 없다는 의미로 보인다.

7) 데키무스 유니우스 유베날리스(Decimus Junius Juvenalis)의 《풍자시집(Satires)》에 나오는 시의 한 구절이다. 유베날리스는 1세기 후반부터 2세기 초반까지 활동한 로마 시대 시인으로, 당대의 부패한 사회에 대한 분노를 격렬하게 표출한 것으로 잘 알려져 있다. 베블런은 칼턴칼리지 시절 고전교육을 배웠는데, 이때 그가 특별히 관심을 보였던 시인 중 한 명이 유베날리스였다.

틀 속의 일부가 되도록 해주는데, 그의 인생 전체가 관중의 눈앞에 펼쳐짐으로써 그들을 명예로운 여가의 장관으로 감동시키는 것은 아니다. 그의 삶 중 일정 시간은 대중의 시야에서 벗어나 있을 수밖에 없으며, 유한계급 신사는 그가 사적으로 보낸 부분에 대해 명성을 유지할 수 있는 그럴듯한 설명을 제시할 수 있어야 한다. 그는 관중의 눈앞에서 수행되지 않는 여가를 증거로 제시할 수 있는 방법을 찾아야 한다. 이것은 그렇게 수행된 여가의 결과물을 가시적이고 지속적으로 전시하는 간접적인 방식으로만 가능하다. 이는 유한계급 신사에게 고용된 수공예가나 하인 들이 그 신사를 위해 수행한 노동의 결과물을 가시적이고 지속적으로 전시하는 것과 유사한 방식으로 이뤄질 수 있다.

생산적 노동의 지속적인 증거는 물질적 생산물로서, 대부분 소비물품이다. 공훈의 경우에는 전리품이나 약탈품 같이 전시용으로 사용할 수 있는 모종의 가시적 결과를 얻는 것이 유사하게 가능하고 또 흔히 볼 수 있다. 다음 발전 단계에서는 공훈의 상징으로 명예의 휘장을 사용하는 관습이 등장했다. 이 휘장은 그것이 상징하는 공훈의 정도나 횟수도 나타낸다. 인구밀도가 높아지고 인간관계도 한층 복잡하고 다양해지면서 삶을 구성하는 모든 세부 사항은 정교화와 선별의 과정을 거친다. 이러한 정교화 과정에서 전리품의 사용은 서열·작위·지위·휘장 등으로 구성되는 서훈 체계로 발전하는데, 대표적인 사례가 바로 문장·메달·훈장이다.

경제적 관점에서 볼 때, 여가는 하나의 경제적 활동으로 간주될 수 있고, 착취의 삶과 대단히 비슷하다. 이때 여가 생활을 특징짓고 그것의 장식적인 기준이기도 한 성취는 공훈의 전리품과 공통점이 많다. 그러나 좁은 의미의 여가는 일반적으로 물질적 결과물을 남기지 않는데, 이 점에서는 공훈과 구별되고 내재적 유용성이 없는 물체에 노력을 기울인다는 점에서 표면상 생산적으로 보이는 활동과도 구별된다. 따라서 지나간 여가의 성과를 평가하는 기준은 일반적으로 '비물질적' 재화의 형태를 취한다. 지나간 여가에 대한 비물질적 증거는 학문이나 예술과 유사한 모습의 성과물로 제시되며, 인간의 생활 증진에 직결되지 않는 과정이나 사건에 대한 지식의 형태를 띨 때도 있다. 예를 들어 우리 시대에는 고대어, 신비학, 정확한 철자법, 구문론과 운율론, 다양한 형태의 실내악과 가정 예술, 의복이나 가구, 화장 도구의 최신 유행, 게임·스포츠·개·경주마 등의 품종개량 등에 관한 지식이 있다. 이 모든 지식의 가지를 맨 처음 돋아나게 하고 유행시켰던 최초의 동기는 누군가의 시간이 산업적 활동에 소비되지 않았음을 보여주려는 바람과 매우 달랐을지도 모른다. 그러나 이러한 결과물이 시간을 비생산적으로 소비했음을 쉽게 보여주는 증거로 승인받지 못했다면 그런 지식은 살아남지 못했을 것이고, 유한계급의 관습적인 교양이라는 지위도 확보하지 못했을 것이다.

이와 같은 결과물은 어떤 의미에서 학문의 분과로 분류될 수도 있다. 이러한 분류와 나란히, 그리고 그것을 넘어서서, 학문의 영역에서 신체적 습관이나 기량의 영역으로 점점 변해가는 좀 더 광범위한 사회적 사실도 있다. 예를 들어 예절과 가정교육, 세련된 화법, 예의범절, 공식적·제례적 의식 등으로 알려진 것을 들 수 있다. 이러한 종류의 사실은 훨씬 더 즉각적이고 두드러지게 눈에 띈다. 그러므로 이들은 높은 평판을 가져다줄 여가의 증거로서 널리 그리고 강력하게 강조되었다. 일반적으로 예절(manners)이라는 표제 아래 분류되는 모든 종류의 제례적 의식을 준수하는 것은 남성들의 명예와 관련해 아주 중요한 자리를 차지한다는 점에 주목할 필요가 있다. 이 점은 이후에 발전한 문화 단계보다 과시적 여가가 명성의 지표로 가장 각광을 받던 이전 문화 단계에서 특히 두드러진다. 준평화적 산업 단계의 야만인은 예의범절에 관한 한, 후대의 가장 세련된 남성들을 제외하고는 그 누구보다 교양이 높은 신사로 유명하다. 실제로 사회가 가부장제 시대로부터 멀어짐에 따라 예절이 계속해서 나빠졌다고 알려져 있거나 그렇게 믿어지고 있다. 많은 구식 신사가 근대 산업사회의 상층계급조차 예절이나 태도가 점잖지 못하다고 개탄해왔다. 그리고 예민한 감수성을 지닌 사람들은 엄밀한 의미에서의 산업 계급(industrial classes)에서 의례적 규범이 쇠락한 것이—또는 생활이 저속해진 것이—근대 문명이 초래한 최대의 해악 중 하나라고 믿었다. 생활에 쫓기는 바쁜 사람들에게서 보이는 규범의 쇠퇴는 모든 비난을 논외로 하면 예의범절이 유한계급 생활의 산물이자 모범이며, 신분제에서만 온전히 번성한다는 사실을 잘 보여준다.

예절의 기원이나 파생에 관한 규명은 이를 습득하는 데 많은 시간이 소비되었음을 보여주려는 예의 바른 사람의 의식적인 노력이 아니라 다른 곳에서 찾아야 한다. 혁신이나 정교화의 직접적인 목표는 아름다움이나 표현의 측면에서 새로운 시도가 낳는 효과를 높이는 데 맞춰져있다. 인류학자나 사회학자 들의 추정에 따르면 품위 있는 관습과 관련한 의례적 규범의 출발과 성장은 대부분 화해하거나 호의를 표시하려는 욕구에 기인하며, 이러한 최초의 동기는 이후 발전의 어느 단계에서든 예의 바른 사람의 행동에 대부분 남아있다. 예절은 부분적으로는 세련된 몸짓이고 부분적으로는 예전의 지배 행위와 개인적인 봉사 행위 또는 개인적 접촉 행위를 재현하는 상징적이고 관습화된 유풍(遺風)이다. 예절의 많은 부분은 신분 관계의 표현, 즉 한편에서는 지배를 나타내고 다른 한편에서는 복종을 나타내는 일종의 상징적인 무언극이다. 현재 약탈적인 사고 습관과 그에 따른 지배와 복종의 태도가 공인된 생활체계의 일부로 자리 잡은 모든 곳에서는 자질구레한 격식의 준수를 아주 중요하게 여기고 서열과 작위 관련 의례를 준수하려고도 최선을 다하는데, 이는 준평화적 유목 문화에 속했던 야만인의 이상에 버금간다고 할 수 있다. 유럽 대륙의 일부 나라는 이러한 정신적 유풍을 잘 보여주고 있다. 이와 같은 사회에서는 예절에 따르는 존중을 내적 가치가 있는 사실로 간주한다는 점에서 고대의 이상에 근접하고 있다.

예의범절(decorum)은 상징과 무언의 몸짓으로, 그리고 상징하는 사실과 자질의 모범으로서만 효용(utility)을 갖는 것으로 시작되었다. 하지만 현재는 사람들 사이의 교류에서 상징적 사실을 넘어서는 수준으로 변화했다. 예절은 현재 대중의 인식에 따르면 그 자체로 상당한 효용을 지니며, 애초에 그려졌던 실상과 별개로 신성한 성격을 새롭게 획득했다. 예의범절의 규범에서 일탈하는 것은 모든 사람에게 내적인 혐오감을 불러일으킨다. 반면 올바른 예의범절은 인간의 탁월함을 증명해주는 후천적인 표시일뿐 아니라 인간의 훌륭한 영혼에 깃든 필수적인 특징으로 간주된다. 예의범절에 어긋나는 행동만큼 우리에게 본능적인 혐오감을 일으키는 것도 없다. 우리는 예의의 의례적인 준수에 내재적 유용성을 부여하는 방향으로까지 나아갔으며, 그로 인해 예의에 어긋나는 사람을 보면 상당히 무가치한 존재라고 느낀다. 신의를 저버리는 행동은 용서받을 수 있지만, 예의범절을 어기는 행동은 용서받지 못한다. "예절이 사람을 만든다(Manners maketh man)."

이처럼 예절은 그것을 실행하는 사람이나 주시하는 사람에게 내적 유용성이 있는 것으로 인식된다. 그렇지만 예의범절의 내적 타당성에 대한 이러한 감각은 예절과 가정교육이 널리 성행하는 일차적인 근거에 불과하다. 그 이면의 경제적 근거는 여가 또는 시간과 노력의 비생산적 사용을 통해 명예를 얻는다는 점에서 찾을 수 있는데, 이러한 비생산적 사용 없이는 훌륭한 예절을 획득할 수 없다. 예법에 관한 지식과 습관은 오랫동안 시간을 들여야만 얻을 수 있다. 세련된 취향과 예절, 생활 습관은 상층계급의 일원임을 입증하는 유용한 증거다. 왜냐하면 훌륭한 예의범절을 익히려면 시간과 몰입과 돈이 필요하고, 따라서 시간과 에너지를 일에 빼앗기는 사람은 이를 누릴 수 없기 때문이다. 훌륭한 예법에 관한 지식은 행실이 좋은 사람의 사적인 생활 중 관중에게 노출되지 않는 시간도 금전적 이득이 없는 교양을 획득하려고 가치 있게 지출되었음을 한눈에(prima facie) 보여주는 증거다. 결국 예절의 가치는 여가 생활을 보여주는 증거라는 데 있다. 뒤집어 말하자면 여가는 금전적 명성을 얻는 관습적인 수단이므로, 금전적 품위를 조금이라도 갈망하는 사람이라면 예의범절에도 어느 정도는 정통해야 한다.

관중의 눈앞에서 보내지 않는 명예로운 여가 생활 중 상당 부분이 사람들의 존경을 이끌어낸다는 목적에 기여하려면, 구체적인 증거가 될 수 있는 가시적인 결과물을 남길 수 있어야 하고 명성을 갈망하는 경쟁자들이 전시하는 것과 같은 부류의 결과물로 측정되고 비교될 수 있어야 한다. 사람들에게서 존경을 이끌어내는 것은 어느 정도 여유로운 태도나 몸짓과 같이 노동을 단순히 자제하는 것인데, 이는 당사자가 노동의 자제를 의식적으로 마음에 두지 않고 화려함과 숙달의 여유로운 외양을 얻는 것에만 집중할 때도 마찬가지다. 여가 생활은 특히 이러한 방식으로 여러 세대에 걸쳐 지속됨으로써 당사자가 그것에 부합하는 데 지속적이고 확연한 결과를 남길 것이며, 그의 습관적인 태도나 행실에는 더 큰 영향을 미칠 것이 분명하다. 그러나 여가를 누적해가는 모든 생활을 사람들에게 암시하고 수동적인 습관화에 따라 모든 예절을 연마하는 것은 명예로운 여가의 표식을 익히고 부지런히 획득함으로써, 그리고 노동에서의 면제를 입증하는 이러한 후천적 표식을 엄격하고 체계적인 규율에 기초해 전시함으로써 더욱 향상될 수 있다. 노력과 지출을 이렇게 부지런히 늘리는 것이 유한계급의 예의범절(proprieties)을 능숙하게 구사하는 데 실질적으로 도움이 된다는 것은 분명하다. 역으로 능수능란의 정도가 클수록, 그리고 금전적 이익이나 여타 유용성과 직결되는 목적에 어떠한 도움도 되지 않는 관례에 익숙하다는 증거가 명백할수록 이를 얻으려고 더 많은 시간과 자산이 소요되며 그에 수반해 좋은 평판도 커진다. 그러므로 훌륭한 예절을 능숙하게 구사하려는 경쟁적 투쟁에서는 예의범절의 습관을 연마하는 데 많은 고통이 따른다. 그러므로 예의범절의 세목이 포괄적인 규율로 발전할 때 명성이 훼손되지 않기를 원하는 사람들은 이 규율에 순응할 것을 요구받는다. 다른 한편 예의범절을 파생시킨 이러한 과시적 여가는 점차 고된 품행 훈련과 취향 및 안목을 위한 교육으로 발전함으로써 어떤 품목을 어떻게 소비하는 것이 예법에 맞는지에 정통하도록 만든다.

이와 관련해 기민한 모방과 체계적인 훈련을 통해 병적일 정도로 특이한 사람이나 태도를 만들어낼 가능성이 세련된 계급을 의도적으로 생산하는 과정에서 고려되었으며, 종종 매우 만족스러운 결과를 가져왔다는 점에도 주목할 필요가 있다. 세간에 고상한 척하기(snobbery)라고 알려진 이런 식의 과정을 통해 여러 집안이 훌륭한 혈통과 가정교육의 압축적인 진화를 달성했다. 이렇게 명문가를 압축적으로 만들어내는 방식은 유한계급 사람이 되게 해준다는 점에서 금전적 예절 규범을 기르려고 더 길지만 덜 혹독하게 훈련한 사람들[8]에 못지않은 결과를 가져다준다.

게다가 품위 있는 소비 수단 및 방법과 관련해 최신의 공인된 격

---

8) 앞에서 언급된 진짜 상층계급 사람들, 즉 여가 생활을 여러 세대에 걸쳐 지속한 가문의 사람들을 뜻한다.

식 규범에 합치되는 정도를 측정해주는 기준도 있다. 이러한 측면에서 이상적인 기준에 어느 정도 합치되는지와 관련해 개인 사이의 차이를 비교할 수도 있고, 예절과 가정교육에 연속적인 척도를 부여함으로써 어느 정도 정확하고 효과적으로 사람들의 등급을 매기고 일람표를 작성할 수도 있다. 이 점에서 좋은 평판은 해당 사안과 관련해 통상 널리 인정되는 취향의 규범(canon)을 얼마나 성실하게 따랐는지에 근거해서 부여될 뿐, 평판 대상인 해당 후보자의 금전적 지위나 여가 수행 정도를 의식적으로 고려해 부여되는 것은 아니다. 그러나 좋은 평판을 부여하는 취향의 규범은 부단히 과시적여가 법칙의 지시를 받고, 이러한 법칙의 요구에 더 잘 순응하도록 지속적인 변화와 수정의 과정도 거친다. 따라서 안목(discrimination)의 일차적 근거는 다른 종류일 수 있지만, 올바른 예의범절의 대표적인 원리나 변치 않는 검증 기준은 여전히 시간의 실질적이고 명백한 낭비라는 필요조건인 것이다. 이 원리는 세부적으로 상당한 편차가 있을 수 있지만, 그것은 본질적인 차이가 아니라 형식 및 표현의 차이일 뿐이다.

일상적인 접촉에서 볼 수 있는 대부분의 공손한 행위는 당연히 배려와 친절한 호의의 직접적인 표현이며, 이러한 행동의 존재나 이에 대한 호감의 이유를 설명하려고 좋은 평판의 뿌리까지 거슬러 올라갈 필요는 없다. 하지만 예의범절의 규범은 그렇지 않다. 이와 같은 규범은 신분의 표현이다. 천한 일을 하는 사람이나 금전적으로 종속된 아랫사람을 향한 우리의 태도가 신분 관계에서 높은 쪽에 속한 윗사람의 태도라는 점이 주의 깊은 관찰자에게는 분명하게 드러날 것이다. 비록 이를 보여주는 방식은 지배를 노골적으로 드러내던 애초의 표현에 비해 크게 수정되고 순화되긴 하겠지만 말이다. 마찬가지로 윗사람에 대한 우리의 태도는, 그리고 동등한 사람에 대한 우리의 태도 중 상당 부분은 대체로 관습화된 복종의 마음가짐을 나타낸다. 고상한 신사 숙녀의 젠체하는 태도는 그들이 많은 것을 지배하고 경제적 자유를 누리고 있음을 증명하며, 무엇이 옳고 무엇이 품위 있는지에 관한 우리의 감각에도 분명하게 호소한다. 예절이 가장 완전하고 성숙한 모습으로 표출되는 것은 그들보다 윗사람도 동등한 사람도 거의 없는 최상위 유한계급 사이에서다. 그리고 그 아래 계급의 행동 규범이 되는 예절의 최종적인 형식을 부여하는 존재도 최상위 유한계급이다. 여기서 규범은 무엇보다 신분의 규범으로, 비천한 생산적 활동과 양립할 수 없다. 복종을 요구하거나 뒷일을 개의치 않는 데 익숙해진 사람들에게서 엿보이는 천부적인 뻔뻔함과 고압적인 정중함은 신사의 타고난 권리이자 그를 최고의 신사로 만드는 규범이다. 심지어 대중은 더 그렇게 생각하는데, 왜냐하면 이러한 처신이 우월한 가치의 내적 속성으로 용인되기 때문이다. 그로 인해 태생이 천한 평민은 그 앞에 기꺼이 머리를 조아리고 굴복한다.

***

앞 장에서 언급했듯이, 소유권 제도는 사람의 소유권, 특히 여성의 소유권과 함께 시작되었다고 믿을 만한 이유가 있다. 이처럼 사람을 재산으로 획득하려는 동기로는 (1) 지배하고 강제하려는 성향, (2) 이들이 소유자의 무용을 과시하는 증거로서 발휘하는 효용, (3) 이들이 제공하는 서비스의 효용을 들 수 있다.

개인 서비스는 경제 발전에서 독특한 위치를 차지한다. 준평화적 산업 단계에서는, 특히 초기 산업 단계에서는 사람을 재산으로 획득하는 주된 동기가 바로 이 개인적 봉사의 유용성이었을 것이다. 하인이나 종의 가치는 그들이 제공하는 서비스로 평가된다. 그러나 이 동기가 우위를 점하게 된 것은 하인을 소유함으로써 얻는 다른 두 가지 효용의 절대적인 중요성이 떨어졌기 때문은 아니다. 세 번째 목적의 효용을 두드러지게 만든 것은 그보다 변화된 생활 환경이었다. 여성과 그 밖의 노예는 부의 증거이자 부의 축적 수단으로서 가치가 높았다. 소속 부족이 유목 사회인 경우에는, 그들은 가축과 함께 이익을 목적으로 하는 통상의 투자 형태였다. 여성 노예제는 준평화적 문화 단계의 경제생활에 큰 영향을 미칠 만큼 중요했다. 그 결과 당대의 사람들 사이에서 여성은 가치척도의 역할까지도 담당했는데, 대표적으로는 호메로스의 시대[9]를 들 수 있다. 당시 산업 시스템의 기초가 동산 노예제였고, 여성은 통상 노예였을 것에는 의문의 여지가 거의 없다. 이러한 시스템에서 가장 널리 퍼

---

9) 호메로스(Homeros)는 고대 그리스의 대표적인 시인으로 서사시집《일리아스(Iliás)》
    와《오디세이아(Odýsseia)》의 작가로 잘 알려져 있다. '호메로스의 시대'란 두 서사시
    집의 사건 배경으로 추정되는 미케네 시대(기원전 1400~기원전 1200년경)을 가리
    키는 것으로 보인다.

진 인간관계는 주인과 종의 관계다. 많은 여성을 소유하는 것, 나아가 주인의 시중을 들거나 주인을 위해 재화를 생산하는 다른 노예를 소유하는 것이 부의 증거로 인정받았다.

곧이어 노동의 전문화, 곧 분업이 본격적으로 시작되었다. 이 과정에서 개인적인 봉사와 주인에 대한 시중이 일부 하인의 특별한 직무가 된 반면, 엄밀한 의미에서 산업적 업무에 전적으로 종사하는 사람들은 주인과의 직접적이고 인격적인 관계에서 점점 더 멀어진다. 동시에 집안일을 포함해 봉사를 담당하는 하인들은 이득을 얻으려고 수행하는 생산적 산업에 관한 일은 점차 면제받는다.

산업적 활동의 이처럼 점진적인 면제 과정은 일반적으로 아내 또는 본처(the wife or the chief wife)[10]에게서 시작된다. 사회가 정주 방식의 생활 습관으로 나아가면, 적대적인 부족을 공급원 삼아 아내를 포획해오던 관습을 지속하는 것은 현실적으로 어려워진다. 문화가 이렇게 발달한 곳에서 본처는 좋은 가문의 혈통(gentle blood)인 경우가 일반적이며, 그로 인해 비천한 노동의 면제가 한층 용이해진다. 좋은 가문의 혈통이라는 개념이 어떻게 출현했는지를, 그리고 결혼의 발전에서 어떤 위치를 차지하는지를 여기에서 논의할 수는 없다. 여기에서는 좋은 가문의 혈통이란 축적된 부나 중단되지 않는 특권과의 오랜 기간에 걸친 접촉을 통해 고귀해진 혈통이라

---

10) 베블런이 검토 대상으로 삼은 인류의 역사적 발전 과정에는 일부다처제 등 다양한 결혼 제도가 존재한다. 이를 모두 포괄하기 위해 '본처' 등의 표현을 같이 사용한 것으로 보인다.

고 말하는 것으로 충분하다. 이러한 조상을 둔 여성은 결혼 대상으로 선호되는데, 이는 결혼을 통해 그녀의 유력한 친척과 동맹 관계를 맺고 싶기 때문이고, 많은 부와 강력한 권력과 결부된 그녀의 혈통 자체에서 우월한 가치를 확인하기 때문이다. 그녀는 여전히 남편의 동산 노예가 될 것이다. 매입되기 이전에는 그녀의 아버지가 소유한 동산 노예였던 것과 마찬가지로 말이다. 그러나 그녀는 아버지의 고귀한 혈통을 물려받은 존재이기도 하다. 따라서 그녀로 하여금 동료 하녀들과 같이 비천한 노동에 종사하게 하는 것은 도덕적으로 용납하기 어렵다. 그녀가 주인에게 전적으로 예속되어 있고 그녀의 출신 가문과 동등한 사회계층의 남성 구성원보다는 열등하더라도, 혈통이 이어진다는 원리로 인해 그녀는 일반적인 노예의 위에 놓인다. 그리고 이 원리가 규범적인 권위를 획득하면, 그녀에게는 곧바로 상층계급의 핵심 표시인 여가의 특권이 어느 정도 부여될 것이다. 고귀한 혈통은 계승될 수 있다는 원리를 배경으로, 그녀를 소유한 남편의 부가 허용하는 한, 면제의 범위는 수공예 노동에서 비천하고 하찮은 가사 노동으로까지 확대된다. 산업이 발전하고 상대적으로 소수의 수중에 재산이 대규모로 모이면서, 상층계급의 부를 비교하는 관습적인 표준도 높아진다. 면제의 대상이 수공예 노동에서 하찮은 집안일(household cares)로 확대되던 동일한 경향이 본처가 아닌 아내와 주인 가까이에서 시중을 드는 다른 하인에게도 적용된다. 주인과의 거리가 먼 관계 속에 놓인 하인일수록 그러한 면제는 더디게 진행된다.

주인의 재력이 허락한다면 시종이나 몸종과 같은 특별한 하인 부류가 발달하는데, 이를 촉진하는 것은 개인적 봉사에 달라붙는 의미심장한 중요성이다. 이때 가장 중요한 것은 주인의 신체인데, 이 신체는 가치와 명예의 체현물이다. 높은 명망의 사회적 위치를 위해서도, 또 개인적인 자존감을 위해서도 유능하고 전문화된 하인을 곁에 두고 주인을 시중든다는 핵심 직무가 다른 부수적 직무에 의해 방해받지 않도록 하는 것이 중요하다. 전문화된 하인은 서비스를 실제로 수행한다는 목적보다는 남에게 과시한다는 목적에서 더 유용하다. 물론 주인은 단순히 과시만 하려고 하인을 두는 것은 아니며, 이들을 통해 자신의 지배 성향을 충족시키고 만족감을 얻을 수도 있다. 끊임없이 늘어나는 가재도구를 관리하려면 더 많은 노동이 요구되는 것은 사실이다. 그러나 가재도구의 증가가 일반적으로 안락을 얻기 위해서라기보다 좋은 평판을 얻기 위해서임을 고려하면 이 점은 크게 중요하지 않다. 이러한 온갖 방향의 유용성은 좀 더 전문화된 하인의 숫자를 늘림으로써 더 잘 충족될 수 있다. 그로 인해 업무가 계속해서 더욱 분화되고 시종과 몸종도 늘어나는데, 이러한 하인은 생산적 노동을 점차 면제받는다. 하인은 주인의 재력을 입증하는 증거가 될 수 있으므로, 그들의 집안일에 따라붙는 임무는 시간이 흐를수록 줄어드는 경향이 있으며 결국에는 명목상의 서비스만 제공한다. 주인 가까이에서 시중들며 사람들의 눈에 띄기 쉬운 하인이 특히 그렇다. 이들이 제공하는 효용의 상당 부분은 생산적 노동의 과시적인 면제와 이러한 면제를 통해 입증되는 주인의 부와 권력의 과시와 직결되기 때문이다.

과시적 여가를 이런 식으로 연출하려고 특별한 하인 집단을 부리는 관행이 어느 정도 진전됨에 따라, 남들의 눈에 띄는 서비스 영역에서는 여성보다 남성이 선호되기 시작한다. 남성은 여성보다 힘도 더 세고 값도 더 비싼데, 특히 제복을 입은 하인과 같이 건장하고 용모단정한 녀석들이 더욱 그렇다. 그들이 이 일에 더 적합한 것은 시간과 에너지를 더 많이 낭비하고 있음을 과시할 수 있기 때문이다. 그러므로 근면한 하녀를 거느리고 분주하게 살던 초기 가부장제 시절의 주부는 유한계급이 자리 잡은 시대에는 귀부인과 하인에게 자리를 내준다.

모든 계층과 모든 생활의 영역에서, 그리고 경제 발전의 모든 단계에서 귀부인과 하녀의 여가는 표면적으로 힘든 종류의 업무라는 점에서 신사의 여가와 확연히 다르다. 그들의 여가는 대부분 주인에게 봉사하거나 가재도구를 유지하고 화려하게 꾸미려고 세심하게 주의를 기울이는 것이다. 따라서 이들 계층의 여가는 생산적 노동을 거의 행하지 않는다는 것을 의미할 뿐, 모든 형태의 노동을 기피한다는 의미에서의 여가는 아니다. 아내, 하녀, 하인이 수행하는 임무는 몹시 고된 경우도 많고, 가정 전체의 안락에 반드시 필요한 목적과 직결된 경우도 많다. 그들의 봉사가 주인이나 나머지 구성원의 물리적 능률이라든가 안락에 이바지하는 한, 이와 같은 서비스는 생산적 노동으로 간주해야 한다. 이러한 실질적인 노동을 제외하고 남는 고용 부분만이 여가의 수행으로 분류될 수 있을 것이다.

그러나 근대의 일상생활에서 집안일로 분류되는 돌봄 활동과 문명인의 안락한 생활을 위해 요구되는 '유용물(utilities)' 중 많은 부분은 의례적 성격을 띠고 있다. 따라서 의례적 성격을 띠는 활동이나 유용물은 통상의 용어로 볼 때 여가의 수행으로 분류하는 것이 적절하다. 그럼에도 불구하고 의례적 성격을 띠는 활동이나 유용물은 품위 있는 생활의 관점에서 보면 긴급하게 필요할 수 있으며, 전적으로 의례적 성격을 지니더라도 개인적인 안락의 필요조건일 수 있다. 그러나 그것이 의례적인 성격을 띠는 한 이들은 긴요하고 필수적이다. 왜냐하면 우리는 의례와 어긋날 때마다 부정하다거나 불손하다고 비난받는 고통 속에서 그것의 필요성을 배워왔기 때문이다. 우리는 이러한 의례적 활동이나 유용물의 부재에서 불편함을 느끼지만, 그것이 직접적으로 육체적 불편을 끼치기 때문은 아니다. 우리가 의례적 활동이나 유용물의 부재에서 불쾌감을 느끼는 이유는 관습적으로 좋은 것과 나쁜 것을 구별하도록 취향의 훈련을 받았기 때문이다. 이것이 사실이라면 이러한 서비스를 제공하는 데 소요되는 노동을 여가로 분류해야 한다. 그리고 경제적으로 자유롭고 자기주도적인 가장 이외의 사람들이 수행하는 노동은 대리 여가(vicarious leisure)로 분류해야 한다.

집안일이라는 표제 아래 주부와 하인들이 수행하는 대리 여가는 단조롭고 고된 노동인 경우가 많은데, 명성 추구 경쟁이 치열하고 아슬아슬하게 펼쳐지는 곳에서 특히 그렇다. 이런 양상은 근대인의 생활에서 자주 발견된다. 이러한 상황에서 하인 계급의 임무를 뜻하는 가사 노동은 대리 여가라기보다 낭비된 노력으로 규정하는 게 더 타당할 수 있다. 그러나 대리 여가라는 용어는 가사 관련 업무가 출현한 경로를 나타내는 것은 물론, 그와 같은 업무가 주는 효용의 실질적인 경제적 근거를 명료하게 보여준다는 장점이 있다. 주로 가사 노동은 주인이나 그의 가정이 일정량의 시간과 노력을 과시적으로 낭비했음을 보여줌으로써 금전적 평판을 높이는 데 유용한 방편이 되기 때문이다.

이런 과정을 거쳐서 보조적 또는 파생적 유한계급이 등장하는데, 이들의 업무는 일차적 유한계급 또는 진정한 유한계급의 명성을 높이려고 대리 여가를 수행하는 것이다. 이 대리 유한계급(vicarious leisure class)은 습관적인 생활체계의 고유한 특징에 의해 진정한 유한계급과 구분된다. 주인 계급(master class)의 여가는 적어도 표면상으로는 노동을 회피하려는 성향을 한껏 발휘하고 주인 자신의 안녕과 충만한 삶을 향상시키는 것이라고 여겨진다. 하지만 생산적 노동에서 면제된 하인 계급의 여가는 그들에게 강요되는 일종의 공연으로, 통상 그리고 주요하게는 그들 자신의 안락을 위해 수행되지 않는다. 하인의 여가는 그 자신의 여가가 아니다. 이때 하인이 진짜 유한계급 중 하층 구성원이 아니고 철저하게 주인에게 종속된 상태로 존재하는 한, 그의 여가는 통상 주인의 생활을 좀 더 충만하게 만드는 데 맞춰진 전문화된 봉사라는 외양으로 수행된다. 이러한 종속 관계는 하인의 몸가짐이나 생활 방식에서 확연히 드러난다. 남성 가장이 가정을 다스리고 아내는 하인에 가까운 상태로 오랫동안 지속되었던 경제적 단계에서 아내로 살아갔던 여성들도 상황은 비슷했다. 하인은 유한계급이 추구하는 생활체계의 요구를 충족하려고 복종의 태도는 물론, 복종을 위한 특별한 훈련과 수련의 결과물도 보여야 했다. 하인이나 아내는 특정 업무를 수행하고 굴종적인 기질을 보여야 할 뿐 아니라, 복종의 전술을 능숙하게 구사할 후천적 능력도 보여야 한다. 그러려면 실질적인 복종과 과시적인 복종의 규범에 순응하도록 숙달되어야 한다. 오늘날 좋은 혈통의 아내에게서 얻는 장식적 요소나 높은 급여를 받는 하인을 통해 누리는 효용의 주요 요소를 구성하는 것은 바로 종속 관계를 공식적으로 증명해주는 이러한 적성과 후천적 기량이다.

훌륭한 하인의 첫 번째 요건은 자신의 분수를 분명히 알고 있어야 한다는 것이다. 그에게 요구되는 특정한 결과를 기계적으로 가져오는 법을 아는 것으로는 충분하지 않다. 그는 무엇보다도 이러한 결과를 정해진 형식에 따라 가져오는 법을 알아야 한다. 하인의 봉사는 기계적인 기능보다 정신적인 기능과 관련이 깊다. 시간이 흐르면서 하인 계급의 대리 여가 수행 방식을 규율하는 정교한 예법 체계가 서서히 생겨난다. 이러한 예법 규범에서 일탈하는 것은 아무리 사소하더라도 비난의 대상이 된다. 그것은 기계적 능률의 부족 때문도 아니고 봉사에 걸맞은 태도나 기질의 결여 때문도 아니다. 예법 규범에서의 일탈이 비난받는 진정한 이유는 그것이 결국 특별한 훈련의 결여를 뜻하기 때문이다. 개인적인 봉사에 필요한 특별훈련을 하는 데는 시간과 노력이 필요한데, 현재 이러한 훈련의 수준이 높다는 것을 뚜렷하게 보이는 하인은 지금은 물론 과거에도 모든 생산적 업무에 늘 종사하지는 못했을 것이다. 고도로 특별한 훈련은 대리 여가가 먼 과거로까지 확장되었음을 한눈에 보여주는(prima facie) 증거인 셈이다. 따라서 잘 훈련된 하인의 봉사는 훌륭하고 숙련된 장인 정신에 대한 주인의 본능적인 선호를 만족시키고 자신의 삶에 종속된 사람들을 과시적으로 지배하려는 주인의 성향도 충족시키는 효용을 지닌다. 여기에 더해 잘 훈련된 하인의 봉사는 훈련받지 못한 사람이 단순히 현재의 과시적 여가를 통해 보여주는 것보다 훨씬 더 많은 시간의 소비를 과시하는 증거로서의 효용도 지닌다. 만일 신사의 집사와 마부가 과거에 마치 밭일을 해왔거나 양 떼를 몰아왔던 사람처럼 주인의 식탁과 마차를 돌본다면 주인은 크게 불만스러워할 것이다. 그런 서투른 작업은 주인이 특별훈련을 받은 하인의 봉사를 받을 능력이 없음을 의미할 것이다. 다시 말해 이는 정확한 예법에 맞게 봉사할 수 있도록 특별훈련을 받는 데 요구되는 만큼의 시간과 노력과 교육의 소비를 감당할 능력이 주인에게 없음을 의미할 것이다. 하인의 서투른 작업은 주인에게 합당한 수단이 없음을 보여줌으로써 주인이 원하는 가장 중요한 목표를 망쳐버린다. 왜냐하면 하인의 주된 유용성은 주인의 지불 능력을 증명하는 데 있기 때문이다.

이러한 논의는 훈련받지 않은 하인의 잘못이 저렴함이나 유용성을 직접적으로 암시하는 데 있다는 의미로 받아들여질 수 있다. 물론 그렇지 않다. 이때의 연관성은 직접적이지 않다. 여기서 일어나는 일은 일반적으로 발생한다. 처음에 어떤 근거나 이유가 있어서 사람들의 인정을 받은 것도 시간이 지나면서 그 자체가 만족을 주는 것으로 여겨진다. 즉, 그것은 우리의 사고 습관 속에서 본질적으로 옳다고 자리 잡는다는 것이다. 그러나 어떤 행실의 특정한 규범이 지속되려면 그 규범의 발전 기준(norm)에 영향을 미치는 습관이나 습성의 지지를 계속해서 받거나 최소한 충돌하지는 않아야 한

유한계급론

다. 하인을 거느리는 지배적인 동기는 대리 여가의 필요나 봉사의 과시적 소비다. 이것이 사실이라면 하인의 수련 기간 단축처럼 공인된 관례에서 벗어나는 상황은 용인되지 못할 것이다. 값비싼 대리 여가의 요건은 우리의 취향이―이러한 사안에서 무엇이 옳은지에 대한 우리의 감각이―형성되도록 유도함으로써 간접적이고 선택적으로 작용하며, 취향에 부합하지 않는 일탈에 대한 승인을 철회함으로써 우리의 취향을 간접적이고 선택적으로 솎아낸다.

일반적으로 동의하는 부자의 기준이 높아지면 재력을 과시하는 수단으로 하인을 소유하고 이용하는 방식도 정교해진다. 재화를 생산하려고 일하는 노예를 소유하고 유지하는 것은 부와 용맹의 증거가 되지만, 아무것도 생산하지 않는 하인을 유지하는 것은 더 높은 부와 지위의 증거가 된다. 이러한 원리에 따라 하인 계급이 출현하는데, 이들의 유일한 임무는 어리석게도 주인 한 사람만을 시중드는 것으로, 그 숫자는 많을수록 좋다. 이들의 존재는 대규모의 서비스를 비생산적으로 소비할 수 있는 능력을 입증하는 증거가 되기 때문이다. 그리고 유한계급 신사의 명예를 유지하는 데 평생을 바치는 하인이나 식솔 사이에 분업도 발생한다. 즉, 한 집단은 주인을 위해 재화를 생산하고, 주로 아내나 본처가 이끄는 다른 집단은 그를 위해 과시적 여가를 소비한다. 주인은 이를 통해 우월한 부를 손상시키지 않으면서 대규모의 금전적 손실을 감당할 능력도 입증할 수 있다.

가정 내 서비스의 본성과 발전에 관한 이처럼 개략적인 설명은 다소 이상적이고 도식적일 수 있다. 하지만 이 개요는 여기에서 '준평화적' 산업 단계[11]로 명명한 문화 단계에 가장 잘 부합할 것이다. 주인을 대상으로 한 개인 서비스가 처음으로 경제 제도의 위치에 올라간 것도, 이러한 개인적 봉사가 공동체의 생활체계에서 가장 큰 자리를 차지한 것도 이 단계에서다. 문화적 단계의 연속선상에서 보자면 준평화 단계는 엄밀한 의미의 약탈적 단계에 이어서 출현하는데, 이 연속적인 두 단계가 야만적 생활을 구성한다. 준평화 단계의 특징은 평화와 질서의 형식적 준수지만, 이 단계의 삶은 진정한 의미에서의 평화라고 하기에는 억압과 계급 적대가 너무 많았다. 준평화 단계는 여러 이유에서 신분 단계(the stage of status)라고 명명할 수 있는데, 이는 경제적 관점과는 다른 관점을 반영한다. 신분 단계라는 용어는 이 단계에서 사람들이 관계를 맺는 방법이나 어떤 문화 수준에서 나타나는 그들의 정신적 태도를 잘 집약해준다. 그러나 산업의 지배적인 방법을 특징짓는 기술적 용어이자 경제적 진화 과정 중 이 시점에서의 산업 발전 추세를 나타내는 표현으로는 '준평화 단계'라는 용어가 더 적합해 보인다. 서양 문화에 속한 사회에서 경제 발전의 이러한 단계는 이미 지나갔다. 숫자는 적지만 그 차이가 두드러지는 일부 사회도 예외적으로 존재하는데, 이 경우에는 야만 문화에 고유한 사고 습관이 크게 해체되지 않은 채 남아있다.

개인 서비스가 지니는 경제적 중요성은 여전히 큰데, 특히 재화의

---

11) 준평화적 산업 단계는 일반적으로 봉건제 시대에 상응한다.

소비 및 분배와 관련해 그렇다. 그러나 대리 여가의 상대적 중요성은 이런 방향에서도 과거에 비해 분명히 약화되었다. 이러한 대리 여가가 가장 발달했던 것은 현재가 아니라 과거이며, 현재는 상류 유한계급의 생활체계에서 최상의 표현을 찾을 수 있다. 근대 문화는 더 먼 고대 문화의 지평에 속한 전통이나 관례, 사고 습관의 보존과 관련해 이 계급에 크게 빚지고 있다. 왜냐하면 고대 문화를 가장 광범위하게 수용하고 가장 효과적으로 발전시킨 사람들이 바로 상류 유한계급이기 때문이다.

근대 산업사회에서는 일상생활의 안락과 편의를 위한 기계장치가 고도로 발달되어 있다. 그로 인해 시종은 물론 모든 종류의 하인은 이제 과거의 관습에서 전승된 명성의 규범적 목적을 제외하고는 거의 고용되지 않는다. 유일한 예외를 찾는다면 신체나 정신이 허약한 사람들을 돌보려고 고용된 도우미가 있을 것이다. 그러나 이러한 도우미는 '집안의 하인'이 아니라 '훈련된 간호사'로 분류하는 것이 타당하며, 따라서 이들은 규칙의 '실질적인 예외'가 아니라 '표면상의 예외'인 셈이다.

예를 들어 오늘날의 적당히 부유한 가정에서 도우미를 두는 직접적인 이유는 (표면적으로는) 가구 구성원이 가사에 기여하는 근대적인 장비를 다루는 데 상당한 불편이 따르기 때문이다. 이때 불편이 따르는 이유는 첫째, '사회적 의무'가 너무 많고, 둘째, 해야 할 일이 너무 힘들 뿐 아니라 그렇게 힘든 일이 너무 많기 때문이다. 이 두 가지 이유를 다음과 같이 다시 표현할 수 있다. (1) 가구 구성원은 품위를 유지하기 위해 반드시 지켜야 할 규범으로 인해 시간과 노력을 모두 과시적 여가 활동에 사용해야만 한다. 이때 과시적 여가의 구체적인 사례로는 소집이나 모금 운동, 동호회, 재봉 봉사, 스포츠, 자선단체나 그 밖의 유사한 사교 행사를 들 수 있다. 이러한 일에 시간과 에너지를 쏟는 사람들은 규범을 모두 준수하고 여기에 수반해 의상을 비롯한 과시적 소비에도 신경 쓰는 것이 매우 지루하지만 하지 않으면 안 될 일이라고 토로한다. (2) 재화를 과시적으로 소비해야 한다는 요구에 따라 주택·가구·장식품·옷장·식사와 관계된 생활 수단이 매우 정교해지거나 다루기 힘들어졌다. 그로 인해 이들은 다른 사람의 도움을 받지 않고서는 예법의 요구에 맞춰서 그것을 다루기가 어려워졌다. 일상을 품위 있게 꾸려가는 데 도움을 받을 목적으로 고용된 사람들과의 개인적인 접촉은 유복한 가정의 구성원에게 보통은 유쾌한 일이 아니지만, 가정용품의 소비라는 성가신 일을 떠넘기려면 그들의 존재를 견디고 보수도 지불해야 한다. 가정에 하인을 두거나 저명한 인사를 특별한 부류의 시종으로 삼는 것은 금전적 품위라는 정신적 필요를 위해 물리적 안락을 포기하는 행위다.

근대 생활에서 대리 여가는 주로 이른바 가정 내 의무의 형태로 나타난다. 그와 같은 업무는 가장 본인을 위해 수행되던 서비스에서 집합적 단위로 간주되는 가정 전체의 좋은 평판을 위해 수행되는 서비스로 빠르게 변모하고 있다. 이제 주부는 표면상으로는 가정의 평등한 구성원이다. 가정이 소유혼의 오래된 기반에서 빠르게 벗어남에 따라 가정 내 의무도 본래적 의미에서의 대리 여가 범주에서 벗어나는 경향을 보이는데, 고용된 하인이 대리 여가를 수행

유한계급론

하는 경우는 예외다. 즉, 대리 여가는 신분이나 고용된 봉사의 기초에 의해서만 가능하기 때문에, 어느 시점에서든 인간들의 교류에서 신분 관계가 사라지면 인생에서 많은 부분을 차지했던 대리 여가도 사라질 것이다. 그러나 여기에 하나의 단서를 더할 필요가 있다. 설령 가장이 남편과 아내로 나뉘더라도 가정이 존속하는 한 가정의 평판을 위해 수행되는 이러한 부류의 비생산적 노동은 의미가 다소 바뀔지언정 계속 대리 여가로 분류되어야 한다. 이때의 여가는 가정의 소유자인 가장을 위해 행해졌던 과거와 달리, 이제는 의인화된 조직으로서의 가정을 위해 수행된다.

4장

과시적 소비

대리 유한계급의 진화를 살펴보고 이 계급과 전체 노동계급 사이의 차이를 검토하는 과정에서 추가적인 분업, 곧 상이한 하인 계급 사이의 분업에 관한 논의도 있었다. 하인 계급 중 일부는 대리 여가 업무를 주로 담당하면서 재화의 대리 소비라는 새로운 보조적 범위의 임무도 수행한다. 이러한 소비가 발생하는 가장 명백한 형태는 하인에게 제복을 입게 하거나 훤히 트인 거처에서 살도록 하는 것에서 볼 수 있다. 이에 못지않게 눈에 띄거나 두드러지면서 좀 더 성행하는 대리 소비 형태로는 귀부인과 집안의 다른 사람들에 의한 음식·의복·주거·가구 등의 소비가 있다.

그러나 경제적 진화 과정 중 귀부인의 출현보다 훨씬 앞선 시점에, 재화의 전문화된 소비가 재력의 증거로서 다소간 세련된 방식으로 전개되기 시작했다. 소비의 이러한 분화 현상은 재력이라고 부를 만한 것보다 먼저 등장했다. 이는 약탈 문화의 초기 단계로 거슬러 올라갈 수 있으며, 초기의 분화는 최초의 약탈 생활로 거슬러 올라간다는 주장도 있다. 재화 소비에서의 이러한 가장 원시적인 분화는 주로 의례적 성격을 띤다는 점에서 우리 모두에게 매우 친숙한 후기 단계의 분화와 유사하다. 그러나 이 분화는 축적된 부의 차이에 근거하지 않는다는 점에서는 후기 단계의 분화와 다르다. 이때 소비의 유용성을 부의 입증에서 찾는 것은 파생적 발전으로 분류된다. 그것은 인간의 사고 습관 속에 확고히 뿌리 내리고 있던 구별이 선택 과정을 통해 새로운 목적에 적응한 결과다.[1)]

약탈 문화의 초기 단계에서 일어난 유일한 경제적 분화는 건장한 남성으로 구성된 명예롭고 우월한 계급과 노동하는 여성으로 구성된 비천하고 열등한 계급 사이의 개괄적인 구별이다. 당시에 작동했던 이상적인 생활체계에 따르면, 남성에게 맡겨진 임무는 여성이 생산한 것을 소비하는 일이다. 여성에게 이러한 소비가 허용되는 것은 그들의 일에 뒤따를 때뿐이다. 그런데 이때의 소비는 그들의 노동을 지속하려는 수단이지, 그들 자신의 안락과 충만한 삶을 향한 것이 아니다. 재화의 비생산적인 소비는 일차적으로는 용맹의 표시이자 존엄한 인간의 특권이라는 점에서 명예로운 일이 된다. 재화의 비생산적 소비는 이차적으로는 자체로 상당히 명예로운 일이 되는데, 더 많이 욕망되는 대상을 소비할 때 더욱 그렇다. 음식물 중 질이 좋은 품목의 소비, 그리고 많은 경우 장식물 중 희귀한 품목의 소비는 여성과 아이 들에게 금기가 된다. 남성이지만 비천한

---

1) 소비의 일차적 효용은 부의 입증이 아니라 욕구의 충족인데, 자신을 돋보이고자 하는 인간의 본능적 기질이 남성과 여성 사이의 구별과 결합하면서 사람들로 하여금 소비를 통해 자신의 부를 과시하게끔 행동하게 했고, 마침내 사회의 관습으로 굳어졌다는 의미로 보인다.

유한계급론

(노예)계급인 경우에도 소비에서의 금기가 적용된다. 이 금기는 문화가 발전하면서 다소 엄격한 성격의 단순한 관습으로 바뀔 수 있다. 그러나 구별을 지속시키는 이론적 기반이 무엇이든, 그것이 금기든 더 넓은 범주의 관습이든 관습적인 소비 체계의 특징은 쉽게 변하지 않는다. 산업이 동산 노예제를 근간으로 한 준평화 단계에 도달하면, 비천한 근면 계급(industrious class)2)은 생존에 필요한 것만을 소비해야 한다는 관행이 일반 원칙으로서 상당히 엄격하게 적용된다. 이때 사치품과 안락한 생활은 그 본성상 유한계급의 것이 된다. 그리고 특정한 음식, 특히 특정한 음료는 상층계급의 사용을 위해 금기의 대상이 되고 엄격하게 관리된다.

식생활에서 관찰되는 이러한 의례적인 분화는 주류나 마약류의 사용에서 가장 잘 나타난다. 이런 소비 품목은 값이 비쌀수록 더 귀하고 명예롭게 느껴질 것이다. 그러므로 비천한 계급, 주로 여성은 흥분제의 자제를 강요받을 수밖에 없는데, 이를 저렴한 비용으로 조달할 수 있는 나라는 예외다. 고대를 포함해 가부장 체제의 모든 기간에 걸쳐 이러한 사치품을 준비하고 관리하는 것은 여성의 임무였던 반면, 이를 소비하는 것은 훌륭한 가문에서 태어나고 양육된 남성의 특권이었다. 그러므로 각성제의 자유로운 사용에 따른 주취(Drunkenness)나 그 밖의 병리적 행태는 오히려 명예를 가져다

---

2) '근면 계급'은 근면과 인내로 특징지어지는 사람을 지칭하며, '유한계급'이나 '산업 계급'이라는 표현과 대조를 이룬다.

주는 경향이 있는데, 이는 제멋대로 탐닉할 수 있는 사람의 우월한 신분을 간접적으로 증명하는 표지가 되기 때문이다. 지나친 탐닉으로 인한 질환이 남자다움의 속성이라고 대놓고 말하는 사람도 있다. 심지어 탐닉으로 인해 발생하는 신체의 특정한 병적 상태에 대한 명칭이 '고귀하다(noble)'거나 '순하다(gentle)'는 말과 동의어인 것처럼 일상적으로 쓰이고 있다. 사치스러운 악덕의 증상이 우월한 신분의 표지라며 관습적으로 용인될 뿐 아니라 일종의 미덕이 됨으로써 사회의 존경을 요구한 것은 비교적 초기 단계의 문화에 한정된다. 그러나 사치스러운 악덕에 부여된 좋은 평판은 오랫동안 영향력을 유지했는데, 그로 인해 너무나 방탕하게 생활하는 부유한 남성이나 귀족 남성을 향한 비난은 대개 크지 않았다. 여성이나 미성년자 그리고 하류층 사람들이 같은 종류의 탐닉에 빠지면 앞에서 언급했던 서열을 매기고 시샘을 유발하는 구별이 더해짐으로써 세간의 비난을 한층 키웠다. 이처럼 서열을 매기고 시샘을 유발하는 인습적 구별은 오늘날 발전한 나라들에서도 여전히 힘을 발휘하고 있다. 유한계급이 만들어낸 사례가 관례화되고 지배력을 행사하는 곳에서 살아가는 여성들은 흥분제 소비에 대한 동일한 인습적인 금기에 계속해서 얽매여있다.

상층계급 여성의 흥분제 사용이 더 억제되었다는 것은 논리를 극단적으로 펼친 것일 뿐, 상식에는 부합하지 않는 것처럼 보일 수도 있다. 그러나 사실을 조사해보면 쉽게 알 수 있듯이, 여성에게 절제를 더 강요한 것은 어느 정도는 관습의 명령에 기인한다. 그리고 이러한 관습은 일반적으로 가부장적 전통이—여성을 가장의 재산으로 삼는 전통이—가장 활발한 곳에서 가장 강하다. 이제는 관습의 범위도 크게 축소되고 적용의 엄격성도 많이 완화되었지만, 그 정신은 여전히 큰 힘을 발휘하고 있다. 이 전통에 따르면 여성은 움직일 수 있는 재산, 곧 동산(動産)이므로 그녀의 생계유지에 필요한 만큼만 소비해야 하며, 그녀의 추가적인 소비는 주인의 안락이나 좋은 평판에 기여하는 경우만 예외로 허용될 뿐이다. 진정한 의미에서 사치품 소비는 소비자 자신의 안락에 맞춰졌기에 결국 주인의 표지가 된다. 그렇지 않은 사람에 의한 소비는 주인의 용인이 있을 때만 가능하다. 가부장적 전통이 사람들의 사고 습관에 깊이 뿌리 내린 사회에서는 사치품에 대한 금기가 살아남는데, 자유가 없고 종속 관계에 놓인 계급에 대해 이러한 품목의 사용을 금지하는 관습이 대표적이다. 종속 계급에 의한 사용이 주인의 안락이나 쾌락을 눈에 띄게 떨어뜨릴 우려가 있거나, 여러 근거로 정당성을 쉽게 의심받을 우려가 있는 사치품에 대해서는 좀 더 엄격한 금지가 행해진다. 서양 문명에서 다수를 형성하는 보수적인 중간계급은 두 가지 반대 이유 중 어느 쪽에 서든 하층계급이 흥분제를 사용하는 것을 대단히 혐오한다. 주류나 마약류 사용을 제한하는 금기가 여성에게 가장 가혹하게 적용되었던 곳은 가부장적 성격이 가장 강하게 살아남은 독일 중간계급 문화인데, 이는 대단히 중요한 사실이므로 간과하지 말아야 한다. 많은 가감이 있고, 가부장제 전통이 점차 약화됨에 따라 많이 수정되고는 있지만, 여성이 주인의 편익을 위해서만 소비해야 한다는 일반적 규칙은 타당하고 구속력이 있는 것으로 느껴진다. 물론 의상이나 가재도구에 대한 여성의 지출은 이 규칙에 명백히 어긋난다는 반론이 제기될 수 있다. 그러나 이 반론은 실제보다 더 과장된 것임이 결국 확인될 것이다.[3]

경제 발전의 초기 단계에서 재화의 아낌없는 소비는, 특히 상등급 품목의 소비는 통상 유한계급에 돌아갔는데, 원칙상으로 보자면 최소한의 생존을 뛰어넘는 소비는 모두 유한계급의 몫이었다. 이후 재화의 사적 소유가 확산되고 소규모 가정경제나 임금노동에 기반한 산업 시스템이 확립되는 평화 단계[4]에 도달하면서 이러한 제한은 적어도 형식적으로는 사라지는 경향을 보였다. 그러나 여분의 소비를 유한계급에 몰아주는 이러한 원칙은 그 이전의 준평화 단계부터 이미 관습법적 힘을 발휘하고 있었다. 이때 수많은 전통이 구체적인 형태와 일관성을 확보했으며, 유한계급 제도는 이러한 전통을 통해 후대인의 경제생활에 영향을 미칠 수 있었다. 이 원칙은 소비가 순응해야 할 규범으로 작용했고, 이러한 원칙에서 눈에 띄게 이탈하는 것은 비정상적인 형태로 간주되었으며, 이후의 발전 과정에서 결국 제거되게 마련이었다.

그러므로 준평화 단계의 유한계급 신사는 최소한의 생존과 신체적 능률에 필요한 것 이상으로 생활용품을 소비하고, 이에 따라 소비재의 품질과 관련한 전문화(specialisation)도 발생한다. 그는 음식, 음료, 마약류, 주거지, 타인의 봉사, 장식품, 의류, 무기류, 오락, 부

---

3) 이 논의는 7장 〈금전 문화를 표현하는 복장〉에서 본격적으로 다뤄진다.
4) 근대 산업사회 또는 자본주의 시대를 의미한다.

유한계급론

적, 우상이나 성물 중 최고급품을 자유롭게 소비한다. 소비 물품이 점진적으로 개선되는 과정에서 혁신의 원동력이 되는 원리와 혁신의 직접적인 목표는 물품의 개선과 정교화를 통한 효율의 향상인데, 이것의 궁극적인 목적은 개인적인 안락과 안녕이다. 그러나 이것이 유한계급 신사가 수행하는 소비의 유일한 목적은 아니다. 명성의 규범도 작용함으로써 그 표준에 따라 생존하는 데 적합한 혁신이 기회를 얻는다. 따라서 명성의 측면에서 더 뛰어난 물품의 소비가 부의 증거로 인식되고, 그로 인해 이러한 물품의 소비는 명예로운 일이 된다. 반대로 양적으로나 질적으로나 명성의 규범에 부합하지 못하는 소비는 열등함이나 결함의 표시가 된다.

식사나 음주의 질이 얼마나 좋고 나쁜지에 관한 까다로운 구별이 이렇게 발달함에 따라, 유한계급 신사는 현재의 생활 방식은 물론 교육과 지적 활동에서도 크게 영향을 받는다. 그는 이제 단순히 공격성을 띠고 성공한 수컷이 아니다. 즉, 힘과 자원 그리고 용맹으로 가득한 남자인 것만으로는 부족하다. 유한계급 신사는 얕잡아 보이지 않으려면 취향도 연마해야 하는데, 소비할 재화 중에서 고급품과 저급품을 정교하게 판별하는 것이 새로운 의무가 되기 때문이다. 그는 다양한 풍미를 지닌 고급 음식, 주류나 장신구, 멋진 의상이나 건축물, 무기, 게임, 춤꾼, 마약류의 감식가가 된다. 미적 감각을 연마하는 데는 시간과 노력이 필요하다. 이러한 방향으로의 요구에 응하려고 유한계급 신사는 자신의 한가한 삶을 고되게 갈고닦음으로써 과시적 여가에 어울리게 생활하는 법을 익힌다. 그는 제대로 된 재화를 자유롭게 소비해야 한다. 신사는 여기에 더해 품위 있는 방식으로 소비하는 법도 알아야 한다. 신사의 여가 생활은 적절한 형식 속에서 펼쳐져야 한다. 그러므로 앞 장에서 언급했던 훌륭한 예의가 생겨난다. 고상한 예절과 생활 방식은 과시적 여가와 과시적 소비의 규범에 부합하는 사항이다.

귀중품의 과시적 소비는 유한계급 신사의 평판을 높이는 수단이다. 그러나 더 많은 부가 수중에 쌓이는 상황에서, 자신의 부유함을 과시적 소비로 입증하려면 타인의 도움 없이 혼자서 노력하는 것만으로는 충분치 않다. 그래서 귀중품을 선물하고 호화로운 연회나 여흥을 선사함으로써 친구나 경쟁자의 도움을 얻는다. 선물과 잔치는 아마도 순진한 과시(naïve ostentation)와는 기원이 다를 것이다.[5] 그러나 선물과 잔치는 매우 일찍부터 과시 목적에 유용했고 그 특성을 현재도 유지하고 있다. 따라서 과시와 관련한 효용은 이제 선물이나 잔치와 같은 관습을 떠받치는 확고한 기반이 된다. 포틀래치(potlatch)[6]나 무도회처럼 사치스러운 연회는 이러한 목적을 달성하려고 특별히 고안되었다. 연회의 주최자는 경쟁자와 비교되기를 원하는데, 이때 경쟁자는 주최자를 과시하려는 수단으로 이용된다.

---

5) 선물과 잔치의 기원은 '순진한 과시'가 아니라 평화와 호혜의 표시 등 다른 데 있지만, 일단 출현한 이후에는 과시 기능도 추가된다는 의미로 보인다.

6) 북아메리카 북서해안의 인디언이 자녀의 탄생, 성년식, 장례, 신분과 지위의 계승식, 새로 지은 집의 상량식 등 의식에 사람들을 초대해 베푸는 축하연. 포틀래치라는 말은 본디 치누크족 말로 '소비한다'는 뜻이다. 축하연에서는 많은 음식과 함께 사냥해서 잡은 맹수의 모피, 모포, 동판(銅板) 때로는 통나무배 등을 손님의 지위에 따라 선물한다.

손님은 주인을 위해 대리 소비를 하는 존재인 동시에, 주최자가 혼자서는 처분할 수 없을 정도로 좋은 것을 지나치게 소비했음을 목격하고 증언하는 존재다. 손님은 또한 주인이 예절에 정통했다는 점도 증언한다.

호화로운 향연을 여는 데는 과시 말고도 다른 동기가, 더 유쾌한 (genial)[7] 종류의 동기가 있다. 축제에 모이는 관습은 아마도 주흥 (酒興, conviviality)이나 종교적인 동기에서 비롯했을 것이다. 이와 같은 동기는 이후의 발전 과정에서도 발견되지만, 이때는 다른 동기도 찾아볼 수 있다. 오늘날 유한계급이 개최하는 축제나 연회는 약간의 종교적 필요 그리고 좀 더 높게는 기분 전환이나 주흥의 필요를 충족시키려고 열리지만, 서열을 매기고 시샘을 유발하려는 목적도 가지고 있다. 축제나 연회는 공언된 동기를 통해 서열이나 시샘과 무관한 근거를 다양하게 확보함으로써 오히려 시샘을 유발하는 데 부합한다. 그러나 이로 인해 사교 행사의 경제적 효과가 줄어들지는 않는다. 이는 재화의 대리 소비 측면에서건 비용을 들여 어렵게 쌓은 예법의 과시 측면에서건 마찬가지다.

부가 축적됨에 따라 유한계급의 기능과 구조는 더욱 발달한다. 계급 내 분화가 일어나고 꽤 정교한 위계와 등급 체계도 발생한다. 이러한 분화는 부의 상속과 그에 따른 명문가(gentility)의 상속으로 더

---

7) invidious가 서열을 매기고 시샘을 유발하려는 동기에 기반한다는 점에서 불쾌한 감정을 수반한다면, genial은 서로 즐거움과 우정을 나누려는 것과 관련된다는 점에서 유쾌한 감정을 수반한다.

욱 진전된다. 이때, 명문가의 상속에는 의무적 여가의 계승이 필수적으로 수반된다. 그런데 여가 생활을 누릴 수 있는 명문가로서의 힘은 충분히 물려받았지만, 명예로운 여가에 필요한 부가 부족한 상황도 발생할 수 있다. 신사의 혈통은 명예를 주는 소비를 자유롭게 누릴 수 있는 충분한 재화 없이도 계승될 수 있기 때문이다. 그로 인해 이미 언급한 바 있는, 무일푼의 유한 신사 계급이 등장한다. 일종의 혼혈 계급인 유한 신사는 위계적 등급 체계 안으로 편입된다. 가문과 부라는 양 측면에서, 또는 어느 한 측면에서 더 높거나 가장 높은 등급에 속하는 부유한 유한계급 신사는 그렇지 못한 신사보다 높은 지위에 선다. 더 낮은 등급에 속하는, 특히 무일푼이거나 주변부에 속하는 유한 신사는 높은 등급의 유한 신사에 종속하거나 그에게 충성하는 방식으로 대열에 합류한다. 그렇게 함으로써 이들은 후견인에게서 약간의 명예와 여가 생활에 필요한 수단을 얻는다. 이리하여 그들은 신하·가신·종복이 되는 것이다. 그리고 이 무일푼의 신사는 후견인에게서 부양되고 그의 호의를 입음으로써 후견인의 지위가 얼마나 높은지를 보여주는 지표이자 후견인의 막대한 부를 대리 소비하는 존재가 된다. 이렇게 종속된 유한 신사 중에는 자기 소유의 재산이 별로 없는 이들도 적지 않다. 그로 인해 그들 중에는 대리 소비자가 되기 어렵거나 부분적으로만 대리 소비자로 여겨지는 사람들도 있다. 그렇지만 이러한 사람들도 후견인의 가신이나 식객에 속하면 무조건 대리 소비자로 분류될 수 있었다. 이들 중 다수와 낮은 등급에 속하는 귀족 중 많은 이가 아내와 자식, 하인, 가신 등으로 대표되는 대리 소비자 집단을 거느렸다.

이처럼 등급화된 대리 여가와 대리 소비 체계에서는 다음과 같은 규칙이 유지된다. 즉, 대리 여가나 대리 소비를 행하는 사람들은 그러한 여가나 소비가 주인과 관련되어야 하고 여가나 소비로 발생한 좋은 평판이 주인의 몫임을 뚜렷이 드러낼 수 있는 방식으로 임무를 수행하거나, 그렇게 할 수 있는 상황이나 표지 아래 임무를 수행해야 한다. 주인이나 후견인을 위한 이들의 소비와 여가는 주인이 명성을 높일 목적으로 행한 투자의 결과물이다. 이 점은 연회나 아낌없는 부조에서 분명하게 드러나는데, 이때 대리 여가자나 대리 소비자의 명성은 공동의 평판을 근거로 주인이나 후견인에게로 즉각 귀속된다. 심복과 가신이 여가나 소비를 대리할 때 결과적으로 발생한 평판이 주인에게 귀속되는 것은, 심복과 가신이 주인 가까이에 상주함으로써 그들이 이용하는 자원의 출처가 주인에게 있음을 모든 사람에게 분명히 보일 수 있기 때문이다. 이런 식으로 존경심을 확보해야 하는 집단의 규모가 커질수록, 수행된 여가에 따른 공로가 누구에게 귀속되는지를 보여주는 좀 더 분명한 수단이 필요해지면서 제복·휘장·정복이 유행한다. 제복이나 정복을 입는 것은 상당한 수준의 종속성을 뜻하며, 나아가 실제로든 표면적으로든 예속 상태의 표시라고 할 수 있다. 이러한 제복을 착용한 사람들은 크게 두 계급으로 분류되는데, 자유인과 노예 또는 고귀한 자와 비천한 자가 그것이다. 그들이 행하는 봉사는 마찬가지로 고귀한 일과 비천한 일로 나눌 수 있다. 물론 구별이 현실에서 엄격하고 일관되게 작동하는 것은 아니다. 비천한 일 중 덜 비천한 부분과 고귀한 기능 중 덜 명예로운 부분을 같은 사람이 동시에 담당하는 경우도 드물지 않다. 그렇다고 해서 일반적인 구별을 간과해서는 곤란하다. 표면적으로 수행되는 서비스의 성격에 좌우되는 고귀한 자와 비천한 자 사이의 근본적인 구별과, 봉사를 수행하거나 제복을 착용한 사람의 지위에 좌우되는 명예로운 자와 굴욕적인 자 사이의 부차적인 구별이 서로 부딪치기도 하기 때문에 약간의 혼란이 더해질 수 있다. 그러므로 통치·전투·사냥·무기류 관리 등과 같이 외견상 약탈적 활동으로 분류되고 당연히 유한계급 본연의 활동으로 여겨지는 직무는 고귀하다. 반면 수공업이나 그 밖의 생산적인 노동, 하인의 서비스 등과 같이 당연히 근면 계급에 속하는 직무는 비천하다. 그러나 매우 높은 지위의 사람들을 위해 수행하는 비천한 봉사는 대단히 명예로운 임무가 된다. 예컨대 여왕이나 공주의 시녀, 왕의 마부나 사냥개 사육사 등의 직무가 여기에 해당한다. 이와 같은 관직은 일반적인 방향에 관한 원칙을 보여준다. 이처럼 문제가 되는 비천한 봉사가 전투나 사냥 같이 일차적으로 유한계급의 활동과 직결되는 경우에는 이를 반영해 명예로운 성격을 쉽게 얻는다. 이런 식으로 성격 자체로는 비천한 부류의 일에 커다란 명예가 부여될 수 있는 것이다.

산업이 평화롭게 발전하는 후기 단계에 이르면 제복을 입고 무장을 한 무위도식의 무리를 고용하던 관습은 점차 사라진다. 후원자나 주인의 휘장을 단 식객의 대리 소비는 제복을 입은 일단의 하인들로 한정된다. 그러므로 제복은 예속 상태를, 나아가 굴종을 더 높은 정도로 나타내는 상징이 된다. 무장한 가신의 제복에는 명예로운 성격을 의미하는 무언가가 결부되어 있었지만, 이 제복이 하인의 배타적 상징으로 변질됨에 따라 명예로운 성격도 사라진다. 이제 제복은 착용을 요구받는 대부분의 사람에게 불쾌한 것이 된다. 우리는 아직 실질적인 노예제에서 크게 벗어나지 못한 상태이며,[8] 그로 인해 굴종의 오명이 주는 모든 상처에 대단히 예민할 수밖에 없다. 이러한 반감은 일부 기업이 직원을 구별하려는 처방으로 채택한 정복이나 유니폼에서 확인할 수 있다. 미국에서는 이러한 혐오감이 확산되면서 정복이나 제복을 착용해야 하는 공무원을, 그가 군인이든 민간인이든 아주 심하게까지는 아니더라도 은근히 깔보는 지경에까지 이르렀다.

노예제가 사라지면서 한 명의 신사에 딸린 대리 소비자의 숫자도 전반적으로 감소하는 경향을 보인다. 신사를 위해 대리 여가를 수행하는 식솔도 마찬가지인데, 감소 추세는 이때가 더 클 것이다. 이러한 대리 여가의 의무를 최초로 부여받은 식솔은 아내 또는 본처였다. 그리고 다들 쉽게 예상할 수 있듯이 유한계급 제도가 후기 단계로 발전함에 따라 이러한 의무를 관습적으로 수행하는 사람들의 숫자는 점차 줄어들었고, 결국 아내만 남았다. 상류사회에서는 대리 여가와 대리 소비가 대규모로 요구된다. 그러므로 이곳에서 아내의 일은 다수의 하인 집단에서 여전히 도움을 받아야 한다. 그러나 그 아래 등급의 사회로 내려가다 보면 대리 여가와 대리 소

---

8) 미국에서는 남북전쟁이 1865년 미연방군(북군)의 승리로 종결됨에 따라 노예제가 명목상 폐지되었다. 하지만 노예제의 여파는 베블런이 《유한계급론》을 썼던 1890년대 중반까지도 상당 부분 남아있었는데, 이러한 상황을 지칭하는 것으로 보인다.

비의 의무를 아내 홀로 감당해야 하는 지점에 도달한다. 오늘날 서양의 문화 공동체에서는 하위 중간계급이 같은 자리를 차지한다고 할 수 있다.

그런데 여기에서 기이한 반전이 일어난다. 하위 중간계급의 가장이 여가를 과시하지 못한다는 것은 잘 알려진 사실이다. 환경의 힘이 작용하면서 여가가 사라진 것이다. 그러나 중간계급의 아내는 여전히 가정과 주인의 명성을 위해 대리 여가 업무를 수행한다. 근대의 모든 산업 공동체에서 초기의 사실은—가장의 과시적 여가는—계층 사다리의 비교적 높은 지점부터 사라졌다. 중간계급 가장은 경제적 여건으로 인해 산업적 특성이 큰 직업에서 생계를 유지할 수밖에 없기 때문인데, 이는 오늘날의 평범한 사업가도 마찬가지다. 그러나 아내의 대리 여가와 대리 소비, 하인의 보조적인 대리 여가라는 파생적 사실은 관습으로 여전히 유행하고 있으며, 이때 좋은 평판에 대한 요구는 결코 경시될 수 없다. 일에 전념하는 남성의 모습이 곳곳에서 눈에 띄는데, 그의 아내가 시대의 상식이 요구하는 정도의 격식에 맞춰 남편을 위한 대리 여가를 행할 수 있도록 하려는 것이다.

물론 이러한 경우에 아내가 행하는 여가를 게으름이나 나태의 단순한 표현으로 볼 수는 없다. 아내의 여가 활동은 거의 언제나 일이나 가사 의무 또는 사회적 친선의 형태를 띠며 이뤄진다. 그러나 분석해보면 아내는 남편에게 이득을 주는 일 또는 실질적으로 유용한 일에 종사하지 않았거나 그렇게 할 필요가 없음을 과시하는 것 이상의 숨은 목표에 거의 또는 전혀 기여하지 않았다는 사실을 확인할 수 있다. 예절이라는 주제와 관련해 이미 언급했듯이, 중간계급 주부가 시간과 노력을 기울이는 관습적인 집안일 중 대부분은 이러한 성격을 지니고 있다. 그녀가 집안일에 관심을 기울인 결과는 그리고 집안을 꾸미거나 청소하는 활동의 결과는 중간계급의 예의범절에 훈련된 남성의 감각을 만족시킬 것이다. 그러나 이처럼 가정이 잘 꾸며지고 정돈된 상태를 좋아하는 취향은 그 자체가 낭비된 노력의 증거를 요구하는 예의범절 규범의 선택적 안내를 받으며 형성된 것이다. 우리가 이러한 상태를 좋아하는 주된 이유는 그것을 좋아하도록 배웠기 때문이다. 가정 내 의무에는 형태와 색의 적절한 배합, 그리고 엄밀한 의미에서 심미적인 것으로 분류될 수 있는 여러 목적과 관련한 많은 고려가 포함된다. 그리고 심미적 가치를 실제로 발생시키는 경우가 있는 것도 사실이다. 이때 특히 강조하고 싶은 것은 인생의 소소한 즐거움과 관련한 주부의 노력이 시간과 물자의 낭비적이고 과시적인 지출의 법칙에 의해 형성된 전통의 영향을 강하게 받는다는 점이다. 아름다움이나 안락은 어느 정도 우연의 결과로 달성되지만, 분명한 것은 아름다움이나 안락이 낭비된 노력이라는 중요한 경제 법칙(great economic law)[9]에 부합하는 수단과 방법에 의해서만 달성된다는 점이다. 중간계급 가정이

---

9) "낭비된 노력이라는 중요한 경제 법칙"은 유한계급의 특성과 관련해 "모든 유용한 활동에서의 과시적인 면제"에 주목하고 "하인 계급의 임무를 뜻하는 가사 노동은 대리 여가라기보다 낭비된 노력으로 규정하는 게 더 타당"하다는 주장을 펼친 3장의 논의를 포괄적으로 지칭하는 것으로 보인다.

보유한 물품 중에서 평판에 좋거나 '남 앞에 내놓을 만한' 것은 과시적 소비와 관련된 품목이나 주부의 대리 여가를 입증하는 품목이라고 할 수 있다.

아내에 대한 대리 소비의 요구는 대리 여가가 요구되지 않는 더 낮은 금전적 등급에서도 여전히 유효하다. 의례적인 청결 등에 노력을 낭비하는 식의 허세나 의도적인 과시적 여가를 시도할 수 없을 정도로 재력이 부족한 집안에서도, 아내가 가정과 가장의 체면을 살리며 품위 있게 살아가려면 일부 재화에 대한 과시적 소비가 필요하기 때문이다. 아내는 처음에는 현실적으로나 이론상으로나 고역의 담당자이자 남편의 동산으로서, 그가 소비할 재화의 생산자로서 존재했다. 그랬던 아내가 고대 제도의 진화 속에서 최근에는 남편이 생산하는 재화의 의례적 소비자로 변모했다. 그렇지만 아내는 여전히 이론상으로는 남편의 동산으로 남아있다. 왜냐하면 대리 여가와 대리 소비의 습관적 수행은 자유롭지 못한 종복의 변치 않는 상징이기 때문이다.

중간계급이나 하층계급 가정에서 행해지는 이러한 대리 소비가 유한계급의 생활체계를 직접적으로 표현한다고 평가할 수는 없다. 금전적 척도로 볼 때 중간계급이나 하층계급 가정은 유한계급에 속하지 않기 때문이다. 이들의 대리 소비는 유한계급의 생활체계를 간접적으로 표현해준다고 할 수 있다. 명성의 측면에서 볼 때 유한계급은 사회구조의 최상층부에 위치한다. 그러므로 유한계급의 생활 방식과 가치 표준은 사회 전체에 적용되는 좋은 평판(reputation)의 기준으로 작동한다. 유한계급에 비해 아래쪽에 속해 있는 모든 계층에도 이와 같은 기준을 어느 정도 비슷하게라도 준수해야 할 의무가 부과된다. 근대 문명사회에서 사회 계급을 나누는 경계선은 애매할 뿐 아니라 가변적이다. 이러한 상황에서 상층계급이 정한 좋은 평판의 기준은 비록 약간의 저항을 받겠지만 사회구조를 통해 맨 아래층까지 강제적인 영향력을 확대한다. 그 결과 각 계층의 구성원은 바로 위 계층에서 유행하는 생활체계를 이상적인 품위의 기준으로 받아들이고, 그 이상에 가까워지려고 에너지를 쏟아붓는다. 이를 달성하지 못할 경우 체면도 손상되고 자존감도 실추되는 고통이 따르기에, 사람들은 적어도 외견상으로는 세상에서 용인되는 규범을 따라야만 한다.

고도로 조직된 산업사회에서 명성의 궁극적인 기반은 금전적 힘, 곧 재력이다. 재력을 보여주며 이를 통해 명성을 획득하고 유지하는 수단이 바로 여가 활동과 재화의 과시적 소비 활동이다. 그러므로 이 두 가지 방법은 모두 유한계급의 아래에 속한 계층에서도 가능한 한 유행한다. 계층 사다리의 아래쪽에서 이 두 방법을 모두 사용할 수 있는 계층의 경우, 두 직무는 주로 가정의 아내와 아이들에게 위임된다. 아내가 허울뿐인 여가를 포함해 어떠한 여가 활동도 펼칠 수 없는 더 낮은 계층의 경우에도 과시적 소비 활동은 존재하는데, 이 역시 아내와 아이들이 수행한다. 가장도 과시적 소비를 행할 수 있으며 실제로도 어느 정도는 실행에 옮기는 것이 일반적이다. 그러나 빈민가 주변에서 맴돌 정도로 빈곤층으로 추락한 경우에는 가장은 물론 자녀들도 체면을 유지하려는 목적으로 값비싼 재화를 소비하는 것은 사실상 불가능하며, 여성만이 가정의 금전적 체면(pecuniary decency)을 책임지는 사실상 유일한 존재로 남는다. 사회의 어느 계급도, 심지어 극빈층도 관습화된 과시적 소비를 완전히 포기하고 살아갈 수는 없다. 과시적 소비 범주에 해당하는 최후의 물품이 포기되는 것은 극단적인 궁핍 아래 시달릴 때뿐이다. 마지막 장신구나 금전적 체면을 위한 마지막 과시를 버리기 전까지는 극심한 불결과 불편도 견딜 것이다. 어떤 계급이나 국가도 물질적 욕구에 비굴하게 굴복함으로써 이처럼 고상하거나 정신적인 필요가 주는 모든 희열을 스스로 단념하지는 않는다.

***

과시적 여가와 과시적 소비의 성장에 관한 앞선 조사에서 이 두 활동이 명성의 목적과 관련해 발휘하는 유용성은 양자에 공통적인 '낭비(waste)'라는 요소에 있다는 점을 확인할 수 있었다. 과시적 여가는 시간과 노력의 낭비이고, 과시적 소비는 물자의 낭비다. 두 활동 모두 부의 소유를 과시하는 방법이며 관습상 동등한 것으로 여겨진다. 두 활동 사이의 선택은 상이한 기원에서 유래하는 상이한 예의범절의 표준에 따라 달라질 수 있을 것이다. 하지만 이러한 경우를 제외한다면 둘 사이의 선택은 단지 부를 얼마나 편하게 입증할 수 있느냐에 좌우된다. 이러한 편의의 측면에서 보자면 경제 발전의 단계마다 선호의 우선순위가 달라질 것이다. 이때 중요한 것은 부를 과시하고 영향을 미치고자 하는 사람들에게 두 가지 방법 중 어느 쪽이 더 효과적인가 하는 점이다. 관례에 따르면 이에 대한 대답은 사람들이 처한 상황에 따라 달라진다.

공동체나 사회집단이 평범한 소문에도 크게 영향을 받을 정도로 규모가 작고 조밀하다면, 다시 말해 평판의 측면에서 한 개인이 적응해야 할 인간적인 주변 환경이 개인적인 친분이나 이웃에 관한 뒷담화의 영역으로 구성된다면 두 방법의 효과는 거의 비슷할 것이다. 그러므로 사회가 성장하는 초기 단계에서는 어느 쪽이나 별 차이 없이 본연의 기능을 잘 담당했을 것이다. 그러나 둘 사이의 분화가 한층 진전되고 인간관계의 반경 또한 넓어짐에 따라, 품위를 유지하는 통상의 수단이라는 측면에서 소비가 여가를 압도하기 시작한다. 이 점은 특히 후기의 평화적 경제 단계에서 확연하게 드러난다. 통신수단이 발달하고 인구의 이동성이 높아지면서 개인은 많은 사람의 시선에 노출된다. 이때 수많은 타인의 직접적인 관찰 대상이 된 상황에서 개인이 자신의 평판을 높이려고 사람들에게 판단의 자료로 제시할 수 있는 유일한 수단이 바로 재화(그리고 아마도 예의범절)의 전시인 것이다.

근대의 산업 조직도 계보는 다르지만 움직이는 방향은 같다. 근대의 산업 시스템은 본성상 개인이나 세대가 나란히 거주할 것을 요구하는 경우가 많은데, 이때 이들 사이에는 병렬적 만남 이외에는 접촉이 거의 없다. 옆집 사람은 물리적으로는 이웃이지만 사회적으로는 이웃이라 할 수 없고 면식조차 없는 경우도 적지 않다. 그럼에도 불구하고 이웃의 호평은 순간적일지라도 여전히 높은 정도의 효용을 준다. 타인의 일상생활에 전혀 공감하지 못하는 관찰자에게 각자의 금전적 능력을 각인시키는 유일하게 현실적인 방법은 끊임없이 지불 능력을 보여주는 것이다. 근대 사회에서는 또한 각자의 일상생활을 서로 알지 못하는 사람들이 대규모로 모이는 곳에 참석할 기회가 한층 빈번해지는데, 교회·극장·무도회장·호텔·공원·상점 같은 장소가 대표적이다. 이때 순간적인 관찰자들에게 깊은 인상을 주고 그들의 주목 속에서 자기만족을 누리려면, 각자의 재력에 대한 서명이 스쳐 지나가는 사람들도 즉시 읽을 수 있는 문자 속에 새겨져야 한다. 현재 분명하게 확인되는 것처럼 과시적 여가보다는 과시적 소비의 효용을 높이는 방향으로 발전하는 것은 이 때문이다.

한편 평판을 얻는 수단으로서 소비가 발휘하는 유용성이 가장 잘 발휘되고 체면 유지를 위한 요소로서의 소비에 가장 집착하는 곳은 인간의 접촉이 가장 광범위하고 인구의 이동성이 가장 높은 사회라는 점에도 주목할 필요가 있다. 농촌 인구에 비해 도시 인구에게는 좀 더 많은 소득을 과시적 소비에 사용할 것이 요구되며 그 요구를 피하기도 더 어렵다. 그 결과 도시 사람들은 체면 유지 비용 때문에 농촌 사람들에 비해 쪼들리며 살아간다. 예를 들어 미국에서 농부와 그 아내와 딸이 같은 소득의 도시 직공 가족에 비해 옷차림도 구식이고 예절도 세련되지 못하다고 널리 알려진 것도 이러한 맥락에서 이해할 수 있다. 도시 사람이 타고나기를 과시적 소비에서 오는 고유한 만족을 특별히 더 갈망하는 것도 아니고, 농촌 사람이 금전적 체면을 덜 염려하는 것도 아니다. 그러나 도시에서는 이러한 계통의 증거, 곧 과시적 소비가 주는 자극이나 순간적 효과가 더 확실하다. 따라서 이 방법이 더 손쉽게 사용되고, 도시 사람들은 서로를 능가하려는 경쟁 속에서 과시적 소비의 정상적인 기준을 더 높은 수준으로 올린다. 결국 도시에서 금전적 체면을 농촌과 같은 수준으로 유지하려면 과시적 소비에 대한 더 높은 수준의 지출이 필요하다. 이제 이렇게 올라간 관습적인 기준에 순응하는 것이 사실상 강제적인 의무가 된다. 체면의 표준이 모든 계급에 대해 다 같이 높아지는 상황에서 사회적 지위를 잃는 고통을 겪지 않으려면 품위 있는 외양이라는 요구를 지키며 살아가야 하기 때문이다.

소비가 생활 수준을 짐작케 하는 중요한 요소로 부각되는 곳은 시골보다 도시다. 시골에서는 이웃의 입소문을 통해 알려진 저축이나 가정의 편의 시설이 소비를 대신해 금전적 평판이라는 일반적 목적에 충분히 기여할 수 있다. 가정의 이러한 편의 시설, 그리고 그 속에서 탐닉하는 여가 중 많은 부분은 물론 과시적 소비 항목으로 분류될 수 있다. 그리고 저축도 거의 같은 평가가 가능하다. 직공 계급(artisan class)은 농부에 비해 저축액이 많지 않다. 직공 계급의 저축이 농촌이나 작은 마을에서 살아가는 사람들의 저축에 비해 거주 환경을 감안할 때 부의 과시 수단으로 덜 효과적인 것도 한 가지 이유일 것이다. 농촌이나 작은 마을에서 모든 사람의 사정은, 특히 모두의 금전적 지위는 사람들에게 잘 알려져 있다. 직공이나 도시 노동계급을 자극하는 과시적 소비 때문에 그들의 저축액이 당장 크게 줄지는 않을 것이다. 그러나 체면을 유지하는 데 필요한 지출의 기준을 계속 높이는 누적적 행동 속에서 저축성향을 억제하는 효과는 대단히 클 것이다.

평판의 이러한 규범이 작동하는 방식을 보여주는 적절한 사례

로 공공장소에서의 음주, '한턱내기', 흡연을 들 수 있다. 이런 행위
는 도시의 노동자나 수공업자에 의해, 좀 더 일반적으로는 도시의
하위 중간계급에 의해 관습적으로 수행되었다. 이러한 종류의 과
시적 소비가 유난히 유행한 집단으로는 떠돌이 인쇄공 계급을 들
수 있다. 이 계급의 과시적 소비 행태는 금세 눈에 띄고 쉽게 비난
받는 사건으로 이어지곤 했다. 이 점에서 떠돌이 인쇄공 집단 고유
의 습관은 이들이 어떤 식으로든 도덕성을 결여한 결과거나, 그들
의 직업이 은밀하게 도덕적으로 나쁜 영향력을 발휘한 결과로 여겨
졌다. 통상 운영되는 인쇄소의 식자실이나 인쇄실에서 일하는 사람
들의 상태는 다음과 같이 요약할 수 있다. 어떤 특정 인쇄소나 특정
도시에서 습득한 기술은 대부분의 다른 인쇄소나 도시에서도 그대
로 사용할 수 있다. 말하자면 특정 인쇄소나 특정 도시의 특성을 반
영하는 특별한 훈련의 영향력은 미미하다. 그리고 이 직업은 평균
이상의 지능과 전반적인 정보를 필요로 한다. 따라서 인쇄업에 고
용된 사람들은 다른 직업군에 속한 사람들에 비해 노동 수요의 지
역별 변화에 훨씬 능동적으로 대처할 수 있다. 고향에 머물러야 한
다는 감정의 관성도 결과적으로 미미하다. 게다가 인쇄공은 고임금
을 받는데, 이는 이들의 지역별 이동을 상대적으로 쉽게 만든다. 이
러한 여러 요인이 복합적으로 작용한 결과 인쇄공의 이동성은 아
주 높다. 아마도 이들과 비슷하게 잘 정의되고 규모도 상당한 어떤
노동자 집단보다도 이동성이 높을 것이다. 그로 인해 이들은 끊임
없이 새로운 집단의 사람들과 접촉하는데, 그들과의 관계는 일시적
이거나 일회성이지만 그들에게서 좋은 평판을 얻는 것은 적어도 함

께 지내는 동안에는 중요하다. 인간의 과시 성향이 친목의 정서에 의해 강화됨으로써, 인쇄공은 이러한 과시적 욕구에 가장 잘 부응하는 방향으로 아낌없이 지출을 늘린다. 여기에서도 다른 곳에서와 마찬가지로, 관습이 널리 유행하면 곧바로 예절의 공인된 표준에 포함된다. 다음 단계에서는 예절의 이러한 표준을 새로운 출발점으로 삼아 앞으로 더 나아간다. 왜냐하면 이 업종에 속한 사람들이 모두 당연한 것으로 여기는 낭비의 표준에 단순히 순응하는 것만으로는 칭찬받을 수 없기 때문이다.

다른 평균적인 노동자에 비해 인쇄공에게 낭비의 습관이 널리 퍼져있는 것은 최소한 어느 면에서는 이직이 대단히 용이하다는 점, 그리고 동료와의 접촉과 친분이 일회적이라는 점 등에서 비롯된다. 그러나 최종적으로 분석해보면 이처럼 낭비벽이 심한 근본적인 원인은 우월함이나 금전적 체면을 과시하려는 성향에 있음을 알 수 있다. 프랑스의 농부를 근검절약하게 만들고 미국의 백만장자로 하여금 대학·병원·박물관을 설립하도록 유도하는 힘도 바로 이러한 과시 성향이다. 과시적 소비의 규범이 그와는 이질적인, 인간 본성의 다른 특징에 의해 상당한 정도로 상쇄되지 않는다면, 현재 도시에서 직공이나 노동계급으로 살아가는 사람들에게는 임금이나 소득이 아무리 많더라도 저축이 논리적으로 불가능할 것이다.

그러나 부와 그 과시 외에도 평판을 얻으려는 다른 표준이 존재하며, 다른 행동 규범도 어느 정도는 필수적으로 존재한다. 이들 중 일부는 과시적 낭비의 광범위하고도 근본적인 규범을 두드러지게도 하고 누그러뜨리기도 한다. 과시적 행동의 효과를 단순히 추정해본다면 처음에는 과시적 여가와 과시적 소비가 금전적 경쟁의 영역을 정확하게 양분할 것이라고 예상해도 좋을 것이다. 그다음에는 경제가 발전하고 사회 규모가 확대됨에 따라 여가는 점차 자리를 양보하고 쓸모가 없어질 것이라고 예상할 수 있다. 이 과정에서 재화의 과시적 소비가 차지하는 중요성이 절대적으로나 상대적으로나 커질 것인데, 궁극적으로는 생활필수품 이외의 이용 가능한 모든 물품이 과시적 소비의 대상이 될 것이다. 그러나 실제 발전 과정은 이처럼 이상적인 가상의 틀과 상당히 달랐다. 처음에는 여가가 가장 큰 비중을 차지했다. 이후 준평화적 문화 기간에서도 여가는 부의 직접적인 증거 및 체면 유지를 위한 표준적 요소의 기능과 관련해 낭비적인 소비보다 훨씬 높은 순위를 차지했다. 그러나 그때를 기점으로 소비도 기반을 다지기 시작했고, 소비는 현재 의심할 여지 없이 최고의 자리를 차지하고 있다. 하지만 최저생계 수준을 넘어서는 생산물이 모두 소비의 대상으로 흡수되는 상황과는 거리가 멀다.

명성을 획득하는 수단이라는 측면에서 초창기에 여가가 보였던 우위는 고귀한 직업과 비천한 직업 사이의 고대적 구별로 거슬러 올라간다. 여가가 명예롭고 필수적인 활동이 되었던 이유는 부분적으로는 그것이 비천한 노동의 면제를 보여주기 때문이었다. 고대 시대에 발생한 고귀한 계급과 비천한 계급으로의 분화는 명예로운 임무와 비천한 임무 사이의 서열을 매기고 시샘을 유발하는 구별에 기초하고 있다. 이후 준평화 단계의 초기에 이르면 이러한 전통적인 구별은 체면을 위한 필수적인 규범으로 발전한다. 그리고 여가의 우위는 그것이 현재 시점에서도 부를 입증하는 증거로써 소비만큼이나 충분히 효과적이라는 사실에 의해 더욱 강화된다. 실제로 개인들이 비교적 소규모의 안정적인 환경에 놓인 준평화적 문화 단계에서 여가가 발휘하는 효과는 매우 크다. 여기에 모든 종류의 생산적 노동을 업신여기는 고대의 전통이 더해지면서 무일푼의 유한계급이 대규모로 출현했고, 사회의 산업 생산을 최저생계 수준으로 억제하는 경향도 나타났다. 산업에 대한 이처럼 극단적인 억제 현상이 실제로 현실화되지는 않았다. 왜냐하면 노예 계급에 그들의 최저생계를 뛰어넘는 수준으로 생산하도록 노동이 강제되었기 때문이다. 이때 노예는 유한계급이 평판의 강제를 받는 것보다 훨씬 가혹하게 노동의 강제를 받았다. 이후 과시적 여가를 평판의 기초로 사용하는 관행은 쇠퇴한다. 이는 부분적으로는 부의 증거로서 소비가 발휘하는 효과가 상대적으로 커진 결과라고 할 수 있다. 그러나 이는 다른 한편에서 보자면 과시적 낭비의 관례와 이질적이고 어느 정도는 적대적인 또 다른 힘과 관련이 있다.

이 이질적인 요소가 바로 장인 본능이다. 여타 상황이 허락한다면 장인 본능은 사람들로 하여금 생산적인 효율성과 인간에게 유용한 모든 것에 호감을 가지도록 만든다. 장인 본능은 물질이나 노력의 낭비를 혐오하도록 만들기도 한다. 장인 본능은 모든 사람에게 존재하며 매우 열악한 상황에서도 발휘된다. 그러므로 어떤 지출이 실제로는 아주 낭비적일지라도, 적어도 표면적으로는 어떤 목적을 내세우고 그럴듯한 이유를 제시해야 한다. 장인 본능이 특정한 상황 속에서 공훈에 대한 애호로, 그리고 결국에는 고귀한 계급과 비천한 계급 사이에 서열을 매기고 시샘을 유발하는 차별로 어떻게 귀착되는가는 앞 장에서 설명한 바 있다. 장인 본능은 과시적 낭비의 법칙과 충돌하면 실질적인 유용성을 고집하지 않는다. 그 대신 노골적으로 무용한 것에 대해서는 미학적으로 도저히 용납할 수 없다는 혐오감을 사람들에게 끊임없이 불어넣는다. 본능적인 감정의 본성상 장인 본능의 요구를 노골적이고 명백하게 위반하는 것은 대개 즉시 감지된다. 반면 장인 본능의 요구가 즉각적이지 않거나 억제력이 덜할 경우에는 이를 상당한 정도로 위반하더라도 충분히 숙고하지 못하면 인지하기 어렵다.

노예가 노동을 전담하거나 대부분 수행하는 시대에는 모든 생산적 노력을 비천하게 여기는 인식이 사람들의 마음속에 지속적으로 그리고 억압적으로 뿌리내렸다. 이에 따라 장인 본능도 산업적 유용성을 높이는 방향으로 충분히 발휘될 수 없었다. 그러나 (노예제와 신분제를 동반하는) 준평화 단계가 (임금노동과 현금 지불을 동반하는) 평화적인 산업 단계로 이행하면 장인 본능은 좀 더 효과적으로 작동한다. 이제 장인 본능은 무엇이 가치 있는지에 관한 사람들의 관점에 적극적으로 영향을 미치기 시작하고, 자기만족(self-complacency)의 보조적 규범으로 자리 잡는다. 모든 외적인 고려를 배제했을 때, 오늘날 성숙한 인간이라면 누구에게나 목표를 달성하려는 의향이나 스스로의 힘으로 인간에게 유용한 대상·사실·관계를 만들어내려는 충동이 조금씩은 있을 것이다. 유용성을 만들어내려는 이러한 성향은 평판을 위한 여가의 자극이나 유용성만 추구한 탓에 외관이 이상해지는 것을 피하려는 동기에 즉각적으로 제약받

유한계급론

고 억제될 때도 적지 않은데, 그로 인해 그럴듯한 겉모양만 갖추는 식으로 뒤틀려서 발현되기도 한다. 예컨대 '사회적 의무', 유사 예술이나 유사 학술 활동, 주택의 손질과 장식, 재봉 봉사단과 의복 개량, 의상·카드·요트·골프 등 다양한 스포츠의 숙달 등이 대표적이다. 그러나 장인 본능이 환경의 압력 아래 결국 공허한 활동으로 끝난다고 해서 이러한 본능의 존재를 부정할 수는 없다. 도자기 계란 위에 암탉을 앉혀 놓는다고 해서 암탉의 산란 본능을 부정할 수 없는 것과 마찬가지다.

개인이나 집단의 이득과 직결되는 활동을 품위가 없다는 이유로 기피하면서도 일련의 목적 지향적 활동을 고수하려는 오늘날의 이처럼 어색한 모습은 준평화 단계의 유한계급과 근대 유한계급 사이에 존재하는 태도의 차이를 보여준다. 앞서 언급한 바와 같이 초기 단계의 사회를 전적으로 지배하던 노예제와 신분제는 노골적으로 약탈적인 목표를 향해서만 분투하도록 무자비하게 힘을 발휘했다. 그래서 적대적인 집단을 폭력적으로 공격하거나 자기 집단 내의 피지배계급을 억압하는 데 목적을 둔 습관적인 활동이 여전히 가능했다. 이러한 활동은 유한계급에 가해지는 장인 본능의 압력을 누그러뜨리고 유한계급의 에너지를 분출시킴으로써, 그들이 실제로 유용한 활동이나 심지어 표면적으로만 유용해 보이는 활동에 의지하지 않고도 살아가는 데 기여했다. 사냥 활동도 이러한 목적에 어느 정도 도움이 되었다. 하지만 사회가 평화로운 산업 조직 단계로 발전하고 토지의 점유가 확대됨으로써 사냥의 기회가 크게 줄어들었는데, 그로 인해 의미 있는 활동을 추구하는 에너지의 압력은 다른 방향에서 배출구를 찾아야만 했다. 강제 노동의 소멸에 따라 유용한 노력에 따라붙던 수치심도 점차 약해졌다. 그러자 장인 본능이 한층 끈질기고 일관되게 표출되기 시작했다.

장인 본능의 압력에 맞서는 최소 저항선[10]이 어느 정도 변화했고, 과거에는 약탈적 활동에서 분출구를 찾았던 에너지가 이제 어느 정도는 외견상 유용한 목표를 향했다. 무의미한 여가는 외견상으로나마 비난을 받았는데, 특히 유한계급 중 출신 성분이 평민이어서 '품위 있는 여가'[11]의 전통과 조화를 이루지 못하는 사람들이 특히 그렇다. 그러나 생산적 노력과 관련된 모든 직업이라면 무엇이든 비천하게 보는 명성의 규범은 여전히 위력을 발휘하고 있다. 그러므로 실질적으로 유용하거나 생산적인 활동은 아주 일시적인 유행으로만 허용될 것이다. 그 결과 유한계급의 과시적 여가에도 변화가 생겼지만, 이는 실질적인 것이 아니라 형식적인 것에 불과하다. 장인 본능의 요구와 과시적 여가의 요구 사이의 충돌은 그럴듯한 외양을 갖추는 데에 의지함으로써 해소된다. 지켜야 할 온

---

10) '최소 저항선(the line of least resistance)'이란 장약의 중심과 층리면 사이의 가장 가까운 거리를 가리키는 건설 용어다. 장약의 폭발력이 감당해야 할 힘의 크기를 나타내는 최소 저항선은 발파 설계에서 우선적으로 고려해야 할 주요 지표다.

11) '품위 있는 여가(otium cum dignitate)'는 로마시대의 정치가이자 웅변가인 키케로 (Marcus Tullius Cicero, 기원전 106~기원전 43)의 연설문집 《세스티오를 위하여》에 나온다. otium은 '쾌락', '편안한 삶'을 의미하며, '직분', '임무', '의무'를 가리키는 officium에 대응한다. '품위 있는 여가'라는 표현은 업무와 여가를 분명히 구별하는 로마인의 관습에 따라, 일을 하지 않고 책을 읽거나 글을 쓰면서 품위 있게 시간을 보내는 것을 말한다.

유한계급론

갖 복잡한 예법이 늘어나고 의례적 성격을 띠는 사회적 의무도 발달한다. 공식적인 명칭과 직함에 개량이나 개선을 뜻하는 허울만 그럴듯한 목표를 담아낸 수많은 조직이 설립된다. 잦은 회합과 함께 많은 대화가 오가지만, 그들의 모임이 어떠한 경제적 가치를 효과적으로 창출할 것인가에 관해 성찰할 기회를 끝내 만들지 못하는 경우도 적지 않다. 그런데 이러한 조직에서는 의미 있는 활동의 그럴듯한 외양에 더해, 모종의 진지한 목표를 향한 의식적인 노력의 주목할 만한 요소가 그럴듯한 외양과 실타래처럼 뒤얽혀서 존재하는 것이 일반적이다.

대리 여가라는 더 좁은 영역에서도 비슷한 변화가 진행되었다. 겉으로 드러나는 여가를 수행하며 그저 시간만 보내던 가부장제의 전성기와 달리, 한층 진전된 평화 단계에서 살아가는 가정주부는 부지런히 가사에 전념한다. 집안일의 이러한 발전에서 두드러진 특징은 앞에서 이미 살펴봤다.

그것의 대상이 재화든 서비스든 아니면 인간의 생활이든, 과시적 지출의 전체 진화 과정을 통해 분명한 함의를 발견할 수 있다. 즉, 소비자의 좋은 평판을 효과적으로 개선하려면 없어도 되는 것(superfluities)에 대한 지출을 늘려야 한다는 것이다. 좋은 평판을 얻으려면 낭비를 해야 한다. 최저생계 수준조차 미치지 못하는 극빈층과의 비교를 제외한다면, 생필품을 소비하는 것만으로는 어떠한 칭찬이나 관심도 받을 수 없을 것이다. 극빈층과 비교되는 수준의 지출로는 가장 평범하고 매력적이지 않은 수준의 예절을 달성할 수는 있겠지만, 지출의 표준에는 도달할 수 없다. 서열을 매기고 시샘을 유발하는 비교를 용인하는 생활표준은 부유함 이외의 다른 측면에서도 가능한데, 예컨대 도덕적·신체적·지적·미학적 능력의 과시 등 여러 방향에서의 비교가 가능하다. 오늘날에는 모든 방향에서의 비교가 유행하고 있다. 그런데 이러한 비교는 일반적으로 금전적 비교와 긴밀히 얽혀 있어서 양자를 구별하기가 어렵다. 이는 지적·심미적 능력이나 숙련도의 표현에 관한 오늘날의 평가에서 특히 그렇다. 그렇기 때문에 우리는 본질적으로 금전적 능력의 차이에 불과한 것을 심미적이거나 지적인 능력의 차이로 해석하곤 한다.

***

'낭비'라는 용어의 사용은 어느 면에서는 적절치 않다. 일상생활에서 사용될 때 이 말에는 비난이 깔려있다. 이 책에서는 동일한 범위의 동기나 현상을 적절히 설명해줄 더 나은 용어가 없기 때문에 이를 사용할 뿐이다. 그러니 '낭비'를 인간의 생산물이나 생활에 대한 부적절한 지출을 함축하는 극히 부정적인 의미로 받아들이지 않으면 좋겠다. 경제 이론[12]의 관점에서 보자면 낭비적인 지출은 다른 지출에 비해 덜 적절하다거나 더 적절하다고 할 수 없다. 여기에서 '낭비'라고 부르는 것은, 이 지출이 사회 전체의 관점에서 볼 때

---

12) 여기에서 말하는 경제 이론은 《유한계급론》의 가장 대표적인 비판 대상인 한계효용에 기초한 신고전학파 경제학을 지칭하는 것으로 보인다.

유한계급론

인간의 생활이나 안녕에 기여하지 않기 때문이다. 이와 같은 지출을 선택하는 개별 소비자의 관점에서 보자면, 이것이 낭비라거나 잘못된 방향으로 나아간 노력 또는 지출이라고는 말할 수 없다. 그가 선택한 이 지출은, 낭비라는 측면에서 비난받지 않을 다른 형태의 소비에 비해 더 큰 효용을 준다는 해석도 가능하다. 소비자가 어떤 형태의 지출을 선택하든 또는 그가 선택 과정에서 어떤 목표를 추구하든, 그것은 그의 선호를 충족시킴으로써 효용을 가져다준다. 개별 소비자의 관점에서 볼 때, 낭비라는 문제는 진정한 경제 이론의 영역에서는 등장하지 않는다. 그러므로 '낭비'라는 단어를 전문 용어로 사용하는 시도가 과시적 낭비의 규범 아래 소비자가 추구하는 목표나 동기에 대한 비난을 담고 있다고 볼 필요는 없다.

그러나 다른 한편 '낭비'라는 용어가 일상생활에서는 버려지는 것에 대한 비난의 의미로 사용된다는 점도 주목할 필요가 있다. 이러한 상식적인 함의는 그 자체가 장인 본능의 표출이라고 할 수 있다. 낭비에 대한 일반적인 질책은 보통 사람들의 경우 자신의 인간적인 모든 노력과 모든 기쁨 속에서 삶과 안녕을 전반적으로 향상시킬 수 있을 때 비로소 마음의 평화를 얻을 수 있다는 사실과 관련이 깊다. 어떠한 경제적 사실도 절대적인 승인을 얻으려면 특정 개인을 뛰어넘는 유용성을—인류 전체의 관점에서 바라보는 유용성을—증명할 수 있어야 한다. 한 개인이 타인과의 비교 속에서 획득하는 상대적 우위나 경쟁적 우위는 이러한 경제적 양심을 만족시키지 못하며, 따라서 경쟁적 지출은 양심의 승인을 얻지 못한다.

엄밀히 말해 과시적 낭비에는 서열을 매기고 시샘을 유발하는 금전적 비교를 위한 지출을 제외하고는 그 어떤 것도 포함시키지 말아야 할 것이다. 그러나 지출의 당사자가 해당 품목이나 요소를 반드시 이러한 의미에서의 낭비로 인식해야만 과시적 낭비로 규정되는 것은 아니다. 표준적인 생활을 구성하는 요소 중에는 처음에는 낭비적인 것으로 시작했다가 결국에는 소비자들이 생활필수품으로 인식하는 품목도 적지 않다. 과시적 낭비 품목은 이런 방식으로 소비자의 다른 지출 품목과 더불어 불가결한 존재가 된다. 이러한 항목에 종종 포함되고 따라서 이러한 원리가 적용되는 사례로 카펫과 태피스트리, 은제 식기[13], 웨이터의 서비스, 실크해트[14], 풀 먹여 다린 예복, 보석류와 고급 의상을 들 수 있다. 그러나 이와 같은 품목이 습관과 관습에 의해 불가결한 존재가 되면, 이러한 품목에 대한 지출이 기술적 의미에서 낭비적 지출로 분류될 수 있는지 아닌지에 관해 말하기는 어렵다. 낭비적이냐 아니냐를 결정하려고 모든 지출이 반드시 통과해야 하는 시험은 그것이 인간 전체의 삶을 향상시키는 데 직접적으로 기여하는지, 즉 객관적인 생명 활동 과정(life process)을 발전시키는지 여부에 관한 질문이다. 왜냐하면 이것이 장인 본능이 내리는 판정의 기초이며, 장인 본능은 경제적 진리나 적절성에 관한 모든 질문에 대한 최종 항소심이기 때문이다. 이 질문은 감정에 지배되지 않은 상식이 내리는 판정이 무엇인지에

---

13) 원문은 silver table service이지만, 문맥상 은제 식기를 뜻하는 것으로 보인다.

14) 남자가 쓰는 정장용 서양 모자. 춤이 높고 둥글며 딱딱한 원통 모양에 윤기가 있는 비단으로 싸여있다.

　　　　　　　　　　　　　　　　　　유한계급론

관한 것이다. 따라서 문제는 개인적 습관과 사회적 관습으로 구성된 현재의 환경에서, 주어진 지출이 특정 소비자의 만족이나 마음의 평화에 기여하는지 여부가 아니다. 중요한 것은 지출의 결과가 후천적으로 획득한 취향과 관례의 규범 그리고 관습적인 체면과는 별개로, 생활의 안락이나 삶의 완성에 순수익[15])을 제공해줄 수 있는지 여부다. 이러한 지출의 토대가 되는 관습이 서열을 매기고 시샘을 유발하려는 금전적 비교를 조장하는 속성에서 비롯되는 것인 한, 관습적 지출은 낭비적 활동으로 분류되어야 한다. 즉, 어떤 지출이 금전적 명성이나 상대적인 경제적 성공이라는 원리에 의해 뒷받침되며 관습적이고 규범적인 성격을 지닌다면, 그것은 낭비적 활동이라고 할 수 있다.[16])

　분명한 것은 지출 대상이 낭비적이어야만 과시적 낭비 또는 낭비적 지출의 범주에 속하는 것은 아니라는 점이다. 어떤 물품은 유용하면서도 낭비적일 수 있다. 소비자에게 주는 효용도 유용성과 낭비성으로 구성되며, 그 비율은 사람에 따라 아주 다르다. 소비재가 주는 효용은 이처럼 이 두 요소로 구성되는 것이 일반적인데, 이는

---

15) '순수익(net gain)'은 회계 용어로, 총이익에서 영업비, 잡비 따위의 총비용을 빼고 남은 순전한 이익을 뜻한다.

16) 이 문단은 아주 길지만, 사회적으로 바람직한 경제활동의 기준이 무엇인지에 관한 베블런의 인식이 상세하게 제시되어 있다는 점에서 정독하고 음미할 가치가 충분하다. 그에 의하면, 경제적 적절성을 판단하는 기준은 공동체 전체의 삶을 향상시키는 데 기여하는지, 특정 개인을 뛰어넘어 집단 전체의 생명 활동 과정을 촉진하는지 여부가 되어야 한다.

생산재도 마찬가지다. 다만 대체로 보자면 소비 물품에서는 낭비의 요소가 지배적이고, 생산적 사용을 위한 물품에서는 유용성의 요소가 지배적이라고 할 수 있다. 언뜻 보기에는 순전히 과시용으로 사용되는 물품조차 적어도 표면적으로는 모종의 유용한 목적을 감지할 수 있다. 다른 한편으로는 특정한 산업 공정을 위해 고안된 특수기계나 도구도 자세히 들여다보면, 인간의 산업적 활동에 사용되던 가장 원시적인 도구와 마찬가지로 과시적 낭비나 겉치레 적성의 흔적을 발견할 수 있다. 어떤 물품이나 서비스의 주요한 목적과 핵심요소가 과시적 낭비라고 하더라도, 이들의 효용이 유용한 목적과전혀 무관하다고 주장하는 것은 옳지 않다. 주요한 목적이 유용성에 있는 물품의 가치는 낭비적 요소와 직접적으로나 간접적으로나어떠한 관련도 없다고 주장하는 것 또한 옳지 않다.

Thorstein Veblen

5장

생활의 금전적 표준

근대의 모든 공동체에서 살아가는 사람들은 대부분 육체적 안락에 필요한 수준을 넘어서 지출한다. 이러한 지출의 가장 직접적인 근거는 남들보다 값비싼 소비를 한다는 것을 보이려는 의식적인 노력이 아니라, 소비하는 재화의 수량 및 등급과 관련한 체면의 관습적인 표준에 맞춰 살아가고자 하는 욕망이다. 이 욕망이 불변의 엄격한 표준에 의해, 곧 반드시 지켜야 한다거나 그것을 넘어서서는 더 나아갈 유인이 없다거나 하는 식의 표준에 의해 인도되지는 않는다. 이 표준은 유연하다. 즉, 금전적 능력의 증대에 익숙해지고 이러한 증대가 가져다줄 새로운 대규모 지출에서 편익을 얻을 수 있는 충분한 시간만 확보된다면, 이 표준은 무제한 확장될 수 있다. 한 번 늘린 지출 규모를 다시 줄이는 것은 부의 증가에 대응해 익숙했던 규모를 늘리는 것보다 훨씬 어렵다. 관습적 지출의 여러 항목은 순전히 낭비적인 지출에 가깝다는 점이 분석으로 입증되었는데, 이는 그와 같은 지출이 오로지 명예를 얻으려는 목적에서 비롯함을 의미한다. 그러나 관습적 지출이 일단 사회적 표준에 맞는 소비의 범위에 포함됨으로써 그 사람의 생활체계에 필수적인 구성 요소가 된 이후에는, 이를 포기하는 것은 육체적 안락에 직접적으로 기여하는 품목이나 심지어 삶과 건강에 필수적인 품목을 포기하는 것만큼이나 어렵다. 다시 말해 영혼의 안녕을 가져다주는 명예롭고 과시적이며 낭비적인 지출은 육체의 안녕이라는 '낮은' 욕구나 생존에만 기여하는 여러 지출보다 더 필수적인 것이 된다. 생활의 '높은' 표준을 낮추는 것이 이미 상대적으로 낮은 표준을 낮추는 것만큼이나 어렵다는 점은 잘 알려져 있다. 전자의 경우 어려움이 정신적인 것이라면, 후자의 경우 어려움은 삶의 육체적 안락을 훼손시킨다는 점에서 물질적인 것이다.

그런데 과시적 지출을 줄이기는 어렵지만 새로이 늘리기는 상대적으로 쉽다. 실제로도 이러한 사태가 당연한 것처럼 일어나고 있다. 드물기는 하지만 지출을 늘려줄 수단이 새로 확보되었음에도 소비가 눈에 띄게 늘어나지 않는 경우가 있으면 사람들은 이를 설명하고 싶어 하는데, 인색함이라는 하찮은 동기가 그 이유로 거론될 것이다. 반면 자극에 반응해 즉각적으로 소비를 크게 늘리는 것은 정상적인 반응으로 용인된다. 이는 우리의 노력을 일반적으로 인도하는 지출의 표준은 이미 달성된 평균적인 경상지출[1]이 아님을 시사한다. 여기서 표준이란 우리의 손이 닿지 않는 곳에 있거나 어느 정도 무리를 해야 도달할 수 있는 이상적인 소비를 가리킨다.

---

1) '경상지출(ordinary expenditure)'은 회계 용어로, 사업 활동에 의거해 매기 반복적으로 발생하는 성질을 가진 지출을 의미한다.

이때의 동기는 경쟁심인데, 이는 서열을 매기고 시샘을 유발하는 비교가 주는 자극으로서 우리가 습관적으로 같은 부류에 포함시키는 사람들을 앞서 나가도록 부추긴다. 각 계층은 사회적 등급상 바로 위에 속한 계층을 부러워하고 경쟁하는 반면, 아래 계층이나 한참 위의 계층과 비교하는 경우는 거의 없다는 진부한 발언 속에도 사실상 같은 내용이 담겨 있다. 다시 말해 체면을 세워줄 지출의 표준은 경쟁의 다른 목표와 마찬가지로, 평판의 측면에서 바로 위에 있는 계층의 관례에 의해 결정된다. 특히 계층 구별이 다소 모호한 사회에서는 명성과 체면의 모든 규범과 소비의 표준이 금세 감지될 수 없을 정도로 등급화되면서, 가장 높은 사회적·금전적 계층인 부유한 유한계급의 관례와 사고 습관으로까지 거슬러 올라간다.

사회가 생활의 어떤 체계를 품위 있거나 명예로운 것으로 기꺼이 받아들일지에 관한 전반적인 틀을 결정하는 것이 바로 최상위 유한계급이다. 그리고 스스로가 수칙과 모범이 됨으로써 이러한 사회 구원 계획(scheme of social salvation)의 가장 고귀하고 이상적인 모습을 몸소 보여주는 것이 부유한 유한계급의 과업인 것이다. 그러나 상위의 유한계급이 이러한 준사제적 과업을 수행할 때는 특정한 물질적 제한을 받는다. 유한계급이 이러한 의례적 요구 사항과 관련해 대중의 사고 습관을 마음대로 갑작스럽게 바꾸거나 뒤집을 수는 없다. 어떤 변화가 대중에게 스며들고 사람들의 습관적인 태도를 바꾸는 데는 시간이 걸린다. 특히 유한계급의 광채에서 사회적으로 더 멀리 떨어져 있는 계층의 습관을 바꾸는 데는 많은 시간이 걸린다. 인구의 이동성이 낮거나 여러 계층 사이에 등급의 간격이 넓고

급격한 경우에는 이러한 과정이 더욱 더디게 진행된다. 그러나 충분한 시간이 허락된다면, 유한계급이 사회 속 생활체계의 모습이나 구체적 세부 사항의 문제와 관련해 영향을 미칠 수 있는 재량의 범위는 넓다. 반면 평판의 실질적인 원리와 관련해서 유한계급이 영향을 미칠 수 있는 변화는 좁은 범위로 제한된다. 유한계급의 모범과 수칙이 그 아래에 놓인 모든 계층을 대상으로 강한 규정력을 발휘하는 것은 분명하다. 그러나 이러한 권위적인 규정성은 평판의 형태와 방법을 좌우하며 전승되는 수칙을 만들어내는 과정에서, 즉 하층계급의 관례와 정신적 태도를 형성하는 과정에서 장인 본능에 의해 어느 정도 완화된 과시적 낭비의 규범이 선택하는 대로 작동한다. 이러한 규범에 인간 본성의 또 다른 일반적 원리가—약탈적 아니무스가—추가되는데, 이 약탈적 아니무스는 보편성과 심리적 내용의 측면에서 방금 명명된 과시적 낭비의 규범과 장인 본능의 사이에 걸쳐 있다. 널리 통용되는 생활체계에서 장인 본능이 발휘하는 효과는 뒤에서 논의하기로 한다.[2]

그러므로 평판의 규범은 경제적 환경과 전통 그리고 특정 계층의 정신적인 성숙도(평판의 규범은 이 특정 계층의 생활체계를 규율한다)에 맞춰 조정되어야 한다. 특히 주목해야 할 점은 어떤 공식적인 의례가 처음에는 아무리 권위가 높고 평판의 기본 요건에 충실했을지라도 다음과 같은 경우 그 효력을 유지할 수 없다는 것이다. 평판의

---

2) 13장 〈시샘을 유발하지 않는 관심의 부활〉에서 주로 논의된다.

규범이 시간이 흐르거나 하층 금전 계급으로 전파되는 과정에서 교양인이 공유하는 품위의 궁극적 근거, 즉 금전적 성공을 놓고 벌어지는 시샘 유발적 비교의 목적에 어긋나는 상황이 그것이다.

지출에 대한 평판의 규범이 모든 공동체와 모든 계층에서 생활표준을 결정하는 데 큰 영향을 미친다는 것은 분명하다. 그리고 어떤 시대나 사회에서 널리 퍼져있는 생활표준은 결국 명예로운 지출이 어떤 형태를 띨지에 대해, 그리고 이러한 '고급' 욕구가 사람들의 소비를 어느 정도 지배할지에 대해 많은 것을 말해줄 것이다. 이때 용인된 생활표준이 발휘하는 영향은 주로 부정적인 성격을 띤다. 생활표준은 일찍이 습관화된 과시적 지출의 규모가 축소되지 않도록 방지하는 역할을 주로 담당하기 때문이다.

생활표준은 습관의 성격을 지닌다. 다시 말해 그것은 어떤 자극에 반응하는 규모와 방식이 습관화된 것이다. 익숙해진 표준에서 후퇴하는 것은 일단 형성된 습관을 깨뜨리는 것과 마찬가지로 어렵다. 표준을 발전시키는 것은 상대적으로 쉽다. 이는 삶 자체가 활동을 펼쳐나가는 과정이기에, 자기발현에 대한 저항이 감소하면 언제 어디서나 새로운 방향으로 쉽게 펼쳐질 것임을 의미한다. 그러나 저항이 적은 곳을 따라 습관이 형성되고 발현되면, 외부 저항이 현저하게 커지는 방향으로 환경이 바뀐 뒤에도 익숙한 배출구를 찾는다. 우리는 [본능이] 특정한 방향으로 아주 용이하게 발현되는 것을 습관이라고 부른다. 이 습관으로 인해 [본능이 지시하는] 특정한 방향으로 삶을 펼쳐나가는 것에 대한 저항이 외부 환경의 변화로 인해 상당히 커지더라도 이를 상쇄시킬 수 있다. 다양한 습관 사이에는, 그리고 개인의 생활표준을 구성하는 습관적인 발현 양식이나 발현 방향 사이에는 습관이 그에 역행하는 환경에서 얼마나 끈질기게 지속되느냐는 측면에서, 그리고 특정한 방향으로의 배출이 얼마나 긴급하게 요구되느냐는 측면에서 상당한 차이가 있다.

오늘날 경제 이론의 언어로 표현하자면 사람들은 어떤 방향으로든 지출을 줄이는 것을 꺼리는데, 어떤 방향인가에 따라 지출 축소에 대한 저항감의 차이가 있다. 그로 인해 익숙한 소비를 어쩔 수 없이 포기해야 하는 상황에서도 마지막까지 포기하기 어려운 특정한 소비가 있는 것이다. 소비자가 가장 끈덕지게 매달리는 소비 품목이나 형태는 이른바 생활필수품 또는 최저생계 품목이라고 할 수 있다. 최저생계 품목의 경우 종류와 수량이 일정하다거나 고정된다는 식으로 허용치를 엄격하게 결정할 수는 없다. 그러나 당면한 목적을 고려한다면 최저생계 품목은 삶을 유지하는 데 필요한 소비품으로 구성되며, 어느 정도는 확정적인 품목의 묶음이라고 간주할 수 있다. 최저생계 품목은 지출을 꾸준히 줄여가야 하는 경우 일반적으로 마지막에 포기하는 것이라고 가정할 수 있다. 다시 말해 개인의 삶을 지배하는 가장 오래되고 뿌리 깊은 습관이―생명체로서의 인간의 생존과 직결되는 습관이―일반적으로는 가장 끈질기고 긴요하다고 할 수 있다. 이러한 습관 너머에서는 더 높은 욕구와 개인이나 종족 차원에서 나중에 형성된 습관이 다소 불규칙하게, 그리고 조금씩 변화를 겪으며 나타난다. 더 높은 욕구 중 일부는, 예컨대 특정한 자극제의 습관적인 사용이나 (종말론적 의미에서의) 구원의 필요 또는 명성과 같은 필요는 어떤 경우 더 낮거나 더욱 기본적인 욕구에 우선할 때도 있다. 일반적으로 보자면 오래된 습관일수록 깨지지 않으며, 생명 활동 과정에서 존재하는 기존의 습관적 형태에 가까울수록 더 끈질기게 지속될 것이다. 어떤 행동을 수반하는 인간 본성의 특정한 형질과 그 속에서 발현되는 특정한 적성이 삶의 과정에 깊게 관련되어 있거나 특정 종족의 생활사에 긴밀히 연결되어 있다면 그 힘은 훨씬 강할 것이다.

사람마다 서로 다른 습관을 쉽게 형성하는 정도는 다르다. 마찬가지로 서로 다른 습관을 포기하지 않으려는 정도도 다르다. 따라서 특정한 습관의 형성은 단순히 습관을 만들어가는 기간의 문제라고 할 수 없다. 어떤 범위의 습관이 개인의 삶의 체계를 지배할 것인지를 판단하는 데 있어 전승된 적성과 기질적 형질은 습관화의 기간만큼이나 중요하다. 그리고 널리 전파되는 적성의 유형, 즉 어떤 공동체의 지배적인 종족적 요소에 속하는 기질의 유형은 공동체의 습관적인 삶의 과정이 발현되는 범위와 형태를 결정하는 데 크게 영향을 미칠 것이다. 전승된 적성의 특질은 개인적 습관을 신속하면서도 확고하게 형성하는 데 엄청난 영향을 미칠 수 있는데, 이는 알코올 중독이라는 끔찍한 습관에 종종 쉽게 빠져든다는 점으로 잘 설명할 수 있다. 이와 마찬가지로 독실한 신앙심이라는 특별한 기질을 물려받은 사람들 역시 종교 의례를 준수하는 습관을 쉽게 그리고 불가피하게 만들어간다. 낭만적 사랑이라고 불리는 특별한 인간적 환경에 이상할 정도로 쉽게 익숙해지는 경우도 마찬가지다.

사람들은 전승된 적성의 측면이나 그들 자신의 활동을 특정한 방향으로 손쉽게 전개하는 능력 측면에서 서로 다르다. 상대적으로 강점이 있는 적성이나 상대적으로 뛰어난 발현 능력에 부합하고 이를 지속할 수 있는 습관을 지닌 사람은 더 만족스러울 것이다. 생활 표준을 구성하는 몇몇 습관의 상대적인 강고함은 이처럼 적성이라는 요소에 의해 어느 정도 영향을 받는다. 따라서 사람들이 과시적 소비라는 방식으로 익숙해진 지출을 끝까지 포기하지 않으려 하는 것은 이러한 요인으로 설명할 수 있다. 이러한 종류의 습관을 만들어내는 적성이나 성향이 바로 경쟁심이다. 경쟁 성향은—서열을 매기고 시샘을 유발하는 비교는—태곳적부터 발전해온 것으로, 인간 본성의 보편적인 형질이다. 이 성향은 어떤 형태에서도 활발하게 발현되고, 일단 습관화되면 형태를 가리지 않고 끈질기게 지속된다. 개인이 특정한 방향의 명예로운 지출을 통해 경쟁 성향을 표출하는 것이 습관으로 굳어지면—특정한 일련의 자극이 이처럼 기민하고도 마음 깊숙이 스며든 경쟁 성향의 안내를 받으며 펼쳐지는 특정한 종류와 방향의 활동 속에서 습관이 되면—그토록 익숙해진 지출을 포기하기란 대단히 어려워진다. 다른 한편으로 개인이 금전적 권력을 획득함으로써 자신의 생활 과정을 더 넓은 범위 속에서, 그리고 추가적인 영역으로까지 확장해서 펼쳐갈 수 있는 위치에 놓이면 그가 자신의 삶을 어떤 방향으로 새롭게 펼쳐나갈지는 그가 속한 종족의 오랜 성향에 의해 결정되기 마련이다. 이러한 경쟁 성향은 몇 가지 관련된 형태로 실제로 이미 활발하게 발현되고 있는데, 그 발현 형태는 오늘날의 공인된 생활체계에서 자극받으며 촉진되고 있고, 그것을 펼치는 데 필요한 물질적 수단이나 기회도 충분히 마련되어 있다. 그러므로 이러한 경쟁 성향은 특히 개인의 총체적

유한계급론

힘이 새롭게 접근하게 될 방향과 형태를 형성하는 데 큰 영향을 미칠 것이다. 구체적으로 말하자면 과시적 소비가 삶의 체계 중 한 요소로 자리 잡은 사회에서는, 개인의 지불 능력이 커지면 과시적 소비로 널리 인정되는 지출이 늘어날 가능성이 높다.

자기보존 본능을 제외한다면 엄밀한 의미에서의 경제적 동기 중 가장 강력한 동기, 곧 늘 깨어있으며 끈질기게 작용하는 동기는 아마도 경쟁 성향일 것이다. 산업사회에서 이러한 경쟁 성향은 금전적 경쟁으로 발현된다. 오늘날의 문명화된 서양 사회로 한정한다면 금전적 경쟁은 과시적 낭비의 형태로 표출된다고 해도 과언이 아니다. 따라서 가장 기본적인 육체적 욕구가 일단 충족되면, 과시적 낭비의 필요가 공동체의 산업적 효율이나 산출량의 추가적인 증대를 즉각 흡수할 가능성이 높다. 근대적 조건에서 이러한 결과가 발생하지 않는다면, 그것은 개인이 보유한 부의 증가 속도가 너무도 빨라서 지출 습관이 부의 증가에 맞출 수 없기 때문일 것이다. 또는 문제의 개인이 계획 중인 전체 지출의 엄청난 효과를 극적으로 높일 의도에서 늘어난 부의 과시적 소비를 나중으로 미뤘기 때문일 것이다. 산업적 효율이 높아져 더 적은 노동력으로 생계 수단을 조달할 수 있다면, 근면한 사회 구성원의 에너지는 노동의 부담을 덜기보다 과시적 지출을 더 많이 늘리는 방향으로 향한다. 산업적 효율의 증대로 부담을 경감시키는 것이 가능해지지만, 부담이 실제로 경감되지는 않는다. 늘어난 산출물은 과시적 지출의 욕구를 충족시키는 데 사용하도록 전환되는데, 이는 경제 이론에서 통상 더 높은 욕구 또는 정신적 욕구에 귀속시키는 방식에 따라 무한히 확장될

수 있다. 존 스튜어트 밀³⁾이 "지금까지 만들어진 모든 기계의 발명
이 인간이 겪는 매일의 노고를 덜어주었는지는 여전히 의문이다."
라고 말할 수 있었던 것도 생활표준 속에 이러한 욕구를 포함시켰
기 때문이다.

개인의 생활표준은 대체로 그가 속한 사회나 계층에서 통용되는
지출 표준에 의해 결정된다. 지출 표준은 개인의 옳고 그름에 대한
상식에 호소하고, 개인은 이를 습관적으로 관찰하면서 그것이 속한
생활체계를 자신의 것으로 흡수한다. 사회나 계층의 지출 표준은
이러한 직접적 과정을 통해 개인의 생활표준이 된다. 그러나 [집단
의] 지출 표준은 간접적인 방식으로도 개인의 생활표준이 된다. 이
때 간접적인 방식이란 대중이 널리 통용되는 지출 규모에 순응하지
않는 개인을 예의범절이라는 이름 아래 경멸하고 배척함으로써 강
요하는 것을 가리킨다. 유행하는 생활표준을 받아들이고 실행에 옮
기는 것은 기분 좋고 편안한 일이며, 개인의 안락과 인생의 성공에

---

3) 존 스튜어트 밀(John Stuart Mill, 1806~1873)은 19세기 영국 자유주의 사상의 대표
적인 인물이다. 고전학파 경제학의 사상 체계를 세운 밀은 사회사상 면에서 공리주
의에 쏠렸으나 만년에는 사회주의에 가까워졌다. 철학, 경제, 정치, 여성 문제, 종교,
사회주의 등 광범한 주제로 다양한 글을 썼다. 저서로《정치경제학 원리(Principles
of Political Economy)》,《자유론(On Liberty)》,《공리주의(Utilitarianism)》,《자서전
(Autobiography)》 등이 있다. 밀은 코넬대학 시절 베블런의 스승이자 시카고대학
경제학과의 책임자로서 베블런에게 자리를 마련해준 제임스 로런스 로플린(James
Laurence Laughlin, 1850~1933)이 가장 존경한 경제학자였다. 로플린은 고전학파 경
제학의 바이블인 밀의《정치경제학 원리》를 축약하고 주석을 달아 현대화한 것으로
잘 알려져 있다.

유한계급론

도 불가결한 요소가 될 정도다. 과시적 낭비의 요소에 관한 한, 어떤 계층의 생활표준은 그 계층의 소득 역량이 허용하는 한도만큼 높은 것이 일반적이며 계속해서 높아지는 경향이 있다. 그러므로 인간은 하나의 목적만을 가지고 부를 최대한 많이 획득하는 데 전력을 기울이되, 금전적 이득을 가져오지 못하는 일은 기피한다. 이와 더불어 좋은 평판을 줄 수 있는 관찰자의 눈에 확 띄는 분야에 집중해 소비한다. 반면에 시간이나 재화의 명예로운 지출을 수반하지 않는 성향이나 적성은 제대로 발휘되지 못하고 사라진다.

이처럼 가시적(可視的) 소비에 대한 특별 대우가 본격화됨에 따라, 대부분 계층의 가정 내 생활은 상대적으로 누추해졌다. 이는 관찰자들의 눈앞에 펼쳐진 화려한 생활과 아주 대조적이다. 이와 동시에 사람들이 그들의 사생활을 타인의 관찰에서 차단하는 습관도 부차적으로 발생한다. 타인의 비난을 받지 않고 은밀하게 행해질 수 있는 소비의 영역에 관한 한, 사람들은 이웃과의 모든 접촉을 꺼린다. 따라서 산업적으로 발달한 대부분의 공동체에서는 가정생활과 관련해 다른 사람을 배제하려는 경향이 있다. 이러한 경향이 한층 진전됨에 따라 모든 공동체에서는 사생활을 보호하고 감추려는 습관이 상층계급의 두드러진 예절 규범으로 자리 잡는다. 품위를 위한 지출을 해야 할 절박성이 큰 계층의 출산율이 낮은 것도 과시적 낭비와 관련한 생활표준의 요구에서 비롯한다. 아이를 키우려면 품위 유지를 위한 과시적 소비와 그에 따른 비용이 늘어나게 마련인데, 이는 출산을 억제하는 강력한 요인이다. 이러한 요인은 맬서스[4]가 말한 분별에 의한 억제책 중 효과가 가장 클 것이다.

생활표준에서 이러한 과시적 지출에 속하는 요소는 육체적 안락과 유지를 위한 소비 중 눈에 잘 띄지 않는 부분을 줄이고 아이를 적게 낳거나 아예 낳지 않게 하는 결과를 낳는데, 이러한 현상은 아마도 학자 계급에서 가장 뚜렷하게 나타날 것이다. 학자 계급은 그들의 삶을 특징짓는 이른바 재능의 우월성 및 성취의 희소성 덕분에 재력의 측면에서 정당화되는 수준에 비해 더 높은 사회적 등급에 관습적으로 포함된다. 학자로서의 체면 유지를 위해 필요한 지출 규모가 그로 인해 높아질 수밖에 없고, 결과적으로 삶의 다른 목적을 위해 지출할 수 있는 여지가 거의 없다. 학자들의 금전적 품위에 대한 사회 전반의 기대치가 높은 것만큼이나, 상황의 영향력으로 인해 이러한 지출 문제와 관련해 무엇이 좋고 옳은지에 관한 학자 계급 자신의 기대치도 지나치게 높다. 왜냐하면 이들의 습관적 감각은 명목상 사회적으로 동등한 비(非)학자 계급의 엄청난 부나 소득 창출 능력을 표준으로 형성되기 때문이다. 근대 사회에서는

---

4) 토머스 로버트 맬서스(Thomas Robert Malthus, 1766~1834)는 영국의 경제학자로, 1798년 수많은 논쟁을 야기한 《인구론(An Essay on the Principle of Population)》을 세상에 내놓았다. 그는 인구가 억제되지 않는 한 기하급수적으로 늘어나는 반면, 식량의 공급은 산술급수적으로 늘어날 뿐이라고 주장했다. 이 주장에 따르면 사람은 너무 많은데 그들의 필요를 채워줄 식량이 너무나 부족해져 끔찍한 결과가 발생할 수밖에 없다. 맬서스는 인구 증가 억제 메커니즘을 크게 두 가지로 분류했다. 첫 번째는 '적극적 억제책(positive check)'으로, 기근·전쟁·전염병 등 개체의 사망과 관련된 요인이 포함된다. 두 번째는 출산 통제와 관련된 '소극적 또는 예방적 억제책(preventive checks)'으로서 도덕적 자제(moral restraint)와 악덕(vice)으로 나뉜다. 베블런이 언급한 '분별에 의한 억제책'은 예방적 억제책 중 도덕적 자제를 의미하는 것으로 보인다.

유한계급론

성직자가 학자의 업무를 더는 독점하지 않는다. 이러한 상황에서 학문적 지향이 있는 사람들은 재력 측면에서 그들보다 우월한 계급과 접촉하며 살 수밖에 없다. 상층계급에서 펼쳐지는 금전적 체면의 높은 표준은 거의 완화되지 않은 채 학자 계급에 고스란히 스며든다. 결국 재산을 과시적 낭비에 사용하는 비중이 이들보다 더 큰 계층은 사회 어디에도 없다.

6장

취향의 금전적 규범

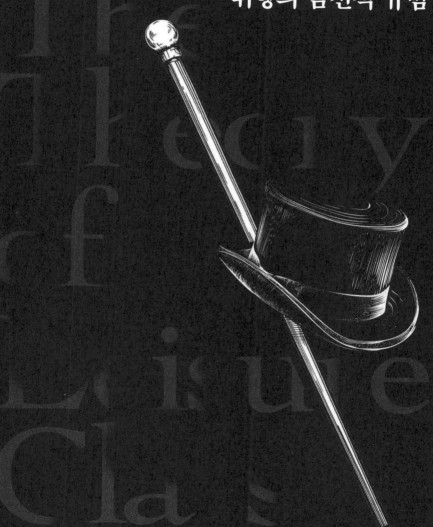

소비를 규제하는 규범이 대체로 과시적 낭비를 요구하지만, 소비자 행동의 동기가 이러한 원칙을 노골적이고 단순한 형태로 고수하지는 않는다는 점에도 주의해야 한다고 여러 번 반복한 바 있다. 사람은 통상 기존 관례에 따르고, 비난조의 주목이나 뒷담화를 피하며, 자신의 시간과 노력의 품위 있는 사용에서는 물론 소비하는 재화의 종류·수량·등급과 관련해서도 널리 통용되는 예절 규범에 부응하려는 동기를 지닌다. 대개 규범적 관례에 따라야 한다는 이러한 감각은 소비자의 동기 속에 들어가 있고 그들의 행동에 직접적인 구속력을 발휘하는데, 특히 사람들의 눈에 띄는 소비에서 특히 그렇다. 그러나 외부자의 눈에 잘 띄지 않는 소비에서도 규범적인 지출의 요소가 상당 부분 관찰되는데, 속옷이나 일부 식품, 주방용품 그리고 규범 준수를 입증하기 위해서가 아니라 실용적 목적을 위해 만들어진 그 밖의 가정용품이 대표적인 사례다. 유용성 있는 모든 품목을 면밀히 조사해보면 재화의 비용을 높이고 상업적 가치를 높이는 모종의 특징을 발견할 수 있다. 그러나 비용과 상업적 가치의 증대가 이와 같은 품목 자체의 물질적 가치를 높이려는 것이라고 말할 정도라고는, 비용과 상업적 가치에 비례해 품목의 유용성까지 높아진 정도라고는 말할 수 없다.

과시적 낭비의 법칙에 의한 선별적인 감시가 작동하는 상황에서는 공인된 소비 규범이 발달한다. 그리고 이러한 소비 규범으로 인해 소비자들은 재화를 소비하고 시간과 노력을 들이는 과정에서 사치와 낭비의 표준을 준수한다. 규범적 관례의 이러한 발달은 경제적 삶에 즉각적인 영향을 미치지만, 다른 측면에서도 사람들의 행동에 간접적이고 파생적인 영향을 미친다. 특정한 방향으로 발현되는 사고 습관은 삶의 좋음과 옳음이 무엇인지에 관한 사람들의 습관적인 관점에도 영향을 미치기 마련이다. 사고 습관의 유기적 복합체는 개인의 의식적 삶을 구성한다. 이러한 유기적 복합체 속에서 경제적 관심은 다른 관심과 분리되거나 동떨어진 상태로 존재하지 않는다. 경제적 관심이 평판의 규범과 맺고 있는 관계는 이미 언급한 바 있다.

과시적 낭비 원리는 인생과 상품을 통틀어 무엇이 올바르고 명예로운 것인지에 관한 사고 습관이 형성되는 데 영향을 미친다. 이 때문에 금전적 명예의 관례와는 관계가 거의 없지만 어느 정도 경제적 의미를 갖는 행동에 관한 규범이 과시적 낭비 원리의 방해를 받는다. 명예를 위한 낭비의 규범은 이런 방식으로 의무감, 미의식, 효능감, 종교적·의례적 적합성에 관한 감각, 과학적 진리에 관한 감각에 직간접적인 영향을 미칠 수 있다.

여기에서 명예를 얻으려는 지출의 규범이 어느 지점에서 어떤 방식으로 도덕적 행동 규범을 습관적으로 방해하는지에 관해 논의할 필요는 없을 것이다. 이 문제는 공인된 도덕 규범에서의 이탈을 감시하고 꾸짖는 일을 직무로 삼는 사람들이 주로 주목하고 다뤄야 할 문제이기 때문이다. 근대 사회에서 사회적 삶을 살아갈 때 경제적·법적으로 지배적인 특징은 사유재산 제도이고, 도덕 규범의 두드러진 특징 중 하나는 재산을 신성시하는 것이다. 사유재산을 신성불가침으로 떠받드는 습관이 과시적 소비를 통해 좋은 평판을 얻고자 부를 추구하는 다른 습관의 방해를 받는다는 것은 너무도 당연하기에 독자의 동의를 구할 필요도 없을 것이다. 재산과 관련한 대부분의 범법 행위, 특히 상당한 규모의 범법 행위가 여기에 해당된다. 누군가가 범법 행위를 통해 큰 재산을 얻었을 때 순진한 도덕규범 하에서 예상할 수 있는 가혹한 징벌이나 극도의 악평이 가해지지 않는다는 사실은 잘 알려져 있다. 나쁜 짓으로 큰 부를 얻은 도둑이나 사기꾼은 작은 도둑에 비해 법의 엄격한 처벌에서 벗어날 가능성이 더 높다. 그는 재산이 늘어났다는 사실 자체에서, 그리고 부정하게 획득한 재산을 품위 있게 지출하는 것을 통해서 좋은 평판을 얻기 때문이다. 그는 전리품을 품위 있게 지출함으로써 고상한 예절 감각을 지닌 사람들의 호감을 크게 얻고 자신의 비열한 행동에 대한 그들의 도덕적 불쾌감마저도 누그러뜨린다. 그리고 우리 모두에게는 재산과 관련한 범법 행위가 아내와 자식의 '품위 있는' 삶의 태도를 가능케 할 수단을 제공하려는 동기에서 비롯된다면 이를 묵인하는 경향이 있는데, 이는 여기에서의 사안과 좀 더 직접적으로 관련된다. 이때 아내가 '사치의 무릎 위에서 양육되었다'는 사유가 더해진다면, 정상을 참작할 여지는 더욱 커진다. 말하자면 범법자의 목적이 명예를 위한 것이라면, 즉 금전적 품위의 표준에 의해 요구되는 만큼의 시간과 재산을 아내가 자신을 대신해서 소비할 수 있도록 하려는 데 있다면 그러한 범법 행위를 묵인하는 경향이 있다는 것이다. 익숙한 정도의 과시적 낭비를 용인하는 적성은 소유권의 침해를 비난하는 적성에 영향을 미쳐서, 때로는 이러한 침해를 칭찬할지 비난할지가 애매해질 때도 있다. 이는 범법 행위가 약탈이나 해적질의 요소를 뚜렷하게 보일 때 특히 그렇다.

이 주제를 여기에서 더 다룰 필요는 없을 것이다. 그러나 소유권의 불가침성이라는 관념을 공유하는 여러 도덕률 자체가 부를 공훈의 결과로 여기는 전통의 심리적 응결체라는 점은 언급해두고 싶다. 그리고 이처럼 신성하게 여겨지는 부에 가치가 부여되는 주된 근거가 부의 과시적 소비를 통해 얻는 명성이라는 점도 덧붙여야 할 것이다.

품위나 체면을 위한 지출이 과학적 정신이나 지식의 탐구에 미치는 영향은 별도의 장에서 상세히 다룰 것이다.[1] 그리고 이와 관련해 신앙심이나 의례적 가치 및 적절성에 미치는 영향도 여기에서는 다룰 필요가 없다. 그 주제는 다음 장에서 부수적으로 등장할 것이다.[2] 그렇지만 이처럼 명예를 위한 지출이 신성한 문제와 관련해 무엇이 옳고 가치 있는지에 관한 사람들의 취향을 형성하는 데 커

---

1) 14장 〈고등교육과 금전 문화의 표현〉을 뜻한다.
2) 12장 〈종교 의례의 준수〉가 대표적이다.

다란 영향을 미치며, 그렇기 때문에 과시적 낭비의 원리가 일상적인 종교 의례와 장식품에도 영향을 미친다는 점은 지적해두고 싶다.

　과시적 낭비의 규범은 분명히 종교적 소비로 지칭될 수 있는 것 중 많은 부분을 설명할 수 있을 것이다. 예를 들어 성당이나 사제의 의복, 그 밖에 이와 유사한 재화의 소비가 여기에 속한다. 심지어 손으로 짓지 않은 신전에서 신성을 찾으려는 근대의 신흥종교에서도 낭비적 지출을 통해 평판을 얻을 목적으로 신성한 건물을 짓고 내부를 장식하고 있다. 사치스럽고 화려한 예배당이 신자의 기분에 커다란 고양감과 도취감을 안겨준다는 것은 별도의 관찰이나 성찰이 없어도 쉽게 확인할 수 있다. 성스러운 장소 주변이 극심한 궁핍이나 불결함으로 더럽혀진 것을 목격하는 이들이 극도의 수치심을 느끼는 것도 같은 맥락에서 이해할 수 있다. 종교 의례에 사용되는 장식품은 금전상의 비난을 받을 여지를 남겨두지 않아야 한다. 장식품은 심미적이거나 실용적인 측면에서 적당히 용인된다 하더라도, 금전적 측면에서는 과시적 낭비라는 조건을 반드시 따라야 한다.

　모든 사회에서 성당이나 사원과 같은 성소는 신도의 주거지에 비해 건축적 측면과 장식적 측면에서 무척 화려하고 과시적 낭비라는 특성도 뚜렷하다. 이와 같은 모습은 주거와 관련한 금전적 품위의 표준이 높지 않은 지역에서 더욱 분명하다는 점에도 주목할 필요가 있다. 이 점은 기독교든 이교(異敎)든 대부분의 교파와 종교 집단에 해당되는데, 특히 역사가 오래된 종교 집단의 경우에는 더욱 그렇다. 한편 성소는 신도의 물리적 안락을 거의 신경 쓰지 않는 것이 일반적이다. 신성한 구조물은 신도들의 초라한 주거지와 크게 대조되는 만큼 그들에게 어느 정도 안락감을 제공할 것이다. 참되고 아름답고 선한 것과 관련해 올바르게 함양된 감각으로 인해, 사람들은 성소에 대한 모든 지출 중 신도의 안락을 위한 부분은 눈에 띄지 않도록 감춰야 한다고 느낀다. 성소 내 설비에 안락의 요소를 조금이라도 용인한다면, 금욕적인 외관으로 그것을 철저하게 감춰야 한다. 오늘날 가장 명성이 높고 비용을 아끼지 않는 예배당은 신도의 육체를 괴롭히는 수단으로 보일 만큼 금욕의 원칙을 철저하게 지키고 있다. 종교 관련 소비에 있어 섬세한 취향을 지닌 대부분의 사람은 이처럼 금욕적이고 낭비적인 불편함을 본질적으로 옳고 좋은 것이라고 여긴다. 종교상의 소비는 대리 소비의 성격을 띤다. 이러한 종교적 금욕의 규범은 과시적이고 낭비적인 소비를 통한 금전적 평판에 기반을 두고 있다. 그리고 이 규범은 대리 소비가 누군가를 대신해서 소비하는 사람의 안락을 눈에 띄게 높여서는 안 된다는 원칙에 의해 뒷받침된다.

신이나 성인이 성소에 직접 강림해서 그들의 사치스러운 취향을 만족시키려고 그들에게 봉헌된 재산을 몸소 사용한다고 믿지 않는 모든 종파는 성소와 그 부속물도 이러한 금욕적 요소를 지닌다. 반면 신도 지상의 가부장적 지배자들이 살아가는 방식과 비슷하게 생활한다고 믿는 종교에서는 신성한 소유물의 성격이 다소 다른데, 이때 신은 그 소유물을 몸소 사용하는 것으로 여겨진다. 이 경우 성소와 그 부속물은 현세의 지배자나 소유자의 과시적 소비를 위한 재화에 주어진 방식을 더 많이 따른다. 반면 성물이 신을 섬기는 의식만을 위해 사용되는 종교에서, 즉 신을 섬기려는 목적으로 신의

유한계급론

종들에 의해 대리로 소비되는 종교에서 종교와 관련된 재산은 대리 소비만을 위한 재화에 어울리는 성격을 지닌다.

이러한 종교는 성소와 성물을 꾸미는 과정에서 대리 소비자의 안락을 높이거나 생활을 충만하게 만들지 않는 데 신경을 씀으로써 대리 소비의 목적이 소비자의 안락에 있다는 인상을 주지 않으려 한다. 왜냐하면 대리 소비의 목적은 소비를 행하는 사람의 삶을 충만하게 만드는 데 있지 않고, 그가 받들고자 하는 주인의 금전적 명성을 높이는 데 있기 때문이다. 성직자의 의복이 악명 높을 정도로 사치스럽고 화려하고 불편한 것도 이 때문이다. 사제가 신에 버금가는 역량을 가지고 신을 모신다고 믿지 않는 종파에서는 성직자의 의복이 소박하고 불편하며, 성직자 본인들도 그러는 것이 마땅하다고 느낀다.

과시적 낭비의 원리가 의례적 유용성에 관한 규범의 영역을 침범하는 상황은 종교적으로 품위 있는 사치의 표준을 확립하는 것에 국한되지 않는다. 이 원리는 수단은 물론 방법에도 영향을 미치고, 대리 소비는 물론 대리 여가에도 적용된다. 성직자가 가져야 할 바람직한 태도는 초연하고 느긋하며 형식을 준수하고 감각적 쾌락을 연상시키지 않는 것이다. 이는 정도의 차이는 있지만 모든 종류의 종교나 종파에 해당된다. 그러나 사제가 자신의 시간을 대리 소비에 사용하는 것은 인격화된 신을 섬기는 의인관적[3)]숭배 (anthropomorphic cults)에서 특히 두드러진다.

마찬가지로 대리 여가의 규범 또한 널리 확산되어 있다는 것은 종교 의례의 세부적인 외관을 통해 쉽게 확인할 수 있으며, 이 점은 약간의 주의를 기울이기만 하면 명백해진다. 모든 의례는 습관적 방식의 반복으로 확연히 환원될 수 있다. 습관적 방식의 이러한 발전은 성숙한 종교에서 가장 두드러지는데, 이와 같은 종교에서 성직자의 생활은 더 금욕적이고 엄숙하지만 의상만은 화려하다. 그러나 사제와 제의(祭衣) 그리고 성소와 관련한 취향이 덜 까다로운 신흥종교도 예배 형식이나 방법 등에서 유사한 특징을 보인다. 종교가 오래 지속되고 일관성을 획득할수록 반복적으로 수행되는 예배(이때 '예배'라는 단어에는 봉사의 의미도 담겨있는데, 이는 예배가 주인을 위한 종들의 대리 여가 행위임을 시사한다)는 형식을 더 중시한다. 반복적인 예배 속에서 형식을 엄격하게 준수하는 것은 종교적 취향이 올바른 사람들을 기쁘게 만든다. 예배가 형식적인 성격을 띠는 이유는 예배를 통해 섬기고자 하는 주인이 실제로 유용한 봉사를 종들에게서 받아야 할 세속적 필요를 뛰어넘는 존재임을 분명히 보여주기 위해서다. 신이 아무런 쓸모도 없는 신도를 종으로 거둬준다는 것은 그의 명예를 높이는 일이 된다. 이 점에서 성직자의 직무와 하인의 직무가 아주 비슷하다는 점은 굳이 지적할 필요도 없을 것이다. 우리는 예배와 봉사의 명백한 형식성에서 두 경우 모두 형식의 준수를 위한 집행(a pro forma execution)에 불과하다는 것을 인지하며, 이러한 형식성이 이 두 상황에 각각 부합할 때 기쁨을 느낀

---

3) 의인관 또는 신인동형숭배(anthropomorphism)는 신이나 자연에 인간의 본질 또는 속성을 부여하는 견해를 가리킨다.

유한계급론

다. 성직자는 직무를 집행하는 과정에서 민첩하거나 능숙하게 대응하는 모습을 보이면 안 되는데, 그러한 행동이 예배를 중단할 능력을 암시할 수 있기 때문이다.

이 모든 것은 금전적 평판의 규범이 지배하는 전통 아래 살아가는 신자들이 신성에 귀속시킨 기질이나 취향, 성향, 생활 습관과 관련해 분명한 함의를 지닌다. 과시적 낭비의 원리는 사람들 사이에 널리 퍼진 사고 습관을 통해 신성에 관한 신자들의 관념에, 그리고 신과 인간의 관계에 관한 신자들의 관념에 영향을 미치고 있다. 금전적 미(美)에 대한 예찬은 미숙한 종교에서 가장 확연하지만, 모든 종교에서도 이러한 흐름을 관찰할 수 있다. 문화적 단계나 계몽의 정도가 어떠하든 모든 사람은 부족한 상태로나마 신의 인격이나 환경적 적성을 진짜처럼 보여줄 그럴듯한 구성물을 만들어내려 분투한다. 그들은 상상력의 도움을 받아서 신의 존재와 생활 방식에 관한 그림을 채워 나가고 아름답게 장식하는데, 이 과정에서 위대한 인간의 이상을 만들어내는 특색을 신에게 습관적으로 투영한다. 그리고 신과의 교감을 추구할 때의 접근 방법이나 수단은 당시 사람들이 마음속에 모셔놓은 이상적인 신의 모습에 가까워진다. 이때 널리 공인되는 방법을 따르고 대중이 보기에 신의 본성과 특별히 일치하는 모종의 물질적 상황이 수반될 때, 신은 최상의 은총과 최상의 결과를 가지고 우리에게 강림한다고 여겨진다. 신과의 교감과 관련해 적합하다고 대중적으로 공인되는 태도나 제례 용구에 관한 이상은, 모든 존엄한 교류에 있어 본질적으로 가치 있고 아름다운 인간적인 태도와 환경이 무엇인가에 관한 대중의 인식에 크게 영향을 받는다. 이러한 점을 고려할 때 종교적 행동과 관련해 금전적 평판의 표준이 나타난다고 해서 이들을 모두 금전적 경쟁심의 근본적인 규범과 직접적으로 연결해 분석하는 것은 정확하지도 않고 바람직하지도 않다. 따라서 신이 금전적 지위를 지키려 애쓰고 단지 금전적 등급이 낮다는 이유만으로 누추한 상황이나 환경을 기피하고 비난할 것이라는 일반적인 인식은 타당하지 않다.

이러한 점을 모두 고려하더라도 금전적 평판의 규범이 신의 속성에 관한 우리의 관념은 물론, 신과의 교감에 있어 무엇이 합당한 방식이고 적절한 상황인지에 관한 우리의 관념에도 중대한 영향을 미치는 것은 분명해 보인다. 신은 유달리 평온하고 한가로운 생활 습관을 지녀야 하는 특별한 존재로 느껴진다. 신을 섬기는 사제는 사람들을 교화하거나 종교적 애호에 호소할 목적으로 신의 거처에 관한 그림을 시적인 상상 속에 그려 넣는다. 이때 그는 당연하게도 부와 권력의 상징으로 넘쳐나고 수많은 종에게 둘러싸인 옥좌를 생생하게 묘사함으로써 관객의 상상력을 자극한다. 신이 거주하는 천상의 장소를 이런 식으로 묘사하는 일반적인 흐름 속에서, 신의 종들은 대리 여가의 임무를 맡는다. 즉, 그들은 신의 숭고한 특성과 위업을 반복적으로 드러내지만 산업적으로는 비생산적 활동에 시간과 노력의 많은 부분을 바치는 것이다. 그리고 이러한 장소의 배경은 온갖 종류의 귀금속과 보석이 발하는 광채로 채워져 있다. 종교적 이상에 대한 금전적 규범의 침범이 극단적인 형태를 띠는 것은 경건한 종교적 상상이 투박하고 거칠게 표출될 때뿐이다. 대표적인 사례로 미국 남부의 흑인들이 공유하는 경건한 종교적 심상을 들 수 있다. 그들은 금이나 그보다 값진 것만을 언어로 그려낸다. 따라서 이 경우 금전적 아름다움에 대한 강조는 황금빛으로 반짝이며 놀라운 효과를 발휘하는데, 엄숙한 취향을 지닌 사람들은 참아주기 어려울 정도다. 그렇지만 신성한 장치란 어때야 하는가에 관한 사람들의 관념을 이끄는 제례적 적합성의 이상을 금전적 가치의 이상을 통해 보완하려고 시도하지 않는 종교는 존재하지 않을 것이다.

마찬가지로 사람들은 신의 종복인 성직자가 산업적으로 생산적인 일에 종사해서는 안 된다고 느끼며, 이러한 감정은 실제 행동으로 옮겨진다. 인간에게 확실히 유용한 일은 어떠한 종류의 것이든 신 앞이나 성소에서 수행되어서는 안 된다. 신 앞에 선 사람은 누구나 그 몸이나 의복에서 세속의 산업적 특징을 모두 씻어내야 하고, 일상에서 입는 것보다 더 값비싼 옷을 입어야 한다. 그리고 신을 찬양하거나 신과의 교감을 위해 따로 마련된 휴일에는 인간에게 유용한 일을 결코 행해서는 안 된다. 성전에서 떨어져 사는 속세의 평신도도 일주일 중 하루 정도는 대리 여가를 수행해야 한다.

종교 의례에서 그리고 신과의 관계에서 무엇이 적합하고 적절한지에 대한 인간의 무지한 감각이 이처럼 구제되는 모든 과정을 보면, 금전적 평판의 규범이 미친 흔적을 확인할 수 있다. 이러한 규범이 종교적 판단에 즉각적으로 영향을 미쳤든 아니면 다소 동떨어져 영향을 미쳤든 말이다.

평판의 이러한 규범은 소비재의 아름다움이나 유용성에 관한 대중적인 감각에도 유사한 영향을 미치는데, 이때의 영향은 한층 광범위하고 결정적이다. 금전적 품위의 필요조건은 실용적인 것이든 아름다운 것이든 물품에 관한 미적 감각과 효용의 감각에도 커다란 영향을 미쳤다. 사람들이 물품의 사용을 선호하는 이유는 그것이 어느 정도 과시적 낭비의 특성을 띠기 때문이다. 물품이 유용하다고 느껴지는 정도는 다소간 낭비적이고 표면적인 용도에 부적합한 정도에 비례한다.

아름다움에 높은 가치가 부여된 물품의 효용은 그것이 얼마나 비싸냐에 크게 좌우된다. 흔한 사례를 통해 이러한 의존성을 확인해볼 수 있다. 10~20달러의 상업적 가치가 있는 수제 은수저가 기계로 만든 같은 재질의 수저보다 본래적 의미에서의 유용성이 더 크다고 보기는 어렵다. 수제 은수저가 알루미늄과 같이 '열등한' 금속으로 만들어져 값이 10~20센트에 불과한 기계제품 수저보다 더 유용하다고 보기도 어렵다. 음식을 떠먹는다는 표면상의 목적만 놓고 보자면 수제 은수저는 사실 기계로 만든 알루미늄 수저보다 유용성 면에서 더 떨어질지도 모른다. 물론 이러한 관점으로 사안을 바라보는 것은 값비싼 수저를 사용하는 주요한 용도 중 하나를 무시한다는 반론이 제기될 수 있다. 이런 입장에서 보자면 손으로 직접 만든 수저는 우리의 취향과 미적 감각을 만족시키는 반면, 흔한 금속을 사용해 기계로 만든 수저는 맹목적인 효율 이외의 어떠한 쓸모도 없다. 이러한 반론은 의심할 여지없는 사실로 보인다. 그러나 깊이 생각해보면 이는 그럴듯해 보이기는 해도 결정적인 논변이 될 수 없음을 알 수 있다. (1) 수저를 만드는 상이한 재료는 수저의 용도를 위한 아름다움과 유용성을 각각 지니고 있다. 하지만 수제품 수저의 재료인 은은 알루미늄에 비해 100배나 큰 가치를 가졌음에도 불구하고 재질이나 색채의 본질적인 아름다움 측면에서 알루미늄을 크게 압도하지 못하고, 도구적인 유용성의 측면에서도 알루미늄에 비해 눈에 띄게 우월하다고 할 수는 없을 것이다. (2) 수제품 수저가 실제로는 모조품에 불과하지만 아주 정교하게 만들어진 결과, 정밀한 감식안을 지닌 숙련된 전문가를 제외하고는 그 형태나 질감에서 진짜 수제품과의 차이를 알 수 없다고 하자. 이러한 상황에서 정밀한 감식을 통해 모조품임이 밝혀진다면, 사용자가 아름다운 대상물을 감상하면서 얻는 만족감을 포함해 이 수저에서 얻는 효용은 곧바로 80~90퍼센트 또는 그 이상 감소할 것이다. (3) 두 수저의 외관이 너무도 흡사해서 면밀하게 관찰하더라도 무게를 비교하지 않고는 무게가 더 가벼운 기계제품을 가려내지 못하는 상황도 있을 수 있다. 이 경우 기계제품 수저의 형태나 색채가 수제품과 동일하다는 사실이 제품의 가치를 높여주지는 못할 것이다. 또한 그 수저가 신상품이 아니고 헐값에 확보할 수 있는 한, 이러한 사실이 사용자의 '미적 감각'의 만족도를 크게 높이지도 못할 것이다.

수저는 전형적인 사례다. 값비싸고 아름답다고 생각되는 물품을 사용하고 감상하는 것에서 나오는 높은 만족감은 상당 부분 사치에 관한 감각을 충족하는 데서 비롯되는 것임에도, 아름다움이라는 이름으로 위장되는 것이 일반적이다. 우리가 더 나은 물품에 더 높은 가치를 부여하는 것은 아름다움에 대한 순수한 평가 때문이 아니라 그것이 제공하는 더 높은 명예에 대한 평가 때문이다. 우리의 취향에 관한 규범 속에 과시적 낭비의 요건이 포함된다는 것은 잘 의식되지 않는다. 그러나 과시적 낭비의 요건이 우리의 취향을 제약하는 하나의 규범으로 존재하는 것은 분명하다. 즉, 이 요건은 무엇이 아름다운 것인가에 관한 우리의 감각을 선택적으로 빚어내고 떠받치며, 무엇이 아름다운 것으로 정당하게 승인되고 승인되지 않는가에 관한 우리의 안목도 좌우한다.

이처럼 아름다움과 명예가 서로 뒤섞이면 구체적인 상황 속에서 유용성과 낭비성을 구별하는 것도 대단히 어렵다. 과시적 낭비를 통해 명예를 얻게 해주는 물품이 미적 대상도 되는 상황이 자주 발생한다. 그리고 명예를 얻으려는 물건을 생산하는 노동이 해당 물품에 아름다운 형태와 색채를 동시에 부여할 수도 있는데, 이러한 상황은 실제로도 빈번히 발생한다. 이 문제는 많은 물건이 미적 대상으로서 유용하기에 낭비 품목으로서도 유용하다는 사실 때문에 한층 복잡해지는데, 보석이나 귀금속 그리고 치장이나 장식을 위해 사용되는 그 밖의 소재가 대표적인 사례다. 예를 들어 금은 감각적으로 대단히 아름답다. 높은 평가를 받는 많은 예술 작품은 비록 전부 그렇지는 않더라도 물질적 특성과 함께 내적인 아름다움을 지닌다. 의복에 사용되는 일부 재료나 풍경에도 본질적인 아름다움이 있으며, 그 밖의 많은 것도 정도는 덜하지만 제각각 아름답다. 물건이 지니는 이러한 본질적인 아름다움이 없었다면 갈망의 대상이 되지 못했을 것이고, 소유자와 사용자가 자랑할 만한 독점물도 될 수 없었을 것이다. 그러나 물건이 소유자에게 주는 효용은 물건의 본질적인 아름다움보다는 그것을 소유하고 소비함으로써 명예를 얻거나 불명예를 피하는 것에 기인하는 것이 일반적이다.

명예를 얻게 해주는 물건은 다른 측면에서의 유용성을 제외하더라도 여전히 아름답고 그 자체의 효용도 있다. 이런 물건이 가치가 큰 이유는 사적으로 사용하거나 독점할 수 있기 때문이다. 그러므로 이와 같은 물건은 귀중한 소유물로서 갈망의 대상이 되는데, 소유자는 이를 배타적으로 향유함으로써 금전적 우월감을 충족하고 그것을 응시하고 감상함으로써 미적 감각도 만족시킨다. 그러나 명예를 얻게 해주는 물건이 지니는 소박한 의미에서의 아름다움은 독점이나 상업적 가치의 근거라기보다 이러한 가치를 위한 좋은 기회라고 봐야 한다. "보석에서 감각적인 아름다움은 중요하다. 그러나 보석에 특별함을 더하는 것은 희소성과 높은 가격으로, 보석의 값이 쌌다면 그토록 특별한 대우를 받지 못했을 것이다."[4] 사실 이 항목에 해당하는 일반적인 사례에서, 과시적 낭비를 통해 당사자의 명예를 높여준다는 점을 제외하고는, 이렇게 아름다운 물건을 배타적으로 소유하고 사용하는 데 별다른 동기가 없다고 봐야 한다. 이러한 부류의 물건은 대부분 일부 장신구를 제외한다면 명예 이외의 목적에도 탁월하게 기여할 것인데, 이때 바라보는 사람이 그 물건을 소유하느냐 여부는 중요하지 않다. 심지어 장신구라 할지라도 그것의 주요한 목적은 장신구 없이 살아가야만 하는 사람들과의 비교 속에서 그 사용자나 소유자에게 화려한 광휘를 부여하는 데 있다. 소유만 한다고 해서 미적 대상물의 심미적 유용성이 높아지는

---

4) 에스파냐 태생의 미국 철학자이자 문필가인 조지 산타야나(George Santayana, 1863~1952)가 1896년에 발간한 《아름다움의 감각(The Sense of Beauty)》에 나오는 문장이다.

것은 아니다.

지금까지의 논의를 근거로 할 때, 가치 있는 물건이 우리의 미적 감각에 호소할 수 있으려면 아름다움과 사치라는 두 가지 요건을 함께 충족해야 한다는 일반화가 가능하다. 그러나 이것이 전부는 아니다. 사치의 규범은 이를 뛰어넘어 우리의 취향에도 영향을 미친다. 즉, 사치의 규범은 우리의 감상 속에서 사치의 표시를 그 물건이 지니는 아름다움의 특징과 뗄 수 없는 것으로 뒤섞고, 그로 인해 우리는 이 둘이 뒤섞인 결과물을 아름다움의 감상이라는 단순한 항목으로 포괄한다는 것이다. 결국 사치의 표지가 고가품의 아름다운 특징으로 인정된다. 고가품은 많은 비용으로 높은 명예를 주는 표지이기 때문에 즐거움을 주고, 이러한 점에서의 즐거움은 해당 물건의 아름다운 형태나 색채가 주는 즐거움과 뒤섞인다. 그리하여 우리는 종종 어떤 의상이 '너무도 아름답다'고 단언하는데, 해당 품목의 심미적 가치를 면밀히 분석해보면 이는 대부분 금전적으로 명예롭다고 말하는 것에 다름 아니다.

사치와 아름다움이라는 두 요소가 이처럼 뒤섞이고 혼동되는 대표적인 사례는 의상과 가구일 것이다. 이때 의상에 대한 평판의 관례가 당대에 적합한 의상의 모양과 색깔, 소재, 전체적인 인상을 결정한다. 이러한 관례에서의 일탈은 심미적 진리에서의 일탈이기에 우리의 취향에 거스른다. 우리가 유행하는 옷차림을 괜찮다고 생각하는 것은 순전히 남들에게 잘 보이고자 하기 때문만은 아니다. 우리는 기꺼이, 그리고 대부분의 경우 진심으로 유행하는 것이 좋다고 느낀다. 예컨대 고광택 마감과 중성색[5]의 의상이 유행일 때는 보풀이 많고 색상 효과가 뚜렷한 의상을 불쾌하게 여긴다. 올해 유행하는 고급 여성 모자는 작년에 똑같이 유행했던 것에 비해 훨씬 더 강력하게 우리의 감성을 자극한다. 그러나 25년이라는 장기적 관점에서 보자면 본질적 아름다움이라는 측면에서 이들 중 어느 한 쪽을 선택하기란 대단히 어렵다. 따라서 몸에 지니는 물건을 물리적으로 나란히 놓고 단순하게 비교해본다면, 신사 모자나 에나멜가죽 신사화의 반짝이는 광택은 닳아버린 옷소매의 마찬가지로 반짝이는 광택만큼이나 어떠한 본질적 아름다움도 지니고 있지 않다고 할 수 있다. 그럼에도 불구하고 서양 문명사회에서 살아가는 모든 교양인은 모자와 구두의 광택을 아주 아름다운 것으로 여기며 본능적으로 그리고 자연스럽게 여기에 끌리는 반면, 옷소매의 광택에 대해서는 어떤 감각으로든 불쾌하다고 느끼며 피하려 한다. 심미적 측면 이외의 다른 긴급한 이유로 인해 문명사회의 고안품인 높은 신사 모자를 쓰려는 사람이 있을지는 심히 의심스럽다.

사치의 표지가 있는 재화를 높게 평가하는 데 익숙해지고 아름다움과 높은 평판을 습관적으로 동일시함에 따라, 아름답지만 비싸지 않은 물품은 아름답지 않은 것으로 여겨진다. 이렇게 해서 어떤 꽃은 관습적으로 불쾌한 잡초처럼 취급되는 일이 벌어졌다. 상대적으로 손쉽게 키울 수 있는 다른 꽃은 값비싼 꽃을 살 여력이 없는 하

---

5) 녹색이나 보라 계통의 색처럼 난색(暖色)이나 한색(寒色)에도 속하지 않는 색을 일컫는다.

위 중간계급에 의해 받아들여지고 사랑을 받는다. 그러나 값비싼 꽃을 살 능력이 있고 꽃집에서 금전적 아름다움이 더 높은 품목을 고를 수 있도록 교육받은 사람들은 그런 꽃을 저급하다며 거부한다. 반면에 이러한 꽃에 비해 본질적으로 더 아름답다고 할 수 없음에도 막대한 비용을 들여 재배되고 꽃 애호가들의 찬사도 이끌어내는 꽃이 있다. 이때 꽃 애호가들은 고상한 환경에서 감식안과 원숙한 취향을 키운 사람들이다.

취향의 문제에 있어 사회 계급 사이에 존재하는 차이가 다른 종류의 소비재에서도 똑같이 관찰되는데, 대표적인 사례로 가구·주택·공원·정원 등이 있다. 이와 같은 여러 종류의 재화에서 무엇이 아름다운지에 대한 견해의 차이는 아름다운 작품에 대한 단순한 감각에 따른 규범의 다양성에서 비롯된 것이 아니다. 이러한 차이는 심미적 측면에서 타고난 자질이 아니라 평판의 규범(the code of reputability)에서 비롯된다. 평판의 규범은 자신이 속한 계층에서 어떤 물건을 명예로운 소비에 포함시킬 것인지 구체적으로 규정한다. 이러한 차이는 소비자의 체면을 손상시키지 않는 가운데 어떠한 종류의 물건이 취향과 예술의 대상으로 적절하게 소비될 수 있는지를 가늠하는 전통의 차이에서 비롯된다. 이러한 전통은 다른 요인의 영향을 받으며 일정한 편차를 보이기는 하지만, 해당 계급의 금전적 생활 수준에 의해 어느 정도 엄격하게 결정된다.

실용품의 아름다움에 관한 금전적 규범이 계층에 따라 어떻게 달라지는지, 그리고 관습적인 미의식이 금전적 평판의 요구로 인해 본연의 미의식을 전달하는 것에서 어떻게 벗어나는지 등에 대한 흥미로운 사례를 일상생활에서 찾아볼 수 있다. 대표적인 것이 공원이나 마당의 짧게 깎은 잔디밭이다. 이는 서양인의 취향에 자연스럽게 부합하며, 장두금발의 유럽 북방인종이 상당한 정도로 우위를 차지하는 사회의 상층계급 취향에 각별히 호소하는 것으로 보인다.[6] 잔디밭은 단순한 감상의 대상으로서도 감각적 미의 요소를 분명히 지니고 있으며, 그 자체가 의심할 여지 없이 거의 모든 인종과 계층의 눈에 직접적인 호소력을 발휘하는 듯하다. 그러나 다른 인종에 비해 장두금발의 사람들이 잔디밭의 아름다움을 더 크게 느끼리라는 것은 분명하다. 장두금발 인종이 다른 인종에 비해 길게 뻗은 녹색의 잔디밭을 더 사랑한다는 사실은 이들이 오랫동안 습한 기후 지역에서 살던 목축민이었음을 보여주는 기질적 특징과 관련 있다. 잘 다듬어진 목초지나 방목지를 감상하며 즐거움을 즉각적으로 느끼는 성향을 물려받은 사람들의 눈에는 이처럼 짧게 깎아놓은 잔디밭이 아름다워 보인다.

이런 잔디밭이 소의 방목지로 사용된다면 심미적 목적에 더욱 부합할 것이다. 사치스러운 주변 환경으로 인해 검약과 관련한 어떠한 혐의도 꺼려지는 오늘날, 장두금발 인종의 목가적 풍경은 잔디

6) 19세기 후반에는 다윈의 자연선택론을 다양한 유럽 인종 사이에서 발생한 사회적 선택 과정을 해석하는 데까지 확장하려는 시도가 있었다. 당시 인류학자들은 유럽 인종을 북유럽인(Teutonic), 지중해인(Mediterranean), 알프스인(Alpine)으로 분류했다. 장두금발 인종은 북유럽인을 지칭하는 것으로, 영국·독일·스칸디나비아의 토착인이 포함된다. 베블런은 이를 《장인 본능: 그리고 산업 기술의 상태》에서 좀 더 상세하게 논의한다.

밭이나 개인 소유 정원에 소를 들여옴으로써 복원된다. 이때 방목되는 소는 값비싼 품종인 경우가 일반적이다. 소가 검약과 불가분의 관계에 있다는 통속적인 연상은 장식을 위해 소를 사용하려는 시도에 대한 걸림돌이 될 수 있다. 따라서 사치스러운 주변 환경이 이러한 연상을 중화시키는 경우가 아니라면, 소를 감상용 목적으로 사용하는 일은 피해야 한다. 목초지에 대한 연상을 구체화하려고 초식동물이 강력하게 선호되는 경우에는 소의 자리를 다소 부적합한 몇몇 대체물, 곧 사슴이나 영양 또는 이들과 비슷한 이국적 동물이 차지한다. 이와 같은 대체물은 서양인의 목가적인 시선에는 소보다 덜 아름다워 보이지만, 값이 더 비싸거나 실용성이 없어 높은 명성을 줄 수 있다는 이유로 인해 선호된다. 이런 동물은 저속한 돈벌이에 실제로 기여하지도 않고, 돈벌이를 연상시키지도 않는다.

모든 이에게 개방된 공원은 잔디밭과 같은 범주에 속하는데, 이것도 기껏해야 목초지를 흉내 낸 것에 불과하다. 이러한 공원을 가장 잘 가꾸고 유지하는 방법은 방목이며, 잘 가꿔진 목초지를 한 번이라도 본 사람이라면 풀밭 위의 소 떼 자체가 대단히 아름다운 장면임을 인정할 것이다. 그러나 대중의 금전적 취향을 표출해 공원을 방목으로 가꾸고 유지하는 방법이 실제로 채택된 경우는 거의 없다. 전문적인 관리인의 감독 아래 숙련된 인부들로 공원을 가꾼다면 목가적 풍경의 예술적 효과에는 미치지 못하겠지만, 목초지에 어느 정도 가까워지기는 할 것이다. 그러나 대중은 소 떼에서 노골적인 검약과 유용성을 떠올리기 때문에, 소 떼의 존재는 모두에게 개방된 공원을 참을 수 없는 싸구려로 보이게 만든다. 방목을 통해 공원을 가꾸는 방법은 비용이 비교적 적게 드는데, 이 점 또한 방목 상태의 공원이 보기 흉하다고 느껴지는 이유다.

같은 맥락에서 공원의 또 다른 특징을 볼 수 있다. 즉, 사치의 과시가 소박하고 투박한 실용성을 표방한 겉치레와 교묘하게 결합해 있다는 것이다. 개인 정원 역시 중간계급의 생활 습관을 통해 취향을 형성했거나 옛 세대의 유년기 시절 상층계급의 전통 아래 취향을 형성했던 사람들이 관리하고 소유할 때 동일한 경향을 보인다. 오늘날 교양 있는 상층계급의 취향에 부합하는 개인 정원은 이러한 특징을 두드러지게 보이지는 않는다. 좋은 가문 출신이더라도 과거 세대와 현재 세대가 취향에서 이처럼 차이를 드러내는 이유는 경제적 상황의 변화에 있다. 공원의 보편적인 이상을 둘러싼 인식의 차이와 유사한 차이가 다른 분야에서도 감지된다. 다른 나라에서와 마찬가지로 미국에서도 지난 50년 동안 근검절약에서 면제될 정도로 부를 소유한 사람들은 전체 인구의 극히 일부에 불과했다. 불완전한 소통 수단으로 인해 이 소수의 사람들은 서로 원활하게 접촉하지 못한 가운데 흩어져 살았다. 따라서 값비싼 것을 무시하는 취향이 자라날 기반이 없었다. 저속한 절약에 대한 고상한 취향의 반란은 저지되지 않았다. 소박한 미적 감각을 지닌 사람들이 산발적으로나마 검약을 미덕으로 만들려 했던 곳에서는 비슷한 생각을 지닌 상당한 규모의 사람들만이 줄 수 있는 '사회적 확증'을 끝내 얻지 못했다. 따라서 공원을 값싸게 관리할 수 있는 증거를 눈감아주자는 상층계급의 여론은 없었다. 결국 공원의 이상적인 모습과 관련해 유한계급과 하위 중간계급 사이에 두드러진 견해 차이는 발생하지 않았다. 두 계급 모두 금전적인 불명예에 대한 두려움을 똑같이 염두에 두고 공원에 관한 이상을 세웠기 때문이다.

오늘날에는 이상의 차이가 분명하게 드러나기 시작한다. 노동과 금전적 염려에서 한 세대 이상에 걸쳐 지속적으로 면제된 유한계급 사람들의 비중이 충분히 커짐으로써 이제는 그들이 취향과 관련한 여론을 형성하고 유지한다. 구성원의 이동성 상승도 유한계급 내에서 '사회적 확증'이 손쉽게 달성되는 데 기여했다. 이처럼 선택된 계급에 검약의 면제는 너무도 당연한 것이어서 금전적 체면을 뒷받침하는 기초로서의 유용성은 상당 부분 상실했다. 그러므로 근대 상층계급이 준수하는 취향의 규범에서는 값비싼 것을 끊임없이 과시해야 한다거나 검약이라는 외관을 철저하게 없애야 한다고 일관되게 주장하지는 않는다. 따라서 사회적·지적 수준이 높은 계급에서는 소박하고 '자연스러운' 공원과 정원을 특히 선호하는 경향이 등장했다. 이러한 애호의 많은 부분은 장인 정신이 발현된 결과인데, 이때 장인 정신은 다양한 정도의 일관성을 보이면서 여러 결과물을 내놓는다. 장인 정신이 다른 것의 영향을 전혀 받지 않거나 언제나 자연스러운 경우는 거의 없다. 장인 정신은 또한 앞에서 언급된 가식적인 소박함과 크게 다르지 않은 것으로 쇠락할 때도 있다.

직접적이고 경제적인 사용을 확연히 연상시키는 소박하고 실용적인 고안물에 대한 강력한 애호는 심지어 중간계급의 취향에서도 확인된다. 그러나 이러한 애호는 적절히 통제되는데, 쓸모없음을 과시해 좋은 평판을 얻어야 한다는 규범이 계속 힘을 발휘하기 때문이다. 결국 유용성에 대한 [장인 정신의] 애호는 유용성을 가장하는 다양한 방식이나 수단을 만들어낸다. 여기에는 전원풍의 울타리, 다리, 정자, 누각 그리고 이와 유사한 장식적 특징을 갖는 고안물이 포함된다. 이처럼 유용성을 뽐내려는 충동은 아름다움의 경제적 감각에 대한 즉각적인 반응에서 가장 크게 벗어난 것일지도 모른다. 그와 같은 충동의 구체적인 표현은 무쇠로 만든 전원풍의 울타리와 격자 구조물 또는 저택의 앞마당을 우회하는 차량 진입로에서 살펴볼 수 있다.

선택된 유한계급, 즉 노동과 금전적 염려에서 완전하게 면제된 상층계급은 최소한 몇몇 사안에서는 유용성을 가장하는 금전적 아름다움의 변종을 활용하는 것에 흥미를 잃었다. 그러나 하위 중간계급 사람들과 비교적 최근에 진짜 유한계급에 진입한 사람들은 심미적 아름다움을 보충하려고 금전적 아름다움을 요구하는 취향을 여전히 지니고 있다. 이러한 취향은 심지어 자연 그대로 성장했기에 아름다운 것으로 높게 평가되는 대상과 관련해서도 관철된다.

이와 같은 사안에 대한 대중의 취향은 공원의 가지치기 작업이나 전통적인 화단을 높게 평가하는 것에서도 확인할 수 있다. 중간계급이 심미적 미보다 금전적 미를 앞세우는 취향을 지니고 있음을 보여주는 적절한 사례로 시카고 만국 박람회[7]가 열렸던 공공 부지

---

7) 시카고 만국 박람회(The Columbian Exposition)는 1893년 5월 1일부터 10월 30일까지 열린 세계 박람회로, 크리스토퍼 콜럼버스의 아메리카 대륙 발견 400주년을 기념하려고 개최되었다. 시카고 사우스사이드(South Side)에 박람회장이 설치되었고, 건축과 교통, 공장과 농기계, 군수품, 엔터테인먼트 등을 전시하면서 2,500만 명 이상의 관중을 유치했다.

의 재건이 있다. 대외적으로는 화려한 외관을 피하는 곳에서도 명성을 위한 금전적 사치라는 요구가 여전히 지켜지고 있음을 다수 볼 수 있다. 이러한 재건 작업이 실제로 거둔 예술적 효과는 금전적 규범에 근거하지 않은 취향으로 재건 작업을 펼칠 때 거둘 수 있었던 효과와 상당히 다르다. 그리고 시카고에 거주하던 상층계급도 재건 작업을 적극 환영했는데, 이는 이 사안과 관련해 시카고에 거주하던 상층계급과 하위 중간계급 사이에 취향의 차이가 거의 없었음을 뜻한다. 선진적인 금전 문화를 대표하는 시카고 시민들의 미의식은 과시적 낭비라는 위대한 문화적 원리에서 조금이라도 일탈하는 데 매우 부정적이었던 것이다.

자연에 대한 사랑 자체는 상층계급이 지닌 관례적 취향에서 비롯했을 것이다. 자연에 대한 사랑은 때로 금전적 미의 규범에 영향을 받으면서 예상치 못한 방식으로 표출되었고, 분별없는 구경꾼에게는 조화롭지 않아 보이는 결과를 초래했다. 예를 들어 미국에서는 나무가 없는 지역에 나무를 심는 것이 관행으로 자리 잡고 있는데, 이 관행은 평판을 높이려는 지출의 하나로서 숲이 울창한 지역으로도 전파되었다. 따라서 숲이 울창한 시골의 주민이나 농민이 도로변이나 농가 주위에 오래전부터 자라고 있던 자생종을 베어버리고 그 자리에 외래종 묘목을 새로 심는 것은 결코 드물지 않다. 이런 식으로 울창한 숲에서 참나무, 느릅나무, 너도밤나무, 호두나무, 솔송나무, 참피나무, 자작나무가 사라졌고 부드러운 단풍나무, 사시나무, 부서지기 쉬운 버드나무 등이 그 자리를 채웠다. 숲을 원래 상태로 방치함으로써 비용을 아끼는 것은 명예롭지 못한 행동으로 여겨

유한계급론

졌기에, 사람들은 체면을 지키려고 장식과 명예를 위한 품목에 투자했다.

취향에 대한 금전적 평판의 영향력은 동물의 아름다움에 관한 일반적인 표준에서도 발견된다. 대중의 심미적 척도 속에서 소가 차지하는 위치와 관련해 취향에 관한 규범이 담당하는 부분은 앞에서 이미 언급한 바 있다. 사회에 상당한 정도의 산업적 유용성을 제공하는 다른 가축에 대해서도 마찬가지의 논의가 가능한데, 앞마당에서 키우는 닭·돼지·비육우·양·염소·짐말이 여기에 속한다. 이들은 생산적 재화의 성격을 지니고 유용한 목적에 기여하며 종종 영리 목적에도 이바지한다. 그러므로 아름다움의 관념이 이들에게 귀속되기는 쉽지 않다. 반면 통상 산업적 목적에 기여하지 않는 애완동물, 예컨대 비둘기와 앵무새 등 감상용 조류, 고양이와 개 그리고 경주마는 다르다. 이들은 일반적으로 과시적 소비의 품목이기에 본성상 명예롭고 당연히 아름다운 존재로 간주된다. 이러한 부류의 동물을 관습적으로 애호하는 이들은 상층계급이다. 반면 재력이 떨어지는 하층계급과 검약을 멀리하라는 엄격한 규범을 어느 정도 벗어버린 소수의 선택받은 유한계급 사람들은 아름다움과 추함 사이에 노골적인 금전적 경계선을 서둘러 긋지 않으며 두 부류의 동물 모두에게서 아름다움을 찾는다.

명예롭고 아름답다고 평가받는 동물의 가치가 높은 데는 부수적인 이유가 있는데, 이를 살펴볼 필요가 있다. 조류는 돈벌이에 도움이 되지 않는다는 낭비적 특성만으로도 소유자에게 명예를 주는 애완동물에 속한다. 이러한 조류를 제외하면 특별히 주목할 가치가 있는 동물이 바로 고양이와 개, 경주마다. 고양이는 낭비의 요소가 적고 유용한 목적에 봉사할 수도 있으므로 개나 경주마에 비해 명예의 정도가 덜하다. 고양이의 기질도 명예와 관련한 목적에 적합하지 않다. 고양이는 사람과 대등하게 살아가며 어떠한 서열 관계도 맺지 않는데, 서열 관계는 가치·명예·평판을 수반하는 모든 구별의 뿌리 깊은 기반이다. 그리고 고양이는 주인이 이웃과 서열을 매기고 시샘을 자아내는 비교를 행하는 손쉬운 수단이 될 수 없다. 이러한 규칙에 대한 예외가 바로 앙고라 고양이처럼 희귀하고 환상적인 품종이다. 앙고라 고양이는 고가이므로 어느 정도 명예롭다고 간주된다. 따라서 이러한 금전적 토대 위에서 아름다움을 요구할 자격이 충분하다.

개는 유용성이 없다는 측면뿐 아니라 특별한 기질적 재능 측면에서도 장점이 있다. 개는 뛰어난 감각으로 인해 종종 인간의 친구라고 불리며, 지능과 충성심 때문에 높이 평가받는다. 개는 인간의 충복으로서 무조건 복종하고 주인의 심기를 노예처럼 기민하게 헤아리는 재능을 지니고 있다. 이러한 특성으로 인해 개는 서열 관계 또는 주종 관계에 적합하다. 개가 주종 관계에 적합하다는 것은 이러한 목적과 관련해 개가 유용한 존재로 간주될 수 있음을 뜻한다. 이러한 특성과 함께, 개는 심미적 가치가 다른 동물에 비해 더 모호하다는 특성도 지닌다. 그는 반려동물 중 가장 더럽고 성미도 가장 고약하다. 개는 주인에게 굴종하고 비위를 맞추지만, 주인을 제외한 나머지에 대해서는 주저 없이 피해와 불편을 끼침으로써 심미적 단점을 벌충한다. 따라서 개는 지배를 원하는 우리의 성향에 부응함으로써 우리의 애정을 얻는다. 개는 또한 비용이 많이 들고 대개는 산업적 목적에 도움이 되지 않으므로, 사람들의 마음속에서 평판을 높여주는 존재로서 굳건한 지위를 차지한다. 이와 더불어 개는 사람들의 상상 속에서 사냥을 연상시키는데, 이때 사냥은 고귀한 활동이자 명예로운 약탈 본능의 표출이라고 할 수 있다.

개는 이처럼 유리한 위치에 서 있기 때문에 외모나 동작의 아름다움, 그들이 지닌 칭찬할 만한 심적인 특성 모두 관습적으로 널리 인정되었고 찬미되었다. 많은 사람이 애견가들에 의해 형태가 기괴하게 변형된 품종조차 진심으로 아름답다고 느낀다. 이러한 품종의 개는 변형에 따른 형태가 얼마나 기괴하고 불안정한지에 따라 심미적 가치가 매겨지는데, 화려하게 개량된 다른 동물도 마찬가지다. 당면한 목적과 관련해서 보자면, 변형된 구조의 기괴함과 불안정성에서 비롯된 효용의 차이는 희소성과 그에 따른 비용의 차이로 환원된다. 남녀 모두 널리 애호하는 대형 견의 상업적 가치가 높은 것은 막대한 사육비 때문이며, 이들이 주인에게 가치가 있는 것은 주로 과시적 소비 품목으로서 효용을 주기 때문이다. 비싸기 때문에 명예가 있다는 관념을 통해, 개에게 간접적인 방식으로 사회적 가치가 부여된다. 따라서 언어와 관념의 손쉬운 치환에 의해 개는 상찬의 대상이 되고 아름답다는 평판을 얻는다. 이러한 동물이 받는 관심은 그것이 무엇이든 돈벌이나 유용성과는 무관하며, 바로 그런 이유로 인해 이들은 소유자에게 좋은 평판을 줄 수 있다. 동물에 관심을 보이는 것은 결코 비난받을 일이 아니었으며, 매우 끈질기고 대단히 사랑스러운 성격에 대한 습관적 애착으로 발전할 수 있었다.

그러므로 반려동물에 쏟는 애착 속에는 사치의 표준이 어느 정도 거리를 두고 하나의 규범으로서 작동하는데, 이러한 규범은 대상을 선택하고 감정을 형성하는 데 영향을 미친다. 앞으로 살펴보겠지만 인간에 대한 애정도 다르지 않다. 다만 이 경우에는 규범의 작동 방식이 다소 다를 뿐이다.

속도가 빠른 말도 개와 대단히 유사하다. 이러한 말은 대체로 값이 비싸거나 낭비적이며 산업적 목적에는 유용하지 않다. 속도가 빠른 말이 사회의 안녕을 제고하거나 사람들의 생활 방식을 안락하게 만드는 데 생산적 유용성을 지닌다면, 그것은 힘과 운동 능력의 발휘를 통해 대중의 심미적 감각을 만족시킨다는 점일 것이다. 이 같은 유용성도 물론 중요하다. 말은 개와 같은 정도의 순종적인 의존성을 정신적 적성으로 물려받지 않았다. 그러나 말은 주인이 지닌 충동, 곧 주변의 '생동하는' 힘을 자신의 용도에 맞춰 자유롭게 전환하고 그처럼 생동하는 힘을 통해 자신의 우월한 개성을 표출하려는 고유한 충동에 효과적으로 봉사한다. 속도가 빠른 말은 정도의 차이가 있지만 모두 경주마의 잠재 능력을 지니고 있으며, 이 점에서 주인에게 각별히 유용하다. 빠른 말이 주는 효용은 주로 효과적인 경쟁 수단이 된다는 점에 있다. 자신의 말이 이웃의 말을 앞지르는 것은 주인의 공격성과 우월감을 충족시킨다. 빠른 말을 이런 용도로 사용하는 것은 수익과 무관하며 전체적으로 봤을 때 어느 정도 일관되게 낭비적인 만큼 과시적이어서 명예로운 일이 된다. 바로 이러한 이유로 인해 빠른 말은 높은 평판을 주는 것으로 강하게 추정할 수 있다. 이 점 이외에, 진정한 의미에서의 경주마는 도박의 도구가 될 수 있다는 점에서도 비산업적이고 명예로운 용도로 사용된다.

그러므로 빠른 말은 심미적 차원에서 운이 좋다고 할 수 있다. 왜냐하면 실제로 말이 얼마나 아름답건 유용하건 상관없이, 소유자 멋대로 말의 아름다움이나 유용성을 평가하는 것을 금전적 명성의 규범이 정당화해주기 때문이다. 빠른 말에 대한 온갖 허세는 과시적 낭비의 원리에 의해 지지되고 지배와 경쟁을 향한 약탈적 기질에 의해 뒷받침된다. 말은 아름다운 동물이다. 그렇지만 경주마 애호가가 아니거나 경마 대회 상금이 주는 심적 억제로 인해 미적 감각이 마비되지 않은 사람들의 소박한 취향에서 봤을 때는, 경주마가 그렇게 특별한 정도로까지 아름다운 것은 아니다. 이처럼 취향이 소박한 사람들에게 가장 아름다운 말은 사육업자에 의해 선택적으로 개량된 경주마보다 급격한 변형을 덜 겪은 형태의 말일 것이다. 그럼에도 불구하고 작가나 연설가, 특히 적절한 수사를 구사하지 못하는 작가나 연설가는 동물의 우아함과 유용성을 묘사할 때 수사학적 목적을 위해 습관적으로 말을 끌어들인다. 그런데 대개 그가 마음에 둔 것은 사실 경주마였다는 게 글이나 연설이 채 끝나기도 전에 드러난다.

말과 개의 품종에 대해 보통 수준의 교양과 취향을 지닌 사람들도 품종마다 단계별로 평가하는 것을 접할 수 있는데, 이 속에서 명성에 대한 유한계급의 규범이 행사하는 또 다른 그리고 좀 더 직접적인 영향을 확인할 수 있다. 예를 들어 미국에서 유한계급의 취향은 영국의 유한계급 사이에 널리 퍼져있거나 그럴 것으로 예상되는 관습과 습관에 어느 정도 영향을 받는다. 영국 유한계급의 영향력은 개보다 말에서 뚜렷하게 확인할 수 있다. 특히 기껏해야 낭비적인 과시를 위해서만 사용되는 승마용 말은 보통 영국산에 가까울수록 더 아름답다고 간주된다. 미국에서는 평판을 높이려는 관례라는 차원에서 영국의 유한계급을 상위 유한계급으로 상정해 더 낮은 계급의 모범으로 삼는다. 이처럼 아름다운 것을 감상하는 방법을 흉내 내거나 모방을 통해 취향에 관한 판단을 형성한다고 해서 이를 가짜 애호라고 비난할 필요는 없으며, 위선적이거나 억지스러운 취향이라고 볼 이유도 없다. 모방에 근거한 애호는 다른 표준에 근거한 애호와 마찬가지로 진지하고도 실질적인 취향이 내린 판정이기 때문이다. 다만 이때의 취향은 진리가 아니라 평판에 부합하기 위함이라는 점이 다를 뿐이다.

이러한 모방은 단순히 말의 신체에 관한 미적 감각을 넘어서까지 확대된다. 여기에는 마구나 승마술도 포함된다. 그 결과 좋은 평판을 얻을 수 있는 적절하고 아름다운 안장이나 승마 자세, 그리고 말의 보조(步調)[8] 또한 영국의 관례에 의해 결정된다. 아름다움의 금전적 규범이 작동할 때 무엇이 적절하고 무엇이 그렇지 않은지를 결정하는 상황은 우연의 산물인 경우가 적지 않다. 대표적인 사례가 바로 영국식 안장과 이처럼 어색한 안장을 필요하게 만든 유별나게 까다로운 말의 보조다. 영국식 안장과 말의 보조는 진흙투성이 도로 때문에 편안하게 이동하는 것이 사실상 불가능했던 시대의

---

8) 걸음걸이의 속도나 모양 따위의 상태.

잔존물이다. 말은 본래 사방이 트이고 지면도 단단했던 곳에서 나고 자란 동물이다. 하지만 지난 18세기 동안의 영국 도로에서는 말이 본연의 보조로 달릴 수가 없었다. 그래서 오늘날 승마라는 품위 있는 취향을 지닌 사람은 꼬리를 짧게 개량한 말에 불편한 자세로 올라타서 어색한 모습으로 달리고 있는 것이다.

취향의 규범이 금전적 평판의 규범에서 영향을 받는 것은 가축이나 반려동물을 포함한 소비재에만 국한되지 않는다. 사람의 아름다움과 관련해서도 비슷한 상황이 발생한다. 세속적 전통에 의해 부유한 성인 남성의 전형적 특성으로 여겨지는 위엄 있고 느긋한 행동거지나 당당한 풍채를 향한 대중적인 애호에 관해서는 논란의 여지가 있으므로 무게 있게 다루지 않을 것이다. 이러한 특색은 어느 정도 개인적인 아름다움의 요소로 인정된다. 그러나 지금의 주제와 관계되며 그 특성이 대단히 구체적이고 명확하다는 점에서 여성의 아름다움에 관한 특정한 요소를 항목별로 평가하는 것이 바람직하다. 여성의 가치가 상층계급에 제공하는 서비스에 근거해 평가받는 경제 발전 단계에 속한 사회에서는, 손과 발이 크고 원기 왕성하며 튼튼한 여성을 여성미(女性美)의 이상으로 삼았다. 이때 여성미를 평가하는 일차적 근거는 체격이었으며, 얼굴은 부차적 중요성만을 지녔다. 초기 약탈 문화의 이상과 관련해 잘 알려진 사례로는 호메로스의 서사시에 나오는 젊은 여성들이 있다.

이후의 발전 단계에서 상층계급 아내의 일을 단순히 대리 여가 활동으로만 바라보는 관습적 틀이 본격화됨에 따라 아름다움의 이상에도 커다란 변화가 일어났다. 이제 여성적 미의 이상은 한결같이 강요되는 여가적 삶에서 비롯하거나 이러한 삶에 동반되는 것으로 여겨지는 특성을 포함하기 시작했다. 이러한 상황에서 인정받은 이상은 기사도 시대의 시인과 작가가 묘사한 아름다운 여성의 면모를 통해 알 수 있다. 당시의 관습적 틀에서 신분이 높은 여성은 평생 보호를 받아야 했고 모든 유용한 활동을 세심하게 면제받았다. 결국 기사도 시대나 낭만주의 시대에서 아름다움의 이상은 주로 얼굴에 집중되었고, 우아한 얼굴과 가냘픈 손과 발, 날씬한 몸매, 그중에서도 날씬한 허리가 상세하게 묘사되었다. 당시의 여성을 묘사한 그림이나 기사도 정신과 감정을 모방한 근대 낭만주의 시대의 작품을 보면 여성의 허리는 꺾일 듯이 가늘다. 근대 산업사회에도 이러한 이상을 계속해서 견지하고 있는 사람들이 전체 인구의 상당 부분을 차지하고 있다. 그런데 근대 사회 중 이러한 성향이 가장 끈질기게 남아있는 곳은 경제적·시민적 발전이 뒤처지고 신분제적·약탈적 제도의 잔재가 가장 많이 남아있는 나라다. 다시 말해 현존하는 사회 중 기사도의 이상이 가장 잘 보존된 곳에서 근대화가 가장 더디다는 것이다. 이처럼 감상적이거나 낭만적인 이상은 유럽 대륙 부유층의 취향 속에서 살아남아 자유롭게 펼쳐진다.

산업이 더 높은 수준으로 발달한 근대 사회에서, 상층 유한계급은 엄청난 부를 축적함으로써 그들에게 속한 모든 여성을 비천한 생산적 노동에서 해방시킬 수 있었다. 여기에서 대리 소비자로서의 여성의 지위는 대다수 사람의 정서 속에서 자리를 잃기 시작했다. 그 결과 여성적인 아름다움의 이상은 부서질 정도로 섬세하고 혈관이 비칠 정도로 창백하며 위험할 정도로 가냘픈 여성상에서, 손발이나 신체 중 그 밖의 건장하거나 풍만한 모습을 그대로 드러내는 고대의 여성상으로 되돌아가기 시작했다. 서양 문화에 속한 사람들 사이에서는 아름다움의 이상이 경제 발전에 따라 건장한 신체를 지닌 여성에서 귀부인으로 변화했고, 이제 다시 귀부인에서 건장한 신체를 지닌 여성으로 회귀 중이다. 이 모든 것은 금전적 경쟁의 조건이 변화한 결과다. 긴박한 경쟁은 어떨 때는 건장한 노예를, 다른 때는 대리 여가의 과시적 수행과 그에 따른 명백한 무능력을 요구했다. 그러나 이제 상황은 대리 여가의 과시적 수행이 필요 없는 쪽으로 변화하기 시작했다. 왜냐하면 근대 산업이 높은 효율을 발휘하는 상황 속에서 평판의 등급이 낮은 계층에 속한 여성도 여가를 누릴 수 있고, 그로 인해 여성의 여가는 가장 높은 금전적 등급을 나타내는 결정적인 표지로서 더는 기능할 수 없기 때문이다.

이처럼 과시적 낭비의 규범은 여성적 아름다움의 이상에 전반적인 지배력을 행사한다. 이러한 규범이 여성의 아름다움에 관한 남성의 감각을 얼마나 철저하게, 그리고 얼마나 구체적으로 구속할 수 있는지를 보여주는 특별한 사례 한둘을 상세하게 살펴볼 필요가 있다. 과시적 여가가 좋은 평판을 얻는 수단으로 널리 간주되었던 경제적 진화 단계에서는 우아하고 작은 손발과 날씬한 허리가 여성미의 이상이라는 점을 앞에서 이미 확인한 바 있다. 이러한 특징은 다른 특징과 더불어 일반적으로 여성 신체 구조의 결함과 관련 있는 것으로, 해당 여성이 유용한 활동을 벌일 수 없기에 주인이 뒷받침해줘야만 한가롭게 생활할 수 있음을 확인시켜준다. 그녀는 쓸모가 없고 비용도 많이 드는데, 바로 이러한 이유로 인해 주인의 금전적 능력을 보여주는 증거로서의 가치를 지닌다. 그 결과 여성들은 이러한 문화적 단계에서 그들의 신체를 변형시킴으로써 당대의 세련된 취향에 더욱 부응하려 한다. 그리고 금전적 품위의 규범 아래, 남성은 그에 따라 인공적으로 만들어진 병리적 외모가 매력적이라고 느낀다. 서양 문화에 속한 사회에서는 코르셋[9]으로 바짝 조인 허리가, 중국 문화에서는 오랫동안 널리 유행했던 전족이 대표적인 사례다. 이런 문화에 익숙하지 않은 사람들에게는 두 경우 모두 명백히 혐오스러운 신체 훼손에 불과하다. 그러나 금전적 평판의 요구에 따라 이들을 명예로운 항목에 포함시키는 생활체계에서 살아가는 남성들에게 이들이 주는 매력은 의심할 여지가 없다. 잘록한 허리와 전족은 금전적이고 문화적인 아름다움의 세목으로서 여성성의 이상적 요소를 표현한다는 의무를 수행하기 때문이다.

이제까지 사물의 심미적 가치와 시샘을 유발하는 금전적 가치 사이의 연관을 살펴봤는데, 가치 평가를 행하는 당사자들이 이러한 연관을 선명하게 의식하는 것은 물론 아니다. 어떤 사람이 취향에 관한 판단을 형성하는 과정에서 아름답다고 여길 만한 대상이 낭비적이고 높은 평판을 줄 수 있기에 아름답다고 설명하는 것이 정당하다고 판단한다면, 이는 취향에 관한 진정한 판단(a bona fide)이 아니며 심미적 가치와 금전적 가치 사이의 연관을 제대로 고려하지도 못한 것이다. 여기에서 주장하는 높은 평판과 대상이 아름답다

---

9) 배와 허리의 맵시를 내려고 배에서 엉덩이에 걸쳐 받쳐 입는 속옷을 가리킨다.

는 인식 사이의 연관은 높은 평판이라는 사실이 가치 평가 당사자의 사고 습관에 미치는 영향을 통해 형성된다. 인간은 자신이 다뤄야 하는 대상에 대해 경제적·도덕적·심미적 평가나 평판과 같이 다양한 종류의 가치판단을 내리는 습관이 있으며, 어떤 특정한 근거로 대상을 높이 평가하는 태도를 가지면 그와 같은 태도가 대상에 대한 평가에도 영향을 미친다. 이는 특히 평판과 같이 심미적 가치 평가의 근거와 밀접하게 연관된 평가의 경우에 더욱 그렇다. 심미적 목적을 위한 가치 평가와 평판을 위한 가치 평가는 너무도 긴밀해서 명확하게 구별할 수 없다. 특히 이 두 종류의 가치 평가는 서로 혼동하기 쉬운데, 왜냐하면 평판을 위한 대상물의 가치는 일상적인 대화에서 이를 나타내는 별도의 말에 의해 버릇처럼 구별되지 않기 때문이다. 그 결과 아름다움의 범주나 요소를 나타내는 데 흔히 사용되는 용어가 금전적 가치 중 이처럼 이름 없는 부분을 표현하는 데 동원되며, 그로 인해 개념의 혼란이 뒤따른다. 이런 식으로 높은 평판의 요구는 대중의 판단 속에서 미적 감각의 요구와 합쳐진다. 그리고 높은 평판의 인증 표지가 수반되지 않는 미적 대상은 아름다운 것으로 인정받지 못한다. 문제는 금전적 평판의 요구와 길들지 않은 원초적 아름다움의 요구가 거의 일치하지 않는다는 데 있다. 그러므로 우리 주변에서 금전적 이상에 어긋나는 것을 제거한다면, 금전적 요건에 부합하지 않는 아름다움의 요소 중 상당 부분이 철저하게 제거되는 결과로 이어질 것이다.

취향의 저변에 흐르는 근본적인 규범은 아주 오래전부터 성장한 것으로, 여기에서 논의 중인 금전적 제도보다도 훨씬 이전에 출현했을 것이다. 따라서 아름다움의 필요조건은 과거[10] 인간의 사고 습관이 선택적으로 적응함으로써, 대부분의 경우 그들이 수행해야 할 임무나 그들의 목표를 달성할 방법을 직관적으로 제시하는 저렴한 비용의 고안물과 구조물에 의해 가장 잘 충족된다.

여기에서 근대 심리학의 견해를 살펴볼 필요가 있다. 이들에 따르면 형식의 아름다움은 통각[11] 기능과 관련이 깊다. 이 명제는 아마도 근대 심리학을 넘어서 좀 더 광범위하게 적용해도 무방할 것이다. 추상화 과정이 연상과 암시 그리고 아름다움의 요소로 분류되는 '표현(expression)'으로 구성된다고 할 때, 아름다움은 감지된 대상이 제시하는 방향으로 마음이 통각 활동을 펼친 결과다. 그런데 통각 활동이 쉽게 펼쳐지거나 스스로를 표현하는 방향은 오랜 기간에 걸쳐 긴밀해진 습관화(habituation)로 인해 마음이 이끌린 것이기도 하다. 아름다움의 본질적 요소에 관한 한 이러한 습관화는 너무도 긴 기간 동안 사람들의 삶과 밀착해서 수행됨으로써 통각 활동의 대상이 되는 특정 형태에 대한 성향은 물론 생리적 구조와 기능의 적응까지도 유도했던 것이다. 경제적 관심이 아름다움의 구성

---

10) 장인 정신이 본격적으로 표출되기 시작한 시대를 뜻하는 것으로 보인다.

11) 경험이나 인식을 자기의 의식 속에서 종합하고 통일하는 작용을 뜻한다. '통각(統覺, apperception)'이라는 개념은 독일의 철학자 고트프리트 빌헬름 라이프니츠(Gottfried Wilhelm Leibniz, 1646~1716)가 '지각의 반성적 의식'이라는 의미에서 처음 사용했다. 이후 이마누엘 칸트(Immanuel Kant, 1724~1804)는 '심리적인 자기 의식으로서의 경험적 통각'과 '경험적 인식을 가능케 하는 기능으로서의 초월론적 통각'을 구별했다.

유한계급론

요소로 들어가면 그것은 어떤 목적에 대한 적합성의 암시나 표현으로서, 또는 삶의 과정에 대한 명백하고도 즉각 짐작할 수 있는 공헌으로서 등장한다. 어떤 대상의 경제적 기능이나 경제적 유용성에 관한 이러한 표현은―그 대상의 경제적 아름다움이라고도 불릴 수 있는 것은―그 대상이 삶의 물질적 목적을 위해 어떤 임무를 얼마나 효율적으로 달성할 수 있는지를 간결하고도 명료하게 제시함으로써 가장 잘 제공될 수 있다.

이러한 점에서 보자면 여러 유용한 사물 중 심미적으로 가장 훌륭한 것은 있는 그대로의 간소한 물품이다. 그러나 개인적 소비에 적합한 저렴한 물품은 금전적 평판의 규범에 위배된다. 그러므로 아름다운 것에 대한 우리의 갈망은 적절한 타협을 통해 충족할 수밖에 없다. 아름다움의 규범은 높은 평판의 낭비적 지출을 입증할 수 있는 몇몇 고안물의 도움을 통해 우회적으로 관철되어야 한다. 그와 같은 고안물은 유용성과 아름다움에 관한 중대한 감각의 요구를 충족시키거나, 적어도 그 감각을 대신해 임무를 수행하는 여러 습관의 요구를 충족시킬 수 있어야 한다. 이처럼 취향과 관련한 보조적인 감각이 바로 참신함의 감각(sense of novelty)이다. 참신함의 감각은 사람들이 독창적이고 낯설어 이해하기 어려운 고안물을 볼 때 느끼는 호기심의 도움에 힘입어 보조물로서의 역할을 담당한다. 따라서 아름다움을 보여줄 임무가 부여된 사물은 대부분 아주 참신한 디자인을 선보임으로써 보는 이를 당혹스럽게―엉뚱한 연상과 예상치 못한 암시를 통해 보는 이를 어리둥절하게―만들도록 설계된다. 이러한 사물은 표면상의 경제적 목적을 위한 최대의 효율을 벗어나서 노동이 과도하게 지출되었다는 증거도 동시에 보여준다.

이러한 경향은 우리의 일상적인 습관과 교류의 영역 바깥에서, 즉 우리의 편견이 작동하는 영역 바깥에서 가져온 사례로 입증할 수 있다. 예컨대 하와이의 인상적인 깃털 망토나 폴리네시아군도의 제례용 손도끼 자루에 조각된 장식이 대표적이다. 이들은 형태·선·색상의 조합이 사람의 눈을 즐겁게 하고, 디자인과 구성에서도 뛰어난 기술과 독창성을 드러내고 있다는 점에서 대단히 아름답다. 이와 동시에 이런 물품은 다른 경제적 목적에 적합하지 않다는 점도 잘 보여준다. 그러나 노력의 낭비라는 규범에 영향을 받으며 진행되는 독창적이고 낯선 고안물의 진화가 항상 만족스러운 결과로 이어지는 것은 아니다. 아름다움과 유용성을 훌륭하게 표현하는 모든 요소가 완벽할 정도로 억압되고, 무능을 과시함으로써 독창성과 노동의 낭비만을 보여주는 물품으로 대체되는 경우도 빈번하기 때문이다. 일상생활에서 우리를 둘러싸고 있는 주변의 물품, 그리고 일상의 의복이나 장신구 관련 품목은 규범적 전통의 힘이 없었다면 그렇게 애용되지 못했을 것이다. 독창성과 비용이 미와 유용성의 자리를 차지한 사례로 실내 건축, 실내 장식, 공예 소품, 다양한 의류, 특히 여성의 의상과 성직자의 예복을 들 수 있다.

미의 규범은 보편성의 표출을 요구한다. 그러나 과시적 낭비의 요구에서 비롯된 '참신함'은 미의 규범과 충돌한다. 왜냐하면 참신함은 우리의 미적 대상이 갖는 외관을 특이성의 집적물로 만들기 때문이다.[12] 더욱이 특이성은 사치의 규범에 의해 선택받고 감독된다. 이처럼 디자인이 과시적 낭비에 선택적으로 적응하고 금전적 아

름다움이 심미적 아름다움을 대체하는 과정은 특히 건축의 발전 속
에서 효과적으로 작동했다. 아름다움의 요소와 명예를 위한 낭비의
요소를 분리해서 생각하는 사람들에게서 어느 정도 좋은 평가를 받
을 수 있는 근대의 문명화된 거주지나 공공건물은 아마도 거의 없
을 것이다. 미국 도시에서 상층계급이 거주하는 고급 주택이나 아
파트가 보여주는 끝없이 다양한 건물 정면의 이면에는 건축상의 숱
한 고충과 사치를 위해 감수해야 하는 수많은 불편함이 깃들어 있
다. 미적 대상이라는 점에서 고려해보면, 건축가의 손길이 미치지
않은 측면과 후면의 창문 없는 벽이 일반적으로 구조물에서 가장
아름다운 부분이다.

과시적 낭비의 법칙이 취향의 규범에 미치는 영향에 대해 설명한
것을 용어만 살짝 바꾸면, 과시적 낭비의 법칙이 심미적인 것 이외
의 다른 목적을 위한 재화의 유용성에 미치는 영향도 설명할 수 있
다. 재화는 인간의 삶을 좀 더 충만하게 전개하려는 수단으로서 생
산되고 소비된다. 그리고 재화의 일차적 효용은 이러한 목적을 위
한 수단으로서의 효율에 있다. 그리고 이 목적은 타인과의 비교가
아닌 절대적 차원에서, 개인의 삶을 충만하게 해준다. 그러나 인간

---

12) 베블런에 따르면, 사람들은 미적 대상이 보편적 특성을 띨 때 아름다움을 느낀다.
    반면 참신함은 미적 대상의 특이성을 요구하는데, 이때 대상이 새롭고 독특할수록
    보편성을 잃으며 아름답다고 느껴질 가능성은 줄어든다는 것이다. 베블런의 이러
    한 인식은 애덤 스미스가 《도덕감정론(The Theory of Moral Sentiments)》에서 아름
    다움에 대해 말한 것과 아주 비슷하다.

의 경쟁 성향으로 인해 재화의 소비는 서열을 매기고 시샘을 유발하려는 수단이 되었고, 소비재는 상대적 지불 능력의 과시라는 이차적 효용을 부여받았다. 소비재가 이처럼 이차적 또는 간접적으로 사용됨으로써 소비는 명예로운 성격을 부여받았고, 현재는 소비의 경쟁적 목적에 잘 부응하는 재화도 명예로운 성격을 지닌다. 값비싼 재화의 소비는 가치가 있고, 표면상의 기계적 목적을 달성하는 데 필요한 것 이상으로 비용이 투입된 재화는 명예를 얻는다. 그러므로 재화에 불필요한 비용이 들어갔다는 표시는 가치의 표지, 곧 재화의 소비가 간접적인 목적을, 다시 말해 서열을 매기고 시샘을 유발한다는 목적을 높은 효율로 달성했다는 표지가 된다. 반대로 어떤 재화가 추구되는 기계적 목적에 지나친 검약으로 적응하고, 시샘을 유발하는 비교를 통해 소유자를 만족시킬 수 있도록 높은 비용을 들이지 않았다고 알려진다면 그 재화는 체면을 손상시키는 것이 되고 따라서 매력을 줄 수도 없다. 이러한 간접적 효용은 '더 높은' 등급의 재화에 많은 가치를 부여한다. 재화가 효용에 대한 잘 가꿔진 감각에 호소할 수 있으려면 이러한 간접적 효용성을 조금이라도 포함해야 한다.

사람들이 검약하는 생활 방식을 못마땅하게 여기기 시작했던 것은 그러한 생활 방식이 지출과 관련한 무능력을 나타내고 결국 금전적 성공의 결여를 나타냈기 때문이다. 사람들은 마침내 값싼 물건을 저렴하다는 이유만으로 본질적으로 불명예스럽다거나 가치가 없는 것이라며 폄하하고 반대하는 습관에 빠졌다. 시간이 지나면서 사람들은 이전 세대로부터 가치 있는 지출을 중시하는 전통을 물려

유한계급론

받았고, 소비하는 재화 속에 깃들어 있는 금전적 평판의 전통적 규범을 한층 정교화하고 강화시켰다. 그리하여 우리는 모든 값싼 것이 무가치하다는 확신을 가졌고, 마침내 "값싼 것은 끔찍하다."는 격언을 거리낌 없이 만들어내기에 이르렀다. 비싼 것을 숭상하고 값싼 것을 천대하는 습관이 우리의 머릿속에 너무도 깊이 새겨진 나머지, 우리는 모든 소비에서 어느 정도의 낭비적인 사치를 본능적으로 고집한다. 심지어 과시할 의도 없이 사적으로 은밀하게 소비하는 재화에서도 이러한 모습을 엿볼 수 있다. 우리 모두 식사할 때마다 고가의 식탁보 위에 수제 은수저와 (예술적 가치를 의심받기도 하는) 수제 도자기를 사용하면 다른 이 없이 자신의 집에서 홀로 식사하는 상황에서조차 정신이 한층 고양된다고 진심으로 느낀다. 그러므로 우리가 이 점에서 종종 바람직하다고 익숙하게 간주했던 생활 기준에서 후퇴하는 것은 우리의 인간적인 존엄에 대한 참을 수 없는 모독으로 여겨진다. 지난 10여 년 동안 양초가 저녁 식사 자리를 밝혀주는 광원으로 사랑받은 것도 이 점과 관련이 깊다. 이제 고상한 취향을 지닌 사람들이 느끼기에 양초는 기름이나 가스 그리고 전구에 비해 어둠을 더 부드럽고 편안하게 밝혀준다. 그러나 양초가 이용할 수 있는 가정용 조명 중 가장 저렴했던 30년 전에는 그렇지 않았다. 심지어 오늘날에도 의례를 위한 조명을 제외한다면 양초가 빛을 만족스럽거나 훌륭하게 제공한다고 할 수는 없다.

아직 생존해 있는 어느 정치가[13])는 이 모든 문제를 다음과 같이 멋진 문장으로 정리했다. "싸구려 외투는 싸구려 인간을 만든다." 이 금언에 공감하지 않을 사람은 아무도 없을 것이다.

재화에서 불필요한 비용의 표지를 찾고 모든 재화에 대해 간접적이거나 시샘을 유발하는 종류의 유용성을 제공해야 한다는 관행으로 인해 재화의 유용성을 측정하는 표준도 변화했다. 재화에 대한 소비자의 평가에서 명예의 요소와 객관적 효율의 요소는 서로 분리되지 않으며, 양자는 한 덩어리가 되어 재화의 전체적인 유용성을 구성하는데, 이때 이들을 각각 분석하는 것은 불가능하다. 그러므로 어떤 품목도 물리적 능력이 충분하다는 것만으로는 이렇게 확립된 유용성의 표준을 통과할 수 없다. 소비자에게 확실히 그리고 충분히 인정받으려면 명예의 요소도 제시할 수 있어야 하기 때문이다. 이러한 상황에서 소비 품목의 생산자들은 명예의 요소에 대한 수요에 부응할 수 있는 재화를 생산하려고 노력을 기울인다. 그들은 이러한 일에 아주 기민하고도 효과적으로 부응하려 할 것이다. 왜냐하면 그들 자신도 재화의 가치와 관련해 같은 표준의 지배를 받고 있으며, 끝마무리가 훌륭하지 못한 재화를 보면 진심으로 안타까워할 것이기 때문이다. 따라서 오늘날에는 명예의 요소를 조금이라도 지니지 않고 공급되는 재화는 어느 분야든 존재하지 않는다. 디오게네스[14]처럼 자신의 소비에서 명예나 낭비의 모든 요소를 없애려

---

13) 미국의 23대 대통령인 벤저민 해리슨(Benjamin Harrison, 1833~1901)이 의회 연설에서 한 말이다. 정확한 표현은 "싸구려 외투는 그 아래 싸구려 인간이 있음을 뜻한다."였다.

14) 디오게네스(Diogenes, 기원전 412 또는 404~기원전 323)는 그리스의 철학자로 사회적 관습을 거부하고 금욕적인 청빈을 촉구하며 냉소주의 철학을 창시했다.

유한계급론

고집하는 소비자가 있다면, 그는 근대 시장을 통해서는 자신의 가장 사소한 욕구조차 충족시키지 못할 것이다. 그가 자신의 욕구를 스스로의 노력으로 직접 충족시킬 수 있을지라도, 이 사안과 관련해 오늘날의 사고 습관에서 벗어나는 것은 불가능하지는 않겠지만 매우 어려운 일임을 깨달을 것이다. 그는 자신이 만든 물품 속에 낭비된 노동의 명예롭거나 장식적인 요소를 본능적으로 그리고 무심결에 포함시키지 않고서는 단 하루의 소비를 위한 생활필수품조차 원활하게 확보할 수 없을 것이다.

구매자들이 소매시장에서 유용한 재화를 선택할 때 실질적인 유용성의 표시보다 재화의 마감이나 장인 정신에 더 이끌린다는 것은 잘 알려진 사실이다. 따라서 재화가 팔리려면 그것이 특정한 물질적 용도를 효율적으로 충족시킬 수 있음을 보여주는 것에 더해, 평판을 위한 호화로움도 보여줄 수 있도록 상당한 정도의 노동을 투입해야 한다. 제품을 값비싸게 보일 것을 유용성의 한 가지 원리로 만드는 이러한 습관은 소비 물품의 비용을 전체적으로 높인다. 그리고 이러한 습관은 가치를 비용과 어느 정도 동일시함으로써 우리로 하여금 저렴한 것을 경계하게 만든다. 소비자가 원하는 유용성이 담긴 재화를 가능한 한 유리한 조건으로 확보하려고 지속적으로 노력하는 것은 사실이다. 그러나 재화의 유용성을 보여주는 증표이자 구성 요소로서 사치의 과시를 요구하는 전통으로 인해, 소비자는 과시적 낭비의 요소를 많이 포함하지 않은 재화를 하급 물품으로 여기며 거부한다.[15]

덧붙여 말하자면 소비재와 관련해 대중에게 유용성의 지표로 인식되고 과시적 낭비의 요소로 여겨지는 특징 중 상당 부분은 사치의 과시뿐 아니라 다른 이유 때문에도 소비자들의 사랑을 받는다. 그와 같은 특징은 보통 재화의 실질적인 유용성에 기여하지 못하더라도 기량과 감탄할 만한 장인 정신의 증거가 된다. 대체로 이러한 이유로 인해 명예로운 유용성의 특정한 표시가 먼저 유행하고, 시간이 흐르면서 이러한 표시가 물품의 가치를 구성하는 정상적인 요소로서 확고한 지위를 유지한다. 능숙한 장인 정신을 보는 것은 그 자체로 즐거운 일이다. 비록 생각하지도 못했던 무용한 결과가 나중에 발생할지라도 말이다. 뛰어난 작품을 감상하는 과정에서는 예술적 감각이 충족된다. 그렇지만 능숙한 장인 정신이나 목적에 대한 수단의 독창적이고 인상적인 적용을 입증하는 그 어떤 증거도, 그 작품이 과시적 낭비의 규범을 충족하지 못한다면 장기적으로는 근대의 문명화된 소비자들의 상찬을 누리지 못할 것이다.

이러한 특징은 소비 경제에서 기계제품이 수행하는 역할에서 잘 드러난다. 동일한 목적을 위한 기계제품과 수제품 사이의 중요한 차이점으로는 통상 전자가 본연의 목적을 수행하는 데 더 적합하다는 점을 들 수 있다. 기계제품은 목적에 대한 수단의 완벽한 적응을 보여준다는 점에서 더 완전한 생산물이다. 그럼에도 기계제품은 불명예와 비하에서 자유롭지 못한데, 명예로운 낭비(honorific waste)

---

15) 경제학 교과서에 나오는 '베블런 효과(Veblen Effect)'가 바로 여기에 해당한다. 가격이 비싸면 수요가 줄어드는 것이 아니라 오히려 늘어나는 상황을 가리킨다.

유한계급론

의 시험을 통과하지 못하기 때문이다. 수작업은 더 낭비적인 생산 방식이며, 그렇기에 수작업으로 만들어진 재화는 금전적 명성의 목적에 더 유용하다. 나아가 수작업은 명예로운 것이 되고, 그러한 표지가 있는 재화는 동종의 기계제품에 비해 더 고급으로 간주된다. 수작업의 명예로운 표지는 수제품에서 볼 수 있는 특정한 결함이나 불규칙성이다. 이는 대체로 작업자가 애초의 설계 의도를 완벽하게 구현하지 못했음을 보여준다. 그러므로 수제품을 우월하게 만드는 근거는 일정 허용 범위 내에서의 불완전이나 투박함인 것이다. 이 때 능숙한 장인 정신이 느껴지지 못할 정도로까지 그 범위가 넓게 허용되어서는 곤란하다. 불완전이나 투박함을 지나치게 허용하는 것은 저렴함의 증거가 될 것이기 때문이다. 동시에 허용 범위가 너무 좁아서도 곤란하다. 이러한 이상적인 정확성은 기계에 의해서만 달성될 수 있는데, 이 또한 저렴함의 증거가 될 것이기 때문이다.

고상한 취향을 지닌 사람들이 수제품에서 우월한 가치와 매력을 느끼는 것은 명예로운 불완전함이나 투박함의 증거를 높게 평가하기 때문인데, 이는 탁월한 감식안과 관련된다. 이른바 탁월한 감식안은 사물의 관상술에 대한 올바른 사고 습관의 형성과 훈련을 필요로 한다. 일상생활을 위한 기계제품은 과도한 완전성 덕분에 저속한 하층민이 선호하고 찬사를 보내는데, 이들은 우아한 소비의 세세한 격식을 적절하게 고려하지 못한다. 기계제품이 이처럼 의례적 측면에서 열등하다는 사실은 높은 비용의 혁신을 통해 제품이 완성되고 그 속에 완벽한 기량과 솜씨가 체화되더라도, 이것만으로는 소비자의 인정과 영속적인 사랑을 받는 데 충분하지 않다는 것을 보여준다. 혁신은 과시적 낭비라는 규범의 지지를 받아야 한다. 재화의 관상을 형성하는 특징은 그 자체로 대단히 큰 즐거움을 주고 인상적인 일솜씨에 대한 취향을 탁월하게 충족하더라도 금전적 평판의 규범에 어긋난다고 판명되면 결코 용인되지 못할 것이다.

'평범함', 곧 저렴한 생산비로 인한 소비재의 의례적 열등함이나 불결함은 많은 사람에게 대단히 중요한 일로 받아들여졌다. 기계제품에 대한 반대는 재화의 평범성에 대한 혐오를 뜻하는 경우가 많다. 평범한 물건이란 다수의 사람이 (금전적으로) 접근할 수 있는 것을 가리킨다. 이러한 물건의 소비는 명예롭지 못하다. 다른 소비자와의 시샘을 유발하는 비교를 통해 우위를 확인하는 목적을 충족시킬 수 없기 때문이다. 따라서 이러한 기계제품을 소비하거나 심지어 보는 것만으로도 사람들은 낮은 수준의 인간적 삶을 연상할 수밖에 없다. 이때 감수성이 예민한 사람은 온몸에서 느껴지는 비천함에 대한 감각과 함께 극도의 불쾌함과 우울함을 견디면서 이러한 광경에서 멀어진다. 자신의 취향을 고압적으로 내세우는 사람이나 취향에 관한 다양한 판단의 근거를 구별할 재능·습관·동기를 지니지 못한 사람들은 미적 감각과 유용성 감각에 관한 표명을 앞에서 이미 설명했듯이 명예 감각에 관한 표명과 뒤섞어버린다. 그로 인해 발생하는 복합적인 가치 평가는 평가자의 편견이나 관심이 이들 중 어느 측면에서 대상을 파악하도록 유도하느냐에 따라 평가 대상의 아름다움이나 유용성을 각기 다르게 판단한다. 그러므로 저렴함이나 평범함은 예술적 부적합성의 결정적인 표지로 여겨진다. 그리고 취향의 문제를 선도하는 이러한 기초 위에서 한쪽에는 심미적 적절성의 규범 체계와 일람표가, 다른 쪽에는 심미적 혐오의 규범 체계와 일람표가 만들어진다.

이미 지적했던 것처럼 저렴하기 때문에 품위의 규범에 부합하지 못하는 일상의 소비 물품은 근대 산업사회에서 대개 기계로 만든 제품이다. 수제품과 비교해 기계제품이 지니는 외관상의 보편적인 특징은 솜씨가 더 완벽하다는 점, 그리고 디자인이 세부까지 훨씬 정확하게 구현되었다는 점을 들 수 있다. 따라서 수제품의 눈에 띄는 불완전함은 명예로운 것이 되며 아름다움이나 유용성의 측면에서도 우월함을 보여주는 표시로 간주된다. 마침내 결함을 높이 평가하고 찬양하는 움직임이 등장했는데, 존 러스킨과 윌리엄 모리스[16]가 이와 같은 흐름의 대표적인 옹호자다. 소박함과 낭비된 노력에 관한 이들의 선전은 이러한 기반 위에서 주목받았고, 이후에

16) 존 러스킨(John Ruskin, 1819~1900)은 기계로 만든 물건이 수공예품을 대체하는 세태를 개탄한 영국의 미술 평론가이자 사회사상가다. 고딕 형식을 옹호하는 《건축의 일곱 등불(The Seven Lamps of Architecture)》을 발표해 미술 평론가로서 이름을 알렸고, 예술이 민중의 사회적 힘의 표현이라는 예술철학에서 출발해 사회문제로 눈을 돌려 당시의 기계문명과 공리주의 사상을 비판했다. 저서로 《나중에 온 이 사람에게도(Unto This Last)》, 《참깨와 백합(Sesame and Lilies)》, 《근대 화가론(Modern Painters)》 등이 있다. 윌리엄 모리스(William Morris, 1834~1896)는 영국의 시인이자 공예가로, 중세 장인들이 쌓아온 전통을 바탕으로 벽지부터 가구, 책 디자인까지 모든 것에서 아름다움을 추구하는 장식 회사의 창립자였다. 중세를 예찬하고 문학에서 탐미주의적 경향을 강하게 보였던 모리스는 점차 19세기 문명에 대해 비판적인 태도를 보였다. 주요 작품으로 《제이슨의 삶과 죽음(The Life and Death of Jason)》, 《지상 낙원(The Earthly Paradise)》 등이 있다. 모리스를 존경한 베블런은 1896년 런던에서 그를 만나기도 했다.

도 계속 촉진될 수 있었다. 그로 인해 수공예와 가내공업의 부활을 촉구하는 목소리도 울려 퍼질 수 있었다. 그 당시 한눈에 봐도 완전한 제품이 비싸게 생산되었더라면, 여기에서 언급한 특성과 함께 등장한 이들 집단의 작품이나 사상도 생겨나기 어려웠을 것이다.

물론 내 주장은 단지 이러한 학파의 심미적 가르침이 담고 있는 경제적 가치에 관한 것이다. 이런 경향을 비난하려는 것이 아니라 주로 이러한 가르침이 소비재의 소비와 생산에 미치는 효과의 경향과 그 특성을 살펴보고자 할 뿐이다.

이러한 방향으로 전개되는 취향의 편향이 생산에서 펼쳐지는 방식을 가장 설득력 있게 보여주는 사례는 모리스가 만년에 전념했던 인쇄업이다. 그런데 활자·용지·삽화·장정(裝幀)[17]·소재·제책 작업 등 예술적인 서적 제작 전반과 관련해, 켐스콧 인쇄소[18]에서 행했던 작업에 관한 논의는 오늘날의 제작 활동에도 약간 완화된 상태로나마 적용될 수 있다. 최근의 출판물에서 요구되는 탁월함은 부실한 장비와 처리하기 곤란한 소재로 힘겹게 제책(製冊) 작업을 벌였던 시절의 투박한 질감에 얼마나 근접할 수 있는가에 좌우된다. 이러한 제품은 수작업을 필요로 하기 때문에 더 많은 비용이 든다. 또한 이렇게 만들어진 책은 유용성만을 염두에 두고 만들어진 책보다 불편하다. 따라서 이러한 책을 구입하는 행위는 구매자가 자유

---

17) 책의 겉장이나 면지(面紙), 도안, 색채, 싸개 따위의 겉모양을 꾸밈. 또는 그런 꾸밈새.
18) 켐스콧 인쇄소(Kelmscott Press)는 1890년 모리스가 설립한 인쇄소로, 독자적인 활자 디자인과 화려한 장식을 사용해 고급 한정판 도서를 만들었다.

롭게 소비할 수 있고 시간과 노력을 낭비할 능력도 있음을 증명한다. 오늘날의 인쇄업자가 '구식', 곧 '신식'에 비해 가독성이 떨어지고 지면에서 투박하게 보이는 예전 활자체로 돌아가는 것은 이러한 특징 때문이다. 심지어 과학적 사안을 가장 효과적으로 제시하는 것을 제외하고는 어떠한 표면상의 목적도 없는 정기 학술 간행물조차 금전적 아름다움의 요구에 굴복함으로써 학술적 내용을 구식 활자와 구식 질감의 종이에 담고 가장자리를 자르지 않는 방식으로 만들어서 출판하는 실정이다. 물론 내용을 효과적으로 제시하는 것만을 표면적인 목적으로 두지 않는 책이라면 이러한 방향으로 한층 더 멀리 나아갈 것이다. 이런 책은 다소 투박한 활자, 펄프를 체에 걸러서 만들고 가장자리가 깔끔하게 마무리되지 않은 종이, 과도한 여백, 자르지 않은 낱장, 거칠고 엉뚱한 느낌을 주려고 공을 들인 장정이라는 특색을 보인다. 켐스콧 인쇄소는 오늘날의 독자를 위한 책을 발간하면서도 낡은 철자법으로 편집하고 고딕 활자로 인쇄하며 가죽끈이 달린 얇은 양피지로 장정을 함으로써, 노골적인 실용성의 관점에서 보자면 대단히 불합리한 선택을 했다. 예술적 서적 제작의 경제적 지위를 공고하게 한 또 다른 특징으로는 이렇게 우아한 서적을 최고의 것으로 만들려고 한정판으로 출간한다는 점을 들 수 있다. 한정판은 다소 조야한 방식으로 이 책이 희소하고 그렇기 때문에 값도 비싸고 소비자에게 금전적 특별함도 줄 수 있음을 효과적으로 보증한다.

세련된 취향을 지닌 서적 구매자들이 이렇게 제작된 책에 특별히 끌리는 이유는 값이 비싸고 대단히 투박하다는 점에 관한 순진하고도 노골적인 의식에 있지 않다. 세련된 구매자들이 이러한 책을 선호하는 의식적인 근거는 값이 비싸고 다루기 힘든 물건에 내재된 본질적 탁월성인데, 이러한 특성은 수제품이 기계제품에 비해 우월하다고 믿는 것과 아주 유사하다. 사람들은 시대에 뒤떨어진 공정을 모방해서 만들어진 책이 심미적 측면에서 월등한 효용을 주기 때문에 탁월하다고 믿는다. 그런데 교양 있는 애서가 중에는 인쇄된 연설의 전달 수단으로서도 투박한 물건이 더 유용하다고 주장하는 이가 적지 않다. 퇴폐적인 책의 우월한 심미적 가치에 관한 한, 애호가들의 주장에도 어느 정도의 근거가 있을 것이다. 이러한 책의 디자인은 아름다움만을 추구하기 때문에, 결과적으로 디자이너 측이 어느 정도 성공을 거두는 것이 일반적이다. 이때 디자이너의 작업을 관장하는 취향의 규범은 과시적 낭비의 법칙의 강한 영향력 아래 형성되었다는 점, 그리고 이러한 과시적 낭비의 법칙은 그 요구에 부응하지 않는 취향의 규범을 모두 제거하는 등 선택적으로 작동한다는 점을 강조해두고 싶다. 즉, 퇴폐적인 책은 아름다울 수 있지만, 디자이너가 작업할 수 있는 범위는 심미적인 것과 무관한 종류의 요구 사항에 의해 제한된다는 것이다. 제작된 책은 아름다운 동시에 값비싸야 하며 표면적인 용도에 잘 맞지 않아야 한다. 그러나 책 장정 작업자의 경우, 취향의 의무적 규범이 순전히 낭비의 법칙으로만 형성되는 것은 아니다. 이러한 규범은 약탈적인 기질의 이차적 표현에, 곧 옛것이나 시대에 뒤떨어진 것을 향한 존경에 부응해서도 어느 정도는 형성되는데, 그 특별한 발전 중 하나가 고전주의[19]라고 불리는 것이다.

유한계급론

미학 이론에서 고전주의의 규범 또는 고대에 대한 숭배와 미의 규범 사이에 명확한 선을 긋는 것은 비록 불가능하지는 않겠지만 대단히 어려운 일이다. 심미적 목적을 위해서라면 이러한 구별을 위해 선을 그을 필요가 거의 없고, 실제로도 이러한 선은 존재하지 않아도 된다. 취향에 관한 이론에서 근거로 인정되는 것이 무엇이든, 아름다움의 구성 요소로서는 의고주의[20]의 이상으로 널리 인정되는 것이 가장 높은 평가를 받을 것이다. 이러한 평가의 정당성에 대해서는 의문의 여지가 없다. 그러나 당면한 목적과 관련해서는, 즉 취향에 관해 널리 인정받는 규범 속에 어떤 경제적 근거가 자리 잡고 있는지, 그리고 그 규범이 재화의 분배와 소비에 미치는 의의가 무엇인지를 파악한다는 목적과 관련해서는 고전주의의 규범과 미의 규범에 대한 구별이 아주 무의미한 것은 아니다.

문명화된 소비 체계에서 기계제품이 차지하는 위치는 과시적 낭비의 규범과 소비 예법 사이에 존재하는 관계의 성격을 파악하는 데 도움이 된다. 과시적 낭비의 규범은 엄밀한 의미의 예술이나 취

---

19) '고전주의(classicism)'는 17~18세기 근대 유럽에서 고대 그리스·로마의 예술 작품을 모범으로 삼아, 단정한 형식미를 중시하고 조화·균형·완성 등을 추구하려는 창작 태도를 뜻한다. 문학에서는 프랑스의 장 라신, 영국의 존 드라이든, 독일의 요한 볼프강 폰 괴테 등이, 미술에서는 자크 루이 다비드, 장 오귀스트 도미니크 앵그르 등이, 음악에서는 프란츠 요제프 하이든, 볼프강 아마데우스 모차르트 등이 대표적이다.

20) '의고주의(archaism)'는 장중하거나 우아한 표현을 위해 고어나 폐어(廢語) 등을 사용하는 태도를 지칭한다. 19세기 프랑스에서 고전 시의 율격을 애용한 시파가 주창했다.

향의 문제는 물론, 재화의 유용성에 관한 현재의 감각과 관련해서도 혁신이나 창의의 원리로서는 작동하지 않는다. 과시적 낭비의 규범은 혁신을 만들어내고 새로운 소비 항목과 새로운 비용 요소를 추가하는 창조적 원리가 아니며 미래를 향해 전개되지도 못한다. 과시적 낭비의 규범이 보여주는 원리는 어떤 의미에서 긍정적이기보다 부정적이고, 창조적이기보다 규제적이다. 이 원리가 직접 특정한 관행과 관습을 낳거나 발생시키는 경우는 극히 드물다. 과시적 낭비의 원리는 선택적으로만 작용할 뿐, 변이와 성장의 근거를 직접 제공하지는 못한다. 그러나 다른 근거 위에서 발생한 혁신이 생존하려면 과시적 낭비의 요구 조건을 충족해야 한다. 지출의 관례와 관습 그리고 방법이 어떤 방식으로 형성되든, 이들은 모두 평판의 규범이 발휘하는 선별적 행동에 좌우된다. 그리고 지출의 관례·관습·방법이 평판의 규범이 요구하는 조건을 어느 정도 충족시키는지에 따라 다른 유사한 관례나 관습과 경쟁해 살아남을지가 결정된다. 다른 조건이 같다면 좀 더 낭비적인 관례나 방법이 이러한 법칙 아래 살아남을 가능성이 더 높다. 과시적 낭비의 법칙은 변이의 기원을 설명하지 못하지만, 법칙이 지배하는 상황에서 살아남는 데 적합한 형태의 지속성을 설명할 수는 있다. 과시적 낭비의 법칙은 '적자(the fit)'를 보존할 수 있을 뿐, 용인될 수 있는 것 모두를 발생시키지는 못한다. 과시적 낭비의 법칙은 모든 행태를 시험하고 과시적 낭비라는 목적에 부합하는 것을 확고하게 존속시킨다는 임무에 충실할 뿐이다.

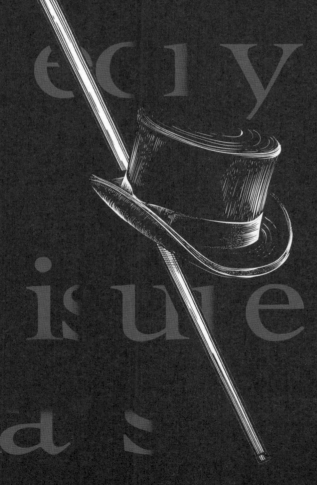

금전 문화를 표현하는 복장

지금까지 제시된 경제적 원리가 생명 활동 과정의 특정 방향에 놓인 일상에 어떻게 적용되는지를 구체적인 예를 통해 상세하게 살펴볼 것이다. 이러한 목적과 관련해서 보자면, 의복에 대한 지출보다 더 적절한 방향의 소비는 없을 것이다. 의복에서 표현되는 것은 특히 재화의 과시적 낭비라는 규칙이지만, 금전적 평판이라는 연관된 별개의 원리 또한 전형적인 사례가 된다. 개인의 금전적 지위를 증명하는 다른 방법도 목적을 효과적으로 달성할 수 있으며, 실제로 때와 장소를 가리지 않고 성행하고 있다. 그러나 의복에 대한 지출은 다른 방법에 비해 우위에 놓인다. 우리의 의복은 항상 금전적 지위에 대한 증거가 될 수 있으며, 모든 관찰자가 한눈에 이를 알 수 있게 해주기 때문이다. 그리고 의복에서는 다른 어떤 방향의 소비보다 과시를 위한 지출이 더 많이 용인되고 실제로 실행에 옮겨지는 것도 보편적인 사실이다. 사람들이 계층을 불문하고 신체를 보호하기 위해서가 아니라 외모를 돋보이기 위해서 의복에 돈을 쓴다는 데는 누구나 쉽게 동의할 것이다. 그리고 우리가 초라함을 가장 예민하게 느낄 때는 옷차림이 사회적 관행에 따라 설정된 표준에 미치지 못할 때일 것이다. 사람들은 적당하다고 간주되는 수준의 낭비적 소비를 하려고 편의품이나 생필품의 궁핍을 상당한 정도까지 감내하려 하는데, 다른 소비 품목에 비해 그 정도가 유독 심한 것이 바로 의복이다. 사람들이 옷을 잘 입는다는 인상을 주려고 궂은 날씨에도 고통을 수반하는 옷을 입는 것도 이와 관련이 깊다. 그리고 근대 사회에서 의복의 상업적 가치는 착용자에게 주는 물리적인 기여보다는 유행 가능성이나 명성에 더 크게 좌우된다. 의복은 무엇보다 '고급스러운' 목적이나 정신적인 목적을 위해 필요하다.

지출을 과시하려는 노골적인 성향이 의복에 대한 정신적 필요의 전부나 대부분을 차지하는 것은 아니다. 과시적 낭비의 법칙은 다른 경우와 마찬가지로 취향과 품위의 규범을 형성함으로써 의복에 대한 소비를 간접적으로 지배한다. 일반적으로 보자면, 과시적 낭비의 성격이 강한 의복을 입거나 구매하는 사람의 과시적 동기는 잘 확립된 관례에 부합하고자 하는 필요 그리고 취향과 명성의 공인된 표준에 맞춰 살아가고자 하는 필요인 경우가 많다. 이러한 과시적 동기 자체가 의복에 대한 지출의 많은 부분을 설명하는 것은 사실이다. 하지만 사람들이 의복에 관한 적합성의 규범을 따라야만 하는 이유가 부정적인 눈길이나 뒷담화로 인한 수치심을 피하기 위해서만은 아니다. 이 점 이외에도 사치의 요구 사항이 의복 문제에 관한 우리의 사고 습관 속에 너무도 깊이 각인되어서, 비싸지 않은 옷을 본능적으로 혐오한다는 점에도 주목할 필요가 있다. 깊이 따져보지 않더라도 우리는 비싸지 않으면 가치도 없다고 생각한다. "싸

유한계급론

구려 외투가 싸구려 인간을 만든다." "값싼 것은 끔찍하다." 같은 금언은 다른 소비에 비해 유독 의복에 잘 들어맞는 것 같다. 저렴한 옷은 "값싼 것은 끔찍하다."는 금언에 따라 취향과 유용성이라는 두 가지 이유 모두에서 저급한 것으로 평가된다. 우리는 사물에 대해 어느 정도는 그 비용에 비례해서 유용함뿐만 아니라 아름다움도 느낀다. 아주 부차적인 예외가 있겠지만, 대개 값비싼 수제품 옷이 저렴한 모조품에 비해 아름다움과 유용성의 측면에서 훨씬 더 선호된다는 것은 잘 알려진 사실인데, 이는 짝퉁(the spurious article)이 값비싼 원본을 아무리 교묘하게 모방하더라도 마찬가지다. 이때 짝퉁이 우리의 감각을 거스르는 것은 모양이나 색깔 등 시각적 측면에서의 모자람이 아니다. 이때 우리의 감각을 불쾌하게 만드는 대상 중에는 아주 엄밀하게 검사하지 않으면 짝퉁임을 알 수 없을 정도로 원본에 가까운 모조품도 있을 것이다. 그러나 이 경우에도 위조가 밝혀지는 즉시 그것의 상업적 가치는 물론 심미적 가치도 급격하게 추락한다. 그뿐만 아니라 짝퉁으로 밝혀진 의복의 심미적 가치는 원본과의 가격 차이에 비례해서 그만큼 떨어진다고 말해도 무방할 것이다. 그 옷은 금전적 등급이 떨어지기 때문에 심미적 차원에서의 지위도 잃는다.

그러나 의복이 지불 능력의 증거로서 담당하는 기능은 옷을 입은 사람이 물리적 안락을 위해 요구되는 수준을 넘어 가치 있는 재화를 소비하고 있음을 단지 과시하는 것만으로 끝나지 않는다. 재화에 대한 단순한 과시적 소비는 그것이 지속되는 한 효과가 있고 만족을 준다. 그것은 금전적 성공의, 따라서 결과적으로 사회적 가치의 일견 확실한 증거다. 그러나 의복은 단순히 낭비적 소비를 보여주는 이처럼 조야하고 직접적인 증거 이상으로 더 미묘하고도 심대한 가능성을 지니고 있다. 그 옷을 입고 있는 사람이 마음껏 사치스럽게 소비할 수 있다는 점을 보여주는 것에 더해, 그 사람이 생계비를 벌어야 할 필요가 없다는 점도 동시에 보여줄 수 있다면 의복이 발휘할 사회적 가치의 증명 능력은 상당한 정도로 커질 것이다. 그러므로 우리의 의복이 그 목적을 효과적으로 수행하려면 비싸야 할 뿐 아니라 그 옷을 입은 사람이 어떠한 종류의 생산적 노동에도 종사하지 않고 있음을 모든 관찰자에게 분명히 보여줄 수 있어야 한다. 우리의 의복 시스템이 과시적 낭비라는 목적에 완벽하게 적응하고 정교하게 진화하면서 이처럼 생산적 노동에 종사하지 않았음을 입증하는 쪽의 증거도 그에 걸맞은 주목을 받았다. 사람들이 우아하다고 생각하는 의복을 상세히 조사해보면, 그 옷을 입는 사람이 아무런 유용한 노력도 기울일 필요가 없다는 인상을 전달하는데 주안점을 두고 고안되었음을 알 수 있다. 더러워지거나 닳아 떨어져서 그 옷을 입은 사람이 육체노동을 하고 있음을 보여준다면, 그 옷은 어떤 경우에도 우아하다거나 괜찮다고 평가받지 못할 것이다. 깔끔하고 깨끗한 옷을 보면 기분이 좋은 이유는 그러한 옷이 여가, 곧 모든 종류의 생산 과정과 개인적으로 접촉해야 할 의무에서 면제된다는 것을 연상시킨다는 점과 대체로 관련이 있는데, 깨끗한 옷과 여가가 항상 함께하는 것이 아님은 물론이다. 신사의 타고난 품위를 크게 높여주는 에나멜가죽 구두, 깨끗한 린넨 양복, 사치스러운 원통형 모자, 지팡이가 주는 매력의 대부분은 이들을 차려입거나 휴대할 경우 인간에게 유용한 용도와 직결된 모든 생산적 활동에 전혀 손을 댈 필요가 없음을 효과적으로 연상시킨다는 점에서 생겨난다. 우아한 의복은 그것이 비싸다는 점에서, 그리고 여가의 상징이라는 점에서 과시적 낭비라는 목적을 충족한다. 우아한 의복은 그 옷을 입은 사람이 상대적으로 높은 가치를 소비할 수 있음을 과시할 뿐 아니라, 그가 생산하지 않고 그저 소비만 할 수 있음도 입증한다.

여성의 의복은 남성의 의복에 비해 그 옷을 입은 사람이 생산적 고용에서 면제되었음을 훨씬 더 잘 입증한다. 우아한 스타일의 여성용 모자가 남성용 실크해트에 비해 노동을 불가능하게 만든다는 점에서 더 우월하다는 일반화도 가능할 것이다. 여성용 신발 중에는 이른바 프렌치 힐로 지칭되는 구부러진 하이힐이 있는데, 이는 매끄러운 광택이 보여주는 강요된 유한의 증거라고 할 수 있다. 왜냐하면 이 하이힐은 가장 단순하고 대단히 필수적인 육체노동조차 극도로 어렵게 만들기 때문이다. 이러한 경향은 여성복의 특징인 치마나 흘러내릴 듯 늘어진 주름이 있는 다른 의상에서 더 확실하게 관철된다. 우리가 치마에 끈질기게 애착을 갖는 실질적인 이유도 여기에 있다. 즉, 이런 옷은 값이 비싸고 방향을 바꾸는 것도 어렵게 하며 유용한 활동을 무력화시킨다. 이러한 설명은 머리카락을 아주 길게 기르는 여성의 관습에 대해서도 마찬가지로 적용될 수 있다.

그런데 여성복이 [과시적 측면에서] 근대의 남성복을 뛰어넘는 경향은 노동에서의 면제를 더 크게 입증하는 데 국한되지 않는다.

여성의 의복은 남성이 습관적으로 벌이는 것과 종류가 다르고 매우 독특하면서도 대단히 전형적인 특색을 추가한다. 이러한 특색을 보여주는 전형적인 부류의 고안물이 바로 코르셋이다. 경제 이론에 따르면, 코르셋은 신체 훼손이 핵심으로서 신체의 활력을 떨어뜨리고 여성을 일에 적합하지 않게끔 분명하게 그리고 영구적으로 망가뜨리는 데 목적이 있다. 코르셋은 착용한 사람의 신체적 매력을 손상시키는 것이 사실이다. 그러나 이로 인한 손실은 자신의 사치스럽고 가냘픈 특성을 더 크게 보여줌으로써 새롭게 얻은 명성으로 상쇄된다. 여성복이 보여주려는 여성다움의 핵심은 여성복 특유의 성격으로 인해 남성복보다 더 효과적으로 유용한 노동을 방해하는 것으로 귀착된다고 정리할 수 있을 것이다. 여기에서는 남성복과 여성복의 차이를 특징적 양상에 맞춰서 간단히 살펴봤다. 이러한 차이가 발생한 이유에 대해서는 곧 논의할 것이다.

지금까지 우리는 복장의 두드러지고 지배적인 규범으로서 과시적 낭비의 광범위한 원리를 확인했다. 이 원리에 뒤따르며 그것의 당연한 귀결이기도 한 이차적 규범이 바로 과시적 여가의 원리다. 이 원리는 의복을 제작하는 과정에 투입된 다양한 장치라는 형태로 구현된다. 이런 장치는 옷을 입은 사람이 생산을 위한 노동에 종사하지 않는 것을 보여주고, 본래 의도대로라면 생산적 노동의 수행 자체가 불가능하다는 점도 보여준다. 이 두 가지 원리 이외에도 이 주제를 깊이 생각해본 사람이라면 누구나 떠올릴 수 있는 세 번째 원리가 있는데, 이것의 구속력도 앞의 두 원리와 비교해 결코 덜하지 않다. 의복은 사치와 불편을 과시해야 할 뿐 아니라 최신 유행도 따라야 한다. 지금까지 패션의 변화 현상에 관해 만족스러운 설명은 좀체 제시된 적이 없다. 최근에 널리 인정된 방식으로 옷을 입어야 한다는 지상명령과, 이처럼 널리 인정되는 유행이 계절마다 부단히 변화한다는 사실은 모두에게 잘 알려져 있다. 하지만 유행의 끊임없는 변천에 관한 이론은 제시되지 않았다. 물론 우리는 이러한 새로움의 원리가 과시적 낭비의 법칙에 종속된 필연적 결과라고 일관되게 말할 수 있다. 모든 옷을 짧은 기간에만 입을 수 있고 지난 계절에 입은 옷을 다음 계절에도 입을 수 없다면 옷에 대한 낭비적 지출도 분명히 크게 늘어날 것이다. 이러한 설명은 그 자체로 설득력이 있지만 소극적 의미를 넘어서지는 못한다. 이를 고려할 때 우리가 확실하게 말할 수 있는 것은 과시적 낭비의 규범이 복장에 관한 모든 사안을 통제하고 감시한다는 점, 따라서 유행의 어떠한 변화도 낭비의 요구에 반드시 부합해야 한다는 점 정도다. 반면 이는 지배적인 스타일의 변화를 만들거나 수용하는 동기에 관해서는 답하지 못하며, 우리가 잘 알고 있듯이 특정 시점에서 특정 양식을 왜 그토록 절대적으로 추종하는지를 설명하지도 못한다.

새로운 패션을 만들고 이를 다시 혁신하는 동기는 바로 창조적 원리다. 창조적 원리를 이해하려면 의복이 출현한 원초적이고 비경제적인 동기, 곧 장식의 동기(the motive of adornment)로 돌아갈 필요가 있다. 장식의 동기가 사치의 법칙에 따라 왜 그리고 어떻게 표출되는가를 여기서 본격적으로 논의할 수는 없다. 여기에서는 패션에서 나타나는 각각의 연속적인 혁신은 그것이 대체하려는 유행에 비해 형태·색깔·효과에 관한 우리의 감각에 더 부합할 전시 형태를 찾아내려는 노력임을 강조해두고 싶다. 스타일의 변화는 우리의 심미적 감각에 부합하는 무언가를 끊임없이 찾는 노력의 표현이다. 그런데 각각의 혁신은 과시적 낭비의 규범에 따른 선택적 행동에 지배되므로 혁신이 벌어지는 범위를 다소 제한적으로 만든다. 혁신은 기존의 양식에 비해 더 아름답거나 덜 불쾌해야 할 뿐만 아니라, 사회적으로 인정받는 수준의 사치도 충족시켜야만 한다.

아름다운 옷을 얻으려고 벌이는 부단한 투쟁으로 인해 예술적인 완성에 점진적으로 접근하는 결과를 예상해볼 수도 있을 것이다. 패션이 인간의 체형에 아주 잘 어울리는 몇 가지 유형의 의복을 향해 뚜렷하게 진화할 것이라는 예상도 자연스럽다. 오랫동안 의복에 쏟아부은 그 모든 창의와 노력에 비춰볼 때, 패션은 이제 상대적인 완성과 안정을 획득함으로써 영원히 지속될 수 있는 예술적 이상에 가까워지는 게 당연하다고 믿을 만도 하다. 그러나 사실은 그렇지 않다. 오늘날의 스타일이 10년 전, 20년 전, 50년 전, 100년 전의 스타일보다 우리에게 더 본질적으로 적합하다는 주장은 매우 위험할 것이다. 반면 2000년 전에 유행했던 스타일이 오늘날의 가장 세련되고 공들인 양식보다 더 잘 어울린다는 주장도 얼마든지 가능하다.

그러므로 패션에 관한 이제까지의 설명은 충분치 못하며 더 깊은 논의가 요구된다. 비교적 유행에 좌우되지 않고 스타일이나 유형도 안정된 의복이 세계 여러 곳에서 만들어졌다는 사실은 잘 알려져 있다. 예를 들면 일본과 중국을 비롯한 여러 동양 국가, 그리스와 로마를 비롯한 고대 유럽 국가, 그리고 고대 이후 유럽의 대부분 국가에서 거주하던 농민을 들 수 있다. 유능한 비평가들의 평가에 따르면 스타일이 계속해서 변하는 근대의 문명화된 의복보다 민족적이거나 서민적인 의상이 착용자에게 더 적합하고 예술적인 경우가 많다. 또한 그들의 옷은 낭비적 요소가 확실히 덜하다. 즉, 그 구성에서 비용 이외의 다른 요소를 더 쉽게 볼 수 있다.

이처럼 상대적으로 안정적인 의상은 일반적으로 매우 제한적이고 면밀하게 지방화되었으며, 장소가 달라짐에 따라 조금씩 차이를 보였다. 이런 옷은 하나같이 우리보다 가난한 사람이나 계급이 만든 것으로, 그 옷이 성행한 국가나 지역 그리고 시대에서 이를 입은 인구나 계급은 비교적 동질적이고 안정적이며 이동성도 낮았다. 즉, 시간과 관점의 시험을 통과한 안정적인 의상은 과시적 낭비의 규범이 강요되는 정도가 근대의 문명화된 대도시보다 덜한 상황 속에서 제작되었다. 이와 달리 문명화된 오늘날의 대도시에서는 상대적으로 이동성이 높고 부유한 사람들이 패션과 관계된 사안의 속도를 결정한다. 이처럼 안정적이고 예술적인 의상을 제작했던 나라나 계급에서는 그들 사이의 금전적 대립이 재화의 과시적 소비보다 과시적 여가를 놓고 경쟁하는 방향으로 펼쳐졌다. 따라서 근대 미국처럼 재화의 과시적 낭비라는 원리가 가장 강력하게 강요되는 사회에서는 패션의 안정성이나 적절성이 확보될 수 없다는 일반화가 가능할 것이다. 이 모든 것은 값비싼 의복과 예술적인 의복 사이의 대립을 뜻한다. 실제로도 과시적 낭비의 규범은 의복이 아름답거나 적절해야 한다는 필요조건과 양립할 수 없다. 이러한 대립은 사치의 규범이든 아름다움의 규범이든 한쪽만으로 설명할 수 없는 패션의 부단한 변화에 관한 설명을 제공한다.

좋은 평판의 표준에 따르면 의복은 낭비적 지출을 과시할 수 있어야 한다. 그러나 모든 사치는 인간의 타고난 취향을 거스른다. 모든 남성은, 그리고 아마도 여성은 더 높은 정도로 무익한 노력이나 지출을 혐오하는데, 이는 "자연은 진공상태를 혐오한다."[1]는 말에 비견할 만하다. 그렇지만 과시적 낭비의 원리는 명백하게 무용한 지출을 요구한다. 따라서 그 결과 발생하는 의복의 과시적 지출은 본질적으로 불쾌하다. 의복과 관련한 모든 혁신은 무익하다는 비난을 피하려고 모종의 허울뿐인 목적을 과시할 수 있도록 사소한 것을 변경하거나 추가하려 애쓴다는 점, 동시에 과시적 낭비의 필요조건은 혁신이 표방한 목적을 실제로 실현되지 못하도록 방해한다는 점을 발견할 수 있다. 아무리 날개를 자유롭게 펼치더라도 패션이 겉치레 용도의 모방에서 완전하게 벗어나는 것은 쉽지 않다. 그런데 유행하는 의복의 사소한 변화가 내세우는 표면적인 유용성은 위장에 불과한데, 허울에 불과하다는 점이 너무도 투명하게 드러나기 때문이다. 이러한 상황에서 사소한 변화의 실질적인 무용성을 외면하지 못하고 끝내 견딜 수 없는 상태가 되면 우리는 새로운 스타일 속에서 피난처를 찾는다. 그러나 새로운 스타일도 명성을 위한 낭비와 무용성의 필요조건을 준수해야만 한다. 새로운 스타일의 무용성 또한 이제 그 이전 양식의 무용성 못지않게 불쾌하게 느껴

---

1) 아리스토텔레스(Aristotélēs, 기원전 384~기원전 322)의 《자연학(Phusike akroasis)》 제4권에 나오는 표현이다.

진다. 낭비의 법칙이 우리에게 허용하는 유일한 처방은 새로운 패션을 만들어내는 것인데, 이 또한 무용하고 옹호할 수 없기는 마찬가지다. 그러므로 유행하는 복장은 본질적으로 추하고 부단히 변화한다.

패션의 변화에 관한 이러한 설명을 바탕으로, 이제부터는 일상적인 사실에 관해서도 구체적으로 논의해보자. 이런 일상적인 사실 중에 잘 알려진 것으로는 모든 사람이 특정 시점에서 유행하는 특정 스타일을 좋아한다는 사실이 있다. 어떤 새로운 스타일이 유행하면 한 계절 동안은 사람들의 사랑을 받는다. 그 스타일이 새로운 한 사람들은 거기서 매력을 발견하는데 이는 매우 보편적인 현상이다. 현재 유행하는 패션은 아름답다고 느껴진다. 이는 과거의 패션과 다르다는 점에서 오는 안도감 때문이기도 하고, 이 패션이 주는 좋은 평판 때문이기도 하다. 6장에서 언급했듯이, 좋은 평판의 규범은 어느 정도 우리의 기호를 형성한다. 그러므로 좋은 평판을 주는 옷은 참신함이 사라지지 않을 때까지는, 또는 같은 목적을 달성해줄 새로운 옷으로 평판이 옮겨가기 전까지는 사람들에게 어울리는 패션으로 계속 인정받을 것이다. 특정 시점에서 유행하는 스타일에 깃들어 있다고 내세워지는 아름다움이나 '사랑스러움'이 일시적인 겉치레에 불과하다는 것은 그동안의 명멸해온 수많은 패션 중 그 어떤 것도 시간의 시험을 통과하지 못한다는 사실로 입증할 수 있다. 6년 전 또는 그보다 오래전에 유행했던 옷을 되돌아보면 최상의 패션이 흉할 정도는 아니더라도 기괴해 보여서 놀랄 때가 많다. 최신 유행에 대한 우리의 일시적인 애착은 심미적 요인이 아닌 다른 요인에 의존하며, 우리의 변치 않는 미적 감각이 영향력을 회복함으로써 더는 두고 봐줄 수 없는 이 최신 패션을 거부할 때까지만 유지된다.

사람들이 유행에 대한 심미적 혐오감을 발전시키는 데는 다소 시간이 걸린다. 어떤 스타일에 대해 거부감을 느끼는 데 요구되는 시간의 길이는 그 스타일이 지닌 본질적인 거부감의 정도에 반비례한다. 패션에 대한 거부감과 불안정성 사이에 존재하는 이러한 시간적 관계에서 다음과 같은 추론이 가능하다. 즉, 어떤 스타일이 성공하고 기존 스타일을 대체하는 속도가 빠를수록 그 스타일이 건전한 취향을 불편하게 만드는 정도도 커진다. 이러한 관점에서 보자면 어떤 사회의 부유한 계층이 부를 늘리고 이동성을 높이며 사람들과 접촉 범위를 확대하는 정도가 커질수록 과시적 낭비의 법칙이 의복과 관련해 발휘하는 영향력도 커질 것이다. 그리고 미적 감각이 금전적 평판의 규범에 압도되거나 마비되는 정도가 클수록 패션이 옮겨가거나 변화하는 속도도 빨라질 것이며, 더 기괴하고 참기 어려운 각양각색의 스타일이 그 뒤를 이어서 유행할 것이다.

복장에 관한 이러한 이론에는 아직 논의하지 않은 점이 적어도 한 가지가 있다. 지금까지 언급한 것은 대부분 여성의 복장뿐만 아니라 남성의 복장에도 적용되는데, 근대에는 거의 모든 점에서 여성의 복장에 대한 설명력이 더 크다는 점도 밝혀두고 싶다. 그런데 여성의 복장은 한 가지 점에서 남성의 복장과 본질적으로 다르다. 여성복은 그 옷을 입은 사람이 비천한 생산적 고용에서 면제되었거나 이를 수행할 능력이 없음을 증명하는 특징을 훨씬 더 명시적으로 강조한다. 여성복의 이러한 특성은 흥미로운데, 이는 복장 이론을 완성시켜줄 뿐만 아니라 과거와 현재를 통틀어 여성의 경제적 지위에 관해 지금까지 해온 논의의 타당성을 확인시켜주기 때문이다.

대리 여가와 대리 소비라는 제목 아래 여성의 지위를 논하면서 살펴보았듯이, 경제가 발전함에 따라 여성에게는 가장을 대신해 소비하는 직무가 부여되었다. 여성의 의복은 이러한 목적을 염두에 두고 고안된 것이다. 존경받는 여성에게 있어 명백히 생산적인 노동은 명예를 크게 해치는 활동이 되었다. 따라서 여성의 의복을 제작할 때는 그 옷을 입은 사람이 유용한 활동에 습관적으로 종사하지 않고 종사할 수도 없다는 사실(실제로는 허구일 때도 많다)을 관찰자에게 각인시키는 데 특별한 수고를 들여야 한다. 예의범절상 여성이 존경받으려면 같은 사회적 계급에 속하는 남성에 비해 유용한 활동을 더 일관되게 자제하고 여가를 더 많이 과시할 것이 요구된다. 좋은 가문에서 잘 자란 여성이 유용한 노동으로 생계를 유지해야 할 필요성을 생각하는 것만으로도 우리는 마음이 불편하다. 그것은 '여성의 영역'이 아니기 때문이다. 여성의 영역은 가정이다. 여성은 가정을 '아름답게 꾸미면서', 스스로 '최고의 장식품'이 되어야 한다. 오늘날에는 가장인 남성을 가정의 장식품이라고 말하지 않는다. 예법이 여성에게 값비싼 의복이나 장신구를 착용하고 과시할 것을 부단히 요구했음을 같이 고려하면, 이 특징은 앞에서 이미 언급했던 견해를 강화한다. 과거 가부장 시대로부터 내려온 전통에 힘입어, 가정의 지불 능력을 증명하는 것은 우리의 사회 시스템에서 여성이 특별히 담당해야 할 기능이 되었다. 근대의 문명화된 생활체계에 따르면, 여성은 자신이 속한 집안의 명성에 특별히 신경 써야 한다. 따라서 이러한 명성을 주되게 뒷받침하는 명예로운 지출과 과시적 여가의 체계는 여성의 영역이 되었다. 좀 더 상층의 금전적 계급이 경향적으로 실현하는 이상적인 생활체계에서 여성이 수행해야 할 유일한 경제적 기능은 통상 물자나 노력의 과시적 낭비에 이처럼 관심을 기울이는 것이라고 할 수 있다.

여성이 여전히 남성의 완전한 소유물인 경제 발전 단계에서는 과시적 여가와 과시적 소비의 수행이 여성에게 요구되는 서비스의 일부가 되었다. 여성은 자신의 주인이 아니기 때문에 그들이 행하는 과시적 지출과 여가는 그들 자신보다 주인의 명예를 높였을 것이다. 따라서 집안의 여성들이 더 사치스럽고 비생산적일수록 그들의 삶은 더 훌륭해 보일 것이고, 집안이나 가장의 명성을 높인다는 목적에도 더 잘 기여할 것이다. 그런 만큼 여성에게는 유한 생활에 관한 증거를 제시하는 것은 물론, 유용한 활동을 벌일 수 없도록 자신을 망가뜨리는 것마저 요구되었다.

이런 측면에서 남성복은 여성복에 미치지 못하는데, 여기에는 충분한 이유가 있다. 과시적 낭비와 과시적 여가가 좋은 평판을 주는 이유, 곧 체면을 살려주는 이유는 이 두 가지가 바로 재력의 증거이기 때문이다. 재력은 좋은 평판 또는 명예를 주는데, 이는 재력이 성공과 우월한 힘을 입증하는 결과물이기 때문이다. 따라서 어떤 개인이 자신을 위해 드러내는 낭비나 여가의 증거는 그의 능력 상실이나 현저한 불편을 입증하는 식으로 일관되게 표현될 수 없고, 그런 정도에 이를 때까지 계속해서 나아갈 수도 없다. 왜냐하면 그러한 방식의 전시는 우월한 능력이 아니라 열등한 모습을 보여주는데, 이는 애초의 목적을 방해하기 때문이다. 그러므로 통상 지나치게 불편을 감수하거나 스스로 자기 몸을 망가뜨릴 정도로 낭비적 지출이나 [노동] 면제를 과시하는 사람은 금전적 명성을 얻으려고 낭비하고 장애를 감수하는 것이 아니라, 그녀가 경제적으로 의존하는 누군가의 금전적 명성을 위해서 그렇게 행동한다고 즉각 추론해볼 수 있다. 이때의 관계는 경제 이론의 분석에 따르면 결국은 예속 관계로 귀결될 수밖에 없다.

이러한 일반화를 여성복에 적용해서 구체적으로 설명해보자. 하이힐, 치마, 실용적이지 못한 보닛(bonnet)[2], 코르셋은 착용자의 편의를 전반적으로 무시한다는 점에서 모든 문명국 여성복의 특징을 분명하게 보여준다. 이런 의상은 근대의 문명화된 생활체계 속에서 여성이 이론상으로는 여전히 남성에게 경제적으로 종속되어 있음을, 즉 고도로 이상화된 의미에서는 여전히 남성의 동산임을 보여주는 증거라고 할 수 있다. 여성이 이 모든 과시적 복장을 착용하고 과시적 여가를 수행하는 이유는 그들이 경제적 기능의 분화 속에서 주인의 지불 능력을 입증하는 임무를 위임받은 하녀였다는 사실에서 찾을 수 있다.

이러한 점에서 여성의 복장과 하인의 복장, 특히 제복을 입은 하인의 복장 사이에는 현저한 유사성이 있다. 두 경우 모두 불필요한

---

2) 아기나 예전에 여성이 쓰던 모자로, 끈을 턱 밑에서 묶어 쓴다.

사치를 매우 정교하게 과시하고 옷을 입은 사람의 신체적 안락을 눈에 확 띌 정도로 무시한다. 그러나 부인의 복장은 착용한 사람의 신체적 약점을 노출하지 않으면서도 그녀의 한가로움을 세련되게 강조한다는 점에서 하인의 복장을 훨씬 앞선다. 이는 당연한 것이다. 금전 문화의 이상적 양식에 따르면 집안의 부인은 가정의 최고 하인이기 때문이다.

오늘날 하인 이외에 복장이 하인 계급과 유사하면서 여성복의 특징을 공유하는 계급이 적어도 하나 더 있다. 바로 성직자 계급이다. 이들이 입는 사제복에서는 종속적 지위와 대리 생활을 입증하는 여러 특징이 아주 두드러진 형태로 제시된다. 사제의 일상적인 습관보다 더 놀라운 것은 제의[3]라고 적절하게 불리는 이 옷이 화려하고 기괴하고 불편하며, 적어도 겉보기에는 고통스러울 정도로 부자유스럽다는 점이다.

사제는 유용한 노동을 삼가고 사람들 앞에 나설 때는 잘 훈련된 하인의 태도와 아주 흡사하게 무표정하고 엄숙한 표정을 보여야 한다. 말끔히 면도한 사제의 얼굴도 같은 효과를 발휘한다. 사제 계급과 하인 계급이 태도나 의복의 측면에서 이렇게 유사한 것은 이들이 담당하는 경제적 기능이 유사하기 때문이다. 경제 이론에 의하면, 사제는 신이 하사한 제복을 입고 신의 시중을 드는 것으로 추정

---

3) '제의(祭衣, the vestments)'는 미사 때 사제가 장백의(長白衣) 위에 입는, 앞뒤가 늘어지고 양옆이 터진 큰 옷을 가리킨다.

유한계급론

되는 종복이다. 그가 입는 제복은 아주 값비싼데, 이는 고귀한 주인의 존엄을 그에 어울리는 방식으로 드러내기 위해서다. 그러나 제복은 착용한 사람의 신체적 안락에 기여하지 않는다는 점을 잘 보여주도록 만들어진다. 왜냐하면 제복은 대리 소비 품목 중 하나이며, 이를 소비함으로써 얻는 명성은 하인 자신이 아니라 그 자리에 보이지는 않는 주인의 몫이기 때문이다.

한쪽에는 여성과 사제 그리고 하인의 의복을 놓고, 다른 쪽에는 보통 남성의 옷을 놓고 그은 경계선이 항상 일관되지는 않는다. 그러나 이러한 경계선이 일반인의 사고 습관 속에 어느 정도 분명하게 존재한다는 점을 부인하기도 어렵다. 물론 이로부터 자유로운 남자들도 있을 것이다. 이들 중에는 흠잡을 데 없이 훌륭한 복장을 위한 맹목적인 열정과 함께, 남성복과 여성복의 관념적인 경계선을 넘어서 인간의 몸을 괴롭히도록 의도했을 것이 분명한 옷을 입고 자신을 과시하는 남자도 있을 것이다. 그러나 그런 남성복을 본 사람들은 모두 그 옷이 정상에서의 일탈이라고 주저 없이 인정할 것이다. 우리는 그런 옷을 습관적으로 '여성적'이라고 부른다. 그런 옷을 입거나 화려한 복장을 갖춘 신사에 대해 마부처럼 잘 차려입었다고 품평하는 목소리가 때때로 들려온다.

복장 이론에는 좀 더 상세한 설명이 필요한 모종의 명백한 불일치가 있는데, 특히 의복이 더 성숙하게 발달한 최근에는 이러한 불일치가 두드러지는 추세를 보인다. 여기에서 거론된 규칙의 대표적인 예외 사례가 바로 코르셋의 유행이다. 그러나 면밀히 검토해보면 이처럼 명백한 예외도 실질적으로는 '복장과 관련한 요소나 특징의 유행은 재력에 대한 증거로서의 효용에서 비롯한다'는 규칙의 타당성을 입증하는 사례로 해석될 수 있음을 알게 된다. 산업적으로 발전한 사회에서 코르셋은 특정한 사회계층에 속한 사람들만 입는다고 알려져 있다. 빈곤 계급의 여성, 특히 농촌 지역의 여성은 축제일에 부리는 사치를 제외하면 코르셋을 착용하는 습관이 없다. 농촌의 빈곤 계급 여성은 힘든 일을 해야만 한다. 그러므로 일상 생활을 그토록 불편하게 만들면서까지 겉치레의 여가를 흉내 내는 것은 실익이 거의 없다. 그들이 축제일에 코르셋을 입는 것은 상층 계급의 예절 규범을 모방하기 위해서다. 이처럼 가난해서 육체노동을 할 수밖에 없는 여성보다 상위에 있으면서 사회적으로도 흠잡을 데 없는 위치에 설 수 있기를 원하는 여성이라면 가장 부유하고 평판 높은 계급을 포함해 누구나 한두 세대 전까지는 반드시 갖춰야 할 일종의 필수품이 바로 코르셋이었다. 코르셋을 착용해야 한다는 규칙은 아주 부유한 사람의 숫자가 많지 않았던 기간에만 통용될 수 있었다. 이때는 육체노동을 해야만 할 필요가 있다는 불명예에서 완전히 자유로울 정도로 충분히 부유한 사람이 많지 않았다. 그와 동시에 이렇게 부유한 사람들이 단독으로 자족적인 사회적 집단을 형성해 그들만의 여론을 통해 자기들끼리 통용되는 행동 규칙을 제공할 수 있을 정도로 규모가 충분히 크지 않았기 때문에 코르셋의 기능이 유효할 수 있었다. 그러나 어쩔 수 없이 육체노동을 해야만 한다는 식의 비방이 무의미할뿐더러 그에 개의치 않을 만큼의 큰 부를 소유한 대규모 유한계급이 성장했다. 유한계급은 당연하게도 코르셋을 거의 착용하지 않는다.

이처럼 코르셋을 입지 않아도 된다는 규칙이 적용되지 않는 경우도 있는데, 이렇게 예외적인 현상은 실제보다 더 두드러져 보인다. 부유한 계급임에도 코르셋을 입는 이들은 제조업이 발달하지 않아 고대와 같이 산업구조가 단순한 나라에 살고 있거나 선진 산업국가에서 최근에 부유한 계급에 합류한 사람들이다. 최근에 부자가 된 사람들은 과거 금전적 등급이 낮았을 때의 서민적인 취향과 평판의 규범에서 벗어날 수 있는 시간을 아직 충분히 확보하지 못했다. 코르셋이 이처럼 살아남는 현상은 예컨대 최근 빠르게 부유해진 미국의 도시에 거주하는 상층 사회 계급에서 빈번히 발견된다. 코르셋은 혐오의 뉘앙스를 담지 않은 채 사전적인 의미로만 사용한다면, 고상한 척하기의 시대, 즉 불확실성의 시대이자 낮은 단계의 금전 문화에서 높은 단계의 금전 문화로 이행하는 시대에 활발히 성행했다. 즉, 코르셋 착용이 관행화된 모든 나라에서 코르셋은 착용한 사람의 육체적 무능력을 보여줌으로써 명예로운 여가를 증명한다는 목적에 부응하는 한 계속해서 사용된다. 이러한 규칙은 착용자가 보이는 외관상의 효율성을 떨어뜨리는 그 밖의 신체 훼손이나 고안물에도 똑같이 적용된다.

과시적 소비를 위한 다양한 물품에 대해서도 비슷하게 말할 수 있다. 복장에 관한 여러 특징에 대해서도 비슷하게 주장할 수 있는데, 착용한 사람의 불편감을 두드러지게 드러내거나 불편해 보이는 겉모양이 수반되는 경우가 특히 그렇다. 그런데 지난 100년 동안 남성복의 발전 과정에서 성가신 지출 방식이나 여가의 상징을 더는 사용하지 않는 경향이 감지되었다. 이와 같은 방식은 한때 본연의 목적에 이바지했지만 이를 계속 지속시키는 것이 오늘날의 상층계급에 불필요해졌다는 공통점이 있다. 대표적인 사례로는 흰색으로 분칠한 프랑스식 가발이나 금으로 도금한 장식용의 가느다란 줄을 사용하는 것, 그리고 면도하는 관행을 들 수 있다. 면도하는 습관은 최근 들어 상류사회에서 조금씩 부활하고 있다. 그러나 이는 아마도 하인들에게 강요된 패션을 분별없이 일시적으로 모방한 결과일 것이며, 우리 할아버지들의 프랑스식 가발 같은 운명을 맞이할 가능성이 높다.

이러한 장치는, 그리고 이들과 유사하게 사용자의 습관적인 무용성을 모든 관찰자에게 확실하게 보여주는 그 밖의 지표는 동일한 사실을 더 섬세하게 표현하는 다른 방법으로 대체되고 있다. 이런 방법은 선택된 소수의 훈련된 감식안에는 이전의 방법 못지않게 잘 감지될 수 있는데, 사용자가 호평을 얻고자 하는 상대가 바로 이 소수의 사람들이다. 초기의 노골적인 광고(廣告) 방법은 부와 여가의 증거가 미묘하게 변형되는 것을 감지할 훈련이 되어있지 않은 다수의 대중을 대상으로 부나 여가를 과시해야만 했던 환경에 기반을 두고 있다. 부유한 계급이 충분히 큰 규모로 발달하고, 지출의 미묘한 신호를 해석할 기량을 습득할 여가가 그들에게 확보될 때, 과시의 방법은 더 능숙하고 세련된 방향으로 개선된다. '노골적으로 눈에 띄는' 의상은 저속한 사람들의 훈련받지 못한 감수성에 호소해 특별한 인상을 남기려는 과도한 욕망을 숨기려 하지 않기 때문에 세련된 사람들을 불쾌하게 만든다. 명문가 출신 사람들에게 본질적으로 중요한 것은 자신이 속해 있고 세련된 감각을 지닌 상층계급

　　　　　　　　　　　　　　　　유한계급론

구성원에게서 더 큰 명예와 존중을 얻는 일이다. 부유한 유한계급이 크게 성장했고, 유한계급에 속하는 개인이 같은 계급에 속한 구성원과 접촉하는 것도 아주 광범위해졌으며, 그로 인해 명예를 얻는 데 충분한 인적 환경이 확보되었다. 이러한 상황에서 그들 계급보다 하위에 놓인 사람들을 자신의 생활체계에서 배제하는 경향이 등장했으며, 이들에게는 칭찬하거나 비난하는 구경꾼의 자리조차 허용되지 않았다. 그 결과 복장의 규범은 방법의 세련화, 정교한 고안품을 통한 암시적인 과시, 영적 특성에 기반한 상징체계와 같은 특징을 지닌다. 상층 유한계급이 예의범절과 관련해 모든 사안을 선도함에 따라, 사회의 나머지 계급도 복장의 체계를 점진적으로 개선한다. 사회가 부와 문화의 측면에서 진보함에 따라, 지불 능력을 입증하는 수단을 제대로 감상하고 인정하려면 관찰자의 안목도 한층 더 정밀해질 필요가 있다. 부와 여가를 과시하는 여러 매체를 대상으로 한 정밀한 안목은 고등 금전 문화를 구성하는 매우 중요한 요소 중 하나다.

8장

산업적 활동의 면제와
보수주의

사회 속에서 살아가는 인간의 삶은 다른 종의 삶과 마찬가지로 생존을 위한 투쟁이며, 따라서 선택적 적응의 과정을 밟는다. 사회 구조의 진화는 제도의 자연선택 과정이다. 그동안 일어났고 지금도 진행 중인 인간의 제도나 성격의 진보는 넓게 보자면 가장 적합한 사고 습관이 자연선택되는 과정이자, 변화하는 환경에 개인이 적응하도록 강요받는 과정이라고 할 수 있다. 이때 환경은 공동체의 성장과 함께, 그리고 인간의 삶에 영향을 미치며 변화해온 제도와 함께 점진적으로 변화한다. 제도는 그 자체가 인간의 정신적 태도와 기질을 우세하거나 지배적인 유형으로 형성시키는 선택 및 적응 과정의 결과인 동시에 삶과 인간관계를 이끄는 특별한 방법이다. 그러므로 제도는 결국 선택을 효율적으로 만드는 요인이기도 하다. 특히 변화하는 제도는 최적의 기질을 타고난 개인들이 더 많이 선택되도록 자극하고, 새로운 제도를 형성해 개인의 기질과 습관이 변화하는 환경에 더 잘 적응하도록 돕는 역할도 담당한다.[1]

인간의 삶과 사회구조의 발전을 이끌어온 다양한 힘이 궁극적으로 생명 조직과 물질적 환경이라는 조건으로 귀착될 수 있다는 것은 의심의 여지가 없다. 그러나 당면한 목적을 고려한다면, 이와 같은 힘은 크게 인간적·비인간적 환경과 어느 정도 일정한 생리적·지적 성질을 갖는 인간 주체로 나누는 것이 최선이다. 인간 주체는 전체로든 평균으로든 어느 정도 가변적이기는 해도, 적합한 변이[2]를 선택적으로 보존한다는 규칙에 지배되고 있는 것이 분명하다. 적합한 변이가 선택되는 과정의 상당 부분은 특정한 민족적 유형(ethnic types)을 선택적으로 보존하는 데 할애될 것이다. 다양한 민족적 요소의 혼합으로 구성된 사회의 생활사를 보면, 신체 및 기질과 관련해 지속적이고 비교적 안정적인 여러 유형 중에서 특정 유형이 특정 시점에 지배적인 유형으로 떠오른다는 점을 확인할 수 있다. 특정 시점에서 작동 중인 제도를 포함한 외적 환경은 특정한 형질[3]이 다른 유형을 대신해서 살아남고 지배하기를 선호할 것이다. 그리고

---

1) 베블런은 제도가 본능과 환경의 영향을 반영함과 동시에, 생활 과정 속에서 본능이 구체적으로 펼쳐지는 방식에 영향을 미치고 환경에도 반작용을 가한다는 점을 강조한다. 이 점에서 그의 주장은 '환경과 제도의 공진화'라고 표현할 수 있다. 또한 그의 주장에는 생물의 진화가 자연의 선택에 따른 결과라면 사회의 진화는 제도의 선택에 따른 결과라는 인식도 깔려있는데, 이는 제도의 결정적 중요성을 의미한다.

2) '변이(variation)'는 같은 종에서 성별, 나이와 관계없이 모양과 성질이 다른 개체가 존재하는 현상을 말한다. 다윈에 따르면, 진화는 본성상 변이와 자연선택이라는 두 단계를 밟으며 전개된다. 어느 한 세대에 속하는 동물 종이나 식물 종이 재생산을 할 때 그 자손의 물리적 형질에 있어 사소한 변이가 우발적으로 발생한다. 그 이후 수백만 년에 걸쳐 자연 환경이 그 종에 속하는 일부 개체에 적응상의 혜택을 주는 형질을 선택함으로써 그 유기체가 다른 개체와의 경쟁 속에서 살아남고 재생산된다는 것이다. '적합한 변이' 또는 '생존에 유리한 변이'는 다른 개체나 종에 비해 환경에 더 효과적으로 적응하는 변이를 의미한다.

유한계급론

과거로부터 내려오는 제도를 지속시키고 더욱 정교하게 발전시킬 목적으로 선택된 유형의 사람들은 그 제도를 자신이 원하는 쪽으로 적지 않게 바꿔놓을 것이다. 그러나 형질과 사고 습관이 비교적 안정된 유형 사이에서 선택되는 것과 별개로, 지배적인 민족 유형을 특징짓는 기질의 일반적인 범위 내에서 사고 습관의 선택적인 적응 과정이 동시에 진행된다는 것도 분명하다. 비교적 안정적인 유형 사이의 선택을 통해 인구의 근본적인 특성에 변이가 발생할 수 있다. 그러나 그 유형의 세부적인 적응으로 인한 변이도 있고, 특정한 사회적 관계나 일련의 관계를 둘러싼 특별한 습관적 견해 사이의 선택으로 인한 변이도 있다.

지금 당면한 목적을 고려한다면 적응 과정의 성격에―안정적인 유형의 기질 및 형질 사이의 선택이 핵심인지, 아니면 변화하는 환경에 대한 사고 습관의 적응이 핵심인지에―대한 질문보다는 제도가 이러저러한 방법을 통해 변화하고 발전한다는 사실이 더 중요하다.[4] 제도는 변화하는 환경과 함께 변화해야만 한다. 왜냐하면 제도의 본성은 이처럼 변화하는 환경이 주는 자극에 반응하는 습관적인 방식이기 때문이다. 이러한 제도의 발전이 곧 사회의 발전이다. 제도는 본질적으로 개인이나 사회의 특정한 관계나 기능에 관해 사람들 사이에 널리 퍼진 사고 습관이다. 따라서 생활체계는 사회가 발전

---

3) '형질(character)'은 사물이 생긴 모양과 그 바탕을 가리킨다. 생물학적으로는 생물을 종류에 따라 나눌 때 기준이 되는 모든 형태적 특징으로, 표현형(表現型)으로 나타나는 각 종의 유전적 성질을 의미한다.

하는 과정에서 특정 시점이나 특정 시간대에 작동하는 제도의 총합으로 이뤄지는데, 이 체계는 심리적 측면에서 보자면 사람들 사이에 널리 퍼져있는 정신적 태도나 인생관으로 대략 특징지을 수 있을 것이다. 이러한 정신적 태도나 인생관의 일반적 특징은 결국 지배적인 형질 유형에 의해 결정된다.

오늘의 상황은 강제적인 선택 과정을 통해 사물에 대한 인간의 습관적 관점에 영향을 미침으로써 내일의 제도를 형성하고, 이를 통해 과거로부터 물려받은 특정한 관점과 정신적 태도를 변경하거나 강화시킨다. 사람들의 삶을 이런 식으로 이끌고 안내하는 제도, 곧 사고 습관은 이전 시대로부터—다소간 멀리 떨어진 시대로부터—전승되는데, 이러한 제도는 어떤 경우든 과거 속에서 정교하게 다듬어졌고 과거로부터 물려받은 것이다. 제도는 과거에 일어난 과정의 산물이고 과거의 환경에 적응해 발생한 결과물이므로, 현재의 요구되는 조건에 완벽하게 부합할 수는 없다. 이러한 선택적 적

---

4) 19세기 후반에는 진화가 어떻게 일어나는지를 놓고 장 바티스트 라마르크(Jean Baptiste Lamarck, 1744~1829)의 견해와 찰스 로버트 다윈(Charles Robert Darwin, 1809~1882)의 견해가 대립했다. 라마르크 전통은 생명이 환경에 적응해 획득한 형질이 다음 세대에 유전될 수 있다는 주장을 골자로 한다. 반면 다윈 전통에 따르면 획득 형질은 유전되지 않고 우연히 돌연변이가 생겨 이들 중 환경에 잘 적응하는 형질이 살아남는 방식으로 진화가 일어난다. 베블런은 두 가지 견해 중 한쪽만을 선택하지 않는다는 점에서 당대의 생물학적 논쟁에서 한 걸음 비켜나 있다고 할 수 있다. 그는 진화적 접근법의 핵심이 사물은 고정되어있지 않고 생존에 유리한 방향을 향해 끊임없이 변화한다는 것, 원인과 결과의 관점에서 현상에 대한 역사적이고도 사실적인 분석을 제공한다는 것, 제도 변화의 동태적 과정을 발생적·계통적으로 설명하는 데 있다고 본다.

응 과정은 그 성격상 모든 사회에서 언제나 일어나게 마련인 상황의 꾸준한 변화를 결코 따라잡을 수 없다. 왜냐하면 적응을 강요하며 선택을 수행하는 환경과 상황 그리고 생활의 긴급한 요구가 매일매일 변화하기 때문이다. 따라서 사회 속에서 연속적으로 발생하는 상황은 확고해진 순간부터 차례차례 쇠퇴하는 경향이 있다. 발전 과정에서 한 걸음 앞으로 나아가면 이 한 걸음으로도 상황의 변화가 일어나고 이 속에서 새로운 적응이 요구된다. 이 한 걸음은 조정 과정에서 새로운 출발점이 되며, 이러한 과정은 끝없이 계속된다.

오늘의 제도가―현재 널리 통용되는 생활체계가―오늘의 상황에 완벽하게 부합하지 않는다는 것은 너무도 당연해서 지루하게 들릴 수 있지만, 이 점에 각별히 주목할 필요가 있다. 그리고 인간이 현재 가지고 있는 사고 습관은 환경에 의해 변화가 강요되지 않는 한 무한정 지속되려는 경향이 있다는 점도 강조하고 싶다. 따라서 지금까지 물려받은 제도, 곧 사고 습관과 견해, 정신적 태도 및 기질 등은 그 자체로 보수적인 요인이라고 봐야 한다. 이들이 바로 사회적 관성과 심리적 관성 그리고 보수주의를 낳는 요인이다.

사회구조는 변화하는 상황에 맞춰 변화하고 발전하며 적응하는데, 이는 공동체 내 여러 계급의 사고 습관의 변화를 통해서만, 좀 더 궁극적으로는 공동체를 구성하는 개인들의 사고 습관의 변화를 통해서만 가능하다. 사회의 진화는 대체로 새로운 환경적 긴장 아래 개인들이 정신적으로 적응해가는 과정이라고 할 수 있는데, 이때 새로운 환경은 과거의 각기 다른 환경 아래 생겨나 그 환경에 순응했던 사고 습관을 더는 용납하지 않는다. 이러한 적응 과정이 영속적인 민족 유형의 선택 및 생존 과정인지, 개별적 적응 및 획득형질의 유전 과정인지를 묻는 것은 당장의 목적에 비춰보면 그리 중요하지 않다.

특히 경제 이론의 관점에 볼 때 사회 진보는 '외부 관계에 대한 내부 관계의 조정'이 거의 완벽해질 때까지 계속해서 점진적으로 접근하는 것이라고 할 수 있다. 그런데 이러한 조정은 완벽하게 이뤄질 수 없다. 왜냐하면 '내부 관계'가 점진적으로 변화함에 따라 '외부 관계'도 끊임없이 변화할 것이기 때문이다. 이때 근접의 정도는 조정이 얼마나 원활하게 수행되느냐에 따라 크게 달라질 것이다. 사람들의 사고 습관이 변화된 상황의 긴급한 요구에 부응해 재조정되는 과정은 어떤 경우든 더디게 그리고 마지못해 진행될 따름이다. 즉, 사고 습관의 이러한 재조정 과정은 널리 인정받는 견해가 유지되지 못하도록 상황이 강제할 때만 일어난다. 바뀐 환경에 맞서 제도와 습관적 견해가 다시 조정되는 것은 외부 압력에 대응할 때다. 즉, 이러한 재조정은 자극에 대한 반응의 성격을 띤다. 그러므로 재조정이 얼마나 자유롭게 그리고 얼마나 용이하게 일어날지는, 즉 사회구조의 성장 역량은 주어진 시점에서 상황이 공동체의 개별 구성원에게 얼마나 자유롭게 거침없이 작용하는지에, 곧 개인들이 환경의 강제력에 얼마나 노출되는지에 크게 좌우된다. 사회의 특정 부분이나 계급이 본질적인 측면에서 환경의 영향력으로부터 보호받는다면, 그 공동체의 해당 집단이나 계급은 상황의 일반적 변화에 대응해 그들의 견해나 생활체계를 더 더디게 적응시킬 것이다.

따라서 그만큼 사회적 전환 과정이 지연되는 경향이 발생한다. 부유한 유한계급은 변화와 재조정을 강요하는 경제적 힘으로부터 보호받을 수 있는 위치에 있다. 제도의 재조정을 강요하는 힘, 특히 근대 산업 공동체에서 제도의 재조정을 강요하는 힘은 결국 거의 전적으로 경제적 본성을 띠고 있다고 말할 수 있다.

모든 공동체는 산업적 또는 경제적 메커니즘으로 간주될 수 있는데, 이와 같은 메커니즘은 경제 제도로 구성된다. 경제 제도는 공동체가 물질적 환경과 접촉하면서 생명 활동 과정을 수행하는 습관적인 방식이다. 주어진 환경에서 인간 활동을 펼쳐내는 특정한 방법이 특정 제도를 통해 정교해지면, 공동체의 생활도 이에 따라 습관적으로 전개될 것이다. 공동체는 과거에 학습했고 제도 속에 체화된 방법에 따라 환경의 힘을 이용함으로써 생명 활동이라는 목적을 달성하려 할 것이다. 그러나 인구가 증가하고 자연의 힘을 관리하는 인간의 지식과 기교가 확장됨에 따라, 집단 구성원이 서로 관계를 맺고 집단 전체의 생명 활동을 수행하는 습관적 방식은 더는 과거와 같은 결과를 가져오지 못한다. 또한 그 과정에서 다양한 구성원 사이에 행해지는 생활 상태의 분배나 할당도 과거와 같은 방식으로 수행될 수 없고, 과거와 같은 정도의 효과를 거둘 수도 없다. 초기의 상태에서 집단의 생명 활동 과정을 이끌었던 생활체계가 최상에 근접하는 높은 효율성이나 편리성을 집단의 생명 활동 과정에 제공했더라도, 조건이 변화하면 같은 생활체계는 최상의 결과를 낳지 못할 것이다. 인구·기량·지식의 조건이 달라진 상황에서 전통적인 생활체계를 고수하더라도 그로 인한 생활의 편의가 초기의 상태보다 악화되지 않을 수는 있다. 그러나 변화된 조건에 맞게 생활체계도 같이 변화했을 때에 비해 더 나은 결과가 발생할 수는 없을 것이다.

집단은 개인으로 구성된다. 그리고 집단생활은, 적어도 표면적으로는 각각 따로 영위되는 개인들의 생활이다. 이때 인간의 생활에 있어 무엇이 옳고 좋고 편리하고 아름다운지에 관해 집단으로서의 개인들이 공유하는 견해가 바로 이 집단이 일반적으로 인정하는 생활체계[5]인 것이다. 환경을 다루는 방법이 달라짐에 따라 생활의 조건을 재분배하는 과정에서, 생활의 편의가 집단 전체에 걸쳐 균등해지는 결과는 일어나지 않는다. 생활 조건의 변화는 전체로서의 집단에 생활의 편의를 늘려줄 수 있다. 그러나 통상 그와 같은 재분배 과정에서 집단 구성원 중 일부에게는 생활의 편의나 만족을 줄이는 결과가 발생한다. 기술 방식과 인구 그리고 산업 조직의 진보가 가능하려면, 최소한 공동체 구성원 중 일부는 생활 습관을 바꿈으로써 변화한 산업적 방식 속으로 쉽고 효과적으로 진입할 수 있어야 한다. 이들은 새로운 산업적 방식으로 인해 무엇이 옳고 아름다운 생활 습관인지에 관한 기존의 통념에 따라 살아갈 수 없는 사람들이다.

---

5) '생활체계'는 베블런 고유의 개념 중 하나로, 그 의미가 명확하게 설명되지 않은 채 《유한계급론》의 곳곳에 등장한다. 이 대목은 이처럼 불명확한 생활체계에 관한 베블런의 명시적인 정의를 보여준다는 점에서 특히 주목할 필요가 있다. 생활체계는 개인들에게는 삶의 객관적인 틀로 작용하지만, 그 구체적인 내용은 무엇이 옳고 좋고 편리하고 아름다운지에 대해 전체 구성원이 공유하는 견해·사고방식·관점이라는 점에서 사회적·구성적 성격을 지닌다.

유한계급론

자신의 사고 습관과 동료와의 익숙한 관계를 변화시켜야 하는 사람은 새롭게 출현한 긴급 상황에 의해 요구되는 생활 방식과 이미 익숙한 전통적인 생활체계 사이에서 불일치를 느낄 것이다. 물려받은 생활체계를 개조할 유인이 가장 활발하고 새로운 표준을 받아들이도록 가장 쉽게 설득될 수 있는 쪽은 바로 이 위치에 놓여있는 개인이다. 그는 생활 수단이 필요하기 때문에 이러한 위치에 놓인다. 환경이 집단에 생활체계의 재조정을 요구하며 가하는 압력은 금전적 압박의 형태를 띤다. 모든 근대 산업사회에서 제도의 재조정을 가져오는 힘이 주로 경제적 요인이라고 말할 수 있는 것은 외부적 힘이 대부분 금전적이거나 경제적인 요구의 형태로 긴박하게 전달된다는 사실 때문이다. 여기에서 말하는 제도의 재조정이란 본질적으로 무엇이 좋고 옳은가에 관한 사람들의 견해가 변화되는 것을 가리킨다. 이때 무엇이 좋고 옳은가에 관한 사람들의 판단에서 일어나는 변화를 매개하는 수단은 대부분 금전상의 긴급한 요구의 압력이다.

인간의 삶에서 무엇이 좋고 옳은지에 관한 사람들의 견해는 변화하게 마련이지만, 그 변화는 기껏해야 더디게 진행된다. 진보라고 불리는 방향으로, 다시 말해 고대의 위치에서—공동체가 사회적으로 진화할 때 출발점이 되는 위치에서—벗어나는 방향으로 변화가 진행될 때 더욱더 그렇다. 반면 퇴보, 곧 인종이 오랫동안 익숙했던 과거의 관점으로 회귀하는 것은 훨씬 쉽게 진행된다. 과거의 관점에서 이탈한 발전이 초기의 관점과 크게 다른 기질의 민족적 유형으로 대체되지 않은 채 진행된 경우에는 특히 그렇다.

나는 서양 문명의 생활사에서 근대의 바로 전 단계에 속한 문화적 단계를 준평화 단계라고 불렀다. 준평화 단계에 속한 생활체계의 지배적인 특징은 신분의 원칙이다. 오늘날의 사람들이 준평화 단계를 특징짓는 지배와 개인적 복종의 정신적 태도로 얼마나 쉽게 되돌아갈 수 있는지는 언급할 필요도 없을 것이다. 이러한 정신적 태도가 오늘날 경제적으로 긴급한 요구에 완벽하게 부합하는 사고 습관으로 확실하게 대체되었다고 보기는 어렵다. 이러한 태도는 오늘날의 경제적 긴박성으로 인해 모호하게 중지된 상태에 놓여있을 뿐이라고 할 수 있다. 경제적 진화의 약탈적이고 준평화적인 단계는 서양 문화에 속하는 주민을 형성하는 데 포함된 모든 주요한 민족적 요인의 생활사 속에서 오랫동안 지속되어온 것으로 보인다. 그로 인해 문화적 단계에 고유한 기질과 성향도 오랫동안 끈질기게 지속되고 있다. 최근에 발달한 사고 습관을 유지시키는 힘이 작용하지 않는 계급이나 공동체의 경우에는, 약탈적 단계에 상응하는 심리적 성질로의 지체 없는 복귀가 거의 필연적으로 보일 정도다.[6]

개인이나 상당한 규모의 인간 집단이 고도의 산업 문화에서 격리되어 낮은 문화적 환경이나 좀 더 원시적 성격을 띠는 경제적 상황에 노출될 경우, 약탈적 유형을 특징짓는 정신적 특성으로 빠르게 역행한다는 사실은 잘 알려져있다. 더욱이 유럽인 중 장두금발 유

---

6) 이 진술은 제1차 세계대전 발발에 대한 예언으로 해석될 수 있지만, 오늘날 전 세계적으로 증오와 적대에 기초한 대립의 물결이 확산되는 현상을 이해하는 데도 도움이 될 수 있다. 타자를 극단적인 증오에 기초해 적대시하는 오늘날의 현상은 공훈을 중시하고 힘과 약탈을 칭송하는 야만 문화적 관점으로의 회귀라고 볼 수 있기 때문이다.

형은 서양 문화의 여러 민족적 요소에 비해 야만 문화로 더 손쉽게 역행할 가능성이 높아 보인다. 이러한 역행의 사례는 최근 이민과 식민의 역사에서 소규모지만 빈번하게 볼 수 있다. 약탈 문화의 특징적인 양상이자 근대 사회에서 가장 두드러진 역행의 표시이기도 한 국수주의[7]적 애국주의의 분노를 불러일으킬까 두렵지만, 미국 식민지는 그러한 역행이 엄청난 규모는 아니더라도 통상에 비해 훨씬 대규모로 진행된 사례라고 할 수 있을 것이다.

***

유한계급은 근대의 고도로 조직화된 산업사회에 만연한 경제적 필요의 압박으로부터 대부분 보호받고 있다. 유한계급의 경우 생활수단을 얻으려고 절박하게 투쟁할 필요가 다른 계급에 비해 훨씬 덜하다. 제도의 추가적인 성장에 대한 요구나 변화된 산업적 상황에 따른 재조정의 요구에 사회의 여러 계급 중 유한계급이 가장 둔감하게 반응하리라고 예상하는 것은 이들이 누리는 특권적 지위의 당연한 귀결인 셈이다. 유한계급은 보수적인 계급이다. 사회의 일반적인 경제 상황에 따른 긴급한 필요가 이 계층의 구성원에게는 직접적인 영향을 거침없이 미치지 못한다. 이들은 재산 몰수 같은 징

---

7) '국수주의' 또는 '쇼비니즘(chauvinism)'은 자기 나라의 고유한 역사·전통·정치·문화만을 가장 뛰어난 것으로 믿고, 다른 나라나 민족을 배척하는 극단적인 태도나 경향을 가리킨다

벌의 위협 아래 변화하는 산업 기술의 요구에 부합하게끔 자신들의 생활 습관과 외부 세상에 대한 이론상의 견해를 바꾸도록 강요당하지 않는다. 왜냐하면 이들은 산업사회라는 유기체의 진정한 일원이 아니기 때문이다. 이처럼 긴급한 경제적 필요는 기존 질서에 대한 모종의 불안을 쉽게 만들어낸다. 이러한 불안만으로도 거의 모든 집단의 사람들은 그동안 습관화되었던 삶의 방식이나 견해를 포기하는 반면, 유한계급 구성원은 그렇지 않다. 사회적 진화 속에서 유한계급이 담당하는 임무는 그러한 움직임을 지연시키고 시대에 뒤떨어진 행태를 보존하는 것이다. 이러한 명제는 결코 새롭지 않으며 오랫동안 대중이 공유해온 것이다.

부유한 계급이 천성적으로 보수적이라는 통념은 문화적 발전에서 이 계급이 차지하는 위치나 관계에 대한 이론적 관점의 도움 없이도 대중 사이에 널리 수용되었다. 이 계급의 보수주의에 관해서는, 부유한 계급에는 현재의 상태를 유지하려 한다는 점에서 존경받을 수 없는 성격의 기득권을 가지고 있기에 혁신을 반대한다는 식의 시샘 어린 설명이 많다. 반면 우리가 제시하려는 설명은 이런 존경받지 못할 동기와 무관하다. 문화적 양식의 변화에 대한 유한계급의 반대는 본능적인 반응으로, 전적으로 물질적 이해타산 때문이라고 볼 수는 없다. 그것은 널리 용인되는 행동 방식이나 견해에서 일탈하는 것에 대한 본능적인 혐오감인데, 이 혐오감은 모든 사람에게 공통된 것으로 상황의 압력에 의해서만 극복될 수 있다. 생활 습관과 사고 습관을 바꾸는 것은 모두 성가신 일이다. 부유한 사람과 평범한 사람 들이 이러한 측면에서 보이는 차이는 보수적 경

232

향을 자극하는 동기가 아니라 변화를 강요하는 경제적 힘에 노출되는 정도에 달려있다고 봐야 한다. 부유한 계급의 구성원이 다른 계급의 사람들과 달리 혁신의 요구에 쉽게 굴복하지 않는 것은 그들이 강요를 덜 받았기 때문인 것이다.

부유한 계급의 보수주의는 눈에 아주 잘 띄기에 좋은 평판의 표지로까지 인정받는다. 보수주의는 사회에서 부유하고 따라서 평판도 높은 사람들의 특성이므로, 일정하게 명예적 가치나 장식적 가치를 획득한다. 보수적 사고방식을 고수하는 것이 명성에 관한 우리의 관념 속에 당연한 것으로 뿌리박힐 정도로 보수주의는 관행적 규범으로 자리 잡았다. 그리고 보수주의는 사회적 평판의 측면에서 흠결 없는 인생을 살고자 하는 모든 사람이 지켜야 할 절대적 의무이기도 하다. 보수주의는 상층계급의 특성이기에 품위 있는 것이 되었다. 반면 혁신은 하층계급의 현상이기에 비천한 것이 되었다. 우리로 하여금 본능적인 혐오감이나 비난과 함께 모든 사회혁신가를 외면하게 만드는 가장 근본적이면서도 제대로 자각되지 않는 요인이 바로 혁신을 본질적으로 천하다고 느끼는 감각인 것이다. 그래서 사람들은 혁신가가 대변하는 주장의 본질적 가치를 인식하면서도, 혁신가와 교제하는 것은 여전히 혐오스러운 일이고 그들과의 사회적 접촉도 되도록 피해야 한다고 느낄 수밖에 없다. 혁신가가 치유하려는 해악이 시공간적으로건 개인적인 접촉의 차원에서건 우리와 떨어져있으면 이러한 상황은 더욱 쉽게 발생할 것이다. 혁신은 버릇없고 무례한 것으로 여겨진다.

부유한 유한계급의 관행·행동·시각이 나머지 사회 전체에 대해 처방적 행동 규범의 성격을 획득한다는 사실은 유한계급이 발휘하는 보수적 영향력에 무게와 범위를 더한다. 이런 상황에서 평판이 좋은 사람이 되려면 모두 그들의 본보기를 따라야 한다. 그러므로 부유한 계급은 예절의 화신이라는 높은 지위에 힘입어, 자신의 머릿수를 합친 단순한 수치상의 힘 이상으로 훨씬 더 강하게 사회 발전을 지체시킬 수 있다. 유한계급이 제시하는 규범적 처방의 선례는 모든 혁신에 맞서는 나머지 다른 계급의 저항을 크게 강화하고 이전 세대로부터 내려온 좋은 제도에 대한 사람들의 애착도 공고하게 한다.

유한계급은 다른 방법을 통해서도 관습적인 생활체계가 시대의 긴급한 요구에 부합하는 방향으로 적응하지 못하도록 방해한다. 상층계급의 선도와 관련된 이 두 번째 방법은 엄밀한 의미에서 본능적인 보수주의나 바로 앞에서 언급했던 새로운 사고방식에 대한 혐오와 같은 범주에 속하지는 않는다. 그럼에도 여기에서 같이 다루는 이유는 그것이 최소한 혁신을 지연시키고 사회구조의 성장을 방해한다는 점에서 보수적 사고 습관과 공통점이 있기 때문이다. 특정 시점에서 특정 사람들 사이에 유행하는 예의범절과 관례 그리고 관행은 다소간 유기적 통일체의 성격을 지닌다. 따라서 전체 체계 중 어느 한 지점에서 상당한 정도의 변화가 발생하면, 전면적인 재조직화는 아닐지라도 다른 지점의 변화나 재조정을 수반하게 마련이다. 어떤 변화가 일어나고 체계 내의 사소한 부분에만 직접적인 영향을 미칠 경우, 이로부터 초래되는 관례 구조의 교란은 눈에 띄지 않을 정도로 미미할 수 있다. 그러나 그러한 경우에도 한층 광범위한 전체 틀의 균열은 분명히 뒤따를 것이다. 한편 개혁을 시도할 때 관습적 틀에서 일차적 중요성을 띠는 제도가 억압되거나 전면적으로 개조되는 사태가 일어난다면, 사람들은 체계 전체에 심각한 혼란이 일어나리라고 느낄 것이다. 체계의 주요한 구성 요소 중 한 형태를 바꾸는 방향으로 구조를 재조정하는 것은 비록 결과를 확신하더라도 고통스럽고 지루한 과정일 것이라고 여겨진다.

관습적인 생활체계 속에서 어떤 특징의 근본적인 변화가 일어날 때의 어려움을 확인하려면 서양 문명에 속하는 나라들의 대표적 특징인 일부일처제, 부계제 혈족 시스템, 사유재산, 유신론적 신앙에 대한 억압을 시사하는 것으로 충분하다. 중국에서 조상숭배를, 인도에서 카스트 제도를, 아프리카에서 노예를 금지하거나 이슬람 국가에서 성 평등을 확립하는 상상을 할 수도 있을 것이다. 이러한 사례 중 어느 것을 택하더라도 관례의 전반적인 구조에 엄청난 혼란이 일어날 것이라는 점은 너무도 자명하다. 이와 같은 사례에서 혁신이 큰 효과를 발휘하려면 사람들의 사고 습관을 광범위하게 바꾸는 과정이 직접 문제가 되는 지점 이외에 체계 내의 다른 지점에서도 함께 진행되어야 한다. 그러한 모든 종류의 혁신에 대한 혐오감은 본질적으로 낯선 생활체계를 꺼리는 것과 다르지 않다.

널리 수용되는 생활 방식에서 벗어나려는 모든 시도에 대해 선량한 대중이 느끼는 혐오감은 일상에서 흔히 접할 수 있다. 우리는 사회에 건전한 조언과 훈계를 펼치던 사람들이 영국 국교회의 폐지, 이혼 절차의 간소화, 여성 투표권의 도입, 주류의 제조와 판매 금지, 상속 제도의 폐지나 제한 등과 같이 비교적 작은 변화에서 치명적인 사회적 부작용이 광범위하게 확산되리라고 목소리 높이는 것을 드물지 않게 본다. 모든 종류의 이러한 혁신에 대해 "사회구조를 뿌리부터 흔든다." "사회를 혼란에 빠뜨린다." "도덕의 기초를 무너뜨린다." "삶을 견딜 수 없게 만든다." "자연의 질서를 어지럽힌다." 따위의 비난이 가해진다. 이처럼 다양한 관용어가 과장법을 사용하고 있는 것은 분명하다. 하지만 이들은 모든 과장법과 마찬가지로 사람들이 나타내고자 의도한 결과의 심각성을 생생하게 감지하고 있다는 증거이기도 하다. 사람들은 이처럼 다양한 종류의 혁신이 기존의 공인된 생활체계를 교란한다면 인간의 편의를 높이려고 사회 속에 만들어진 일련의 고안물 중 어느 하나만을 변경할 때에 비해 훨씬 심각한 결과를 가져올 것이라고 느낀다. 일급의 중요성을 띠는 혁신에 대해 명백히 타당한 이 진술은 중요성이 다소 떨어지는 변화에 대해서도 어느 정도 적용될 수 있다. 변화에 대한 혐오는 대부분 변화로 인해 불가피하게 재조정을 수행하는 과정에서 나타나는 성가심이나 번거로움에 대한 반감과 관련 있다. 그리고 특정한 문화나 특정한 사람들의 제도 체계가 갖는 결속력으로 인해, 사람들은 사고 습관의 모든 변화에 대한 본능적인 저항을 강화하는데, 이는 그 자체로 사소한 사안에 대해서도 마찬가지다.

인간의 제도가 갖는 결속력이 사람들의 저항감을 이렇게 키움에 따라 모든 혁신은 필요한 재조정을 행하는데, 결속력이 없는 경우에 비해 훨씬 더 많은 정신적 에너지를 지출해야만 한다. 이미 확립된 사고 습관을 바꾸는 것은 불쾌한 체험 이상의 활동이다. 공인된 인생관을 다시 조정하는 과정은 어느 정도의 정신적 노력을 필요로 한다. 다시 말해 변화된 상황에 맞서 자신의 방향을 찾고 유지하려면 오랜 시간에 걸쳐 지루하고도 힘겨운 노력을 투입해야 한다는 것이다. 이 과정에서 적지 않은 에너지를 지출해야 한다. 즉, 이 과정을 성공적으로 수행하려면 일상의 생존을 위한 투쟁에 사용되는 분량을 넘어서는 여분의 에너지가 있어야 한다. 이는 호화로운 생활이 불만의 기회를 원천 봉쇄함으로써 진보를 효과적으로 방해하는 것처럼, 영양부족과 과도한 육체노동도 진보를 효과적으로 방해할 수 있음을 의미한다. 끔찍할 정도로 가난한 사람, 그리고 모든 에너지를 매일의 생계를 위한 투쟁에 쓸 수밖에 없는 사람이라면 누구나 앞의 일을 생각할 여력이 없기에 보수적일 수밖에 없다. 이는 아주 부유한 사람들이 오늘의 상황에 불만을 느낄 기회가 적기 때문에 보수적일 수밖에 없는 것과 마찬가지다.

이상의 논의에서 유한계급 제도가 하층계급으로부터 생계 수단 중 최대한 많은 부분을 빼냄으로써 하층계급을 보수적으로 만든다는 것을 알 수 있다. 유한계급은 하층계급의 소비를 감축시키고, 결국 새로운 사고 습관을 배우고 받아들이는 노력을 기울일 수 없는 수준으로까지 가용 에너지를 감축시키는 결과를 초래하기 때문이다. 금전적 사다리의 맨 위층에 부가 축적된다는 것은 그 사다리의 밑바닥에 놓인 사람들의 삶이 궁핍해진다는 것을 뜻한다. 궁핍이 어디에서 발생하든 적지 않은 사람들이 상당한 정도로 궁핍해지는 상황에서는 어떤 혁신이건 제대로 진행될 수 없을 것이다.

이처럼 부의 불평등한 분배가 진보를 직접적으로 억제하는 효과는 같은 결과를 낳는 간접적인 효과에 의해 보강된다. 앞에서 본 것처럼 상층계급이 명성의 규범을 확립하는 과정에서 보여준 절대적인 본보기는 과시적 소비의 관행을 조장한다. 물론 과시적 소비가 표준적인 예의범절의 주요 구성 요소로 모든 계급 사이에 널리 자리 잡은 것이 전적으로 부유한 유한계급의 본보기 때문이라고 말할 수는 없다. 하지만 과시적 소비의 관행이나 그에 대한 집착이 유한계급의 모범적인 본보기에 의해 강화된다는 것은 분명하다. 이때 예의범절을 지켜야 한다는 요구는 아주 중요하고 대단히 긴급한 성격을 띤다. 그러므로 최소생계 수준을 크게 상회할 정도로 충분한 재력을 갖춘 계급 사이에서도, 좀 더 긴급한 물리적 필요를 충족한 뒤 남겨둔 처분 가능 잉여를 육체적 안락을 위해서나 생활 수준을 높이는 데 사용하기보다 과시적 품위의 목적으로 돌리는 경우가 드물지 않다. 더욱이 이용할 수 있는 잉여 에너지는 과시적 소비나 과시적 저장(conspicuous hoarding)[8]을 위한 재화를 획득하는 데 투입되기 쉽다. 결국 (1) 과시적 소비 이외의 지출을 위해서는 최소생계 수준 정도만 남겨두고, (2) 생리적 필요를 겨우 충족시킨 후에 이용 가능한 잉여 에너지는 모두 금전적 명예를 위한 지출에 투입하는 경향이 발생한다. 전체적으로 보자면 공동체 전반에 보수적인 태도를 강화하는 결과가 초래된다. 유한계급 제도는 문화의 발전을 가로막는다. 즉, 직접적으로는 (1) 유한계급 자체에 고유한 타성에 의해 문

---

8) 옥스퍼드 등 일부 판본에는 conspicuous boarding이라고 되어있으나 이는 conspicuous hoarding의 오기다.

유한계급론

화의 발전을 가로막고, (2) 과시적 낭비와 보수주의를 보여주는 규범적 처방의 본보기를 통해서도 문화의 발전을 저해하며, (3) 간접적으로는 유한계급 제도 자체의 토대인 부와 생계 수단의 불평등한 분배 시스템을 통해서도 문화의 발전을 방해하는 것이다.

그리고 유한계급은 현재의 상태를 그대로 유지하는 데 특별한 물질적 이해관계를 갖는다는 점도 덧붙이고 싶다. 유한계급은 특정 시점의 지배적 환경 아래 항상 특권적인 위치에 있으므로, 어떤 형태로든 기성 질서에서 이탈하는 것이 그들에게 유해한 결과를 가져올 것이라고 예상한다. 따라서 유한계급의 태도는 단순히 계급의 이익만을 감안할 때 웬만하면 내버려두라는 것일 수밖에 없다. 이처럼 이익에 기초한 동기가 유한계급의 견고한 본능적 편견을 보완함으로써 유한계급의 보수적 성격은 그렇지 않을 경우에 비해 한층 더 강화된다.

유한계급이 사회구조의 급격한 변화를 반대하고 구조의 퇴행을 정당화하는 옹호자나 매개체 역할을 한다는 진술을 그들의 역할을 찬양하거나 비하하는 것이라고 오해해서는 곤란하다. 유한계급에 의한 진보의 억제는 유익할 수도 있고 유해할 수도 있다. 어떤 특정한 사례에서 그것이 유익한지 여부는 일반 이론이 아니라 결의론[9]의 관심사다. 보수적 견해의 대변자들은 보수적이고 부유한 계급이

---

9) '결의론(casuistry)'은 사회적 관습이나 교회, 성서의 율법에 비춰 도덕적인 문제를 해결하려는 윤리학 이론을 가리킨다. 중세 스콜라철학자들이 주로 연구했다.

실질적이고 일관되게 혁신을 반대하지 않았다면 공동체가 견딜 수 없는 지경으로까지 사회적 혁신과 실험이 진행되었을 것이고, 결국 불만과 파괴의 반동을 이끌어낼 수밖에 없었을 것이라고 주장하곤 한다. 이는 (정책적 차원에서 보자면) 어느 정도 타당하지만, 지금의 논의와는 무관하다.

그러나 모든 비난과 별개로, 그리고 무분별한 혁신에 대한 견제의 불가피성에 대한 모든 질문을 논외로 하더라도, 유한계급이 본성상 사회 진보나 사회 발전으로 지칭되는 환경에 대한 적응을 계속해서 지연시킨다는 것은 분명하다. 유한계급의 특징적인 태도는 "존재하는 것은 무엇이든 다 옳다."는 격언으로 요약될 수 있는 반면, 자연 선택의 법칙을 인간 제도에 적용하면 "존재하는 것은 모두 다 그르다."라는 공리를 얻을 수 있다. 오늘의 제도가 오늘의 생활을 위한 목적에 모두 부적합하지는 않다. 그러나 오늘의 제도는 사물의 본성상 오늘의 생활 목적에 어느 정도 맞지 않는 부분이 있을 수밖에 없다. 오늘의 제도는 생활 방식이 과거의 발전 과정 중 특정 시점에서 지배적이던 환경에 다소간 부적합하게 조정된 결과다. 그러므로 현재의 상황과 과거의 상황 사이에 간격이 있는 한, 제도는 어느 정도 그른 것일 수밖에 없다. 여기에서 쓴 '옳다'와 '그르다' 같은 표현은 [특정 제도가] '있어야 한다'거나 '있어서는 안 된다'고 판단하는 것과는 상관이 없다. 이런 표현은 (도덕적으로 중립적인) 진화론의 관점에서 채택된 것으로, 효과적인 진화 과정에 부합하는지 여부를 명시할 의도로 사용된 것이다. 유한계급이라는 제도는 계급 이익과 본능의 힘에 의해, 그리고 행동 수칙과 규범적 모범 사례에 의해 현행 제도의 오조정(誤調整)을 영속화시키고 심지어는 고대적 생활체계로의 퇴행까지도 조장한다. 이는 가까운 과거에서 내려온 공인된 낡은 체계에 비해 현재 상황에서 긴급하게 요구되는 생활상의 조정에서 훨씬 더 멀리 벗어난 생활체계일 것이다.

좋은 옛날 방식의 보존이라는 주제로 많은 논의를 펼쳤지만, 그럼에도 제도가 변화하고 발전한다는 것은 변치 않는 진실이다. 관습과 사고 습관은 누적적으로 성장하고 관행과 생활 방식은 선택적으로 적응한다. 유한계급이 관습과 사고 습관의 성장을 지연시키기도 하고 이끌기도 하는 과정에서 담당하는 임무에 대해서는 적지 않은 논의가 있었다. 그러나 유한계급이 제도의 성장과 관련해 맺고 있는 관계에 대해서는, 주로 경제적 성격을 띤 제도와 직접 관련된 경우를 제외하고는 말할 수 있는 것이 많지 않다. 경제 제도, 곧 경제 구조는 경제생활에서의 두 가지 상이한 목적 중 어느 쪽에 도움이 되느냐에 따라 대략 두 가지 범주로 나눌 수 있다.[10]

---

10) 다음 문단을 포함한 이 장의 나머지 부분은 근대 경제의 핵심 특성에 관한 논의로, 《유한계급론》의 평가와 관련해 그동안 크게 주목받지 못했다. 하지만 이 단락은 법인기업의 등장, 눈부신 경제성장과 극심한 경기변동, 소득과 부의 분배 악화, 대기업의 권력 강화 등 당시 미국 경제를 체계적으로 이해할 수 있는 기본 관점을 제시하고 있다는 점에서 꼼꼼하게 읽어볼 가치가 크다. 베블런은 영리사업의 원리에 기초해 미국 경제를 주도하고 사람들의 삶에 결정적인 영향을 미친 대기업의 영리 활동에 대한 관심을 계속 발전시켰는데, 대표적인 저작으로 《영리기업론(The Theory of Business Enterprise, 1904)》과 《최근의 부재소유권과 영리기업(Absentee Ownership and Business Enterprise in Recent Times: The Case of America, 1923)》이 있다.

고전적 용어를 사용하자면 두 범주란 획득(aquisition)의 제도와 생산(production)의 제도를 가리킨다. 앞에서 다른 맥락과 관련해 이미 사용했던 용어에 기대자면, 이 두 범주는 금전적 제도와 산업적 제도, 또는 시샘을 유발하는 경제적 관심에 기여하는 제도와 시샘을 유발하는 것과 무관한 경제적 관심에 기여하는 제도로 나눌 수 있다. 전자의 범주는 '영리사업(business)'[11]과 후자의 범주는 기계적 의미의 산업(industry)과 관련이 있다. 후자의 범주는 제도로 인정되지 않는 경우도 많은데, 주된 이유는 이러한 제도의 경우 지배계급과 직접적인 관계가 없어 입법이나 계획적인 협약의 대상이 될 때가 거의 없기 때문이다. 산업 관련 제도는 얼마간 주목받더라도 금전적 측면이나 사업적 측면에서 조명되는 경우가 많다. 경제생활에서 근대인의 깊은 관심, 특히 상층계급의 깊은 관심을 받는 것이 바로 이러한 금전적·사업적 측면이나 국면이기 때문이다. 상층계급은 영리사업 이외의 경제적 사안과 관련해서는 이해관계가 거의 없다. 그럼에도 불구하고 공동체의 사안을 숙고하고 심의할 의무는 주로 그들에게 부과된다.

유한계급(즉, 산업적 활동과 무관한 소유 계급)이 경제적 과정과 맺는 관계는 금전적 관계다. 이때 금전적 관계는 생산의 관계가 아닌 획득의 관계이고, 유용성(serviceability)의 관계가 아닌 착취(exploitation)

---

11) '바쁘다'는 뜻을 가진 bisig에서 유래한 business는 바쁜 일, 직업, 상업, 관심사 등을 의미한다. 오늘날에는 일반적으로 '돈을 벌려고 하는 일'을 가리킨다. 여기서는 문맥에 따라 '영리사업', '사업', '장사', '기업' 등의 표현을 사용한다.

유한계급론

의 관계다. 물론 그들이 담당하는 경제적 임무가 간접적으로는 경제적인 생활 과정에서 결정적인 중요성을 갖는다고 말할 수도 있을 것이다. 소유 계급 또는 산업의 수장이 담당하는 경제적 기능을 깎아내리려는 의도도 전혀 없다. 여기에서는 단지 이들 계급이 산업적 과정 및 경제 제도와 맺고 있는 관계의 본성을 밝히고 싶을 뿐이다. 유한계급의 직무는 기생적 성격을 띤다.[12] 그리고 유한계급의 관심은 무엇이든 자신들을 위해 사용하게끔 만들고 자신의 수중에 계속 두는 것에 국한된다. 그리고 영리사업 세계의 협약은 이러한 약탈 원리나 기생 원리의 선택적 감독 아래 발전한다. 이때의 핵심은 소유권에 관한 약속이나 합의로, 먼 옛날에 번성했던 약탈 문화의 파생물이라고 할 수 있다. 그러나 소유권과 관련한 금전적 제도가 오늘의 상황에 전적으로 부합하는 것은 아니다. 왜냐하면 이러한 제도는 지금과 꽤 다른 조건에서 성장했기 때문이다. 그러므로 금전적 효율성의 측면에서도 그리 적절하다고는 할 수 없다. 산업 생활이 바뀌면 획득 방식에도 변화가 필요하다. 그리고 이해관계의

---

12) 19세기의 학자들 사이에서는 진화의 메커니즘과 관련해 공생(symbiosis) 또는 상호부조(mutualism)라는 개념에 주목하려는 시도가 있었다. 이들은 한 종과 다른 종 사이에 존재하는 상호의존성의 진화적 의의를 입증함으로써 자연선택이나 종 경쟁 등에 대한 다윈주의적 관념을 뒤집거나 보완하려 했다. 이 전통의 과학자들은 가장 하등한 동물조차도 상호부조에 기초해 사회생활을 한다며, 인간을 약육강식의 호전적 동물로 묘사하는 데 반대했다. 이들은 하나의 종이 다른 종의 생존에 도움을 주기는커녕 그 종의 희생을 바탕으로 살아가는 기생적 관계도 발견했는데, 유한계급에게서 기생적 성격을 발견하는 베블런의 언급은 이러한 연구 성과를 염두에 둔 것으로 보인다.

측면에서 볼 때 금전 계급은 산업적 과정을 지속시키는 것과 양립할 수 있는 수준에서 사적 이득을 얻을 수 있게끔 금전적 제도를 적응시키는 것이 바람직하다. 왜냐하면 사적으로 획득되는 금전적 이득 자체가 산업적 과정에서 창출되기 때문이다. 그러므로 유한계급이 성장을 이끄는 과정에서는 금전적 목표에 부응하려는 경향을 어느 정도 일관되게 관찰할 수 있는데, 이는 금전적 목표가 그들의 경제생활에 결정적인 영향을 미치기 때문이다.

금전적 이익과 금전적 사고 습관이 제도의 성장에 미친 결과는 재산의 보호, 계약의 실행, 금전 거래의 용이성, 기득권 등을 목적으로 한 법률과 협약에서 확인할 수 있다. 파산 및 관재인[13] 제도, 유한책임, 은행업과 통화, 노동자 또는 고용주의 단체 활동, 트러스트와 풀[14]에 영향을 미치는 변화가 대표적이다. 사회에 존재하는 이런 종류의 제도적 장치는 소유 계급에만 직접적인 중요성이 있으며, 그 정도는 소유한 재산에 비례한다. 즉, 유한계급 내에서 자리를 차지하는 순서에 비례한다. 그런데 간접적으로 보자면 영리사업과 관련한 관습은 산업적 과정과 공동체의 생활에 심대한 영향을 미친다. 금전 계급은 제도가 금전적 이익에 기여하는 방향으로 성장하

---

13) '관재인(receivership)'은 '재산을 관리하는 사람'을 가리킨다. 넓은 의미로 '관리인'이라고 하며, 본인에게서 위탁받은 '위임 관리인', 법원에 의해 선임된 '선임 관리인', 법률의 규정에 의한 친권자·후견인 같은 '법정 관리인'이 있다.

14) '트러스트(trust)'는 같은 업종의 기업들이 경쟁을 피하고 좀 더 많은 이익을 얻을 목적으로 자본을 통해 결합한 독점 형태를 말한다. 한편 '풀(pool)'은 기업체가 협정을 체결해 공동으로 수지를 계산하는 작업이나 이를 통해 형성한 연합체를 가리킨다.

유한계급론

도록 이끄는 과정에서 공동체에 중대한 영향력을 발휘하는데, 특히 공인된 사회적 생활체계의 보존과 엄밀한 의미에서의 산업적 과정의 형성과 관련해 주목할 필요가 있다.

금전 계급이 주도하는 이러한 제도적 구조의 직접적 목표, 그리고 구조의 개선이 추구하는 직접적인 목표는 평화롭고 질서정연한 착취를 용이하게 만드는 것이다. 그렇지만 이러한 직접적 목표를 뛰어넘는 간접적 효과도 발생한다. 사업을 좀 더 손쉽게 수행하면 산업이나 산업 이외의 생활에서 발생하는 혼란도 줄어들 것이다. 이로 인해 사업상의 장애물과 귀찮은 문제가 제거된다면 일상생활 곳곳에서 다양한 차별행위를 영리하게 펼칠 이유도 사라지며, 마침내는 금전 계급 자체가 불필요해질 것이다. 금전적 거래가 규칙적이고 반복적인 일상으로 축소되는 정도에 비례해 산업의 수장도 불필요해질 것이다. 물론 이러한 경향이 최종적으로 완성되는 것은 아직 언제일지 모르는 먼 미래의 일이다. 근대 제도가 금전적 이익을 위해 개선되는 과정에서 산업의 수장이 '영혼 없는' 주식회사로 대체되고, 소유라는 유한계급의 위대한 기능이 불필요해지는 경향을 밟을 것이다.[15] 그러므로 간접적으로나마 유한계급이 경제 제도의 성장에 미친 방향성은 산업적으로 매우 심대하다고 할 수 있다.

---

15) 베블런의 관찰 또는 예언은 아돌프 벌리(Adolf Berle)와 가디너 민스(Gardiner Means)가 1932년 출간한 《근대 기업과 사적 소유(The Modern Corporation and Private Property)》에서 반복된다. 저자들은 이 책에서 베블런을 직접 언급했다.

9장

고대적 특성의 보존

유한계급 제도는 사회구조뿐 아니라 사회 구성원 각자의 개인적 성격에도 영향을 미친다. 그래서 특정 성향이나 관점을 생활의 권위 있는 표준이나 규범으로 받아들이면, 이와 같은 표준이나 규범은 그 사회에서 살아가는 구성원의 성격에 반응할 것이다. 이러한 표준이나 규범은 구성원의 사고 습관을 형성할 것이며, 인간의 기질이나 경향의 발전을 선택적으로 감독할 것이다. 이러한 현상은 부분적으로는 강압이나 교육을 통해 개인의 습관을 적응시킴으로써, 부분적으로는 부적합한 개인과 혈통을 선별적으로 제거함으로써 나타난다. 공인된 양식이 강요하는 생활 방식에 적합하지 않은 인간적 재료는 억압받을 뿐 아니라 제거되기까지 하는 운명을 겪는다. 금전적 경쟁심의 원리와 산업적 활동의 면제의 원리는 이런 식으로 생활의 기준으로까지 격상되었고, 인간이 적응해야만 하는 상황에서 강제력을 갖는 중요한 요소가 되었다.

과시적 낭비와 산업적 활동의 면제라는 이 두 가지 광범위한 원리는 크게 두 가지 방식으로 문화 발전에 영향을 미친다. 하나는 인간의 사고 습관을 지배함으로써 제도의 성장을 통제하는 것이고,

다른 하나는 인간 본성 중 유한계급의 틀 속에서 수월하게 생활하도록 도와주는 특정한 형질을 선택적으로 보존함으로써 공동체에 유효한 기질을 통제하는 것이다. 유한계급 제도가 인간의 성격을 형성할 때 대략적으로 보이는 경향성은 인간의 성격이 고대의 정신을 보존하는 쪽으로 돌아가도록 한다는 것이다. 이러한 경향으로 인해 사회의 기질은 정신적 발전의 지체라는 성격을 지닌다. 특히 최근의 문화에서 유한계급 제도는 전반적으로 보수적인 추세를 보인다. 이러한 명제의 핵심 요지는 제법 친숙하지만, 이를 현재에 적용하는 것은 많은 사람에게 새롭게 보일 수 있다. 그러므로 지루한 반복과 진부한 진술로 보일 수도 있지만, 이러한 주장의 논리적 근거를 요약해서 검토할 필요가 있다.

사회적 진화는 무리 짓고 살아가는 공동생활의 상황적 압박 아래 기질[1]과 사고 습관이 선택적으로 적응해가는 과정이다. 이때 일어나는 사고 습관의 적응이 바로 제도의 발전이다. 그런데 제도의 발전과 함께 좀 더 실질적인 성격을 띠는 변화가 발생한다. 환경의 긴급한 요구가 변화하면서 사람들의 습관이 변화할 뿐 아니라, 이와 연관된 인간의 본성도 변화하는 것이다. 사회를 구성하는 인간적 재료 자체는 생활 조건의 변화와 함께 달라진다. 오늘날의 민족학

---

1) 기질(temperament)의 어원은 라틴어 temperamentum으로, 요소 사이의 비례적이거나 균형 잡힌 혼합을 의미한다. 베블런에게 기질의 구성 요소는 인간의 본성을 조절하고 생존에 필수적인 본능적 성향, 곧 자기중심 본능과 집단 고려 본능 등으로 구성된다.

자들은 인간 본성의 이러한 변이를 비교적 안정적으로 지속되는 몇 가지 민족 유형이나 민족 요소 사이에서 진행되는 선택 과정의 산물로 보고 있다. 인간은 특정 유형의 인간 본성 중 하나 또는 다른 유형으로 회귀하거나 혈통이 거의 고정되는 경향이 있는데, 특정 유형의 인간 본성은 과거의 환경에 대체로 부합하게끔 주요 특징이 고정되어 있다. 서양 문화권에 속하는 주민 사이에는 비교적 안정된 몇몇 민족 유형이 존재한다. 이러한 민족 유형은 오늘날의 인종적 유전에서 각각의 엄밀하고 특정한 패턴을 지닌 고정불변의 틀이 아니라 많고 적은 변종 형태로 살아남았다.[2] 민족 유형 중 일부 변종은 선사시대와 역사시대에 걸쳐 문화가 발전하는 동안 몇몇 유형과 그 변종이 장기간의 선택 과정을 통과함으로써 출현한 것이다.

오랜 기간에 걸쳐 지속되고 일관된 추세를 보이는 선택 과정을 통해 필연적으로 발생한 민족 유형의 변이 자체는 민족 유형의 생존을 논의했던 저자들에게 그다지 주목받지 못했다. 여기에서는 인간 본성의 두 가지 대표적인 변종[3]을 검토하는데, 이러한 변종은 서양 문화를 구성하는 민족 유형이 비교적 최근에 선택적으로 적응한 결과물이다. 이때 관심의 초점은 오늘의 상황에서 두 갈래의 상이한 계통 중 어느 한쪽을 따라서 변이가 더욱 진행될 때 어떤 결과

---

2) 민족(ethnicity)이 상대적으로 문화적·사회적 특성의 공유에 초점이 맞춰져 있다면, 인종(race)은 생물학적·물리적 특성의 공유에 초점이 맞춰져 있다. 하지만 인종에서도 문화적·사회적 특성이 고려되며, 양자의 구별은 흐릿해지고 있다.
3) '평화적 변종'과 '약탈적 변종'을 뜻하는 것으로 보인다.

가 발생할지에 맞춰진다.

민족학의 상태는 다음과 같이 간략하게 요약할 수 있다. 여기서는 가장 필수적인 사항만을 제시하는데, 유형이나 변종의 명세표라던가 이와 관련된 회귀의 체계나 생존의 체계가 다른 용도로는 사용할 수 없을 정도로 빈약하고 단순하게 도식화된다. 오늘날 산업사회에서 살아가는 인간은 서양 문화에서 작고 외진 요소를 무시한다면 장두금발 민족(dolichocephalic-blond), 단두흑발 민족(brachycephalic-brunette), 지중해 민족(the Mediterranean)이라는 세 가지 주요 유형 중 하나로 고정되는 경향이 있다.[4] 그런데 이처럼 대표적인 민족 유형 내에서 적어도 두 가지 주요한 변이 중 하나의 방향으로 회귀하는 경향이 발견된다. 그것이 바로 평화적 또는 전(前)약탈적 변종과 약탈적 변종이다. 이 두 가지 특징적인 변종 중 각 사례에서 일반적 유형에 더 가까운 것은 전자로, 평화적 또는 전약탈적 변종은 고고학이나 심리학의 증거로 뒷받침되는 가장 초기 단계에 존재했던 유형을 회귀해서 대표한다. 첫 번째 또는 전약탈적 변종은 약탈 문화, 신분제, 금전적 경쟁의 성장 이전에 평화롭고 미개한 삶의 단계에 존재하던 현존하는 문명인의 조상을 대표하는 것으로 보인다. 두 번째 또는 약탈적 변종 유형은 좀 더 최근에 수정된 주요 민족 유형과 그 잡종이 살아남은 유형으로 보이는데, 이

---

4) dolichocephalic은 길고 좁은 두개골을 의미하는 반면, brachycephalic은 넓은 두개골을 뜻하는 그리스어다. 지중해 민족은 대체로 라틴 민족을 지칭한다. 이러한 민족과 인종의 분류는 19세기 후반 골상학의 개념으로서, 현대에는 전혀 사용되지 않는다.

유형은 약탈 문화와 이후 준평화 단계의 경쟁적 문화 또는 엄밀한 의미에서의 금전적 문화가 주도하는 규율 아래에서 주로 선택적 적응에 의해 수정된 것이다.

일반적으로 인정되는 유전 법칙에 따르면 다소 먼 과거 단계의 변종 유형이 살아남는 것은 가능하다. 통상의 정상적인 경우, 특정 유형이 변이를 겪는다면 이때 바뀐 유형의 형질은 가까운 과거에—유전적 현재라고도 지칭된다—존재했던 것과 거의 비슷한 상태로 전달된다. 지금 논의되는 맥락에서 보자면 이 유전적 현재는 준평화적인 후기 약탈 문화 시대를 의미한다.

근대 문명인은 일반적으로 인간 본성 중 약탈적이거나 준약탈적 문화를 낳는 변종으로 고정되는 경향을 보이는데, 최근에 두드러진 변종은 유전적 힘을 여전히 발휘하고 있다. 야만 시대의 노예나 피억압 계급의 자손 같은 경우에는 이러한 명제를 어느 정도 유보할 필요가 있지만, 그러한 필요가 언뜻 보았을 때보다 중요하지는 않다. 인구 전체를 고려한다면 이처럼 약탈적이고 경쟁적인 변종이 높은 정도의 일관성이나 안정성을 확보했다고 볼 수는 없다. 말하자면 근대의 서양인이 물려받은 인간 본성은 각자를 구성하는 다양한 기질과 성향의 범위나 상대적 강도의 측면에서 결코 균일하지 않다. 유전적 현재[5]의 인간은 최근 공동생활의 긴급한 요구라는 목적에 비춰 판단해보면 조금은 고대적이다. 그리고 근대인이 변이

---

5) 앞 문단에 나왔던 표현으로 가까운 과거를 의미한다.

의 법칙 아래 주로 회귀하는 유형도 어느 정도는 고대적 인간 본성에 더 가깝다. 한편 지배적인 약탈적 기질 유형에서 벗어난 개인들에게서 나타나는 회귀적 형질로 판단해보자면, 전약탈적 변종은 기질적 요소의 분포나 상대적 강도의 측면에서 더 안정적이고 균일한 것으로 보인다.

이처럼 개인은 평화적 변종과 약탈적 변종 중 어느 한쪽에 유전적으로 고정되는 경향이 있다. 인간 본성의 유전에서 보이는 이러한 분기는 서양인을 구성하는 두세 가지 주요 민족 유형 사이의 유사한 분기로 인해 교란되고 불분명해진다. 이러한 공동체 속의 개인은 거의 모든 경우에서 우세한 민족 요소가 아주 다양한 비율로 혼합된 잡종이라고 할 수 있다. 그로 인해 서양인에게는 그들을 구성하는 민족 유형 중 우세한 요소 쪽으로 회귀하는 경향이 있다. 여러 민족 유형이 기질 면에서 보이는 차이는 약탈적 변종 유형과 평화적 변종 유형 사이의 차이와 꽤 비슷하다. 장두금발 유형은 단두흑발 유형에 비해 약탈적 기질의 특성 또는 최소한 좀 더 폭력적인 성향을 더 많이 보이며, 이러한 특성은 지중해 유형과 비교할 경우 더욱 두드러진다. 따라서 제도가 발전하거나 특정한 사회의 지배적인 정서가 발전하는 과정에서 약탈적 인간 본성과 괴리를 보일 때, 그러한 괴리가 평화적 변종으로의 회귀를 의미한다고 확신할 수는 없다. 그와 같은 괴리가 주민 사이에서 어느 하나의 '좀 더 낮은' 민족 요소가 점점 우세해진 덕분일 수도 있기 때문이다. 증거가 원하는 만큼 결정적이지는 않지만, 그럼에도 불구하고 현대 사회에서 일어나는 기질의 눈에 띄는 변화는 안정적인 민족 유형 사이의 선택에서 전적으로 비롯되지는 않았음을 보여주는 지표가 있다. 이러한 기질의 변화는 몇 가지 유형에서 나타난 약탈적 변종과 평화적 변종 사이의 선택에서 비롯된 부분도 상당수 있는 것으로 보인다.

인간의 근대적 진화에 관한 이러한 개념이 지금의 논의에 꼭 불가결한 것은 아니다. 다윈과 스펜서[6]가 사용한 좀 더 초기의 용어나 개념으로 대체하더라도, 선택적 적응이라는 개념을 사용해 도달한 일반적인 결론은 본질적으로 유효하다. 상황이 이렇다 보니 용어는 어느 정도 자유롭게 사용될 수 있다. '유형(type)'이라는 단어는 기질의 변이를 나타내려고 느슨하게 사용되는데, 민족학자들은 이를 뚜렷한 민족 유형이 아니라 민족 유형의 사소한 변종으로만 인식할 것이다. 나는 다만 주장을 펼치는 과정에서 개념을 좀 더 엄밀하게 구별해야 한다고 판단하면 그 뜻이 분명하게 드러나도록 할 것이다.

오늘날의 민족 유형은 원시 인종 유형의 변종이다. 이 민족 유형은 야만 문화의 규율 아래 약간의 변형을 겪었고, 그렇게 변화된 형

---

6) 다윈은 남반구를 탐사하며 수집한 화석과 생물을 연구해 생물의 진화를 주장했다. 그는 1858년 새로운 종이 자연선택에 기원한다는 학설을 발표했다. 대표작으로《종의 기원(On the Origin of Species)》과《인간의 유래(The Descent of Man)》가 있다. 한편 허버트 스펜서(Herbert Spencer, 1820~1903)는 영국의 철학자이자 사회학자로, 다윈의 진화론에 입각해 사회의 발전을 설명했다. 사회유기체설을 주창한 스펜서는 생물학·심리학·윤리학을 종합해 모두 10권에 달하는《종합철학체계(System of Synthetic Philosophy)》를 썼다.

태로 일정하게 고정되었다. 노예든 귀족이든 유전적 현재의 인간을 구성하는 민족적 요소는 야만 시대의 변종형이다. 그러나 이 야만 시대의 변종은 최고 수준의 동질성이나 안정성을 얻지는 못했다. 야만 문화는—약탈적이고 준평화적인 단계의 문화는—절대적 기간이 길기는 했지만, 변종 유형을 극단적으로 고정시킬 만큼 오랫동안 지속되지 않았고 특정 유형의 성질이 변하지 않고 그대로 유지되지도 않았다. 야만적인 인간 본성의 변이는 어느 정도 빈번하게 발생했고, 이러한 변이 사례가 오늘날 더욱 두드러지고 있는데, 이는 근대 생활의 조건이 야만 시대의 정상에서 벗어나는 이탈을 더는 계속해서 억누르지 않기 때문이다. 약탈적 기질은 근대 생활의 모든 목적에 도움이 되지 않으며, 특히 근대의 산업에는 더더욱 적합하지 않다.

유전적 현재 상태의 인간 본성에서 이탈하면 대부분은 해당 유형의 좀 더 초기 변종으로 회귀한다. 이 초기 변종은 원시 단계의 평화 애호적인 미개인에게서 두드러졌던 기질로 대표된다. 야만 문화가 도래하기 이전의 지배적인 생활환경과 그 속에서 추구했던 목표가 인간의 본성을 빚어냈고 본성을 근본적인 특성으로 고정시켰다. 유전적 현재의 인간 본성에서 변이가 발생할 때 근대인은 인간 속[7]에 고유한 고대의 특징으로 회귀하기 쉽다. 인간의 생활 조

---

7) '속(屬, genus)'은 생물이 발생학적으로 어느 정도 가까운지를 나타내거나 진화의 계통을 밝히려고 사용하는 생물 분류 단계의 하나다. 속은 종(種)의 상위에, 과(科)의 하위에 놓인다.

건은 올바른 의미에서 인간적이라고 불릴 수 있는 공동생활 단계 중 가장 원시적인 단계에서는 평화로웠던 것으로 보인다. 초기의 조건과 환경 그리고 제도 아래 살았던 인간의 성격은—기질과 정신적 태도는—게으르거나 나태하지도 않았고 싸우기도 싫어했으며 평화를 사랑했던 듯하다. [고대적 특성의 보존을 살핀다는] 당면한 목적을 고려하면, 이처럼 평화로운 문화 단계를 사회 발전의 최초 단계로 봐도 무방할 것이다. 지금 주장하는 바와 관련해 이처럼 추정상 초기 단계의 문화에서 지배적인 정신적 특징은 무의식적이고 비공식적인 집단 연대감으로 보인다. 이런 집단 연대감은 주로 인간 생활을 편리하게 하는 모든 것에 대한 자기만족적이지만 격하지는 않은 공감과, 생활을 불편하게 만들거나 쓸모없이 낭비하게 만드는 것에 대한 혐오감으로 표출된다. 인류 전반을 위한 유용성에 대한 이처럼 열렬하지는 않지만 충만한 감각은 약탈 이전 단계를 살아가던 미개인의 사고 습관에 편재하면서 그들의 생활이나 집단 내 다른 구성원과의 습관적인 접촉 방식을 상당히 구속한 것으로 보인다.

문명사회와 미개 사회를 막론하고 오늘날 존재하는 사회에서 유행하는 관행과 관점에 기초한 일률적인 증거로만 본다면, 초기의 미분화된 평화 애호 문화 단계의 흔적은 희미하고 의심스러워 보일 것이다. 그러나 그 존재를 어느 정도 명료하게 보여주는 증거가 인간의 영속적이고 지배적인 성격적 특성의 심리적 잔존물에서 발견된다. 이와 같은 특성은 약탈 문화 단계 동안 뒷전으로 밀려난 민족적 요소 속에 훨씬 더 많이 남아있을 것이다. 초기의 생활 습관에 부합하던 특성은 이제 생존을 위한 개인적인 투쟁에는 상대적으로 쓸모없어졌다. 그리고 약탈적 생활에 기질적으로 적합하지 않은 인구 요소나 민족 집단은 억제되고 뒷전으로 밀려났다.

약탈 문화로 전환되는 과정에서 생존을 위한 투쟁의 성격도 인간 이외의 환경에 맞서는 집단의 투쟁에서 인간이라는 환경에 맞서는 투쟁으로 변화했다. 이러한 변화와 함께 집단 내 개별 구성원 사이의 대립과 적대 의식이 커졌다. 집단의 생존을 위한 조건은 물론 집단 내 성공의 조건도 어느 정도 바뀌었다. 집단의 지배적인 정신적 태도는 점차 바뀌었고, 다양한 범위의 소질과 성향이 공인된 생활 체계 내에서 정당성을 갖는 지배적 지위에 오르도록 만들었다. 평화 애호 문화 단계를 거치며 살아남은 고대의 특성 중에는 우리가 양심이라고 부르며 진실과 공정의 감각을 포함하는 인종적 연대 본능과, 서열을 매기지 않고 시샘을 유발하지 않는 방향으로 소박하게 표출되는 장인 본능이 있다.

인간 본성은 최근의 생물학과 심리학의 안내에 따라 습관의 측면에서 다시 설명될 필요가 있다. 그리고 습관은 새로운 진술 속에서 본성을 분명하게 설명할 수 있는 유일한 장소이자 근거로 보인다. 이러한 생활 습관은 생활의 구석구석에 고루 스며들어 있는 것이므로 최근의 규율이나 단기적 훈련의 결과물은 아니다. 그런데 최근 들어 근대 생활이 특수하게 부과하는 긴급한 요구가 습관을 일시적으로 압도하는 경우를 볼 수 있다. 요컨대 습관은 아주 오래전에 작동했던 규율의 잔재이며, 시대 환경이 변화함에 따라 사람들은 습관의 세세한 가르침에서 종종 벗어나도록 강요되었던 것이다. 그리

유한계급론

고 이처럼 특수하게 부과되던 긴급한 요구의 압력이 완화되면 습관은 거의 모든 곳에서 다시 표출되는데, 이는 인간 본성이 [평화를 애호하는] 유형의 정신적 구조 속에 통합되고 고정되는 과정이 심각한 중단 없이 극히 오랫동안 지속되었다는 것을 의미한다. 이 과정이 전통적 의미에서의 습관화 과정이든 인종의 선택적 적응 과정이든 이러한 주장의 요지는 유효하다.

약탈 문화의 초기부터 현재까지 전체 기간은 신분 체제, 그리고 개인 간·계급 간 대립의 체제로 요약할 수 있다. 이때의 특성과 생활의 긴급한 요구를 보면 여기에서 논의 중인 평화를 애호하는 기질의 특성이 이 기간에 발생했다거나 고정되지 않았다는 것을 확인할 수 있다. 이러한 특성은 좀 더 초기의 생활 방식에서 전승되었고, 약탈 문화 단계와 준평화적 문화 단계 동안의 사라지기 시작했거나 사라질 것 같은 상태에서 살아남은 것이지, 약탈 문화 단계에서 새롭게 발생해 고정된 것은 아니었다. 이러한 특성은 종족의 유전적 특성으로서 약탈 문화 단계와 그 이후 금전 문화 단계에서 있었던 성공 조건의 변화에도 불구하고 지속된 것으로 보인다. 평화 애호와 관련된 특성은 종의 구성원이라면 누구나 어느 정도 지닌 유전적 형질을 끈질기게 전달함으로써 존속된 것으로 보이며, 따라서 인종 연속성의 광범위한 기초 위에 근거하고 있다.

인간 종 전체에 공통된 특징은 쉽게 제거되지 않는다. 심지어 여기에서 논의하는 평화 애호적인 특징은 약탈적 단계와 준평화 단계 동안 아주 오랜 기간에 걸쳐 혹독한 선택 과정을 거쳤음에도 제거되지 않고 살아남았다. 평화를 사랑하는 특성은 야만 시대의 생활 방식이나 적개심과 무척이나 이질적이다. 야만 문화의 두드러진 특징은 계급 사이의 그리고 개인 사이의 끊임없는 경쟁심과 적대감이다. 경쟁심의 규율이 작동하는 문화에서는 평화로운 미개인의 특성을 상대적으로 적게 지닌 개인이나 혈통이 선호된다. 따라서 경쟁심의 규율은 평화로운 미개인의 특성을 제거하는 경향이 있으며, 이러한 규율에 노출된 주민 사이에서는 평화를 사랑하는 특성이 상당한 정도로 약화된다. 야만적 기질 유형에 순응하지 않는 사람들에게 극단적인 징벌이 가해지지 않는 사회에서도 이러한 유형에 순응하지 않는 개인이나 혈통은 계속 억압받는다. 집단 내 개인 간의 투쟁이 생활의 많은 부분을 차지하는 곳에서 고대의 평화로운 특성은 생존경쟁에 방해가 된다.

여기에서 말하는 추정상의 최초 단계[8]를 제외한다면, 알려진 어떤 문화 단계에서도 선한 본성, 공평, 무차별적인 공감과 같은 천부적 자질이 개인의 생활을 크게 향상시키지 못한다. 이러한 자질을 보유하는 것은 정상적인 인간의 이상적 표준과 관련해 선의·공평·동정심과 같은 요소가 아주 조금만 필요하다고 주장하는 대다수의 가혹한 대우에서 자신을 보호하는 데는 도움이 될지도 모른다. 그러나 이와 같이 간접적이고 소극적인 효과를 제외한다면, 경쟁 체제에서 살아가는 개인들은 이러한 자질을 적게 지닐수록 그만큼 더 잘 살 수 있다. 양심의 가책에서 자유로울수록, 공감과 정직과 생명

---

8) 야만 문화가 도래하기 이전인 미개 단계를 의미한다.

유한계급론

에 대한 존중에서 자유로울수록, 상당히 넓게 그려진 선을 넘지만 않는다면 금전 문화에서 성공하기가 용이할 것이다. 어느 시대든 크게 성공한 사람들은 일반적으로 이러한 범주에 속한다. 반면 성공의 기준이 부나 권력이 아닌 사람들은 예외라고 할 수 있다. 정직이 최선의 방책이라는 것은 극히 제한된 범위 내에서만 유효하며, 사회 구성원이 픽윅과 같이 선량한 사람(a Pickwickian sense)[9]으로 구성될 때만 타당하다.

앞에서 그 특성을 개략적으로 검토했던 약탈 이전 단계의 원시적인 미개인은 서양 문화의 계몽된 공동체 속에서 문명화된 조건 아래 살아가는 근대인의 관점에서 보자면 성공한 존재가 아니다. 이러한 인간 본성 유형을 안정적으로 생존시켜줄 것으로 추정되는 문화의 목적에 비춰보더라도, 즉 평화를 애호하는 미개인 집단의 목적에 비춰보더라도 원시적 인간은 경제적 미덕만큼이나 경제적 결함도 확연하고 다분하게 지니고 있기 때문이다. 이 점은 동류의식에서 비롯되는 관용으로 사안에 대한 감각이 흐려지지 않은 사람이라면 누구라도 명백히 알 수 있는 사실이다. 이들은 기껏해야 '착하지만 무능한 사람'에 불과하다. 이처럼 원시적인 미개인의 성격으로 추정되는 유형의 단점으로는 나약함, 비효율, 진취성과 창의성의 부족, 순종적이고 느릿하며 온순한 성격, 활발하지만 논리적이지 않

---

9) 1837년 출판된 찰스 디킨스(Charles Dickens, 1812~1870)의 소설 《픽윅 클럽 여행기 (The Posthumous Papers of the Pickwick Club)》의 주인공인 픽윅은 당시 빠르게 사라져가던 공감과 정직, 생명 존중의 가치를 체현한 인물이다.

은 애니미즘적 감각 등을 들 수 있다. 이러한 특성에 더해, 집단생활의 편의를 촉진시킨다는 의미에서 집단적인 생명 활동 과정에 어느 정도 가치를 부여하는 다른 특성도 있다. 여기에는 정직, 평화 애호, 선의, 사람과 사물에 대한 비경쟁적이고 시샘을 유발하지 않는 관심이 포함된다.

약탈적 생활 단계의 출현과 함께, 성공을 위한 인간 성격의 조건에도 변화가 발생한다. 인간의 생활 습관은 새로운 인간관계의 틀 아래 긴급하게 요구되는 새로운 필요에 적응해야 한다. 앞에서 언급했던 미개적 삶의 특성에서 표출되었던 에너지는 이제 새로운 자극에 대한 새로운 습관적 반응을 통해 새로운 방향을 향한 행동으로 표출되어야 한다. 생활의 편의라는 기준으로 볼 때 이전의 상태에서 크게 유효했던 방식이 새로운 환경에서는 더는 적합하지 않기 때문이다. 이전 상황의 특징이 적대감이나 이해관계의 분화가 거의 없다는 것이라면, 이후 상황의 특징은 경쟁심의 강도가 세지고 그 범위가 좁혀진다는 것이다. 약탈 문화 단계와 그 이후의 문화 단계를 대표하는 특성, 즉 신분 체제에서 살아남기에 가장 적합한 인간 유형을 나타내는 특성은 무엇보다도 난폭성, 자기이익 추구, 배타성, 부정직 등으로 표출되며, 폭력과 기만에 대한 거침없는 의존으로 요약될 수 있다.

경쟁 체제의 가혹하고 꾸준한 규율을 받으며 오랜 기간에 걸쳐 진행된 민족 유형의 선택은 이러한 성격을 가장 풍부하게 부여받은 민족 요소의 생존을 선호함으로써, 그와 같은 특성의 형질에 뚜렷하게 우위를 부여했다. 동시에 이들은 더 일찍부터 몸에 새겼고 훨씬 일반적이기도 한 최초의 습관을 완전히 버리지는 않았으며, 그로 인해 집단생활에 유용한 능력을 조금씩이라도 계속 발휘할 수 있었다.

유럽인 중 장두금발 유형이 최근 문화 단계에서 우월한 영향력을 발휘하고 지배적인 지위를 차지한 것은 상당 부분 그들이 약탈자나 포식자의 특성을 예외적일 정도로 많이 지니고 있기 때문인 것으로 보인다. 장두금발 유형은 이러한 정신적 특성에 육체적 에너지를 더 많이 발휘할 수 있는 천부적인 신체적 특성까지─이는 집단 사이에 그리고 혈통 사이에 진행된 선택의 결과일 것이다─더해짐으로써 유한계급이나 지배계급의 위치로 올라갈 수 있었는데, 이러한 특징은 유한계급 제도가 발전하는 초기 단계에 특히 두드러졌다. 물론 어떤 개인이 이와 똑같은 적성을 완전히 확보한다고 해서 성공이 보장되는 것은 아니다. 개인의 성공을 위한 조건과 계급의 성공을 위한 조건이 경쟁 체제에서 반드시 같지는 않다. 계급이나 파당이 성공하려면 배타성, 우두머리에 대한 충성심, 교리에 대한 신봉과 같이 강력한 요소가 필요하다. 반면 경쟁적인 개인의 경우에는 에너지와 진취성, 자기이익 추구와 부정직 등 야만인의 특성을 배타성이나 충성심의 결여와 같은 미개인의 특성과 결합할 때 자신의 목적을 가장 잘 달성할 수 있다. 그런데 집단에 치우치지 않고 양심의 가책도 없이 자기이익만을 일관되게 추구하며 눈부신 성공을 거둔 인물을 보면, 나폴레옹[10]과 같이 장두금발보다 단두흑발의 신체적 특성을 더 많이 보여주는 경우도 드물지 않음을 알 수 있다. 그러나 자기이익을 추구하면서 중간 정도의 성공을 거둔 사람중에는 장두금발 인종의 비중이 더 높은 것으로 보인다.

약탈적 생활 습관에서 비롯된 기질은 경쟁 체제에서 살아가는 개인의 생존과 생활 향상에 유리하게 작용한다. 무리를 이뤄 생활하는 집단이 주로 다른 집단과 적대적 경쟁을 벌이며 살아간다면, 이러한 기질은 집단의 생존과 성공에도 크게 기여할 것이다. 그러나 산업적으로 더 성숙한 사회가 되면서 경제생활의 진화는 이제 공동체의 이익이 개인의 경쟁적 이익과 일치하지 않는 방향으로 전환하기 시작했다. 선진적인 산업 공동체에서는 기업을 중심으로 집단 전체의 역량이 크게 증대하기에 생활 수단이나 생존권을 놓고 경쟁을 벌일 필요가 없다. 한 가지 예외가 있다면 바로 지배계급의 약탈적 성향으로 인해 전쟁과 약탈의 전통을 고수하려는 경우다. 이러한 사회에서는 전통이나 기질 이외의 다른 요인으로 인해 서로가 서로에게 적대하는 일은 더는 존재하지 않는다. 집단적 명성의 이익을 논외로 한다면, 구성원의 물질적 이익은 이제 양립할 수 있다. 그뿐만 아니라 어느 한 공동체의 성공은 집단 내 다른 공동체의 생활을 현재는 물론 먼 미래에 이르기까지 의심할 여지없이 크게 증진시킨다. 이제는 사회 내 어떤 집단의 물질적 이익도 다른 공동체

---

10) 나폴레옹 보나파르트(Napoleon Bonaparte, 1769~1821)는 프랑스의 군인이자 정치가로, 프랑스혁명 전쟁에서 승승장구해 1804년 스스로 황제가 되어 제1제정을 수립했다. 한때 유럽의 대부분을 정복했던 그는 트라팔가르 해전에서 영국 해군에 패했고 러시아 원정에도 실패해 퇴위했고, 이후 잠시 복위했지만 워털루 전투에서 패한 뒤 유배지에서 죽었다. 나폴레옹은 자기 앞의 모든 것을 쓸어버리며 승리를 추구하는 무자비한 남성상을 지칭한다.

유한계급론

를 앞지르는 데 있지 않다. 그렇지만 이러한 진술이 개인에 대해서도, 그리고 개인과 개인 사이의 관계에 대해서도 같은 정도로 타당하다고 말할 수는 없다.

근대 사회에서 집단적 이익은 산업적 효율에 결정적으로 의존한다. 개인은 천하다고 여겨지는 생산적 노동에서 발휘하는 효율성에 비례해서 공동체의 목표에 기여한다. 공동체의 집단적 이익은 정직, 성실, 평화 애호, 선의, 이기적이지 않은 마음가짐, 인과적 순서에 관한 습관적 인지와 파악 등을 통해 가장 잘 충족될 수 있다. 이를 위해서는 애니미즘적 믿음에 얽매이지 않고 세상사를 초자연적 개입으로 설명하려는 자세에서 벗어날 필요가 있다. 그런데 세간의 논의는 이러한 특성이 내포하는 평범한 인간 본성의 일반적인 가치나 평판 또는 아름다움과 도덕적 탁월성을 그다지 언급하지 않는 것으로 보인다. 그리고 이러한 특성이 완전히 우세해짐으로써 출현할 집단적 생활 방식에 열중해야 할 근거도 거의 제시하지 않는다. 하지만 그런 관점으로는 핵심을 놓치기 쉽다.[11] 근대 산업사회의 성공적인 작동은 이러한 특성이 동시에 발휘되는 곳에서 가장 잘 보장되며, 인적 자원이 이런 특성을 얼마나 지니고 있는지가 결정적으로 중요하다. 근대의 산업적 상황이라는 환경에 잘 적응하려면 이러한 특성이 어느 정도 꼭 필요하다. 근대 산업사회의 복잡하고 포괄적이며 기본적으로 평화롭고 고도로 조직화된 메커니즘이 자신의 장점을 최대로 발휘하려면,[12] 이러한 특성이 대부분의 사람에게 존재해서 현실화될 수 있어야만 한다. 그런데 약탈적 유형의 인간은 이와 같은 특성을 근대의 집단생활에 기여할 수 있는 수준보다 훨씬 적은 정도만 갖고 있을 뿐이다.

이와는 달리 경쟁 체제 아래 놓인 개인의 직접적인 이익은 약삭빠른 거래와 부도덕한 경영을 통해 가장 잘 충족된다. 공동체의 이익에 기여하는 것으로 앞에서 거론한 특성은 개인들에게 오히려 해가 된다. 공동체 친화적인 이러한 특성이 개인에게 깃들어 있으면 그의 에너지가 금전적 이득 이외의 다른 목표를 향해 분산되기 때문이다. 더욱이 이러한 적성을 지닌 사람은 금전적 이득을 추구하

---

11) 이 부분에는 당대의 사회주의에 대한 비판적 인식이 깔려있는 것으로 보인다. 베블런은 시카고대학에서 14년 동안 재직하며 '미국의 농업 문제', '정치경제학의 범위와 방법', '정치경제학의 역사', '문명의 경제적 요인', '사회주의' 등의 교과목을 가르쳤다. 이 중 사회주의 강의에서는 기존의 사고방식에서 벗어나 진화론적인 관점에서 사회주의에 접근했다. 그는 학생들에게 사회주의란 '공동체가 기업적 역량을 키우려고 산업적 기능을 의도적이고 의식적으로 통제할 것을 목표로 삼는 사회 제도'라고 설명했다. 이 입장에서 보자면 사회주의는 성장 문제와 직결되며 다원주의 원칙에 따라 전개되는 진화 과정을 통해서만 출현하는 제도라고 할 수 있다. 베블런의 사회주의 강의는 요한 카를 로드베르투스(Johann Karl Rodbertus, 1805~1875), 카를 마르크스(Karl Marx, 1818~1883), 페르디난트 라살(Ferdinand Lassalle, 1825~1864) 등 주요 사회주의 사상가의 이론은 물론, 오이겐 폰 뵘바베르크(Eugen von Böhm-Bawerk, 1851~1914) 같은 오스트리아학파와 존 베이츠 클라크 같은 신고전파의 이론에 대한 검토와 비판도 포함했다. 베블런은 사회주의의 옹호자와 비판자 모두 인간의 본성과 사회적 삶의 성격에 관한 통찰이 부족하다는 점에서 동일한 한계를 공유하고 있다고 봤다. 그는 산업적 효율과 집단적 소유에 더해 과시적 낭비와 시샘을 유발하는 비교의 극복이 사회주의의 핵심이 되어야 한다고 믿었다.

12) 베블런의 학문적 궤적을 종합해보면 이러한 장점이 최대로 발휘된 경제 시스템은 사회주의다. 베블런은 1895년 11월 대학원생 제자인 새러 하디에게 보낸 편지에서 사회주의에 관해 여러 권의 책을 집필할 예정이라며, 첫 번째 책의 제목이 《유한계급론》이라고 말한 바 있다. 그럼에도 불구하고 《유한계급론》에는 사회주의가 단 한 번도 명시되지 않았다는 점에서 이채롭다.

더라도 약삭빠른 방법을 양심의 가책 없이 자유롭게 구사하지 못하며, 금전적 이득에 직접적인 도움도 되지 않고 효과적이지도 않은 산업적 경로만을 주목한다. 즉, 산업에 유리한 적성은 개인적인 성공에 대체로 방해 요소가 된다. 경쟁 체제에서 살아가는 근대 산업 공동체의 구성원은 모두가 경쟁자다. 이들 중 약삭빠른 자는 자기 자신을 양심의 가책에서 면제되는 예외적 존재라고 여기며, 기회가 주어지면 동료들에게 슬며시 다가가 거리낌 없이 위해를 가함으로써 개인적인 이익을 곧바로 얻을 것이다.

앞에서 지적했듯이 근대의 경제 제도는 금전적 제도와 산업적 제도라는 두 개의 상이한 범주로 나뉜다. 활동도 크게 두 범주로 나눌 수 있다. 금전적 활동에는 소유나 획득과 관련 있는 활동이, 산업적 활동에는 장인 정신이나 생산과 관련 있는 활동이 포함된다. 제도의 성장에 관해 언급했던 내용은 활동에 대해서도 그대로 적용될 수 있다. 유한계급의 경제적 이익은 금전적 활동에 달려있다. 노동계급의 경제적 이익은 두 부류의 활동 양쪽 모두에 있지만, 산업적 활동에 훨씬 더 좌우된다. 유한계급이 되는 입구는 금전적 활동을 통해 열린다.

이 두 종류의 활동은 각각에 요구되는 적성이 크게 다르며, 그러한 활동이 사람들에게 제공하는 훈련의 방향도 마찬가지로 다르다. 금전적 활동의 규율은 약탈적 적성과 약탈적 아니무스를 어느 정도 보존하고 배양하도록 작용한다. 이러한 규율은 금전적 활동에 종사하는 개인이나 계급을 교육함으로써, 그리고 약탈적 특성과 맞지 않는 개인이나 혈통을 선택적으로 억압하고 제거함으로써 주어진 목적을 달성한다. 인간의 사고 습관이 획득과 전유라는 경쟁적 과정에 의해 빚어지는 한, 사람들의 경제적 기능이 교환가치에 근거한 부의 소유와 가치의 교환을 통한 부의 관리와 자금 조달 등으로 구성되는 한 약탈적인 기질과 사고 습관은 경제생활의 반복적인 경험 속에서 살아남고 강화된다. 근대의 평화적인 시스템에서는 부의 획득에 기초한 생활이 육성하는 약탈적 습관과 적성도 당연히 비폭력적인 범위를 벗어나지 않는다. 다시 말해 금전적 활동은 힘에 의한 강탈이라는 고대적인 방법이 아니라 기만에 속하는 일반적인 방법에 능통하게 만든다.

이처럼 약탈적 기질을 보존하는 경향을 지닌 금전적 활동은 진정한 유한계급의 직접적 기능인 소유권은 물론 보조적 기능인 획득 및 축적과도 관련이 있다. 금전적 활동은 경쟁적 산업에 속한 기업의 소유권과 관계된 경제적 과정에 참여하는 직군과 그들에게 부과된 일련의 직무를 포괄하는데, 특히 자본 조달 등 재무 작업으로 분류되는 경제적 관리도 아우른다. 여기에는 상업이나 영리와 관련된 대부분의 업무도 포함된다. 이러한 업무가 최고로 그리고 가장 선명하게 발전할 때 '산업의 수장(captain of industry)'이라는 명칭의 경제적 직책이 탄생한다. 산업의 수장은 창의적인 사람이 아니라 영악한 사람으로, 실제로는 산업을 위한 수장이 아니라 금전을 위한 수장이다. 그가 산업에 대해 수행하는 관리는 통상 수동적인 종류의 것이다. 생산이나 산업 조직의 기계적 효율에 영향을 미칠 세부 사항은 덜 '실용적인' 사고방식을 지닌 하급자들에게 위임되는데, 이들은 관리능력보다는 장인 정신을 갖춘 사람들이다. 교육이나 선별을 통해 인간 본성에 영향을 미치는 경향이 있다면, 비경제적인 직업도 통상은 금전적 활동으로 분류된다. 대표적인 사례로는 정치·종교·군사 관련 활동이 있다.

금전적 활동은 또한 산업적 활동에 비해 훨씬 높은 평판을 얻고 훨씬 더 큰 인정을 받는다. 유한계급이 지니는 좋은 평판의 규범은 서열을 매기고 시샘을 유발한다는 목적에 도움이 되는 특성의 위신을 유지시킨다. 따라서 유한계급의 품위 있는 생활체계는 약탈적 특성을 존속시키고 더욱 배양되도록 촉진한다. 활동은 평판에 따라 위계적으로 등급이 매겨진다. 진정한 경제적 활동 중 가장 평판이 높은 것은 대규모 소유와 직결되는 활동이다. 이들 다음으로 평판이 좋은 것은 은행업이나 법률업처럼 소유나 자본 조달에 직접적으로 공헌하는 활동이다. 은행업은 대규모 소유를 연상시키며, 그로 인해 대규모 소유에 뒤따르는 명성 중 일부를 확보할 것이 분명하다. 법률업은 대규모 소유와 직결되지는 않지만, 경쟁이라는 목적을 제외하고는 유용성과 관련된 오명에 결부되지 않기 때문에 관례적인 틀에서 높은 등급을 부여받는다. 변호사는 약탈적인 기만행위를 꼼꼼하게 수행함으로써 속임수를 펼치거나 막아내는 일에 전념한다. 따라서 이들이 직업적으로 성공하면 사람들의 존경과 두려움을 유발하는 야만적인 기민함을 상당 부분 타고났다고 인정받는다. 상업 관련 활동은 대규모의 소유나 최소한의 유용성을 수반하지 않는다면 중간 정도의 평판만을 누리는 것이 일반적이다. 그들에게는 필요의 고급과 저급 여부에 비례해 높거나 낮은 등급이 매겨진다. 따라서 생활필수품을 판매하는 소매업은 세속적인 것으로 치부됨으로써 수공업이나 공장 노동과 같은 수준으로까지 떨어졌다. 육체 노동이나 심지어 기계 공정을 관리하는 활동마저도 평판이 낮게 마련이다.

금전적 활동이 발휘하는 규율과 관련해 한 가지 유의할 점이 있다. 산업적 활동을 펼치는 기업의 규모가 커짐에 따라, 금전적 관리는 세세하게 속임수를 쓰거나 기민하게 경쟁하는 모습이 약화되기 시작했다. 다시 말해 이러한 단계의 경제생활과 접촉하는 사람들의 비율이 계속해서 높아짐에 따라, 사업은 일상의 기계적 절차로 축소되었고 경쟁자를 지배하거나 착취한다는 이미지도 약화되었다. 그 결과 사업에 고용된 하급자들도 약탈적 습관에서 차츰 면제된다. 반면 소유와 관리 관련 직무는 면제의 영향을 사실상 받지 않는다.

생산 부문에서 기술적 업무나 수작업에 종사하는 개인이나 계급은 금전적 활동을 하는 사람들과 사정이 다르다. 이들의 일상생활이나 습관화 과정은 경쟁적이고 시샘을 유발하려는 동기나 책략에 익숙한 금전적 부문의 종사자들과 크게 다르다. 이들은 기계적 사실 및 순서를 일관되게 장악하고 조정하며, 인간의 생활을 돕는다는 목적에 맞게 계속해서 기계를 평가하고 활용한다. 기술적 업무에 종사하는 사람들은 그들이 일상적으로 접하는 산업적 과정의 교육적·선별적 영향 덕분에 사고 습관을 시샘 유발과 무관하고 집단생활에도 유용한 목적에 적응시킨다. 그러므로 산업적 과정과 늘접촉하는 사람들의 경우에는 야만 시대의 인종에서 유전되고 전통을 통해 유지되었던 약탈적 특성과 성향이 급속하게 퇴화된다.

공동체의 경제생활이 모든 방면에 걸쳐 발휘하는 교육적 작용의 양상은 이처럼 균일하지 않다. 금전적 경쟁과 직결된 경제적 활동은 약탈적 특성을 일정하게 보존하는 반면, 재화의 생산과 직결되는 산업적 활동은 이와 반대되는 경향을 주로 보인다. 그러나 후자의 직업군에 속하는 사람들도 절대 다수는 금전적 경쟁의 사안(예컨대 임금이나 급여가 경쟁으로 결정되는 사례나 타인과의 비교 속에서 소비재를 구매하는 사례)에도 관심을 가진다는 점에 주목할 필요가 있다. 그러므로 여기에서 활동 사이에 행해지는 구별은 사람들 사이의 계급적 구별과 같이 엄밀하고 견고하지는 않다.

근대의 산업에서 유한계급에 속한 사람들이 종사하는 활동은 약탈적 습관과 특성 중 일부를 살려둔다. 유한계급 구성원이 산업적 과정에 참가하더라도 이들은 훈련 과정에서 야만인의 기질을 보존한다. 그러나 언급해야 할 다른 측면도 있다. 노동의 중압에서 면제된 개인들은 설령 체격과 정신적 기질 양 측면에서 종(種)의 평균에 크게 뒤처지더라도 자신들의 특성을 존속시켜 후대에 전달할 수 있다. 인간 본래의 특성은 환경의 압박으로부터 보호를 가장 많이 받는 계급에서 살아남고 전승될 가능성이 높다. 유한계급이 산업적 상황의 압박으로부터 어느 정도 보호받는다는 점을 감안할 때, 평화를 애호하는 미개인의 기질로 회귀하는 비율은 예외적으로 높아야만 한다. 이처럼 유한계급에 속한 개인은 사회적 신분이 낮은 사람들과 달리 즉각적으로 억압받거나 제거되지 않는 가운데, 자신의 삶을 평화 애호적인 방향으로 나아갈 수 있을 것이다.

이러한 진술은 실제로도 현실에 부합하는 것으로 보인다. 예컨대 상층계급 중 상당수의 사람은 자선 활동에 끌리는 경향이 있고, 개혁이나 개선을 위한 노력을 지지하는 정서도 상당 부분 존재한다. 이러한 자선이나 개혁 활동 중 많은 부분은 원시 미개인의 특성인 상냥한 '영리함'이나 비일관성을 드러낸다. 그러나 이러한 사실이 하층계급보다 상층계급에서 격세유전[13]의 비중이 더 높다는 직접적 증거가 되는지는 의심스럽다. 동전 한 푼 없는 가난한 계급도 같은 성향을 지니고 있지만, 이를 실현할 수단과 시간, 에너지가 없기에 그러한 성향이 쉽게 드러나지 못했을 수도 있기 때문이다. 언뜻 보기에 진실로 여겨진다고 해서(prima facie) 의심할 여지가 없는 사실은 아니다.

　오늘날의 유한계급은 금전적 방식에서 성공한 사람들로, 그리고 대등하게 경쟁하는 데 필요한 수준보다 약탈적 특징을 더 많이 타고났을 사람들로 충원된다는 점도 강조해둘 필요가 있다. 사람들은 금전적 활동을 통해 유한계급에 진입하는데, 이때 금전적 활동은 선택과 적응을 통해 약탈적 시험에서 살아남는 데 금전적으로 적합한 혈통만을 상층계급으로 인정한다. 평화 애호적인 인간 본성으로 회귀하는 사례가 상층계급에 등장하면 이들은 통상 곧바로 솎아져서 더 낮은 금전적 계층으로 되돌아간다. 유한계급 내에서 자리를 유지하려면 후손도 금전적 기질을 지니고 있어야 한다. 그렇지 않다면 그들의 재산은 소실될 것이며 유한계급 지위도 잃을 것이다.

---

13) '격세유전(隔世遺傳, atavist)'은 한 생물의 계통에서 선조와 같은 형질이 나타나는 현상을 말한다.

　　　　　　　　　　　　　　　　　　　　　　유한계급론

이러한 종류의 사례는 대단히 많다.

유한계급의 지반(地盤, constituency)은 지속적인 선택을 통해 유지되는데, 이러한 과정을 통해 치열한 금전적 경쟁에 잘 부합하는 개인이나 혈통이 하층계급에서 올라온다. 상층계급으로 올라가고자 염원하는 사람들은 평균적인 수준의 금전적 적성을 상당한 정도로 보충해야 하고, 계급 상승을 가로막는 물질적 난관을 극복할 수 있는 재능도 타고나야 한다. 우연을 제외하면 신참 유한계급(the nouveaux arrivés)은 선발된 사람들이다. 그러나 선별의 정확한 근거가 항상 같지는 않았고, 따라서 선택 과정이 항상 동일한 결과를 가져온 것은 아니었다. 초기의 야만 단계, 곧 엄밀한 의미에서의 약탈 단계 당시, 적합성의 검증 기준은 소박한 의미에서의 용맹이었다. 유한계급에 들어가려면 배타성, 건장한 체격, 잔인함, 파렴치함, 목적을 달성하려는 집요함과 같은 자질을 타고나야만 한다. 이들은 부를 축적하고 계속해서 유지하는 데 중요한 자질이었다. 그 이후 유한계급의 경제적 기초는 부의 소유였다. 그러나 부를 축적하는 방법과 부를 유지하는 데 필요한 재능은 초기의 약탈 문화를 기점으로 어느 정도 변화하기 시작했다. 초기 야만 시대의 유한계급이 선택 과정을 거칠 때 보였던 지배적인 특성은 대담한 공격성, 예민한 신분 의식, 거침없는 기만행위였다. 유한계급의 구성원은 자리를 지키려고 용맹을 입증해야 했다. 후기 야만 시대로 접어들면서 사회는 준평화적인 신분 체제를 통해 부를 안정적으로 획득하고 소유하는 방법을 마련할 수 있었다. 부를 축적하기 위한 최고의 방법은 단순한 침탈과 무절제한 폭력에서 기민한 책략과 속임수로 넘어갔다. 이때부터 각양각색의 특성과 성향이 유한계급에 본격적으로 보존되었다. 능수능란한 공격성과 그에 어울리는 육중한 체구, 그리고 무자비할 정도로 일관된 신분 의식은 유한계급의 가장 인상적인 특색으로 여전히 중시될 것이다.[14] 그와 같은 특성은 전형적인 '귀족의 덕목'으로서 우리의 전통 속에 남아있다. 그러나 이러한 특성은 미래에 대한 대비·타산·책략과 같이 눈에 잘 띄지 않는 금전적 덕목으로 보완된다. 시간이 흐르면서, 그리고 근대의 평화로운 금전 문화 단계로 접어들면서 이처럼 비가시적인 적성이나 습관은 금전적 목적에 효과적으로 기여했으며, 유한계급으로 받아들이고 정착시키는 선택 과정에서도 좀 더 중요한 역할을 담당했다.

유한계급으로 선택되는 근거가 변화했고, 유한계급에 진입하는 데 요구되는 자질은 마침내 금전적 적성으로 축소되었다. 약탈적 야만인의 특성 중에서는 목적을 반드시 달성하려는 집요함이나 목표를 흔들림 없이 추구하는 일관성이 살아남았는데, 야만인에 의해 대체되었던 유순한 미개인과 야만인 자신을 구별시켜준 것이 바로 이러한 특성이었다. 그러나 이러한 특성이 금전적으로 성공한 상층계급의 사람들과 산업 계급의 평범한 사람들을 구별하는 전형적인 특징이라고 할 수는 없다. 후자의 평범한 사람들이 근대의 산업 생활에서 겪는 훈련이나 선별 또한 이러한 특성에 유사한 중요성을

---

14) 이러한 묘사는 오늘날에도 현실적인 설득력이 크다. 대표적인 사례로는 성공한 기업가이자 인기 있는 정치인으로 떠오른 도널드 트럼프가 있을 것이다.

부여하기 때문이다. 집요한 목적의식은 오히려 이 두 계급을 다른 두 계급, 즉 무기력하고 아무짝에도 쓸모없는 사람들과 법을 무시하는 하층계급을 구별시켜주는 특성이다. 타고난 자질이라는 점에서 산업적 인간이 선량하지만 무기력하고 의존적인 사람과 비슷하다면, 금전적 인간은 비행을 저지르는 무법자와 비슷하다. 전형적인 금전적 인간은 자신의 목적에 맞게 재화나 사람을 부도덕하게 전용하고 타인의 감정이나 소망, 그리고 자기 행동이 가져올 영향에 무감각하다는 점에서 전형적인 무법자와 유사하다. 그러나 금전적 인간은 신분 감각이 훨씬 예리하고 장기적인 안목으로 먼 미래의 목표를 향해 일관성 있게 활동한다는 점에서 범죄자와 다르다. 두 유형이 지니는 기질상의 유사성은 '스포츠'와 도박을 좋아하는 성향이나 목적 없는 경쟁에 대한 탐닉에서도 확인할 수 있다. 전형적인 금전적 인간은 약탈적 인간 본성이 수반하는 변종의 하나라는 점에서도 무법자 유형과 비슷해 흥미롭다. 대부분의 무법자는 미신적인 사고 습관을 갖고 있으며 운수·주술·점술·예언·주술적 의식의 열렬한 신봉자다. 상황이 허락한다면 이러한 성향은 일종의 굴종적이고 종교적인 열정이나 종교 의례의 준수에 대한 주도면밀한 관심의 형태로 표출되기 쉽다. 이러한 성향은 아마도 종교보다 신앙의 영역에 더 가까울 것이다.[15] 이 점에서 무법자는 기질적으로 산업적

---

15) 종교는 초자연적인 절대자의 힘에 의존한다는 점에서 신앙과 비슷하지만, 인간 생활의 고뇌를 해결하거나 삶의 궁극적 의미를 추구하는 문화 체계라는 점에서 단순한 신앙과 다르다.

인간이나 무기력한 의존적인 인물보다 금전적 인간이나 유한계급에 더 가깝다.

근대 산업사회에서의 삶은, 다시 말해 금전 문화 아래 살아가는 삶은 선별 과정을 통해 특정 범위에 속하는 특성이나 성향을 개발하고 보존한다. 이러한 선택 과정이 현재 보이는 경향은 주어진 불변의 민족 유형으로 단순하게 회귀하는 것과 다르다. 현재의 선택 과정은 과거로부터 유전된 유형이나 변종과 차이를 보이는 쪽으로 인간 본성을 바꾸는 경향을 보인다. 이때 진화의 목표 지점은 단일하지 않다. 진화가 현재 정상으로 확립시켜가는 기질은 그 목적이 더 안정적이라는 점에서, 즉 그 목적이 더 단일하고 이를 달성하려는 노력도 더 끈질기게 지속된다는 점에서 인간 본성의 고대적 변종과 다르다. 경제 이론에 관한 한 이러한 측면에서는 선택 과정이 향하는 목표 지점이 큰 틀에서 단일하다고 할 수 있지만, 이 발전 방향과 다르다는 점에서 놓쳐서는 안 될 이차적 경향도 있다. 그러므로 좀 더 지배적인 전반적인 추세가 존재하는 것은 사실이지만 발전 방향은 단일하다고 할 수 없다. 경제 이론의 관점에서 보자면 현재 진행 중인 발전은 두 가지 상이한 방향을 향한다. 개인적 역량이나 적성의 선택적 보존이라는 측면에서 두 발전 방향은 각각 금전적 노선과 산업적 노선으로 지칭할 수 있다. 두 노선은 성향과 정신적 태도 또는 아니무스의 보존이라는 측면에서 시샘을 유발하고 나를 앞세우는 흐름과, 이와 정반대로 시샘을 유발하지 않고 [집단의] 경제를 중시하는 흐름으로 구별할 수 있다. 두 가지 발전 방향으로 나아가려는 지적이거나 인지적인 성향과 관련해, 전자는 의욕,

질적 관계, 지위, 가치에 관한 개인적 관점으로 특징지을 수 있고, 후자는 순서나 배열, 양적 관계, 기계적 효율, 사용에 관한 비개인적 관점으로 특징지을 수 있다.

금전적 활동은 두 가지 범위 중 주로 전자의 적성과 성향을 소환함으로써 그러한 특성이 보존되도록 선별적으로 작용한다. 반면 산업적 활동은 후자의 적성과 성향을 작동시키고 보존한다. 철저한 심리적 분석에 따르면, 두 영역의 적성과 성향은 특정한 기질적 경향이 각각 다양하게 표출된 것에 불과하다. 시샘을 유발하거나 나를 앞세우려는 전자의 흐름을 구성하는 적성과 의지 그리고 관심은 개인의 통일성이나 단일성에 힘입어 인간 본성의 특정한 변종을 함께 표출한다. 후자의 흐름도 마찬가지다. 두 흐름은 개인이 어느 정도 일관되게 한쪽으로 기운다는 점에서 인간 삶의 두 가지 대안적 선택지라고 할 수 있다. 금전적 생활은 일반적으로 야만인의 기질을 보존하지만, 초기 야만인의 특성이었던 타인의 신체를 손상시키는 것에 대한 애호를 대신해 기만과 타산(打算, prudence)[16] 그리고 관리 능력을 포함하는 경향을 보인다. 이때 속임수가 파괴를 확실하게 대체하지는 않는다. 금전적 활동 내에서는 선별 작업이 이러한 방향으로 일관되게 진행되지만, 금전적 생활의 규율이 이득 추

---

16) prudence는 보통 '신중'으로 번역하지만, 본문의 맥락에서는 자신에게 도움되는지를 따져 헤아린다는 의미에서 '타산'이 좀 더 적절해 보인다. 그렇지만 이 표현에 조심스럽게 행동한다는 의미에서 '신중함'이라는 의미가 포함되었다는 점도 강조될 필요가 있다.

구 경쟁의 바깥에서 작동할 때는 그렇지 않다. 시간이나 재화의 소비와 관련한 근대 생활의 규율은 귀족의 덕목을 제거하거나 부르주아의 덕목을 조장하는 쪽으로 선명하게 작동하지 않는다. 품위를 지켜줄 관습적 양식에 따르려면 초기 야만인의 특성을 상당한 정도까지는 발휘해야 하기 때문이다. 이 점과 관계된 전통적인 생활체계 중 몇 가지 항목은 앞서 '여가'라는 표제를 단 여러 장에서 언급한 바 있으며, 추가적인 세부 사항은 뒤에서 다루기로 한다.

이상의 논의에서 유한계급의 생활과 이들의 생활체계가 야만인의 기질을 보존하고 촉진할 것이라고 예상할 수 있다. 이러한 성향은 준평화적이거나 부르주아적인 변종에서 주로 발견되며, 약탈적인 변종에서도 어느 정도 보존될 것이다. 따라서 교란 요소가 없다면 사회 계급 간의 기질 차이를 추적하는 것도 가능하다. 귀족의 덕목과 부르주아의 덕목, 곧 파괴적 특성과 금전적 특성은 주로 상층계급에서 발견될 것이며, 산업의 덕목, 곧 평화 애호적 특성은 주로 기계적 산업을 담당하는 계급에서 찾아볼 수 있을 것이다.

일반적이고 모호한 형태라면 이러한 주장이 타당할 것이다. 그러나 그 타당성은 쉽게 입증될 수 없으며 원하는 만큼 결정적으로 입증되지도 못한다. 이러한 부분적인 실패에는 몇 가지 분명한 이유가 있다. 모든 계급은 정도의 차이만 있을 뿐 금전적 투쟁에 참여할 수밖에 없다. 따라서 각각의 개인이 살아남고 성공하려면 계급의 차이를 뛰어넘어 금전적 특성을 반드시 유지할 필요가 있다. 금전 문화가 지배하는 곳에서 사람들의 사고 습관을 형성하고 경쟁 관계에 있는 혈통의 생존을 결정하는 선택 과정은 금전 획득에 얼마나 적합한지에 근거해 작동한다. 금전적 효율이 전체적인 산업의 효율과 양립할 수 있다면 모든 직업의 선택적 행동은 금전적 기질이 보존되고 관철되는 경향을 보일 것이다. 그 결과 '경제인(economic man)'으로 알려진 특성이 정상적이고 결정적인 인간 본성 유형으로 자리 잡을 것이다. 그러나 '경제인'은 근대 산업의 목적에는 도움이 되지 못한다. 왜냐하면 그는 자기중심적인 것에만 관심을 가지고 타산만을 인간적 특성으로 보유하기 때문이다.

근대 산업은 수중의 일 또는 작업에 관해 비개인적이고 시샘 유발과 무관한 관심을 요구한다. 이러한 종류의 관심이 없었다면 산업의 정교한 공정은 불가능했을 것이며 구상조차 되지 못했을 것이다. 일에 대한 이러한 관심은 장인을 한편에서는 범죄자와, 다른 한편에서는 산업의 수장과 구별한다. 일은 공동체의 생명 활동을 지속하려고 행해져야만 하는 것이다. 그러므로 일정 범위의 직업 분야에서는 일에 적합한 정신적인 소질을 선호한다는 조건이 추가되는 방향으로 선택 과정이 진행된다. 그러나 산업적 활동 분야에서도 금전적 적성의 선별적 제거가 항상 일어나는 것은 아니며, 그로 인해 야만인의 기질 중 상당 부분은 살아남는다는 점에 주목할 필요가 있다. 따라서 현재 유한계급과 대중은 이러한 특성 면에서는 차이가 그리 크지 않다.

정신적 특성의 구성과 관련한 계급별 차이를 확인하는 문제는 사회의 모든 계급에 걸쳐 존재하는 후천적 생활 습관 때문에도 쉽지 않다. 후천적으로 획득된 생활 습관은 유전된 형질과 매우 흡사하며, 동시에 전체 인구에서 유전된 형질을 발전시키는 역할도 담당한다. 후천적 습관 또는 유사 특성 형질은 대부분 귀족계급에서 나온 것이다. 유한계급이 높은 명성의 모범적인 사례로서 관례적이고 규범적인 지위를 차지함에 따라 생활과 관련된 유한계급의 많은 특징이 하층계급에 강요된다. 그 결과 언제나, 그리고 사회 전반에 걸쳐 이들의 귀족적 특성이 어느 정도 계속해서 함양되고 있다. 이러한 이유로 인해 귀족적 특성은 유한계급의 모범 사례나 교훈이 아니었을 경우에 비해 대중 사이에서 살아남을 가능성이 더 높다. 귀족적 생활관과 이에 따른 고대적 특성 형질이 들어오는 중요한 경로로 가정의 하인 계급을 들 수 있다. 이들은 주인 계급과 접촉하면서 무엇이 좋고 아름다운지에 관한 관념을 형성하고 이렇게 획득한 가치관을 그가 속한 하류층에 가져감으로써, 이들이 없었다면 계급을 가로지르는 데 소요되었을 별도의 시간 손실 없이 높은 이상을 사회 전반에 신속하게 전파한다. 대중이 상층계급 문화의 많은 요소를 신속하게 수용한다는 점에서 "하인은 주인을 닮는다."는 격언은 일반적으로 인식되는 것보다 더 큰 의미를 지닌다.

금전적 덕목의 존속과 관련해 계급 사이의 차이를 더욱 줄여가는 또 다른 광범위한 사실도 있다. 금전적 투쟁은 다수의 결핍 계급을 양산한다. 이러한 결핍은 크게 생활필수품의 부족과 체면 유지에 필수적인 지출의 부족으로 나뉜다. 두 경우 모두 물리적 필요든 더 높은 필요든, 일상의 필요를 충족시킬 수단을 얻으려는 투쟁이 불가피해진다. 어려운 상황에서도 자신을 과시해야 한다는 중압감이 개인의 에너지를 모두 빨아들인다. 결국 사람들은 시샘을 유발하려고만 노력을 기울이고 편협한 자기본위적 활동에 점점 더 몰두한다.

그로 인해 산업적 특성은 미처 발휘되지 못한 채 퇴화되는 경향을 보인다. 따라서 유한계급 제도는 하층계급에 금전적 예의범절을 간접적으로 부과하고 그들에게서 생활 수단을 최대한 빼냄으로써 인구 전체에 금전적 특성이 보존되도록 행동하는 것이다. 결국 하층계급도 주로 상층계급에만 속했던 유형의 인간 본성에 동화되는 결과가 발생한다.

그러므로 상층계급과 하층계급 사이에 기질상의 차이는 크지 않아 보인다. 그러나 이처럼 차이가 별로 없는 이유는 대체로 유한계급이 규범적 선례를 보이고 대중이 유한계급의 제도적 기반인 과시적 낭비와 금전적 경쟁의 일반적인 원리를 널리 수용했기 때문일 것이다. 유한계급 제도는 공동체의 산업적 효율을 낮추고, 근대의 산업생활의 긴급한 요구에 인간 본성이 적응하지 못하도록 지연시킨다. 유한계급은 널리 퍼져있고 눈에 띄는 인간 본성이 보수적으로 향하도록 행동하는데, 주된 경로는 다음과 같다. (1) 유한계급 내부에서의 유전적 계승을 통해, 그리고 유한계급의 혈통을 계급 밖으로 전파시키는 각종 수단을 통해 행해지는 고대적 특성의 직접적 계승. (2) 고대적 체제에서 이어져온 전통의 보존과 강화. 결국 이러한 요인으로 인해 유한계급의 혈통 바깥에 놓인 사람들에게서도 야만적 특성이 살아남을 가능성이 커진 것이다.

그러나 근대인에게도 야만적 특성이 살아남았는지 아니면 제거되었는지 여부와 관련해 특별히 중요한 자료를 수집하거나 분석하는 작업은 지금까지 거의 수행되지 못했다. 그러므로 쉽게 손에 넣을 수 있는 일상적 사실에 대한 산만한 검토를 넘어 여기에서 보인

견해를 뒷받침할 실체적 서술도 거의 제시되지 못했다. 일상적 사실에 대한 장황한 진술은 진부하고 지루할 가능성이 높지만, 빈약하나마 지금까지 수행해온 개괄적인 윤곽으로 논의를 마무리할 필요가 있을 것이다. 그러므로 이러한 종류의 단편적인 이야기를 이어서 제공할 다음의 여러 장을 너그럽게 읽어주면 고맙겠다.

근대에 살아남은
용맹의 유산

유한계급은 산업 공동체 속에서 살아가는 존재가 아니라 산업 공동체에 의존해서 살아가는 존재다. 유한계급이 산업과 맺고 있는 관계는 산업적인 종류가 아니라 금전적인 종류다. 이 계급에 소속되기 위한 자격은 집단을 위한 유용성이 아니라 금전적 적성을—재산 획득을 위한 적합성을—발휘함으로써 얻을 수 있다. 그러므로 유한계급을 구성하는 인적 소재를 선택적으로 가려내는 작업이 계속해서 행해지고 있는데, 이러한 선별 작업은 금전적 추구에 대한 적합성을 기준으로 진행된다. 그러나 이 계급의 생활체계 중 많은 부분은 과거의 전통에서 비롯된 것으로, 초기 야만 시대의 습관과 이상을 상당히 많이 구현하고 있다. 고대 야만 시대의 생활체계는 하층계급에도 어느 정도 완화된 상태로 강요된다. 이 과정에서 생활과 관습의 체계는 인간의 본성을 형성하는 데 선택적으로, 그리고 교육을 통해 영향을 미치는데, 그 영향은 주로 초기 야만 시대, 즉 용맹과 약탈적 삶의 시대에 지배적이었던 기질과 습관 그리고 이상을 보존하는 방향으로 전개되었다.

***

약탈적 단계에서 살아가던 고대인의 특징적인 인간 본성을 가장 직접적이고 명확하게 표현하는 것은 엄밀한 의미에서의 투쟁 성향이다. 약탈적 행위가 집단적으로 이뤄지는 경우, 이러한 성향을 흔히 무인 정신(the martial spirit)이라고 불렀으며, 최근에는 애국심이라고도 부른다. 문명화된 유럽의 국가에서 살아가는 세습 유한계급이 이러한 무인 정신을 중간계급에 비해 더 많이 물려받았다는 주장에 동의를 구하려고 다른 논의를 펼칠 필요는 없을 것이다. 유한계급은 확실히 이러한 구별을 자존감과 관련된 문제라고 주장하는데, 이는 어느 정도 근거가 있다. 전쟁은 명예로운 것이며, 호전적 용맹은 일반적인 사람들의 눈에 특별히 명예로운 것이다. 이처럼 호전적 용맹에 대한 찬사는 그 자체로 전쟁을 숭배하는 이들에게 약탈적 기질이 있음을 증명하는 최고의 증표다. 전쟁에 대한 격렬한 열정과 그것을 지표로 삼는 약탈적 기질은 상층계급, 특히 세습 유한계급에서 가장 두드러지게 나타난다. 더욱이 외견상 상류층의 가장 중요한 업무는 관직(官職)인데, 그 기원과 발전 내용을 보면 이 역시 약탈적 성격이 짙다.

호전적인 마음가짐의 습관화를 명예롭게 여긴다는 점에서 세습 유한계급에 맞설 수 있는 유일한 계급은 하층 무법자다. 산업에 종사하는 대부분의 계급은 평상시에는 호전적인 이해관계에 비교적 무관심한 편이다. 이처럼 평범한 사람들의 집단이 산업 공동체의 주력을 형성하는데, 이들은 극도로 흥분된 상태가 아니라면 방어적인 싸움 이외의 어떤 투쟁도 싫어한다. 실제로 이들은 방어적 태도를 이끌어내는 도발에 대해서조차 다소 더딘 반응을 보일 때도 적지 않다. 한층 문명화된 공동체나 산업 발전을 겪은 선진적인 사회에서 보통 사람의 호전적 침략 정신은 쇠퇴했다고 말할 수 있다. 그렇지만 이것이 산업 계급에 속한 개인 가운데 무인 정신을 두드러지게 표출시키는 사람의 숫자가 적다는 뜻은 아니다. 이러한 계급에 속한 사람들이 모종의 특별한 도발에 자극받아 한동안 군사적인 열정에 휩싸일 리 없다고 말하려는 것 또한 아니다. 이러한 도발이나 자극은 오늘날 유럽의 국가에서 볼 수 있으며 미국에서도 한동안 계속되었다.[1] 그러나 일시적으로 군사적인 열정이 고양되는 시기를 제외한다면, 그리고 약탈적 유형의 태곳적 기질을 타고난 개인을 제외한다면, 마찬가지로 상층계급과 하층계급에 속한 사람 가운데 비슷한 기질을 타고난 개인을 제외한다면 근대 문명사회를 구성하는 대중의 호전적 성격은 휴면 상태에 있다고 해도 지나치지 않다. 그러므로 실제로 벌어진 침략에 맞서는 경우를 제외하고는 전쟁 자체가 아마도 불가능할 것이다. 보통 사람의 공통된 습관과 적성은 전쟁과 다른 방향의 그리고 덜 극적인 방향의 활동으로 펼쳐진다.

기질의 이러한 계급적 차이는 부분적으로는 여러 계급 내에서 획

---

1) 베블런은 남아프리카에서 벌어진 제1차 보어전쟁(1880~1881)과 쿠바, 필리핀에서 벌어진 미국-에스파냐 전쟁(1898)을 사례로 들어 당시에 격화되었던 군사주의적 열정을 언급하는 것으로 보인다.

득된 후천적 형질의 유전적 차이에 따른 것일 수 있지만, 어느 정도는 민족적 혈통의 차이와도 관련이 있는 것으로 보인다. 이러한 측면에서의 계급 간 차이는 인구 구성원이 민족적으로 비교적 동질적인 국가보다는 공동체의 여러 계급을 구성하는 민족적 요소 간에 광범위한 차이가 있는 국가에서 두드러진다. 동일한 맥락에서 민족적 차이가 큰 국가의 경우, 나중에야 유한계급에 합류한 사람들은 일반적으로 고대의 귀족 혈통을 계승한 사람들에 비해 무인 정신을 덜 보인다는 점도 주목할 만하다. 신참 유한계급은 최근 평범한 인구 집단에서 출현했으며, 고대적인 의미에서의 용맹으로 분류될 수 없는 특성과 성향을 발휘함으로써 유한계급으로 편입될 수 있었을 것이다.

엄밀한 의미에서의 호전적인 활동 이외에, 싸움에 기꺼이 임해 승리한다는 동일한 마음가짐이 표현된 것으로 결투라는 제도가 있다. 결투는 유한계급의 제도다. 결투의 본질은 의견 차이를 최종적으로 해결하려고 다소 의도적으로 싸움에 의지하는 것이다. 문명화된 사회에서 결투는 세습 유한계급이 존재하는 곳에서만 정상적인 현상으로 여겨지고, 대부분 유한계급 내에서만 발생한다. 예외가 있다면 두 가지 경우다. (1) 육군과 해군 장교.[2] 이들은 통상 유한계급 구성원으로서 약탈적 사고 습관을 갖도록 특별히 훈련받는다. (2) 하층

---

[2] 이 서술은 공군이 존재하지 않았던 당대 미국의 상황을 반영한다. 미국에서 공군은 1947년에 창설되었다.

계급의 무법자. 이들은 유전이든 훈련이든 아니면 양자 모두를 통해서든 유사한 약탈적 성향과 습관을 지니고 있다. 의견이 다를 때 폭력에 의존해 해결하는 자들은 일반적으로 고상한 신사나 난폭한 사람뿐이다. 평범한 사람은 보통 순간적인 짜증이나 술로 인한 흥분이 지나친 나머지, 도발적인 자극을 처리하던 정교한 반응 습관이 무력화되는 상황을 제외하고는 싸움을 하지 않을 것이다. 이때 그는 좀 더 단순하고 미분화된 형태의 자기주장 본능으로 되돌아간다. 다시 말해 그는 순간적으로, 그리고 무심코 고대의 사고 습관으로 되돌아가는 것이다.

이러한 결투 제도는 분쟁이나 중대한 선결문제[3]를 최종적으로 마무리 짓는 방편이라고 할 수 있다. 이는 개인의 평판을 지키려는 일종의 사회적 의무였지만, 정당한 이유가 없음에도 피할 수 없는 사적 싸움으로 점점 변질되었다. 유한계급의 이러한 결투 관행을 살펴볼 수 있는 대표적인 사례로 독일의 학생들 사이에 벌어진 결투가 있는데, 이는 호전적인 기사도의 기괴한 잔존물이라고 할 수 있다. 하층계급 또는 가짜 유한계급에 속한 무법자에게는 난폭한 사람들이 동료들과의 무의미한 싸움에서 자신의 남자다움을 입증해야 할 때와 유사한 사회적 의무가 비록 덜 공식적인 형태이지만 어느 나라에서나 부과된다. 그리고 이러한 흐름이 사회 각계각층으

---

3) '선결문제(questions of precedence)'는 소송을 판결하기 전에 먼저 결정해야 하는 문제를 가리킨다.

로 퍼져나가면서 지역사회의 소년들 사이에도 비슷한 관행이 널리 퍼졌다. 소년들은 보통 자신과 친구들 사이에서 누가 싸움을 잘하는지 매일 같이 살펴보고 정확하게 파악하고 있다. 소년들의 세계에서는 도발에 맞서 싸우려 하지 않거나 싸울 수 없는 아이는 누구라도 좋은 평판을 유지하기 어렵다.

이러한 특성은 비록 그 경계를 확정할 수는 없지만 일정한 연령을 넘어선 소년들에게서 특히 두드러진다. 유아기나 긴밀하게 보살핌을 받는 시기에는 아이의 기질이 이러한 묘사에 잘 부합하지 않는다. 왜냐하면 이 시기에는 아이가 일상생활의 모든 순간마다 엄마와의 접촉을 습관적으로 찾기 때문이다. 이처럼 어린 시절에는 공격성이나 적대적 성향이 거의 없다. 이렇게 평화로운 기질을 지녔던 아이가 약탈적이고 짓궂은 소년으로, 극단적인 경우에는 악의적이고 공격적인 소년으로 옮겨가는 것은 점진적인 과정을 밟는다. 사람에 따라서는 전환이 전면적으로 진행되면서 개인의 기질이 큰 폭으로 변화한다. 소년이든 소녀든 성장 초기의 아이는 진취적인 모습이나 공격적인 자기주장이 덜하며, 자기 자신이나 관심사를 가족에게서 분리하려는 성향도 덜하다. 또한 아이는 꾸중에 민감한 모습, 수줍음, 소심함, 친근하고 인간적인 접촉의 필요성을 많이 보인다. 일반적으로 유년기의 이러한 기질은 점차 소년 특유의 기질로 옮겨가는데, 이 과정에서 유아적 특징은 빠르게 사라진다. 그러나 소년기의 약탈적 특징이 전혀 나타나지 않거나 기껏해야 흐릿하고 모호하게만 나타나는 경우도 있다.

소녀들은 소년들과 달리 본격적인 약탈적 단계로 옮겨가는 경우가 드물다. 그리고 약탈적 단계를 거의 겪지 않는 소녀도 많다. 이때 유아기에서 청소년기 및 성숙기로의 이행은 점진적이고 중단 없는 과정으로서, 유아적인 목적과 적성에서 성인으로 살아가는 데 걸맞은 목적과 기능 그리고 관계로 관심이 이동하는 것을 뜻한다. 여아는 발달 과정에서 약탈적 기질의 지배를 받는 기간이 상대적으로 짧고, 그런 기간에도 약탈적이고 고립적인 태도를 보통 약하게 표출한다.

소년의 약탈적 기질은 좀 더 뚜렷한 상태로 오랫동안 지속되다가 성년기에 도달하면서 사라지는 것이 일반적인데, 이러한 진술에는 대단히 불가결한 유보 조건이 필요할 것이다. 소년의 기질이 성년의 기질로 옮겨가지 않거나 부분적으로만 이행하는 경우가 결코 드물지 않다. 이때 '성년'의 기질이란 근대의 산업생활 속에서 집단적 생명 활동 과정의 목적에 기여하는 기질, 따라서 산업사회의 실질적인 평균을 구성한다고 해도 무방한 성인 개개인의 평균적인 기질을 뜻한다.

유럽 인구의 인종적 구성은 다양하다. 하층계급까지도 평화를 방해하는 장두금발 인종으로 대부분 구성된 나라가 있는가 하면, 장두금발 인종이 주로 세습 유한계급에서 발견되는 나라도 있다. 결투 습관은 장두금발이 소수인 후자 유형의 나라에서 살아가는 노동계급 소년들보다 그 나라의 상층계급 소년들 사이에, 또는 장두금발이 다수인 전자 유형의 나라에서 살아가는 노동계급 소년들 사이에 더 광범위하게 퍼져있는 것으로 보인다.

노동계급에 속한 소년의 기질에 대한 일반화가 이 분야에 관한

전면적이고 엄밀한 조사를 통해 사실로 밝혀진다면, 호전적 기질이
란 어느 정도 인종적 특성이라는 견해에 힘을 더할 수 있을 것이다.
즉, 호전적 기질은 유럽 인구 집단의 다수를 차지하는 순종적인 하
층계급의 인간 유형보다는 유럽 국가의 상층계급에서 우세한 인종
유형인 장두금발 유형에서 더 많이 나타날 것으로 보인다.

소년의 사례가 사회의 여러 계급이 용맹이라는 자질을 어느 정도
물려받았는지의 문제를 본격적으로 건드리는 것 같지는 않다. 그러
나 이런 사례는 소년이 지닌 호전적 충동의 경우, 노동계급에 속한
평균적인 성인 남성이 지닌 충동에 비해 훨씬 더 고대의 기질에 속
한다는 점을 보여주는 것만으로도 상당한 가치가 있다. 아동기의
생활에서 나타나는 다른 특징과 마찬가지로, 여기에서도 소년은 성
인 남성의 초기 발전 단계 중 일부를 축소해서 일시적으로 재현한
다. 이렇게 보자면 소년이 영웅놀이나 자기만의 관심사에 지나치게
집착하는 것은 초기 야만 문화에서, 곧 엄밀한 의미의 약탈 문화에
서 정상이라고 여겼던 인간 본성으로 잠시 회귀하는 것이라고 해석
할 수 있다. 이러한 측면에서 유한계급과 비행을 저지르는 무법자
들은 유년기와 청소년기에서나, 그리고 [인류 전체의 유소년기라고
할 수 있는] 초기의 문화 단계에서나 정상이라고 할 만한 습관적인
특성을 성년의 생활 속에서 계속하고 있는 것이다. 이 차이가 민족
유형 사이에 지속되는 근본적인 차이에서 전적으로 비롯된 것이 아
니라면, 정신적 발달이 멈춰버린 흔적이야말로 으스대는 범법자와
격식을 차리며 여가를 즐기는 신사를 일반 대중과 구별해주는 특성
이라고 말할 수 있을 것이다. 그들은 근대 산업사회에서 평균적인

성인이 도달하는 발달 단계에 비해 미숙한 상태를 보인다. 우리는 이처럼 상류층과 최저 사회계층을 대표하는 사람들의 유치한 정신적 구조를 난폭한 영웅놀이나 고립에 대한 집착 이외의 다른 태곳적 특성을 통해서도 볼 수 있다.

호전적 기질이 본질적으로 미성숙하다는 것을 분명히 보여주는 사례로, 통상의 소년기와 성년기에 걸친 다소 높은 연령의 학생들이 유행처럼 평화를 깨뜨리는 행위를 들 수 있다. 이는 뚜렷한 목적 없이 장난으로 행해지지만, 어느 정도 조직적이고 정교한 모습을 보일 때도 많다. 이러한 종류의 소동은 청소년기로 국한되는 것이 일반적이다. 이러한 행동은 청년이 성년의 생활 속으로 통합되는 과정에서 반복되지만 그 빈도와 강도는 약화된다. 이는 인류 집단이 약탈적 생활 습관에서 정주적 생활 습관을 향해 순차적으로 옮겨가는 것을 개인의 생활 속에서 일반화해 재현한 것이라고 할 수 있다. 이때 개인의 정신적 성장이 미숙한 단계에서 끝까지 벗어나지 못하는 경우도 적지 않다. 이들은 호전적 기질을 평생 지니고 산다. 정신적 발달 과정에서 마침내 성인의 지점에 도달하는 이들은 보통 고대의 발전 단계에 잠시만 머무른다. 여기서 고대의 발전 단계란 싸움이나 놀이를 과시적으로 즐기는 남성들의 영속적인 정신적 수준을 가리킨다. 물론 이와 관련해 정신적으로 어느 정도 성숙하고 냉철해질지는 사람마다 다르다. 그리고 평균에 미치지 못하는 사람들은 근대 산업사회 속에서 조야한 인간성이 여전히 용해되지 못한 찌꺼기로 남으며, 산업적 효율을 높이고 집단의 삶을 충만하게 만드는 선택적 적응 과정의 걸림돌이 된다.

정신적 발달의 지체는 성인이 청소년기의 특성인 공훈을 과시함에 있어 공명심을 맹렬하게 발휘해 직접적으로 표출되거나, 청소년의 소동을 방조하고 부추김으로써 간접적으로 표출된다. 따라서 이러한 지체는 자라나는 세대의 삶 속에서 폭력적 습관이 자리 잡도록 함으로써 좀 더 평화롭고 효율적인 기질로 나아가려는 공동체의 움직임을 방해한다. 공훈을 갈구하는 성향을 크게 타고난 사람이 공동체 속 청소년의 습관 발달을 지도한다면, 그는 용맹을 보존하고 복귀시키는 방향으로 영향력을 발휘할 가능성이 대단히 높을 것이다. 예를 들어 많은 성직자와 사회를 떠받치는 또 다른 기둥인 '소년단'이나 이와 비슷한 유사 군사 조직을 육성하는 의의가, 그리고 이러한 조직에 부여하는 의의가 바로 이러한 것이다. 고등교육 기관에서 '대학 정신'과 대학 경기 등을 성장시켜 고취하려는 것도 마찬가지다.

약탈적 기질의 이러한 발현은 모두 공훈의 항목으로 분류할 수 있다. 이들은 부분적으로는 난폭성을 경쟁적으로 과시하려는 태도의 단순하고도 무책임한 표출이고, 부분적으로는 용맹스럽다는 명성을 얻으려고 의식적으로 행해지는 활동이기도 하다. 프로 권투, 투우, 육상, 사격, 낚시, 요트, 심지어 신체의 파괴적 효율의 요소가 두드러지지 않지만 기량이 요구되는 게임 등 모든 종류의 스포츠는 공통의 일반적 특성을 지닌다. 스포츠는 적대적 전투를 근간으로 시작해서 기량을 거쳐 술책과 속임수에 이르기까지 어느 한 지점에 선을 긋는 것이 불가능할 정도로 다양하다. 우리가 스포츠에 중독되는 근저에는 고대의 정신적 기질이 ─빼앗고 겨루려는 성향이—비교적 강하게 자리 잡고 있다. 모험을 통해 이름을 날리고 타인에게 손상을 가하려는 강렬한 성향은 구어체로 스포츠인 정신(sportsmanship)이라고 특별하게 불리는 활동에서 두드러진다.

남자가 스포츠 등에 이끌리게 만드는 것은 본질적으로 소년에게서 찾아볼 수 있는 유치한 기질인데, 이 점은 앞서 언급한 약탈적 경쟁심의 다른 표출에 비해 스포츠에서 더 타당하고 두드러질 것이다. 따라서 스포츠에 대한 탐닉은 도덕적 본성의 발달이 지체되고 있음을 각별하게 보여준다. 스포츠에 유난히 열중하는 사람에게 소년기 특유의 치기가 있다는 점은 모든 스포츠 활동에서 볼 수 있는 허세나 겉꾸밈이라는 대표적인 요소에 관심을 기울이면 바로 확인할 수 있다. 스포츠 이외에 아동, 특히 소년들이 습관적으로 끌리는 게임이나 영웅놀이도 허세나 겉꾸밈이라는 특성을 공유한다. 허세나 겉꾸밈이 모든 스포츠에서 같은 비중을 차지하는 것은 아니다. 그러나 이들이 스포츠에서 차지하는 비중이 매우 높은 것도 사실이다. 허세나 겉꾸밈은 앉아서 기량을 겨루기에 움직임이 없는 게임보다 엄밀한 의미에서의 스포츠인 정신과 운동시합에서 더 큰 비중을 차지하는 것으로 보이지만, 이 규칙이 일률적으로 적용되는 것은 아니다. 예를 들어 매우 온순하고 사무적인 남자들도 사냥에 나설 때는 부여된 과업의 엄중함을 자기 자신에게 각인시키려고 평소라면 들고 다니지 않을 법한 무기와 장비를 기꺼이 휴대하는 경향을 볼 수 있다. 이들 사냥꾼은 위업을 과시하는 행위 속에서 은밀히 접근하거나 공격을 가할 때, 꾸며댄 듯한 걸음걸이를 취하거나 움직임을 정교하게 과장하는 경향도 보인다. 마찬가지로 운동경기에서도 고성과 허풍 그리고 외견상 그럴듯한 속임수를 늘 볼 수 있는데, 이러한 모습은 이런 활동이 지니는 과시적인 성격을 잘 드러낸다. 이 모든 것에서 유치한 허세나 겉꾸밈을 찾아낼 수 있다. 게다가 운동경기에서 사용하는 그들만의 특별한 단어에는 전투에서 유래한 까닭에 극히 살벌한 표현이 가득하다. 어떤 직종에서 특수한 은어를 사용하는 것은 은밀한 의사소통을 위해 불가피한 수단으로 채택된 경우를 제외하고는 해당 직종이 상당 부분 과시적 성격을 지니고 있다는 증거가 될 수 있다.

스포츠를 결투나 평화를 방해하는 비슷한 행위와 구별 짓는 또 다른 특징은 스포츠의 경우 공명심과 난폭성의 충동 이외에 다른 동기가 부여되는 것을 용인한다는 특수성이다. 어떤 특정한 경우에 다른 동기가 존재하는 일은 거의 없겠지만, 스포츠에 빠지는 다른 여러 이유가 자주 거론된다는 사실은 스포츠의 다른 근거가 부수적인 방식으로 존재한다는 것을 뜻한다. 스포츠인(사냥꾼과 낚시꾼)은 자신이 좋아하는 취미 활동의 동기를 자연에 대한 사랑이나 휴양의 필요성 등에서 찾곤 한다. 이러한 동기는 분명히 빈번하게 확인되며, 스포츠인이 구가하는 매력적인 생활의 일부이기도 하다. 그러나 이들이 주된 자극일 수는 없다. 이러한 표면적인 욕구는 스포츠인이 사랑한다는 '자연'의 본질적인 구성 요소인 생명체의 목숨을 앗아가려는 체계적인 노력을 동반하지 않는다면 더 쉽고 완벽하게 충족될 수 있기 때문이다. 사실 파괴할 수 있는 모든 생명체를 살육함으로써 자연을 만성적인 황폐 상태로 만드는 것이야말로 스포츠인의 활동 중 가장 눈에 띄는 효과인 것이다.

유한계급론

그렇지만 휴양을 바라는 욕구나 자연과 접촉하고 싶어 하는 바람이 기존의 관습 중에서는 그들이 택한 방식으로 가장 잘 충족될 수 있다는 스포츠인의 주장도 어느 정도 일리는 있다. 훌륭한 품행을 위한 특정 규범은 과거에는 약탈적 유한계급의 본보기를 통해 [사회에] 강요되었고, 현재에는 유한계급의 대표자들이 보여주는 관례를 통해 다소 힘겹게 보존되고 있다. 이들의 규범에 따르면 사냥 외의 방식으로 자연과 접촉하는 행위는 명예롭지 못할 것이다. 스포츠는 약탈 문화가 일상적인 여가의 최고 형식으로서 물려준 명예로운 활동이며, 이제는 예절에 의해 온전하게 허용되는 유일한 형태의 야외 활동이 되었다. 사냥과 낚시를 위한 직접적인 자극 중에는 기분 전환과 야외 생활의 욕구도 포함될 것이다. 관례적인 명령은 자연 전체에 영향을 미치는 도살을 은폐하고 사냥감이나 월척을 뒤쫓는 활동을 불가피한 것으로 만드는 간접적인 원인으로서, 이를 어긴 자는 평판이 나빠지고 그로 인해 자존심도 훼손될 위험이 따른다.

다른 종류의 스포츠도 상황은 대체로 비슷하다. 이 중 가장 좋은 사례는 운동경기다. 품위 있는 생활을 위한 규범의 지배 아래, 어떤 형태의 활동과 연습 및 휴식이 허용되는지에 대해 권위를 발휘하는 관례가 여기에도 당연히 존재한다. 운동에 열중하고 있거나 이를 동경하는 사람들은 운동이 기분 전환과 '신체 단련'을 위한 최고의 수단을 제공한다고 주장한다. 그리고 권위를 지닌 관례가 이러한 주장에 힘을 실어준다. 품위 있는 생활의 규범은 유한계급의 생활 체계에서 과시적 여가로 분류될 수 없는 활동을 모두 제외한다. 결국 이런 규범은 사회 전반의 생활체계에서도 과시적 여가로 분류될수 없는 활동을 관례적 명령에 따라 배제하는 경향을 보인다. 동시에 목적 없이 신체만 단련하는 것은 지루한 일이며 참을 수 없는 불쾌감을 줄 수 있다. 다른 관련 사안에서도 살펴봤던 것처럼, 이러한 경우에는 비록 내세우는 대상이 허세나 겉꾸밈에 불과할지라도 적어도 목적상 그럴듯한 허울을 씌울 수 있는 형태의 활동에 의지할 필요가 있다. 스포츠는 본질적인 무용성의 필요조건에 더해 목적상 그럴듯한 겉꾸밈도 함께 충족시킨다. 게다가 스포츠는 경쟁의 기회를 제공하는데, 이 점 또한 스포츠의 매력을 높여준다. 어떤 활동이 예절에 부합하는 것으로 인정받으려면 유한계급이 표방하는 고상한 낭비의 규범을 준수해야만 한다. 동시에 우리의 모든 활동이 비록 부분적일지라도 삶의 습관적인 표현으로서 지속되려면 유용하고 객관적인 목적을 위한 효율성이라는 인간의 보편적인 규범에 부합해야 한다. 유한계급의 규범은 엄격하고 포괄적인 무용성을 요구한다. 그러나 장인 본능은 목적이 있는 행동을 요구한다. 유한계급의 예절 규범은 실질적으로 유용하거나 목적이 있는 모든 행동 양식을 삶의 공인된 체계에서 선택적으로 제거함으로써 느리지만 널리 퍼져나간다. 그러나 장인 본능은 순간의 충동에 의해 발휘되며 당장의 즉각적인 목적과 함께 잠정적으로 충족된다. 행위자가 특정한 행동 유형 이면의 무용성을 불안해하고 이러한 행동을 꺼리는 것은 그러한 무용성이 생활 과정의 정상적이고 목적 지향적인 경향과 본질적으로 이질적인 요소임을 성찰적이고 복합적으로 의식할 때다.

개인의 사고 습관은 유기적 복합체를 형성하는데, 그 유기적 복합체는 생명 활동 과정의 유용성을 높이는 방향으로 나아가는 추세를 보이게 마련이다. 조직적인 낭비나 무용성을 삶의 최종 목표로 삼아 유기적 복합체에 동화시키려 한다면 즉각 그에 대한 반발이 생겨날 것이다. 그러나 기량을 발휘하며 서로 겨룬다는 데 직접적인 목적을 두고 다른 고려를 하지 않는다면, 유기체의 이러한 반발은 피할 수 있다. 스포츠, 즉 사냥, 낚시, 운동경기 등은 기량을 연마하고 약탈적인 삶의 특징인 경쟁적 난폭성과 기민함도 충족시킬 공간을 제공한다. 어떤 개인이 자신을 제대로 성찰하지 못하거나 자기 행동의 숨겨진 경향을 조금밖에 감지하지 못한다면, 즉 그가 단순하게 충동적으로 살아간다면, 지배의 표현이라는 스포츠의 즉각적이고 직접적인 목적성은 그의 장인 본능을 어느 정도 충족시켜줄 것이다. 이는 약탈적 기질에서 비롯된 비(非)성찰적 경쟁 성향을 지배적 충동으로 지닌 사람들의 경우에 더욱 그렇다. 동시에 예절 규범은 그에게 스포츠를 금전적으로 흠결 없는 삶의 표현으로 추천할 것이다. 어떤 활동이 전통과 습관 위에 세워진 품위 있는 기분 전환 양식으로 입지를 굳히려면 [유한계급의 규범이 요구하는] 숨겨진 낭비성과 [장인 본능이 요구하는] 즉각적인 목적성이라는 두 요건을 충족시켜야 한다.[4] 교양이 높고 섬세한 감수성을 갖춘 사람들이 다른 형태의 레크리에이션이나 운동을 하는 것은 규범적으로 용납

---

[4] '숨겨진 낭비성(ulterior wastefulness)'과 '즉각적인 목적성(proximate purposefulness)' 이라는 요건은 겉으로는 유용해 보이지만 궁극적으로는 무용하다는 점에서 동일한 특성의 서로 다른 측면이다.

될 수 없다. 그러므로 스포츠는 현재 상황에서 선택할 수 있는 최고의 기분 전환 수단이라고 할 수 있다.

　그러나 운동경기를 옹호하는 상류사회 구성원은 흔히 운동경기가 발전을 위한 매우 값진 수단이라는 이유를 들어 자신의 태도를 스스로와 이웃에게 정당화한다. 운동경기는 출전 선수의 신체를 단련할 뿐 아니라 참가자와 관중 모두에게 남성적인 정신을 함양한다는 공통점이 있다. 운동경기의 유용성에 대한 문제가 제기될 때마다 미국 사회에서 가장 먼저 언급되는 게임이 바로 미식축구다. 현재 운동경기를 신체적 또는 도덕적 구원의 수단으로서 옹호하거나 반대하는 사람들이 즉각 떠올리는 경기가 바로 미식축구이기 때문이다. 따라서 이 전형적인 스포츠는 운동이 참가자의 인성과 신체 발달에 미치는 영향을 설명하는 데 유용할 것이다. 축구가 신체 발달에 미치는 영향은 투우가 농업 발달에 미치는 영향과 거의 같다는 말이 있는데, 이는 타당하다. 이처럼 운동과 관련한 제도가 유용성을 제공하려면 정성을 다하는 훈련이나 사육이 필요하다. 축구든 투우든, 동물이든 사람이든 세심한 선별과 훈련이 필요한데, 이는 야생 상태에서 발휘되었다가 길들이는 과정에서 퇴화되기 쉬운 적성이나 성향을 보존하고 강화하기 위함이다. 그러나 두 경우 모두 야생 상태나 야만 단계에서의 신체와 정신의 습관을 전체적으로 일관되게 되살릴 수는 없다. 그보다는 야수의 본성(the feræ naturæ)이나 야만 단계의 특성 중 어느 한쪽의 특성만 일방적으로 되살아나는 결과가 발생한다. 즉, 손상과 황폐를 낳던 야생의 특성은 복원·강화되는 반면, 야생의 환경에서 개체의 자기보존과 생활

　　　　　　　　　　　　　　　　유한계급론

의 충족에 기여하던 특성의 발달은 억제된다. 미식축구에 깃든 문화는 이국적인 난폭성과 교활성의 산물이다. 이 문화는 초기 야만 시대의 기질을 되살리는 반면, 사회적·경제적 요구라는 관점에서 볼 때 그러한 기질을 보완해줄 것으로 기대되는 미개 시대의 좋은 기질을 억압한다.

운동경기를 위한 훈련을 통해 획득한 신체적 활력은—그러한 훈련이 실제로 활력을 가져온다면—개인과 집단 모두에게 이득이다. 다른 조건이 동일하다면 이러한 활력은 경제적 유용성에도 기여할 것이기 때문이다. 운동경기가 불어넣는 정신적 특성도 개인적 차원에서 경제적 이득을 주는데, 이때는 집단의 이익과는 상반될 수 있다. 이러한 주장은 신체적 활력의 특성이 전체 인구에 어느 정도 퍼져있는 사회에서라면 타당하다. 근대의 경쟁은 대체로 인간의 약탈적 본성에 기초한 자기주장 과정이라고 할 수 있다. 약탈적 본성이 근대의 평화적인 경쟁 속에서 복잡한 형태를 띠면, 약탈적 특성의 보유는 문명인의 생활에서 거의 필수적인 요건이 된다. 그러나 약탈적 특성은 경쟁에 나서는 개인들에게는 필수적이지만, 공동체에 직접적으로 도움이 되지는 않는다. 개인이 집단생활의 목적에 기여하는 것과 관련해 경쟁적 효율이 유용성을 발휘한다면 이는 간접적으로만 그렇다. 난폭성과 교활함은 다른 공동체와 적대적으로 맞서는 경우를 제외하고는 공동체에 도움이 되지 않는다. 이러한 특성이 개인에게 유용한 것은 그가 함께 살아가며 접촉하는 사람들 다수가 난폭성과 교활함이라는 특성을 발휘할 때뿐이다. 이런 특성을 충분히 부여받지 못한 채 경쟁적인 투쟁에 뛰어드는 사람은 어려운 상황에 처하게 마련인데, 이는 뿔 없는 송아지가 뿔 달린 들소 떼 속에 뛰어드는 것과 마찬가지다.

약탈적 특성을 보유하고 함양하는 것은 경제적 측면 이외의 다른 이유에서도 바람직할 것이다. 심미적이거나 윤리적인 이유에서 야만 시대 사람들의 적성을 좋아하는 이도 적지 않다. 따라서 야만적 특성은 이러한 애호에 효과적으로 부응함으로써 심미적이거나 윤리적 측면에서의 유용성을 높이고, 이를 통해 그들이 가져올 경제적 무용성을 상쇄할 수 있을 것이다. 그러나 이러한 유용성은 현재 논의와 무관하다. 따라서 여기에서는 스포츠가 전반적으로 바람직하거나 권장할 만한 것인지를 다루지는 않을 것이며, 스포츠가 경제적 측면 이외에 지니는 가치에 대해서도 언급하지 않을 것이다.

스포츠 생활이 촉진하는 유형의 남성성에는 존경할 점이 많다는 게 일반적인 인식이다. 일상 대화에서 격식 없이 사용되는 용어를 사용하자면, 자립심과 동료애가 대표적이다. 하지만 현재 이렇게 규정되는 자질은 다른 관점에서 보자면 호전성과 배타성이라고 부를 수도 있다. 이러한 남성적인 자질이 현재 인정받고 추앙받는 이유, 그리고 이들이 남성적이라고 불리는 이유는 이와 같은 자질이 개인에게 유용한 이유와 같다. 공동체의 구성원은, 특히 공동체에서 취향의 표준을 설정하는 계급은 다양한 성향을 충분히 부여받았다. 그로 인해 이런 성향을 지니지 못한 사람들은 결함을 가졌다고 폄하되고, 이를 예외적으로 많이 보유한 사람들은 우월하다고 높이 평가받는다. 약탈적 인간의 특성은 근대인의 일반적 삶에서 결코 사라지지 않았다. 이와 같은 특성은 늘 존재하고 있다가 이것을 촉발시킬 감정에 호소함으로써 언제라도 두드러질 수 있다. 다만 감정적인 호소가 우리의 습관적인 직무를 형성하고 일상적인 관심사도 두루 담아내는 특별한 활동과 충돌하지만 않는다면 말이다. 모든 산업 공동체에서 보통 사람들은 경제적으로 바람직하지 않은 이러한 성향에서 해방된 것처럼 보인다. 약탈적 인간의 성향은 부분적으로 그리고 일시적으로 봉인된 상태로 무의식적인 동기의 배후에 잠복해있다. 개인마다 잠재 능력의 정도는 다르지만, 이렇게 잠복해있던 약탈적 인간의 특성은 일상적인 강도를 넘어서서 자극받을 때마다 개인의 행동과 감정을 공격적으로 만든다. 또한 이는 약탈 문화와 무관한 직업이 일상을 통해 개인의 관심사와 감정을 완전히 사로잡고 있지 않는 한 언제라도 강력하게 표출될 수 있다. 이점은 유한계급과 이들 계급을 뒷받침하는 사람 가운데 일부에서 확인할 수 있다. 새롭게 유한계급으로 진입한 사람들이 스포츠에 쉽게 빠져드는 것이나 부를 충분히 축적해 전체 인구 중 상당 부분이 노동을 면제받는 산업 공동체에서 스포츠나 과시적 놀이가 빠르게 퍼져 나가는 것은 이 때문이다.

약탈적 충동이 모든 계층에 똑같이 널리 퍼져있지 않음을 보여주는 일상적이고 친숙한 사실이 하나 있다. 지팡이를 들고 다니는 습관은 근대 생활의 특징으로 단순하게 이해한다면 아주 사소하게 보일 것이다. 그러나 이러한 관습은 현재의 쟁점과 관련해 중요한 의미를 지닌다. 이러한 습관이 가장 널리 퍼져있는 계층은, 즉 대중의 의식 속에서 지팡이를 연상시키는 계층은 엄밀한 의미에서 유산계급 남성과 스포츠인 그리고 하층계급의 무법자다. 여기에 금전적 활동에 종사하는 남성도 추가될 수 있을 것이다. 이와 달리 산업에 종사하는 보통 남성들은 여기에 속하지 않는다. 여성은 노약자를 제외하면 지팡이를 가지고 다니지 않는데, 노약자의 경우는 다른 종류의 용도 때문이라고 봐야 한다. 물론 이러한 관행은 기본적으로 품위를 위한 관습의 차원에서 행해지는 것이 사실이다. 그렇지만 이처럼 품위를 위한 관습 자체는 그러한 관습을 선도하는 계급의 성향에서 유래한다. 지팡이는 그것을 들고 다니는 사람이 유용한 활동에서 면제되었음을 과시한다는 목적에 부합하며, 따라서 여가를 입증한다는 효용도 줄 수 있다. 그러나 지팡이는 무기이기도 하며, 이 점에서 야만인에게 절실한 욕구[인 약탈적 충동]도 충족시킨다. 이처럼 단단한 원시적 공격 수단을 손에 쥐는 것은 용맹의 기질을 평균 수준으로만 타고난 사람에게도 대단히 기분 좋은 일이다.

언어의 본질적 특성으로 인해 여기에서 논의하는 적성과 성향 그리고 생활의 표현을 부정적으로 바라본다는 인상을 주는 것은 어쩔 수 없다. 그러나 인간의 성격이나 생활 과정 중 특정한 단계나 양상을 비하하거나 칭찬하려는 의도는 전혀 없다. 우리는 지배적인 인간 본성의 다양한 요소를 경제 이론의 관점에서 살펴보고, 이때 거론되는 특성이 집단적 생활 과정의 편익에 미치는 직접적인 경제적 영향을 고려해 이를 측정하고 평가하려 할 뿐이다. 다시 말해 우리는 인간의 특성을 경제적 관점에서 파악하고자 한다. 이때 인간의 특성은 인간 집단이 환경에 좀 더 완벽하게 적응하는 것을 촉진할지 방해할지, 인간 집단이 현재 및 당면한 미래와 관련해 집단 전체의 경제적 상황이 요구하는 제도적 구조에 좀 더 완벽하게 적응하는 것을 촉진할지 방해할지의 관점에서 평가된다.[5] 이와 같은 목적에 비춰보자면 약탈 문화에서 전승된 특성은 보기보다 유용하지 않다고 말할 수 있다. 하지만 이러한 측면에서도 약탈적 인간의 활동적인 공격성과 불굴의 의지는 가치가 높은 유산임을 간과하지 말아야 한다. 여기에서는 이러한 특성과 성향의 경제적 가치에—그리고 좁은 의미에서의 사회적 가치에—관해 판단하고자 시도할 것이며, 다른 관점에서의 가치는 다루지 않을 것이다. 오늘날의 단조롭고 평범한 산업적 생활체계와 대조해보고 공인된 도덕의 표준에 더해 심미적 표준과 시적 표준에 따라 판단해본다면, 원시적 유형의 남성성이 남긴 이러한 유물은 여기에서 부여한 것과 매우 다른 가치를 가질 수 있다. 그러나 이 모든 것은 당장의 목적과 무관하므로, 심미적이거나 시적인 측면 등의 가치에 대해서는 의견을 표명하지 않을 것이다. 여기에서 주의할 점이 있다면, 그것은 당장의 목적과 무관한 탁월성의 표준이 인간 성격의 약탈적 특성에 관한 우리의 경제적 평가나 그러한 특성을 촉진하는 활동에 관한 우리의 경제적 평가에 영향을 미치도록 허용해서는 안 된다는 점이다. 약탈적 특성에 관한 경제적 평가는 스포츠에 적극적으로 참여하는 사람과 스

---

5) 이 문단의 논의는 베블런이 경제학의 목적을 무엇으로 보았는지 잘 드러낸다. 인간 본성의 다양한 요소를 종합적으로 고려해 사람들의 경제적 행동이 사회 전체의 공동 선 달성에 어떤 영향을 미치는지에 초점을 맞추는 베블런의 접근법은, 개인의 이기심과 합리성에 근거해 개별 주체의 의사결정이 시장을 통해 행해질 경우 최상의 결과가 도출된다는 점을 입증하는 데 초점을 맞추는 오늘날의 신고전학파 경제학과 커다란 차이를 보인다.

포츠를 그저 관람하기만 하는 사람 모두를 대상으로 한다. 과시적
인 스포츠 성향에 관한 설명은 흔히 종교적 생활로 알려진 것과 관
련한 여러 모습에도 적합할 것이다.

바로 앞 문단에서 폄하나 변명조의 뉘앙스를 은연중에 풍기지 않
고서는 이러한 종류의 적성과 활동을 일상생활의 언어로 논의하기
어렵다는 사실을 가볍게 언급한 바 있다. 이는 스포츠, 좀 더 일반적
으로는 공훈을 통해 표출되는 성향에 그다지 열의를 갖지 않는 보통
사람들의 습관적인 태도를 보여준다는 점에서 의미가 있다. 또한 스
포츠뿐 아니라 약탈적 성격을 띠는 활동을 옹호하거나 칭찬하는 여
러 담론에 깃든 은근한 비하를 적절하게 보여주는 지점이기도 하다.
야만 시대의 생활 단계에 기원을 둔 대부분의 제도를 옹호하는 사람
들도 동일한 변명조의 마음 상태를 보인다. 변명이 필요하다고 여겨
지는 고대적 제도에는 부의 분배를 다루는 현행 시스템 전체, 그에
따른 신분의 계급적 구별, 과시적 낭비로 분류될 수 있는 모든 형태
의 소비, 가부장제 속 여성의 지위, 교리의 통속적인 표현과 용인된
종교 의례의 미숙한 이해 등으로 요약되는 전통적인 교리와 종교 의
례의 여러 특징 등이 포함된다. 따라서 스포츠와 스포츠 활동의 특
성을 찬양할 때 거론되는 변명이나 태도는 적절히 수정한다면 사회
적 유산과 연관된 그 밖의 요소를 변호하는 데도 적용될 수 있다.

이러한 태도에는 스포츠는 물론 스포츠 활동의 특성을 뒷받침하
는 약탈적 충동과 사고 습관의 전반적인 흐름이 상식에 부합하지
않는다는 느낌이 깔려있다. 옹호자들은 이를 대놓고 드러내지 않
은 채 모호하게 언급할 뿐이지만, 그들의 말투에서 [비하의 뉘앙스

유한계급론

를] 감지할 수 있다. "대다수의 살인자는 매우 그릇된 성격의 소유자다."[6] 이 경구는 약탈적 기질과 그 기질의 노골적인 표출과 행사가 가져올 훈육 효과에 관한 어느 모럴리스트[7]의 가치판단을 잘 보여준다. 그것은 또한 약탈적 사고 습관이 집단생활을 위해 얼마나 이용될 수 있는지에 대해 냉철한 감각을 지닌 성숙한 사람의 견해도 잘 보여준다. 이 경구에 따르면 약탈적 태도를 습관화하는 모든 행동에는 원칙적으로 문제가 있다고 추정해야 하며, 그렇지 않다고 입증해야 할 부담은 약탈적 기질의 복원과 이를 강화하는 관행을 옹호하는 쪽에 있다고 할 수 있다. 대중에게는 약탈적 성향에 가까운 종류의 기분 전환이나 사업을 선호하는 강한 정서가 있다. 하지만 이와 동시에 사회에는 이러한 정서가 그다지 정당하지 않다는 감각도 널리 퍼져있다. 이때 정당성을 확보하려는 통상의 방식은 스포츠가 본질적으로 약탈적이고 사회 통합을 저해하며 산업에 해악을 초래하는 경향이 있음을 인정하면서도, 스포츠가 간접적으로 그리고 우회적으로 반극 유도나 반대 자극[8]이라는, 이해하기 쉽지

---

6) 영국의 소설가이자 수필가인 토머스 드 퀸시(Thomas De Quincey, 1785~1859)가 1827년 《블랙우드 매거진(Blackwood's Magazine)》에 실은 에세이 〈예술 분과로서의 살인(On Murder, Considered as One of the Fine Arts)〉에서 쓴 표현이다.

7) 일반적으로 '모럴리스트(moralist)'는 '도덕의 중요성을 강조하고 그것을 실천하는 사람'이라는 뜻을 담고 있다. 여기서는 문예사조상 특정한 문필가 집단을 지칭하는 것으로 보인다. 16~18세기 유럽에서 인간성과 도덕에 대한 탐구를 에세이나 단장(斷章) 등의 형식으로 표현한 일군의 문필가 집단이 그들이다. 미셸 드 몽테뉴, 블레즈 파스칼, 프랑수아 6세 드 라로슈푸코, 장 드 라브뤼예르, 뤽 드 클라피에르 드 보브나르그 등이 이에 속한다.

않은 과정을 통해 사회적이거나 산업적인 목적에 기여하는 사고 습관을 촉진할 수 있다고 주장하는 것이다. 다시 말해 스포츠는 본질적으로 서열을 매기고 시샘을 자아내는 영웅놀이인 동시에, 모호하면서도 간접적인 효과를 통해 시샘을 유발하지 않는 행위에 도움이 되는 기질도 키워낸다는 것이다. 이때 이 모든 것을 경험적으로 입증하려 시도하는 사람도 있고, 이 모든 게 관심을 가지고 보는 이에게는 너무도 자명한 경험적 사실이라고 주장하는 사람도 있다. 경험적 입증을 시도한 이들은 위에서 언급한 '남성적 덕목'이 스포츠를 통해 배양된다는 것을 보여주는 것 외에는 원인에서 결과를 추론하는 위험한 부분을 영악하게도 건드리지 않았다. 그러나 남성적 덕목이야말로 (경제적으로) 정당화가 필요하다는 점에서 논증의 사슬은 시작해야 할 곳에서부터 끊어진다.[9] 가장 일반적인 경제학 용어로 말하자면, 이런 식으로 변명하는 사람은 논리야 어떻든 스포츠가 사실 '장인 본능'이라고 널리 불리는 특성을 키워준다는 것을

---

8) '반대 자극(counter-irritation)'이란 특정 부위의 통증을 완화하려고 다른 부위에 자극이나 간단한 염증을 발생시키는 의료 행위를 지칭한다. 한편 '반극 유도(polar induction)'는 오늘날 잘 사용되지 않는 용어다. '반대되는 성질을 유도한다'는 의미로 미뤄볼 때 반대 자극과 다르지 않게 쓰인 듯하다. 본문의 맥락에서는 약탈적 특성이 고쳐지는 과정에서 반대 성질인 산업적 특성이 자극받고 활성화될 수 있다는 취지로 보인다.

9) 스포츠가 사회 통합과 산업 발전에 기여한다는 주장 속에는 스포츠가 원인이고 산업 발전이 결과라는 논리와, 스포츠가 남성적 덕목을 함양하기 때문에 산업 발전을 가져온다는 논리가 함께 들어있다. 베블런은 이러한 주장의 연쇄 속에서 스포츠가 남성적 덕목을 함양하는 것은 맞지만, 남성적 덕목이 산업 발전을 가져온다는 주장의 근거가 제시되지 못한 채 주장만 제시되고 있음을 문제 삼는 것으로 보인다.

유한계급론

보이려 애를 쓴다. 장인 정신의 함양이 스포츠에 따른 효과라고 자신이나 다른 사람들을 설득하는 데 성공하지 못하는 한 스포츠에 대한 사려 깊은 옹호자는 만족하지 못할 것이며, 그가 만족하지 못한다는 것은 당연한 일이다. 그는 문제의 관행에 대한 자신의 옹호에 만족하지 못하는데, 이것은 보통 그의 격앙된 어조와 자기 입장을 뒷받침하려고 열심히 나열하는 단정적 어투에서 잘 드러난다.

이러한 변론이 왜 필요할까? 스포츠가 대중적인 사랑을 받고 있다는 사실만으로 충분하게 정당화되지 못하는 이유는 무엇인가? 인류는 약탈적이고 준평화적인 문화 속에서 오랫동안 용맹의 규율 아래 살아왔고, 그로 인해 오늘날의 남성은 난폭함(ferocity)과 교활함을 표출함으로써 만족을 찾으려는 기질을 물려받았다. 그렇다면 스포츠를 정상적이고 유익한 인간 본성의 정당한 표출로 수용하는 것은 어떤가? 용맹이라는 유전적 특성을 포함해 이 세대의 정서에서 나타나는 전반적인 성향에 따라 부여된 규범보다 더 중요한 규범은 무엇인가? 주목해야 할 이면의 규범은 장인 본능으로, 이는 약탈하고 겨루려는 성향보다 더 근본적이고 더 오래된 것이다. 약탈하고 경쟁하려는 성향은 절대적으로 보자면 아주 오래된 것이지만, 장인 본능보다 나중에 출현했고 수명도 짧다는 점에서 장인 본능이 특수하게 발전한 일종의 변종에 불과하다고 할 수도 있다. 경쟁하고 약탈하려는 충동은—또는 스포츠인 본능은—그것에서 발전하고 분화된 모태인 장인 본능에 비해 본질적으로 불안정하다. 약탈적 경쟁, 곧 스포츠의 생활은 이러한 이면의 생활 규범이 제시하는 시험을 통과하기 어렵다.

유한계급 제도가 스포츠나 시샘을 자아내는 과시적 활동을 어떻게 그리고 얼마나 촉진하고 보존하는가를 간명하게 서술하는 것은 쉽지 않은 일이다. 이미 언급한 증거로 볼 때, 유한계급은 정서나 성향에 있어 호전적인 태도나 적개심을 산업 계급에 비해 더 선호한다. 스포츠도 마찬가지일 것으로 보인다. 그렇지만 유한계급의 과시적 오락인 스포츠와 관계된 전반적인 정서는 주로 품위 있는 삶의 규범에 좌우된다. 품위 있는 삶의 규범에 따른 간접적 효과는 약탈적 기질과 습관의 존속을 촉진하는 방향으로 분명히 영향을 미친다. 이는 상류 유한계급의 예절 규범에서 금지하는 유형의 스포츠, 예컨대 프로 권투와 닭싸움이나 스포츠 기질을 세속적으로 표출하는 그 밖의 활동에 대해서도 마찬가지다. 최근 들어 올바른 것이라고 인정되는 규범의 세부적인 예절 목록이 무엇이든 간에, 유한계급이 공인하는 예절 규범에 따르면 경쟁과 낭비는 좋은 것이고 그 반대는 창피한 것이다. 희미한 빛만 깃드는 하층사회에서는 예절 규범의 세부 사항을 바라는 만큼 용이하게 파악하기 어렵다. 이러한 상황에서 하층계급은 규범에 따라야 할 적절한 범위나 따르지 않아도 괜찮다고 허용된 상세한 예외 사항에 대해 묻지 않은 채, 광범위하게 퍼져있는 규범을 품위 있는 삶의 초석이라 믿으며 무분별하게 수용한다.

운동경기는 직접적인 참여뿐만 아니라 정서적이거나 도덕적인 응원의 방식으로도 중독될 수 있다. 이러한 중독은 유한계급에서 다소 분명하게 나타나는 특성인데, 유한계급은 하층계급의 무법자들 그리고 약탈적 경향을 물려받아 격세유전의 특성을 보이는 공동체 구성원과 특성을 공유한다. 서양 문명국가의 인구 중 운동경기나 게임에서 어떠한 즐거움이나 기분 전환도 느끼지 못할 정도까지 약탈적 본능을 결여한 사람은 거의 없다. 그러나 산업 계급에 속하는 보통 사람은 이른바 스포츠 습관을 형성할 정도까지 스포츠에 강한 애호를 지니지 않는다. 산업 계급에 있어 스포츠는 생활의 진지한 특색이기보다 어쩌다 있는 기분 전환이다. 따라서 보통 사람이 스포츠 성향을 함양한다고는 말할 수 없다. 물론 스포츠 성향이 보통 사람에게서 크게 사라진 것은 아니며 이들 중 다수에게는 아직도 이와 같은 성향이 남아있다. 그러나 산업 계급에 속하는 평범한 사람들에게 스포츠란 사고 습관의 유기적 복합체를 결정적으로 형성하는 사활적이고 영속적인 관심사가 아니라 기분을 다소 전환시켜주는 이따금의 관심사이며, 스포츠에 대한 그들의 애호는 즐거운 추억이라는 성격을 지닐 뿐이다.

　스포츠를 즐기는 오늘날의 생활에서 분명해지고 있듯이, 이러한 성향이 주요한 경제적 요인이라고 볼 수는 없다. 단순히 그 자체로만 놓고 보자면, 스포츠를 즐기는 생활이 산업적 효율이나 개인의 소비에 미치는 직접적인 영향은 미미하다. 그러나 스포츠 성향을 주요한 특성으로 지닌 인간 본성 유형이 널리 퍼지고 늘어나는 현상은 중요한 문제다. 그것은 경제 발전의 속도와 경제 발전으로 얻은 결과의 성격이라는 양쪽 측면에서 집단의 경제생활에 영향을 미친다. 대중의 사고 습관이 이러한 유형의 성격에 어느 정도 지배된다는 사실은 좋든 나쁘든 환경에 대한 집단생활의 적응 정도는 물론 집단적 경제생활의 범위·방향·표준·이상에도 큰 영향을 미칠 수밖에 없다.

야만적 성격을 형성하는 다른 특성에 대해서도 비슷하게 말할 수 있다. 경제 이론의 목적에서 보자면 야만적 특성은 용맹으로 발현되는 약탈적 기질의 부수적인 변종으로 간주될 수 있다. 이러한 특성은 기본적으로 경제적 성격을 띠지 않으며 경제와의 직접적인 관련성도 크지 않다. 야만적 특성은 그러한 특성을 가진 개인이 적응해가는 경제적 진화의 단계를 나타내기에, 그러한 특성을 가진 개인이 오늘날의 경제적 긴급성에 어느 정도까지 적응했는가를 보여주는 외적 시금석이 될 수 있다는 점에서 중요하다. 하지만 이러한 특성은 또한 개인의 경제적 유용성을 그 자체로 높이거나 낮추는 적성으로서도 어느 정도 중요한 역할을 담당한다.

야만인의 생활에서 드러나는 용맹은 주로 폭력과 기만이라는 두 방향으로 표출된다. 이 두 가지 표현 형태는 근대적 전쟁, 금전적 활동, 스포츠와 게임 등에서 정도 차이는 있지만 비슷한 모습으로 나타난다. 폭력과 기만은 경쟁이 한층 심각한 형태로 수행되는 생활은 물론 스포츠를 통해서도 함양되고 강화된다. 전략이나 교활함은 호전적인 추격이나 수렵과 마찬가지로 게임에서도 본질적인 요소다. 이 모든 활동에서 전략은 책략과 술수로 발전하는 경향이 있다. 책략·속임수·위협은 모든 운동경기의 진행 방식에서, 그리고 일반적으로 게임에서 확고한 자리를 차지하고 있다. 심판을 두는 습관, 그리고 허용할 수 있는 기만행위나 전략적 우위 방책의 한계와 세목을 규정하는 세세한 기술적 규칙은 기만행위나 상대방을 제압하려는 시도가 게임의 우연한 특징이 아님을 확실히 증명하고 있다.

스포츠의 이러한 성격을 고려할 때, 스포츠의 습관화는 기만행위와 관계된 적성을 한껏 발전시킬 것이다. 그리고 남성을 스포츠에 빠져들게 하는 약탈적 기질이 사회에 만연하면 개인적으로나 집단적으로나 교활한 행위와 타인의 이익에 대한 냉담한 무시가 널리 퍼진다. 사기에 의존하는 행태는 눈속임에 의한 것이든, 법률이나 관습에 의해 정당화되는 것이든 편협한 자기중심적 사고 습관의 표출이다. 스포츠 행위에서 확인되는 이러한 성격적 특색의 경제적 가치에 대해 더는 길게 살펴볼 필요는 없다.

이와 관련해 운동선수나 여타 스포츠인이 보여주는 인상의 가장 명백한 특성이 극도의 기민함이라는 점에 주목할 필요가 있다. 오디세우스의 재능과 위업은 계략을 즐겨 사용하고 운동이나 수렵을 약삭빠르게 수행하는 자들에게 갈채를 보낸다는 점에서 아킬레우스의 재능과 위업에 뒤지지 않는다.[10] 청소년이 유명한 고등학교나 대학교에 입학해 전문적인 운동선수의 일원이 되는 맨 처음 단계에서 보이는 두드러진 모습이 바로 기민함이다. 운동경기나 경주, 이와 유사한 경쟁적 성격의 경연에 푹 빠진 남자들은 [유한계급의] 장식적 특징이 된 기민함에 크게 주목한다. 그들과 정신적 친족관계에 있는 이들로는 하층 비행 계급 구성원이 있다. 비행 계급 구성원에게서는 기민함의 신체적 특징이 현저하게 나타내며, 명예로운 운

---

10) 아킬레우스(Achilleus)와 오디세우스(Odysseus)는 호메로스의 서사시 《일리아스》와 《오디세이아》를 각각 대표하는 영웅이다. 아킬레우스가 격정적이고 용맹했으며 뛰어난 무용을 자랑했다면, 오디세우스는 참을성이 많았고 지략이 남달랐다.

동선수를 꿈꾸는 젊은 후보자에게서 종종 볼 수 있는 것과 같은 연극조의 과장도 보인다. 이때 기민함은 악명을 갈망하는 젊은 야심가들이 속되게 '터프함(toughness)'이라고 부르는 덕목을 가장 알아보기 쉽게 해준다.

기민한 사람은 다른 공동체를 상대로 교활한 술수를 펼칠 목적이 아니라면 공동체에 어떠한 경제적 가치도 주지 못한다. 그의 기능은 공동체의 전반적인 삶의 과정을 촉진하는 데 있지 않다. 기민한 사람은 집단의 경제적 실체를 집단의 생활 과정과 동떨어진 방향으로 성장시키는 데 기여할 뿐이며, 이것이 그의 직접적인 경제적 기능이다. 이는 의학에서 양성종양[11]이라고 부르는 것과 매우 유사한데, 양성종양은 악성과 양성 사이의 모호한 경계를 넘나들며 성장하는 경향을 보이기 때문이다.

난폭함과 기민함이라는 야만인의 두 가지 특성은 약탈적 기질이나 정신적 태도를 구성하는 요소다. 이 두 가지 특성은 자기만을 편협하게 고려하는 사고 습관의 표출이다. 양자 모두 시샘을 자아내는 데 성공하는 삶에서 개인적 편의를 달성하는 데는 매우 유용하다. 난폭함과 기민함은 심미적 가치도 높으며, 금전 문화에 의해 육성된다. 그러나 이 두 특성은 집단적 삶의 목적을 달성하는 데는 전혀 쓸모가 없다.

---

11) '양성종양(benign tumors)'은 발육 속도가 완만해 성장에 한계가 있고 침윤이나 전이를 일으키지 않는 종양을 지칭한다. 섬유종이나 지방종 따위가 전형적인 예다.

유한계급론

11장

행운을 믿는 마음

도박 성향은 야만적 기질의 또 다른 부수적 특성이다. 이는 스포츠를 즐기는 남자들과 호전적이거나 경쟁적인 활동을 하는 남자들 사이에서 거의 보편적으로 나타나는 특성으로서, 직접적인 경제적 가치 또한 지닌다. 도박 성향이 상당한 정도로 퍼져있는 곳에서, 이 특성은 사회 전체 차원에서 최고의 산업적 효율이 달성되는 것을 막는 방해물로 인식된다.

도박 성향을 인간 본성 중 약탈적 유형에만 속하는 특징으로 분류할 수 있을지는 의문이다. 도박 습관의 주요한 요인은 행운에 대한 믿음이다. 그리고 행운에 대한 믿음은 적어도 핵심 요소만 놓고 보면 인간의 진화 중 약탈 문화 이전 단계까지 거슬러 올라갈 수밖에 없다. 행운에 대한 믿음은 약탈 문화 단계를 거치면서 도박 성향의 주요 요소가 스포츠 기질을 통해 나타나는 오늘날의 형태로 발전했을 것이다. 행운을 믿는 마음이 근대 문화 속에서 지금과 같은 형태를 띤 것은 약탈적 규율 때문일 것이다. 그러나 행운에 대한 믿음은 본질적으로 약탈 문화보다 더 오래된 습관이다. 행운에 대한 믿음은 사물을 애니미즘적 시각에서 파악하는 하나의 형태다. 이 믿음은 미개 단계에서 야만 문화로 계승되었고, 야만 문화 속에서 약탈적 규율이 부과한 특정 형태로 변형된 가운데 인간 발전의 다음 단계로 넘겨졌을 것으로 보인다. 그러나 어떠한 경우든 행운에 대한 믿음은 고대의 특성으로 간주되어야 한다. 그것은 멀리 떨어진 과거로부터 물려받은 것이고, 근대의 산업적 과정의 요건과 양립하기 어려우며, 오늘날의 집단적 경제생활이 발휘할 최대한의 효율성을 적잖이 방해하기 때문이다.

행운에 대한 믿음은 도박 습관의 기초라고 할 수 있지만, 그것이 내기를 거는 습관을 만들어내는 유일한 요소는 아니다. 힘과 기량을 겨루는 승부에 내기를 거는 데는 또 다른 동기가 있는데, 이것이 없다면 행운에 대한 믿음은 스포츠를 즐기는 생활의 두드러진 특징이 될 수 없을 것이다. 또 다른 동기란 승리를 예상하는 사람이나 승리가 예상되는 편에 서기로 한 사람이 패자의 비용으로 자기 편의 지배력을 높이려는 욕망이다. 내기에 걸린 금전적 이득이나 손실이 클수록 그에 비례해서 이긴 쪽은 더욱 빛나는 반면, 패한 쪽은 한층 큰 고통과 굴욕을 맛본다. 이것도 내기를 하는 중대한 동기다. 하지만 내기는 명시적으로 공언되지 않거나 심지어 비밀리에(in petto) 정한 조건이 승인되지 않은 상태로 판돈이 걸린 측의 승리 가능성을 높일 목적으로도 행해진다. 이러한 목적을 위해 바쳐진 재산과 염원이 헛되이 쓰이지 않으리라는 기대와 함께 말이다.[1] 여기에서 장인 본능이 독특하게 발현되는데, 이는 사물에 깃든 정령의 능동적이고 활동적인 자극이 어느 쪽 편을 들면서 경기에 내재하는 성향을 자극하고 회유하는지에 따라 승자가 결정될 것이라는 뜻렷한 감각으로 뒷받침된다. 내기에 대한 이러한 유인은 어떠한 경기에서든 자신이 응원하는 선수를 지지하는 형태로 자유롭게 표출되며, 명백히 약탈적인 특징을 보인다. 행운에 대한 믿음이 내기로 표현되는 것은 엄밀한 의미에서의 약탈적 충동에 뒤따르는 부수적인 현상이다. 따라서 행운에 대한 믿음이 내기를 거는 형태로 표출되는 한, 그것은 약탈적 유형에 속하는 본질적 요소로 간주될 수 있을 것이다. 행운에 대한 믿음은 본질적으로 초기의 미분화된 인간 본성에 속하는 태곳적 습관이다. 그러나 이러한 믿음이 약탈적이고 경쟁적인 충동의 도움으로 도박 습관이라는 구체적인 형태로 분화하면, 이처럼 고도로 발달한 구체적인 형태는 야만인의 성격적 특성으로 분류되어야 할 것이다.

행운에 대한 믿음은 일련의 현상 속에서 우연적인 필연성을 느끼는 감각이다. 이 믿음은 다양한 변형과 표현을 통해 그것이 상당한 정도로 널리 퍼져있는 모든 공동체의 경제적 효율성에 매우 심대한 영향을 미친다. 그러므로 행운에 대한 믿음의 기원과 내용 그리고 이러한 믿음의 다양한 분화가 경제적 구조 및 기능에 미치는 영향에 관해 상세한 논의가 필요하다. 또한 행운에 대한 믿음의 성장과 분화 그리고 존속과 관련해 유한계급이 맺고 있는 관계에 대해서도 검토할 필요가 있다. 이러한 믿음은 약탈 문화의 야만인이나 근대

---

1) 내기는 자신이나 자신이 응원하는 편의 승리를 위해 자신보다 더 큰 힘을 지닌 모종의 초월적 존재에게 공물을 바치는 행위라는 의미로 보인다.

사회의 스포츠인에게서 가장 흔하게 관찰할 수 있는 발전적이고 통합적인 형태 속에서, 적어도 두 갈래로 구별되는 요소로 구성된다. 이 두 요소는 동일한 근본적인 사고 습관의 두 가지 다른 단계로 볼 수도 있고, 진화의 연속적인 두 단계에서 나타난 동일한 심리적 요인으로 볼 수도 있다. 이 두 요소가 동일한 믿음이 일반적으로 성장하는 과정 속의 연속적인 단계라고 해서, 특정한 개인의 사고 습관에서 이들이 공존할 수 없음을 의미하는 것은 아니다. 더 원시적인 형태(또는 더 고대의 단계)는 최초의 애니미즘적 믿음 또는 관계나 사물에 대한 애니미즘적 감각으로서, 이들은 사실이나 사건에 유사 인격적 특성을 부여한다. 고대의 인간은 자신의 주변에서 두드러지거나 중대하게 느껴지는 모든 사물이나 현상 속에 인간과 유사한 인격적 개성이 깃들어 있다고 믿었다. 이러한 사물이나 현상은 복잡한 원인에 개입함으로써 사람으로서는 헤아릴 수 없는 방식으로 사건에 영향을 미치는 강력한 의지나 성향을 지닌 존재로 인식되었다. 스포츠인에게서 볼 수 있는 행운이나 운수에 대한 감각 또는 우연적인 필연성에 대한 감각은 미분화 상태나 시작 단계의 애니미즘에서 비롯하며, 사물이나 상황에 매우 모호한 방식으로 적용된다. 애니미즘은 일반적으로 기량이나 운을 겨루는 모든 게임에서 도구나 소품에 깃든 성향을 자극하거나 속이고 꾀어내거나 가로막을 가능성을 암시한다고 알려져 있다. 대부분의 스포츠인에게는 어느 정도 효능감이 느껴지는 부적이나 호부[2]를 착용하는 습관이 있다. 그리고 내기가 걸린 경기의 참가자나 도구의 '불길한 마법'을 본능적으로 두려워하는 사람, 특정 참가자나 편을 지지한다는 사실이

유한계급론

힘을 실어주고 또 그래야 한다고 믿는 사람, 자신이 가꾸는 '마스코트'에 단순한 장난 이상의 의미를 부여하는 사람도 적지 않은 비율을 차지한다.

행운에 대한 믿음의 단순한 형태는 사물이나 사건 속에 이처럼 목적을 향한 알 수 없는 성향이 깃들어 있다고 믿는 본능적 감각이다. 사물이나 사건은 주어진 목적을 달성하려는 성향이 있는데, 어떤 사건의 목적지나 목표 지점은 우연히 주어진 것으로도, 누군가의 의도에 따른 것으로도 인식될 수 있다. 이렇게 단순한 애니미즘에서 출발한 행운에 대한 믿음은 감지하기 어려울 만큼 완만한 변화 과정을 거쳐 앞서 언급한 두 번째 파생적 형태 또는 단계로 변모하는데, 이는 불가해한 초자연적 힘에 대한 어느 정도 명료한 믿음이다. 이때 초자연적 힘은 자신과 연결된 가시적 대상을 통해 작용하지만, 개체성이라는 측면에서는 그 대상과 동일시되지 않는다. 여기에서 '초자연적 힘(preternatural[3] agency)'이라는 용어에는 초자연적이라고 칭해진 힘의 본성에 대해서 더 이상의 어떠한 함의도 담겨 있지 않다. 자연을 넘어서는 힘에 대한 믿음은 애니미즘적 믿음이 더욱 발전한 것에 불과하다. 초자연적 힘이 반드시 온전한 의미

---

2) '호부(talisman)'는 유럽과 아랍 문화권에서 성스러운 힘 또는 마력이 깃들어 소유자를 지켜주고 병을 고쳐주며, 때로는 소유자에게 해를 끼친다고 믿은 유물을 뜻한다.

3) 이 책에서 agency는 행위자나 힘의 의미로 주로 사용된다. 그리고 preternatural은 예상을 뛰어넘거나 비정상적인 현상을 지칭하며, supernatural은 자연을 뛰어넘는 더 큰 힘에 의해 벌어지는 기이한 현상을 지칭하는데, 둘 다 '초자연적'으로 옮긴다.

에서의 인격적 힘으로 간주되어야 하는 것은 아니다. 그러나 그것은 모험적 활동에, 특히 시합의 결과에 어느 정도 자의적인 영향을 미칠 수 있을 정도로는 인격적 속성을 지닌 힘이다. 특수하게는 아이슬란드 신화에, 일반적으로는 초기 게르만 민속 전설에 다채로운 색채를 입혔던 하밍야나 기프타[4]에 대한 광범위한 믿음은 사건의 전개 과정에서 나타나는 초자연적 성향에 대한 감각을 잘 보여준다.

초자연적 힘에 대한 믿음이 표출되고 형상화되는 과정에서 초자연적인 성향에 다양한 개성이 부여되었지만 인격화까지 된 경우는 많지 않다. 그리고 이처럼 개성을 부여받은 성향은 보통 영적이거나 초자연적인 성격을 띠는 환경에 순응한다고 간주되곤 했다. 초자연적 힘에 대한 믿음을 보여주는 잘 알려진 사례로 결투 재판[5]을 들 수 있다. 초자연적인 힘에 대한 이 시기의 믿음은 문화가 상당히 진전된 단계에 속하며, 호소 대상인 초자연적 존재에 대한 인격적인 의인화를 수반한다. 여기에서 초자연적 힘은 당사자의 요청에

---

4) '하밍야(hamingia)'와 '기프타(gipta)'는 아이슬란드인의 용어로, 인간의 운명을 결정하는 초자연적 힘에 의해 제공되는 행운을 뜻한다. 하밍야는 북유럽 신화에 등장하는 여성 수호신의 일종으로서, 사람들과 동행하며 그들의 행운과 행복을 결정한다. 베블런은 젊은 시절 아이슬란드의 신화인 '락스다엘라 사가(Laxdæla Saga)'를 번역하기도 했다.

5) '결투 재판(the wager of battle)'은 중세 유럽에서 증인이나 증거가 부족한 사건을 해결하려고 당사자들이 결투로 사건을 해결하던 관행을 말한다. 영국에서는 1172년부터 재산권 관련 사건에 대해 배심재판으로 대체했다.

유한계급론

따라 심판이 되고, 참가자들이 제시하는 주장의 정당성이나 적법성 등 모종의 명문화된 판단 근거에 따라 시합의 결과를 판정하는 존재로 간주된다. 사건이 이해할 수는 없지만 영적으로 필연적인 경향에 따라 진행된다는 감각과 유사한 인식은 오늘날의 대중적 믿음 속에서도 여전히 모호하게 감지된다. 예를 들어 "자신의 싸움이 정당하다고 확신하는 사람은 세 사람 몫의 무기로 싸우는 것이다."[6]라는 잘 알려진 격언은 오늘날의 문명화된 사회에서도 평균적인 분별력이 없는 사람에게는 무겁게 받아들여지고 있다. 이러한 사람들에게서는 하밍야에 대한 믿음이나 보이지 않는 손에 대한 믿음의 근대적 흔적을 볼 수 있는데, 그들의 믿음은 흐릿하고 확신도 부족할 것이다. 그리고 이러한 믿음은 어떤 경우든 애니미즘적 성격과는 확실히 무관한 다른 심리적 계기와 뒤섞일 것이다.

당면한 목적상, 이 두 가지 애니미즘적 사고방식 중 초기의 인식에서 후기의 인식이 파생되는 심리적 과정이나 민족학적 계보를 자세히 살펴볼 필요는 없다. 이 문제는 민족심리학이나 교리 및 종파의 진화 이론에서 대단히 중요할 것이다. 이 두 가지 사고방식이 일련의 발달 과정에서 연속적인 단계로서 서로 연결되어 있는지에 관한 좀 더 근본적인 질문도 마찬가지다. 여기에서 이와 같은 질문을 언급하는 이유는 지금 논의가 그쪽에 관심을 두고 있지 않다는 것

---

6) 윌리엄 셰익스피어(William Shakespeare, 1564~1616)의 〈헨리 6세〉 2부 3막 2장에 나오는 대사를 미국의 작가 조시 빌링스(Josh Billings, 1818~1885)가 패러디한 것이다. 셰익스피어의 희곡에 나오는 대사는 표현이 약간 다르다.

을 분명히 하기 위해서다. 경제 이론의 측면에서 보자면 행운에 대한 믿음과 인과관계를 뛰어넘어 사물에 내재하는 추세나 성향에 대한 믿음이라는 두 가지 요소 또는 단계는 본질적으로 성격이 같다. 이와 같은 믿음은 사고 습관이 됨으로써 경제적으로 큰 의의를 지닌다. 이때 사고 습관이 된 믿음은 개인이 접하는 사실과 순서에 관한 각자의 습관적 견해에 영향을 미치고, 그로 인해 산업적 목적을 위한 각 개인의 유용성에도 영향을 미치기 때문이다. 따라서 애니미즘적 믿음이 지닌 아름다움, 가치 또는 선행에 관한 모든 질문과 별개로 그 믿음이 경제적 요인으로서, 특히 산업적 힘으로서 개인의 유용성에 미치는 경제적 영향을 검토할 필요가 있다.

앞에서 이미 언급했듯이, 개인이 오늘날의 복잡한 산업적 과정 속에서 최고의 유용성을 발휘하려면 사실을 인과적 연쇄 측면에서 용이하게 파악하고 연결하는 적성과 습관을 갖춰야 한다. 산업적 과정은 전체적으로나 세부적으로나 수량적 인과의 과정이다. 산업적 과정의 지휘자는 물론 노동자에게까지 요구되는 '지능'은 수량적으로 결정된 인과적 연쇄를 손쉽게 이해하고 이에 수월하게 적응할 수 있는 능력에 지나지 않는다. 우둔한 노동자에게 결여된 것이 바로 이러한 인과적 이해와 적응 능력으로, 그들에 대한 교육의 목적이 노동자가 발휘할 산업적 효율의 향상이라면 이러한 능력의 신장을 노동자 교육이 추구해야 할 목표로 설정해야 할 것이다. 개인의 타고난 적성이나 훈련으로 인해 인과관계에 근거하지 않고 사실을 달리 설명하려는 경향이 있는 사람은 생산 효율성이나 산업적 유용성이 떨어질 수밖에 없다. 사실을 애니미즘으로 파악하는 경향에 따른 효율 저하는 전체 차원에서 접근할 때, 즉 애니미즘적 성향을 지닌 특정 집단 전체를 볼 때 특히 두드러진다. 애니미즘의 경제적 문제점은 다른 어떤 체제보다도 근대의 대규모 산업 체제에서 가장 명백하게 드러나고 그 결과 또한 가장 광범위하다. 근대 산업사회에서 산업은 규모가 계속해서 커지는 가운데 세부 기관과 기능이 서로 영향을 미치는 포괄적인 시스템 속에서 조직화된다. 그러므로 산업에 종사하는 사람들은 모든 편견에서 벗어나 현상을 인과적으로 파악함으로써 효율을 높여야 한다는 요구에 부단히 직면하고 있다. 수공업 체제에서는 손재주, 근면, 근력이나 지구력에서의 강점을 통해 노동자들의 사고 습관에 존재하던 편견을 상당 정도 상쇄시켰을 것이다.

전통적인 종류의 농업도 사정은 비슷한데, 농업에서 노동자에 가해지던 요구의 성격이 수공업과 대단히 흡사하기 때문이다. 노동자가 주로 의존하는 원동력은 노동자 자신이다. 이때 관여하는 자연의 힘은 대부분 노동자의 통제나 재량을 벗어나고 불가해한 우연적인 힘으로 인식된다는 점에서 농업과 수공업은 공통점이 있다. 대중의 인식에 따르면 농업과 수공업은 포괄적이고 기계적인 절차를 향해 운명적으로 선회해야만 할 산업적 과정이 상대적으로 적다. 이때 포괄적이고 기계적인 절차는 인과관계 측면에서 이해되어야 하고 산업의 운영과 노동자의 동작도 반드시 적응해야 하는 과정이다. 산업적 방식이 발달함에 따라 수공업자의 덕목으로 산업적 지능의 부족이나 인과적 순서에 대한 수용의 어려움을 상쇄하는 것은 점점 더 어려워진다. 산업을 수행하는 조직은 점점 더 기계장치의 성격을 지닌다. 그 속에서 인간이 담당해야 할 일은 자연의 힘이 그들의 업무에 어떤 효과를 발휘할지를 식별하고 그들 중 가장 바람직한 힘을 선택하는 것이다. 노동자는 산업 내 원동력 또는 주역에서 수량적 순서와 기계적 사실을 식별하고 가치를 매기는 존재로 그 위상이 변한다. 자신을 둘러싼 환경 속에서 즉시 원인을 파악하고 편견 없이 평가하는 능력의 경제적 중요성이 상대적으로 커진다. 그와 더불어 복잡한 사고 습관 중 사실적 연쇄에 대한 이처럼 준비된 평가에 반해 편견을 불러일으키는 모든 요소도 산업적 유용성을 떨어뜨리는 방해 요인이 된다는 점에서 중요성이 점증한다. 이러한 요소는 사람들의 습관적인 태도에 누적적인 영향을 미친다. 수량적 인과관계 이외의 다른 근거에 기대어 일상의 사실을 설명하려는 아주 사소하거나 눈에 띄지 않는 편견조차 공동체 전체의 산업적 효율을 현저하게 낮추는 요인으로 작용할 수 있다.

　애니미즘적 사고 습관은 미분화된 형태를 띠는 초기의 미숙한 정령숭배적 믿음으로 나타날 수도 있고, 고도로 통합된 단계에서 사건이나 사물에 특정한 성향을 귀속시키고 이를 인격적으로 의인화하는 후기의 방식으로 나타날 수도 있다. 애니미즘적 감각을 생동감 넘치게 표출하는 전자와 초자연적 힘이나 보이지 않는 손의 안내에 의지하는 후자의 산업적 가치는 동일하다. 개인의 산업적 유용성과 관련해서도 두 경우 모두 같은 종류의 영향을 미친다. 그러나 애니미즘적 사고 습관이 각자의 복합적인 사고 습관 전체를 지배하거나 형성하는 정도는 그들이 자신의 환경을 둘러싼 사건이나 사실을 다루는 과정에서 애니미즘이나 의인관을 적용할 때의 직접

성과 긴급성 그리고 배타성의 정도에 따라 다르다. 애니미즘적 습관은 모든 경우에서 인과적 연쇄에 대한 판단을 흐리게 만든다. 분별력도 덜하고 윤곽도 분명치 않은 초기의 감각적 애니미즘 성향은 더 높은 형태의 의인화에 비해 개인의 지적 과정에 더 광범위한 방식으로 영향을 미쳤을 것으로 보인다. 애니미즘적 습관이 조야한 형태로 존재하는 곳에서는 적용의 범위와 영역이 제한되지 않는다. 따라서 애니미즘적 습관은 개인의 모든 생활에서, 즉 생활의 물질적 수단과 관련된 모든 곳에서 그의 사고에 뚜렷하게 영향을 미칠 것이다. 이후에 애니미즘이 정교한 의인화 과정을 통해 정의되고 성숙하게 발달하면서 어느 정도 일관된 방식으로 멀리 떨어져 있거나 눈에 보이지 않는 영역에 제한적으로 적용되면, 점점 더 많은 범위의 일상적 사실이나 사건이 세련된 애니미즘으로 표현되는 초자연적 힘에 의지하지 않고 잠정적으로 설명되기 시작한다. 고도로 완성되고 인격화된 초자연적 힘은 삶에서 일어나는 사소한 일을 처리하기에 편리한 수단이 아니므로, 사소하거나 세속적인 여러 현상에 대해서는 인과적 연쇄를 기준으로 설명하려는 습관에 자리를 내준다. 그렇게 도달한 잠정적인 설명은 특별한 자극이나 당혹감으로 인해 개인이 초자연적 힘에 대한 충성심을 다시 회복하기 전까지는 사소한 목적에 대해 당연한 것으로 간주되었다. 그러나 특별히 긴급한 상황이 발생할 때, 즉 원인과 결과의 법칙에 전적으로 편견 없이 의지해야 할 특별한 필요가 발생할 때 의인관을 지닌 사람은 보편적 해결책으로서의 초자연적 힘에 의지한다.

인과를 뛰어넘는 힘이나 성향은 당혹스러운 상황에서 의지할 수단으로서 대단히 높은 효용을 주지만, 이는 전적으로 비경제적 종류의 것이다. 이러한 힘이나 성향이 의인화된 신에게서 기대하는 정도의 일관성과 전문성을 획득한다면 특별한 피난처이자 위안의 원천이 된다. 이는 난처한 개인에게 인과적 순서로 현상을 설명하는 어려움에서 벗어날 수단을 제공한다는 점 이외의 다른 이유로도 인정할 점이 많다. 미적·도덕적·영적 관심의 측면에서, 그리고 정치·군사·사회 정책의 직접적인 측면에서 의인화된 신이 갖는 분명하고도 잘 알려진 장점을 여기서 굳이 언급할 필요는 없을 것이다. 여기에서의 문제는 의인화된 신을 믿는 사람들의 산업적 유용성에 영향을 미치는 사고 습관으로 간주되는 초자연적 힘에 대한 믿음이 가지는 경제적 가치다. 이 가치는 다른 가치에 비해 덜 극적이고 덜 긴급할 것이다. 심지어 이렇게 협소한 경제적 범위 내에서도 이와 같은 사고 습관이 사람들의 장인적 유용성에 미치는 직접적 영향만을 살펴볼 것이며 그보다 먼 경제적 효과는 검토하지 않을 것이다. 멀리 떨어진 효과는 추적하기가 매우 어렵다. 의인화된 신과의 영적 접촉으로 삶이 얼마나 향상될지에 대한 현재의 선입견이 멀리 떨어진 효과를 검토하기 어렵게 만들고 있는 상황에서, 이들의 경제적 가치를 탐구하려는 시도도 무익할 수밖에 없다.

애니미즘적 사고 습관이 신봉자들의 일반적인 사고 체계에 미치는 즉각적이고 직접적인 효과는 근대 산업에서 특별히 중요한 의미를 갖는 바로 그 지능을 낮춘다는 점이다. 이때 발휘되는 효과는 사람들이 숭배하는 초자연적 힘이나 성향이 [애니미즘의 위계에서] 상위와 하위 중 어디에 놓여있는지에 따라 제각각 달라진다. 이는 행운이나 성향에 관한 야만인과 스포츠인의 감각에 대해서도, 같은 계급의 구성원이 통상 지니는 의인화된 신에 대한 고도로 발달한 믿음에 대해서도 해당한다. 또한 이는 신앙심 깊은 문명인을 전범으로 삼는 좀 더 잘 발달한 의인관 문화에 대해서도, 다른 것에 비해 얼마나 더 설득력이 있는지 말하기는 쉽지 않지만 타당하다. 대중이 고등한 의인관에 집착함으로써 발생하는 산업적 장애는 비교적 경미할 수 있지만 그렇다고 간과해서는 안 된다. 그리고 서양 문화에 존재하는 고등 종교에서도 인과관계를 뛰어넘는 성향이라는 인간적 감각은 소멸되지 않고 여전히 남아있다. 이들과 동일한 애니미즘적 감각이 자연의 질서와 자연권에 호소했던 18세기의 희미한 의인관 속에서, 그리고 이를 근대적으로 계승해 진화 과정에서의 개량을 주장하는 허울뿐인 후기 다윈주의 개념 속에서 나타났다. 현상에 대한 애니미즘적 설명은 논리학자들이 게으른 비율[7]이라고 명명한 형태의 오류다. 산업이나 과학의 목적에 비춰볼 때, 애니미즘적 설명은 사실에 대한 이해나 가치 평가를 방해하는 장애물이다.

---

7) '게으른 비율(ignava ratio)'은 칸트의 용어다. 그에 따르면 신학은 우리에게 자연의 본질을 설명해줄 수 없다. 그런데 설명할 수 없는 것의 근거로 신을 내세우는 행위는 이성을 올바르게 사용하는 것이 아니다. 칸트는 자연의 작동을 설명하려면 먼저 자연의 법칙에 대한 통찰을 얻어야 한다고 강조한다. 그런 점에서 무언가가 신의 전능함 때문에 존재한다고 말한다면 이성을 제대로 사용하지 않았거나 게으르게 사용한 결과다. 베블런은 예일대 대학원 시절 칸트를 전공해 〈칸트의 판단력 비판(Kant's Critique of Judgment)〉이라는 논문을 《사변철학 저널(Journal of Speculative Philosophy)》에 실었던 칸트 전문가이기도 하다.

애니미즘적 습관은 그것이 주는 직접적인 산업적 영향 이외의 다른 이유로도 경제 이론에서 중요한 의미를 지닌다. (1) 애니미즘적 습관은 그것과 함께 등장해서 상당한 경제적 영향력을 초래하는 다른 특정한 고대적 특성의 존재를 보여주고 그것이 얼마나 영향력을 발휘했는지도 보여주는 상당히 신뢰할 만한 지표다. (2) 애니미즘적 습관은 의인화된 숭배의 발달 과정에서 경건한 예절 규범을 낳는데, 이때 예절 규범은 다음의 두 측면에서 경제적으로 중대한 영향을 미친다. 경건한 예절 규범은 (a) 앞 장에서 언급했던 것처럼 공동체 전반에서 재화의 소비와 취향의 규범에 영향을 미치며, (b) 윗사람과의 관계에서 특정한 습관적 인식을 유도하고 보존함으로써 현재의 지위와 충성에 관한 감각을 강화한다.

(b)에서 언급된, 개인의 성격을 형성하는 일련의 사고 습관은 어느 의미에서는 유기적 통일체다. 어느 한 시점에서 특정한 방향으로 현저하게 변화하면 그로 인해 다른 부류의 활동 속에서 다른 방향으로 펼쳐지던 생활의 습관적 표현도 같이 변화한다. 이처럼 다양한 생활의 습관적 표현 또는 사고 습관은 한 개인의 삶 속에서 연속하는 모든 단계를 형성한다. 따라서 특정한 자극에 반응하는 과정에서 형성된 습관은 다른 자극에 대한 반응에도 반드시 영향을 미칠 것이다. 인간의 본성 중 어느 한 지점을 수정하는 것은 인간 본성 전체를 수정하는 것과 같다. 이를 통해 볼 때, 그리고 여기서 논의할 수 없는 훨씬 더 모호한 근거를 통해 볼 때 인간 본성의 다양한 특성 중에는 동시다발적인 변종이 존재한다. 예를 들어 잘 발달된 약탈적 생활체계 속에서 살아가던 야만 시대 사람은 삶 속에

깊이 침투한 애니미즘적 습관, 정교하게 자리 잡은 의인관, 분명한 신분 의식을 함께 갖고 있었다. 반면 야만 문화 이전과 이후의 문화 단계에서 살아가던 사람에게서는 의인관이나 물질 속에서 정령을 느끼는 감각이 확실히 덜 두드러진다. 평화로운 공동체에서는 신분 의식도 전반적으로 미미하다. 약탈 이전의 미개 문화 단계에 놓였던 대부분의 민족에서 애니미즘을 발견할 수는 있지만, 그렇게 전문화된 상태는 아니었다. 미개 단계의 원시인은 야만 단계의 인간이나 퇴화한 미개인에 비해서는 애니미즘을 덜 진지하게 받아들인다. 그에게 애니미즘은 자신을 압도하는 공포가 아니라 화려한 신화로 이어졌다. 야만 단계의 문화에서는 스포츠인 정신, 신분, 의인관을 볼 수 있다. 오늘날 문명화된 사회의 남자들은 통상 이들과 동일한 측면에서 유사한 변종의 개인적 기질을 보이고 있다. 근대 사회에서 스포츠의 토대가 되는 약탈적 야만인 기질을 지닌 대표자들은 일반적으로 행운을 믿는다. 적어도 그들은 사물에 정령이 깃들어 있다고 굳게 믿으며, 이러한 감각에 힘입어 도박에 나선다. 이 계층이 보이는 의인관도 마찬가지라고 말할 수 있다. 모종의 신조에 집착하는 사람들은 대개 소박하고 일관된 의인관적 신조에도 애착을 보인다. 다시 말해 스포츠인 중 유일신파나 보편구원론파처럼 의인관적 색채가 덜한 숭배에서 영적 위안을 찾는 사람은 상대적으로 적다는 것이다.[8]

의인관과 용맹의 이러한 상관관계는 의인화된 숭배가 신분 체제에 우호적인 사고 습관을 맨 처음 만들지는 않았지만, 그것을 보존하도록 작용했다는 사실과 깊이 관련되어 있다. 이 점과 관련해 의인화된 숭배의 규율에 따른 효과가 어디에서 끝나는지, 그리고 유전 형질의 변종이 공존한다는 증거가 어디에서 시작하는지를 말하기는 불가능할 것이다. 의인관이 가장 탁월하게 발전하는 과정에서 약탈적 기질과 신분 의식 그리고 의인화된 숭배는 야만 문화의 핵심을 함께 형성한다. 그리고 이 세 가지 현상이 그러한 문화적 차원을 중심으로 공동체에 등장하는 과정에서 그들 사이에 모종의 상호적 인과관계가 전개된다. 이와 같은 현상이 오늘날 개인이나 계급의 습관과 태도에서 서로 관계를 맺으며 되풀이되는 방식은 개인적인 특성이나 습관으로 간주되는 동일한 심리적 현상 사이에 볼 수 있는 인과적·유기적 관계와 비슷하다. 사회구조의 특징인 신분 관계가 약탈적 생활 습관의 결과라는 점은 앞선 논의에서 확인했다. 그 기원과 계통을 고려했을 때 신분은 본질적으로 약탈적 태도의 정교한 표현이라고 할 수 있다. 다른 한편 의인화된 숭배는 물질적 사물에 깃든 초자연적이고 불가해한 성향이라는 개념에 신분 관계의 상세한 규범을 중첩시킨 것이다. 따라서 기원의 외부적 사실을 놓고 봤을 때 의인화된 숭배는 고대인에게 만연한 애니미즘적 감각의 산물로 간주할 수 있다. 약탈적 생활 습관에 의해 애니미즘적 감

---

8) '유일신파' 또는 '유니테리언(Unitarian)'은 성부-성자-성령의 삼위일체를 부정하고 신격의 단일성을 주장하는 기독교의 종파다. 한편 '보편구원론파' 또는 '유니버설리스트(Universalist)'는 신의 보편적 부성(父性)인 사랑을 강조하고 모든 영혼의 구제를 주장하는 종파다. 베블런은 이들이 삼위일체에 관한 기독교 정통 교리를 거부하기 때문에 의인관적 또는 신인동형설적 요소가 덜하다고 말하는 듯하다.

각도 어느 정도 변형을 겪었으며, 그 결과가 바로 인격화된 초자연적 힘이다. 이때 인격화된 초자연적 힘을 완전하게 보완해준 것이 바로 약탈 문화의 남성을 특징짓는 사고 습관이었다.

따라서 이 사례에서 경제 이론과 직접적인 관련이 있고 결국 여기에서 고려해야 할 중대한 심리적 특징은 다음과 같다. (a) 앞 장에서 드러난 것처럼 여기에서 용맹이라고 불리는 약탈적이고 경쟁적인 사고 습관은 장인 정신이라는 인간의 일반적인 본능이 야만 단계에 등장한 변종에 불과하다. 장인 본능은 서열을 매기고 시샘을 유발하는 습관의 영향을 받음으로써 이런 특수한 형태를 띤 것이다. (b) 신분 관계는 서열을 매기고 시샘을 유발하려는 비교가 널리 허가된 목록에 따라 적절하게 측정되고 등급이 매겨지는 과정의 공식적 표현이다. (c) 의인화된 숭배는 열등한 인간 주체와 지배자로 인격화된 초자연적 힘 사이의 신분 관계를 특징으로 하는 제도인데, 이 점은 초창기 활발했던 시절에 특히 두드러진다. 이를 염두에 두면 인간 본성 및 인간 생활과 연관된 저 세 가지 현상 사이에 존재하는 밀접한 관계를 어렵지 않게 인식할 수 있다. 다시 말해 세 가지 현상은 몇 가지 본질적 측면에서 동일하다. 한편으로는 신분제와 약탈적 생활 습관은 장인 본능이 시샘을 자아내는 비교의 관습 아래 표출되고 구체화된 것이다. 다른 한편으로는 의인화된 숭배와 종교 의례의 습관은 물질에 깃든 성향에 대해 인간이 가지는 애니미즘적 감각이 발현된 것이다. 이때 이 감각은 시샘을 유발하는 비교와 사실상 동일한 일반적 습관의 인도에 힘입어 정교해진다. 따라서 두 범주는—경쟁을 벌이는 생활 습관과 종교 의례를 준수하는 생활 습관은—야만적 유형의 인간 본성과 야만적 본성의 근대적 변종 유형을 보완하는 요소로 간주될 수 있다. 이들은 거의 같은 범위에 속한 특성의 표현으로서 서로 다른 자극에 반응하면서 만들어진 것이다.

12장

종교 의례의 준수

근대 생활에서 일어나는 특정한 사건을 두서없이 거듭 살펴보더라도 의인관이 야만 문화 및 야만적 기질과 유기적 관계를 맺고 있다는 점을 확인할 수 있을 것이다. 이러한 검토는 의인관이 왜 아직까지 남아있고 효능은 무엇이며, 종교 의례(devout observances)의 전반적인 일정이 유한계급 제도는 물론 유한계급이 펼치는 행동과 어떤 관계를 맺고 있는지도 보여줄 수 있다. 종교 의례라고 불리는 관행이나 그러한 의례가 표출하는 영적·지적 특성을 칭찬하거나 폄하할 의도는 없으며, 나는 오늘날의 의인관이 경제 이론에 미치는 중요성을 검토하려 할 뿐이다. 여기에서 종교 의례와 관련해 다루기 적절한 것은 구체적인 외관상의 특징이다. 신앙생활의 예배적 또는 도덕적 가치는 이 연구의 범위를 벗어난다. 따라서 의인관의 결과물인 종교 교리의 올바름이나 아름다움도 묻지 않을 것이다. 나아가 종교 의례가 경제에 미치는 간접적 영향 또한 여기에서는 다루지 않는다. 그것은 간략하게 소묘하기에는 너무도 심오하고 중대한 주제이기 때문이다.[1]

이전 장[2]에서 가치의 금전적 표준이 금전적 관심과 무관한 근거

위에 수행되는 가치 평가 과정에 미치는 영향을 언급한 바 있다. 이 때의 관계가 전적으로 일방적인 것만은 아니다. 경제적 표준이나 가치판단의 표준 자체는 다시 가치의 경제 외적 표준에서 영향을 받는다. 사실의 경제적 영향에 관한 우리의 판단은 어느 정도까지 는 이처럼 더 중대한 비경제적 관심의 영향을 받으며 형성된다. 실 제로 경제적 관심을 이처럼 더 높은 차원의 비경제적 관심에 뒤따 르는 보조물 정도로 치부하는 관점도 있다. 따라서 당면한 목적을 위해서는 의인관적 현상에 대한 경제적 관심이나 영향을 분리해서 생각할 필요가 있다. 경제 이론과 무관한 더 높은 차원의 관심에 따른 편견을 최대한 배제하고, 지나치게 진지한 관점에서 벗어나 이러한 사실에 대한 경제적 인식에 도달하려면 약간의 노력이 필 요하다.

***

스포츠의 기질을 논의할 때, 물질과 사건에 깃든 애니미즘적 성향 이 스포츠인에게서 볼 수 있는 도박 습관의 정신적 기반임을 확인

---

1) 베블런은 경제학자였지만, 종교에 대해서도 깊은 지식을 가지고 있었다. 독실한 루 터교 가정에서 자랐고, 교리문답집을 어린 시절부터 가까이 두고 마음의 양식으로 삼았으며, 칼턴칼리지 시절에는 독실한 신앙인의 모습을 보였다. 예일대 대학원에서 는 〈응보의 원리에 대한 윤리적 토대(Ethical Grounds of a Doctrine of Retribution)〉 라는 전형적인 종교 주제의 논문으로 철학박사학위를 취득하기도 했다.
2) 6장 〈취향의 금전적 규범〉을 가리킨다.

한 바 있다. 경제적 목적에서 보자면 스포츠인의 이러한 감각은 애니미즘이나 의인관적 교리를 통해 다양한 형태로 표현되는 심리적 요소와 본질적으로 동일하다. 경제 이론이 다뤄야 하는 이처럼 가시적인 심리적 특징에 관한 한, 스포츠 요소에 만연한 도박 정신은 의식하지 못하는 사이에 종교 의례에서 희열을 찾는 정신 구조로 차츰 변화한다. 경제 이론의 관점에서 보자면 스포츠의 성격이 종교의 성격으로 변하는 것이다. 내기를 거는 사람의 애니미즘적 감각은 어느 정도 일관된 전통의 도움을 받아 초자연적이거나 초물리적 힘에 대한 다소 명확한 믿음으로 발전했는데, 여기에는 모종의 의인관도 담겨있다. 그리고 이러한 경우 적절하다고 널리 인정된 접근 방식과 조정 방식을 통해 초자연적 힘과 타협하려는 뚜렷한 경향이 일반적으로 나타난다. 이처럼 초자연적 힘을 달래고 부추기는 요소는 좀 더 투박한 형태의 숭배에서 파생된 것은 아닐지라도 실제 심리적 내용의 측면에서는 이러한 숭배와 공통점이 많다. 결국 초자연적 힘을 달래거나 부추기는 요소는 연속성을 계속 유지한 가운데 미신적인 관행과 믿음으로 변모했고, 따라서 조잡한 의인관과의 친연성을 강하고 뚜렷하게 드러냈다.

이때 스포츠를 좋아하거나 도박을 즐기는 기질은 교리를 신봉하고 종교상의 형식을 준수하게 만드는 중요한 심리적 요소가 된다. 이들 사이의 주된 공통점은 사건이 벌어지는 일련의 과정에 이성으로는 이해할 수 없는 성향이나 초자연적 존재가 개입한다는 믿음이다. 도박 행위의 목적과 관련해서는 초자연적 힘에 대한 믿음을 엄밀하게 정형화할 수는 없으며, 실제로도 그렇게 되지 않는다. 이러한 특징은 초자연적 힘에 부여된 사고 습관이나 생활체계와 관련해, 달리 말하자면 사건에 개입하는 초자연적 힘의 도덕적 품성이나 목적과 관련해 특히 두드러진다. 행운이나 우연 또는 주술이나 마스코트 등의 형태를 통해 그 존재를 느끼고 때로는 두려워서 피하고자 애쓰는 초자연적 힘의 개성이나 인격과 관련해 스포츠인이 갖는 관점은 그리 구체적이지 않고, 정교하게 통합되거나 분화되지도 않는다. 스포츠인은 대체로 사물이나 상황에 만연한 초자연적이고 독단적인 힘이나 성향에 대한 단순하고도 본능적인 감각에 기반해 도박에 임하는데, 이때 이러한 존재가 인격적 힘이라고 인식되는 경우는 거의 없다. 내기를 거는 인간은 행운을 믿는 순진한 사람인 동시에, 특정 형태의 기성 교리를 아주 충실하게 따르는 사람인 경우가 많다. 특히 그에게는 자신이 신봉하는 신의 불가해한 힘과 독단적인 습속에 관한 교리를 최대한 받아들이는 경향이 있다. 이때 그는 두 가지, 때로는 그 이상으로 서로 다른 단계의 애니미즘을 드러낸다. 실제로 애니미즘에 등장하는 일련의 연속적인 단계는 모든 스포츠 공동체의 정신적 장치 속에서 온전히 발견된다. 이러한 애니미즘적 개념의 연쇄는 행운과 운수와 우연적 필연에 대한 본능적 감각이라는 가장 원초적인 형태의 한쪽 끝, 완벽하게 발달한 의인관이라는 다른 쪽 끝, 양쪽 끝 사이의 다양한 통합적 단계로 구성될 것이다. 초자연적 힘에 대한 이러한 믿음과 함께, 한편에서는 행운을 움켜쥐기 위해 필요하다고 추측되는 요건에 부합하도록 본능적으로 반응하고, 다른 한편에서는 신이 내리는 불가해한 명령에 경건한 마음으로 복종한다.

스포츠인과 비행 계급은 의인관에 끌린다는 기질적 공통점이 있다. 이들은 사회의 평균적인 사람에 비해 공인된 신조를 더 많이 따르려 하고 종교 의례를 준수하려는 경향도 더 강하다. 아무것도 믿지 않다가 모종의 공인된 신앙으로 마음을 돌리는 사람들의 비중 또한 이들 계급이 사회 평균에 비해 더 높다. 이러한 사실은 스포츠의 대변인들도 공공연히 인정하는 것으로, 특히 투박하고 약탈적인 운동경기에 대한 옹호 속에서 확인할 수 있다. 사실 운동경기에 습관적으로 참가하는 사람들이 나름의 독실한 신앙심을 지니고 있다는 점에 주목해 스포츠 생활의 장점을 찾으려는 주장도 많다. 그런데 스포츠를 즐기는 남자들과 약탈적인 비행 계급이 충실히 따르거나 이들 계급에 속한 개종자들이 일반적으로 애착을 보이는 것은 대체로 이른바 고등 종교가 아니라 철저히 의인화된 신과 연관된 숭배다.

고대의 약탈적 인간 본성은 인격신이 수량적 인과관계의 개념으로 점차 변화하는 난해한 논변에 만족할 수 없는데, 조물주, 보편 지성, 세계정신, 숭고한 형상으로 귀착되는 기독교의 사변적이고 심오한 교리가 여기에 해당한다. 운동선수나 무법자의 사고 습관에 부합하는 숭배의 사례로는 구세군[3]으로 알려진 전투적 교파를 들 수 있다. 구세군은 하층계급의 무법자들에게서 일정 인원을 충원하며

---

3) '구세군(The Salvation Army)'은 종파를 초월한 자선단체로, 1865년 윌리엄 부스(William Booth, 1829~1912)가 군대 모델을 기반으로 런던에서 설립했다. 구세군은 1878년 미국으로 전파되었다.

스포츠 활동을 벌이는 사람들의 비중 또한 사회 평균에 비해 높은 데, 사관의 경우가 특히 그렇다.

대학 스포츠도 적확한 사례를 제공한다. 대학 생활의 종교적 요소를 옹호하는 사람들에 따르면, 미국에서는 운동선수로서의 역량이 뛰어난 학생은 신앙심도 아주 깊고, 운동이나 여타 대학 스포츠에 관심이 덜한 학생에 비해 종교 의례에 더 적극적인 경향을 적어도 평균적으로는 보인다. 이러한 주장에 이의를 제기할 근거를 찾기는 어렵다. 이론적으로 보더라도 이는 충분히 예상할 수 있는 주장이다. 그런데 어떤 측면에서 보자면 이러한 주장에서 대학의 스포츠 생활과 운동경기 그리고 여기에 관여하는 사람들의 체면을 세우고 명예를 높이려는 의도도 감지할 수 있다. 대학에서 스포츠 활동을 벌이는 남자들이 소명으로든 부업으로든 신앙을 전파하는 일에 헌신하는 것은 드문 일이 아닌데, 이때 그들이 전파하려는 종교는 의인관의 색채가 짙은 경우가 많다. 그들은 전도 과정에서 의인화된 신과 그에 복종하는 인간 사이에 존재하는 인격적인 신분 관계를 강조하는 경향이 있다.

운동과 종교 의례 준수 사이의 이처럼 밀접한 관계는 대학생들 사이에서 관찰되는 잘 알려진 사실이다. 그런데 눈에 잘 띄지만 제대로 주목받지 못하는 중요한 특징이 있다. 대학 스포츠의 여러 영역에 널리 퍼진 종교적 열정은 특히 무조건적인 신앙심과 불가해한 섭리에 대한 소박하고도 순응적인 복종으로 표출되는 경향이 있다. 따라서 종교적 열정으로 가득한 대학생들은 기독청년회나 기독청년면려회[4]와 같이 대중적 형태의 신앙 전파를 사명으로 삼는 평

유한계급론

신도 종교 단체와 기꺼이 제휴한다. 이와 같은 평신도 단체는 '실용적인' 종교의 진작을 위해 조직되었다. 이와 같은 단체는 스포츠 기질과 고대의 신앙심 사이에 밀접한 관계가 있음을 뒷받침하고 공고화할 의도가 있기라도 한 것처럼 운동경기나 그와 비슷한 방식으로 운과 기량을 시험하는 게임을 진작하는 데 에너지의 상당 부분을 할애한다. 심지어 이런 종류의 스포츠에는 은총을 얻는 수단의 효능도 있다고 할 수 있다. 스포츠는 전도의 수단으로, 그리고 개종한 사람이 계속해서 신앙심을 유지하게 만드는 수단으로도 유용하다. 즉, 애니미즘적 감각을 단련시키고 경쟁적 성향을 자극하는 스포츠는 통속적인 종파에 어울리는 사고 습관을 형성하고 보존하는 데 도움이 된다. 따라서 평신도 조직 사이에서 이러한 스포츠 활동은 영적 지위의 삶이 더욱 온전하게 펼쳐지도록 인도하는 수단이자 수련을 위한 의무라고 할 수 있는데, 이는 완전한 신자만이 누릴 수 있는 특권인 셈이다.

겨룸을 장려하고 낮은 차원의 애니미즘적 성향을 발휘하는 것이 독실한 종교적 목적에 실제로 유용하다는 점은 각종 종파의 성직자들이 스포츠와 관련한 평신도 조직의 지도를 따르고 있다는 사실을 통해서도 여실히 확인할 수 있다. 실용적 종교를 강조한다는 점에

---

4) '기독청년회' 또는 'YMCA(The Young Men's Christian Association)'는 1844년 런던에서, '기독청년면려회(The Young People's Society of Christian Endeavour)'는 1881년 미국에서 설립되었다. 이러한 조직은 젊은이들의 영적·사회적·신체적 안녕을 증진하는 데 주력했다.

서 평신도 단체와 특히 가까운 교회 조직은 전통적인 종교 의례와 관련해 스포츠 활동이나 이와 유사한 활동을 다양하게 채택하는 방향으로 나아가고 있다. 그래서 '소년단(boys' brigades)'을 비롯한 여러 조직이 성직자의 승인 아래 활동하며 젊은 신도들의 경쟁 성향과 신분 감각을 키우고 있다. 이와 같은 유사 군대 조직은 경쟁하고 시샘을 유발하며 서로 비교하는 성향을 만들어내고 강조하는 경향을 보이는데, 이를 통해 개인적인 주종 관계를 분별하고 인정하는 본래의 능력을 강화한다. 그러므로 신자가 되는 것은 무엇보다도 징벌에 어떻게 흔쾌히 복종하고 순응할지를 아는 사람이 되는 것이다.

그러나 이러한 활동이 촉진하고 보존하는 사고 습관은 의인관의 본질 중 절반에 불과하다. 독실한 종교 생활의 나머지 절반, 곧 애니미즘적 사고 습관이라는 보완적 요소는 성직자의 재가 아래 조직되는 두 번째 부류의 활동을 통해 형성되고 보존된다. 두 번째 부류의 활동은 도박적 성격을 지닌 것으로, 교회 바자회나 자선 목적의 복권 판매가 전형적인 사례다. 복권 판매나 이와 비슷한 성격의 소소한 도박 기회는 종교적인 사고 습관이 덜한 사람보다 종교 조직의 구성원에게 더 큰 호소력을 발휘하는 것으로 보인다. 이는 엄밀한 의미에서의 종교 의례와 관련해 도박적 성격의 활동이 정당한 것으로 인정받을 수 있음을 시사한다.

이 모든 것은 한편에서는 사람들을 의인관으로 이끄는 바로 그 기질이 사람들을 스포츠로도 이끈다는 점을 보여주고, 다른 한편에서는 스포츠, 특히 운동경기를 습관화하는 것이 종교 의례의 준수에서 만족감을 찾는 성향을 발달시킨다는 점을 입증하는 듯하다.

역으로, 종교 의례에 대한 습관화는 시샘을 유발하는 비교를 부추기거나 행운에 의지하는 습관을 조장하는 운동경기 또는 모든 종류의 게임에 대한 선호를 발달시키는 것으로 보인다. 정신적 생활의 이 두 방향, 곧 종교와 스포츠는 실질적으로 같은 범주에 속하는 성향을 표출한다. 약탈적 본능과 애니미즘적 관점이 우세한 야만적 인간 본성은 통상 두 가지 모두에서 영향을 받기 쉽다. 약탈적 사고 습관은 개인적인 위신과 각자의 상대적 지위를 강조하는 감각을 불러일으킨다. 제도가 형성되는 과정에서 약탈적 습관이 우세한 요인으로 작용하는 사회구조는 신분 질서를 기반으로 삼는다. 약탈적 공동체의 생활체계 속에 널리 퍼져있는 규범은 우월한 자와 열등한 자, 귀족과 천민, 지배자와 피지배자, 주인과 노예의 관계에 대한 것이다. 의인관은 산업 발전 중 약탈적 단계에 발생해서 전승된 것으로, 경제적 분화의—소비자와 생산자로 분화된다는—동일한 약탈적 도식에 의해 형성되었으며 그 안에는 지배와 복종이라는 동일한 약탈적 원리가 스며들어있다. 의인관적 종교는 그들의 모습에 영향을 미친 경제적 단계의 분화에 부응하는 사고 습관을 그들의 신에게도 부여한다. 의인관적 신은 서열에 관한 모든 문제를 까다롭게 따지는 존재로 여겨지며, 자신의 주인됨을 천명하고 힘을 자의적으로 행사하는, 즉 최종 심판자로서의 권력에 습관적으로 의지하는 경향이 있다.

의인관적 교리가 나중에 더 성숙해지고 정교해지면서, 신에게 무시무시하면서도 헤아릴 수 없는 힘을 부여하고 지배를 귀속시키던 사고 습관은 점차 누그러졌고 마침내 '신의 부성(父性)'으로 세련되게 다듬어진다. 초자연적 힘에 부여된 정신적 태도와 적성은 여전히 신분제의 영역에 속해 있지만, 이제 그들은 준평화적 문화 단계의 특징인 가부장적 특색을 드러낸다. 그러나 종교가 이처럼 진전된 단계에서도, 신앙심을 표출하는 의식은 일관되게 신의 위대함과 영광을 찬양하고 복종과 충성을 서약함으로써 신의 비위를 맞추는데 집중한다. 신의 비위를 맞추거나 찬양하는 행위는 불가해한 힘에 귀속된 높은 신분에 접근해서 그의 감각에 호소하려는 것이다. 신의 비위를 맞추려고 가장 성행하는 방식은 여전히 시샘을 유발하는 비교를 수행하거나 이를 넌지시 드러내는 것이다. 이처럼 고대의 인간 본성을 부여받은 의인화된 인격적 신에게 충직한 애착을 보이는 것은 고대의 성향이 신봉자 안에도 같이 깃들어 있음을 의미한다. 경제 이론의 목적에 비춰볼 때, 물리적 인격이든 비물리적 인격이든 인격체에게 충성을 맹세하는 것은 약탈적이거나 준평화적인 생활체계의 커다란 부분을 차지하는 인격적 복종의 변종으로 간주해야 한다.

신을 호전적이고 위압적인 통치 방식을 선호하는 족장으로 상상하던 야만 시대의 신에 관한 개념은 초기 약탈적 단계와 현재 단계의 중간에 놓인 여러 문화적 단계를 거치면서 좀 더 부드러운 예의범절과 한층 절제된 생활 습관을 통해 크게 순화되었다.[5] 그러나

---

5) 이 진술은 구약성서로 대표되는 유대교에서 신약성서로 대표되는 기독교로의 이행을 염두에 둔 것으로 보인다.

신에 대한 상상력이 이처럼 순화되고 신에게 귀속시켰던 행동 양식과 성격에서 무자비한 특성이 누그러진 이후에도, 신의 본성과 기질에 관한 대중의 인식 속에는 야만 시대 관념의 잔재가 적지 않게 여전히 남아있다. 그러므로 웅변가나 작가는 신을 특징짓고 그가 인간의 삶과 맺는 관계를 묘사할 때 시샘을 유발하는 비교가 담긴 관용구뿐만 아니라 전쟁이나 약탈적 생활 방식에서 비롯된 비유를 지금도 효과적으로 사용할 수 있는 것이다. 이렇게 차용한 수사적 표현은 그다지 호전적이지 않은 오늘날의 청중, 즉 좀 더 온건한 교리를 신봉하는 청중을 대상으로 연설할 때도 매우 효과적이다. 대중 연설가가 야만적인 형용사나 비유법을 이처럼 적극적으로 구사하는 것은 오늘날의 세대도 야만적인 덕목의 위엄과 가치를 계속해서 높이 평가하고 있음을 잘 보여준다. 또한 이는 독실한 태도가 약탈적 사고 습관과 어느 정도 일치한다는 점도 보여준다. 근대 신앙인의 종교적 상상력은 그들의 숭배 대상에 격렬한 감정이나 복수심에 불타는 행동을 귀속시키는 것에 거부감을 느끼지 않을 것이며, 설령 그렇다 하더라도 그것은 여러 번 고심한 결과일 것이다. 대중이 신을 대상으로 사용한, 유혈이 낭자한 형용어구에 높은 심미적 가치나 명예적 가치를 부여한다는 것은 흔히 관찰되는 사실이다. 다시 말해 다음과 같은 형용사구에 담긴 내용이 우리의 비이성적인 판단에는 지극히 당연하게 느껴진다.

주님께서 재림하는 영광 내 눈에 보이네.
재어두신 분노의 포도 짓밟으며 오시네.

공포의 검 휘두르며 운명의 번개 내리시노라.

주님의 진리가 오나니.[6]

신앙심이 깊은 사람을 이끄는 사고 습관은 오늘날의 집단생활이
긴급히 요구하는 경제적 필요성에 비춰볼 때 그 유용성을 대부분
상실한 고대의 생활체계에 기초해서 작동한다. 오늘날 집단생활의
긴급한 요구에 부응하는 경제 조직은 신분제를 넘어섰으며, 여기에
는 개인적인 복종 관계의 필요도 없고, 복종 관계를 위한 자리도 없
다. 공동체의 경제적 효율이라는 측면에서 보면 개인적 충성심이라
는 감정이나 개인적 충성심이 담긴 전반적인 사고 습관은 공동체의
기반을 뒤흔들고 인간 제도가 현재 상황에 적절하게 적응하지 못하
도록 방해한다. 평화로운 산업 공동체의 목적에 가장 잘 부합하는
사고 습관은 물질적 사실의 가치를 단순히 기계적 순서 속에 놓인
불투명한 항목으로 인식하는 실무적인(matter-of-fact) 기질이다. 사
물에 애니미즘적 성향을 본능적으로 부여하지 않고, 당혹스러운 현
상을 초자연적인 개입에 의지해 설명하지 않으며, 보이지 않는 손에

---

6) 이 가사는 〈공화국 전투찬가(The Battle Hymn of the Republic)〉의 앞부분이다. 〈공화
    국 전투찬가〉는 노예제 폐지론자인 사회 운동가 줄리아 워드 하우(Julia Ward Howe,
    1819~1910)가 1861년 남북전쟁 당시 미연방군(북군)을 지지하려고 〈존 브라운의
    시체(John Brown's Body)〉라는 곡을 개사한 것이다. 이 노래는 신의 진노를 묘사한
    〈이사야서〉와 〈요한계시록〉 등 구·신약성서의 구절에서 영감을 얻었다. 존 스타인
    벡(John Steinbeck, 1902~1968)이 1939년 발표한 사회 저항 소설 〈분노의 포도(The
    Grapes of Wrath)〉는 제목을 성서와 하우의 가사에서 차용했다.

의존해 사건의 진행 과정을 인간에게 유리한 쪽으로 바꾸려 하지 않는 것이 바로 이러한 사고방식이다. 근대적 상황에서 최고의 경제적 효율성이라는 요구 사항을 충족시키려면 수량적이고 비감정적인 힘과 순서라는 관점에 입각해 세속적인 과정을 파악하는 습관을 반드시 지녀야 한다.

후대의 경제적 요청이라는 관점에서는 거의 모든 종류의 신앙심을 초기 단계의 집단생활에서 이어진 유습으로—정신적 발달이 지체된 흔적으로—간주할 수 있다. 경제 구조가 여전히 신분제에 기초한 사회, 공동체 구성원의 평균적인 태도가 결과적으로 개인적인 지배와 복종의 관계를 통해 형성되고 그에 적응하는 사회, 전통이나 유전적 소질 등 다른 이유로 인해 전체 인구가 종교 의례를 철저히 따르는 경향이 강한 사회도 마찬가지로 평가할 수 있다. 이러한 사회에서 살아가는 개인이 공동체의 평균을 넘어서지 않는 수준에서 깊은 신앙심의 사고 습관을 갖고 있다면, 그것은 단지 그 사회에 보편화된 생활 습관의 세목으로 간주되어야 한다. 이러한 점에서 신실한 공동체 속의 신앙심 깊은 개인은 과거로 회귀한 사례가 아니다. 왜냐하면 그는 공동체의 평균과 나란히 있기 때문이다. 그러나 근대의 산업 상황에서 볼 때 예외적인 신앙심은—공동체의 평균적인 신앙심보다 현저하게 높은 종교적 열정은—어떤 경우건 과거 회귀의 고대적 특성으로 분류해도 무방할 것이다.

물론 이러한 현상을 다른 관점에서 살펴보는 것도 마찬가지로 타당하다. 이와 같은 현상은 다른 목적에 비춰 평가할 수 있으며, 이 경우 지금까지 정리한 특성이 반전될 수도 있을 것이다. 신앙적 관심이나 종교적 취향의 관심이라는 관점에서 보자면, 근대의 산업생활을 통해 형성된 사람들의 정신적 태도는 신앙생활의 자유로운 발전에 바람직하지 않다는 주장도 마찬가지로 타당하다고 할 수 있다. 산업적 과정의 규율이 '물질주의'를 초래하고 부모나 조상에 대한 충성심을 없애는 경향이 있다며 산업적 과정의 최근 발전에 반대하는 것도 가능할 것이다. 또한 심미적 관점에서도 비슷한 취지의 반론이 가능하다. 그러나 이러한 부류의 성찰이 그 목적에 합당하고 가치가 있더라도 우리의 탐구에서는 다루지 않는다. 왜냐하면 여기에서는 현상의 가치를 경제적 관점에서 평가하는 것에만 관심을 집중하기 때문이다.

미국과 같이 종교적인 사회에서는 이런 주제를 경제적 현상으로만 논의하는 것이 불쾌하게 여겨질 수밖에 없을 것이다. 그렇지만 의인관적 사고 습관과 종교 의례의 준수에 대한 중독이 심대한 경제적 중요성을 띤다는 점을 변명 삼아 이 주제를 좀 더 상세하게 검토해보자. 종교 의례가 경제적 중요성을 지닌 이유는 이 의례가 약탈적 사고 습관과 함께 등장했고 산업적으로 해로운 기질의 부수적 변화를 보여주는 지표도 되기 때문이다. 종교 의례는 어떤 심적 태도의 존재를 나타내는데, 이는 개인의 산업적 유용성에 영향을 미친다는 점에서 그 자체로 어느 정도 경제적 가치가 있다. 그러나 종교 의례는 공동체의 경제활동, 특히 재화의 분배 및 소비와 관련한 경제활동을 수정한다는 점에서 좀 더 직접적인 중요성도 있다.

종교 의례의 가장 분명한 경제적 영향은 재화와 서비스의 종교적 소비에서 볼 수 있다. 신전·사원·교회·제례복·공물·성찬·축일 의상 등 모든 종교에서 요구하는 의례 물품의 소비는 직접적인 물질적 목적을 충족시키려는 것이 아니다. 따라서 이러한 물품은 아무런 비방도 없이 과시적 낭비를 위한 품목으로 넓게 분류해도 무방할 것이다. 같은 종교적 소비에 속하는 개인적 서비스도 마찬가지인데, 여기에는 사제의 교육, 사제의 봉사, 성지순례, 금식, 축일, 가정 예배 등이 있다. 동시에 종교 의례는 이러한 소비 활동을 통해 의인관이 의존하는 사고 습관이 더 널리 성행하고 지속되는 데 기여한다. 다시 말해 종교 의례는 신분제에 고유한 사고 습관을 조장한다. 종교 의례는 근대적 상황에 놓인 가장 효과적인 산업 조직을 방해하는 장애물이며, 따라서 기본적으로 경제 제도가 오늘날의 상황이 요구하는 방향으로 발전하지 못하도록 방해한다. 당면한 목적에 비춰보자면 이러한 소비의 직접적 효과는 물론 간접적 효과도 사회의 경제적 효율을 감축시키는 성격을 지닌다고 할 수 있다. 경제 이론에서 볼 때, 그리고 이러한 소비가 가져올 직접적인 결과를 고려할 때, 의인화된 신을 섬기려고 재화와 노력을 소비하는 것은 사회의 활력 저하를 의미한다. 이러한 종류의 소비가 가져오는 좀 더 광범위하고 간접적이며 도덕적인 효과가 무엇인지에 대해서는 분명한 답을 내릴 수 없는데, 이는 여기에서 다룰 수 없는 질문이다.

그러나 종교적 소비의 전반적인 경제적 특성을 다른 목적의 소비와 비교해 검토하는 것은 중요하다. 종교적인 물품을 소비할 때의 다양한 동기와 목적을 보면, 종교적 소비 자체의 가치와 이에 부합하는 일반적인 사고 습관의 가치를 평가하는 데 도움이 될 것이다.

의인화된 신을 섬길 때의 소비는 야만 문화 시대에 족장이나 가부장과 같은 사회 상층계급의 유한 신사를 섬길 때의 소비와 동기의 측면에서 완벽하게 똑같지는 않더라도 놀랄 만큼 비슷하다. 족장과 신 모두 이들을 섬기려고 별도로 마련된 호화로운 건축물이 존재한다. 건축물과 족장이나 신을 섬기는 데 추가로 이용되는 부속건물은 그 종류나 등급 면에서 평범해서는 안 되고, 과시적 낭비의 요소를 항상 뚜렷하게 보여야 한다. 또한 종교적 건축물은 그 구조와 부속품이 예외 없이 고대의 색채를 띤다는 점도 주목할 만하다. 그러므로 족장이나 신을 섬기는 종복도 특별하고 화려한 의복을 입어야 한다. 이 의복의 독특한 경제적 특징으로는 과시적 낭비의 성격이 그 어느 때보다도 훨씬 더 강조된다는 점, 그리고 고대의 양식을 어느 정도는 항상 따른다는 점을 들 수 있는데, 두 번째 특징은 야만 시대 권력자의 종복이나 신하보다 신의 종복에게서 더 두드러진다. 그리고 공동체의 평범한 구성원도 족장이나 신 앞에 모습을 보일 때는 평소보다 더 사치스럽게 입어야 한다. 여기에서도 족장의 접견실에서의 관행과 신전에서의 관행 사이에 유사성이 있음을 확인할 수 있다. 두 경우 모두 복장에 있어 의례적인 '청결'이 요구되는데, 경제적 측면에서 볼 때 이러한 요구의 본질적인 특징은 이러한 기회에 입는 의복이 산업적 활동이나 물질적 유용성을 낳는 활동에 얽매여 있다는 인상을 가능한 한 주지 않아야 한다는 것이다.

과시적 낭비에 대한 요구와 산업의 흔적을 털어낼 의례적 청결에 대한 요구는 의복을 넘어서서, 비록 정도는 덜하지만 신성한 축일, 즉 신이나 초자연적 유한계급의 하위 구성원[7]을 위해 별도로 떼어놓은 터부[8]의 날에 소비되는 음식으로도 확장된다. 경제 이론에 따르면 성스러운 축일은 신이나 성인을 위해 행해지는 대리 여가 기간이라고 분명히 해석할 수 있다. 이 축일에는 신이나 성인의 이름으로 금기가 부과되고 그들의 명성을 높이기 위해 유용한 노동이 억제된다. 종교적인 대리 여가의 전체 기간에는 인간에게 유용한 모든 활동을 엄격하게 금지하는 특징이 있다. 금식일에는 돈벌이는 물론 인간의 삶을 (물질적으로) 풍요롭게 할 다른 모든 행위도 자제하는 과시적 금욕이 강조되는데, 이러한 금욕을 한층 부각시키기 위해 인간의 안락함이나 생활의 충만함을 가져다줄 소비도 함께 금지된다.

덧붙여 말하자면 세속적인 공휴일도 경로는 약간 다르지만 축일과 기원이 같다. 세속적인 공휴일은 진정으로 성스러운 날에서 시작해, 어느 정도 성인에 버금가는 왕이나 위인 들의 영광스러운 탄생일이라는 중간 단계를 거쳤다가, 기념할 만한 사건과 주목할 만한 사실에 경의를 표하고 명예를 부여할 목적 아래 또는 기억해야 한다고 판단되는 사람들의 명성을 다시 높일 목적 아래 별도의 공휴일로 제정되는 등 오랜 기간에 걸쳐 여러 형태로 등장했다. 어떤

---

7) '초자연적 유한계급의 하위 구성원'이란 기독교의 하나님 이외에 세계 도처에 존재하는 여러 신을 포괄하는 것으로 보이며, 그리스 신화에 나오는 여러 신이 여기에 해당한다.

8) '터부(tabu)'는 신성하거나 속된 것, 또는 깨끗하거나 부정하다고 인정된 사물·장소·행위·인격·말 따위와 관련해 접촉하거나 이야기하는 것을 금지하고 이를 범하면 초자연적인 제재가 가해진다고 믿는 습속을 가리킨다.

현상이나 주어진 사실의 평판을 높이려는 수단으로 대리 여가를 활용하는 우회적이고 세련된 방식은 아주 최근에 생겨났다. 하루를 노동절로 지정하고 대리 여가를 수행하도록 하는 나라도 있다. 이 관례는 유용한 노동을 강제로 금지시키는 고대의 약탈적 방법으로서 노동의 명예를 높이고자 계획된 것이다. 노동에서 면제되었다는 증거로 제시되던 재력의 좋은 평판이 이제 노동 일반에 귀속된다.

성스러운 축일 그리고 공휴일 일반은 해당 공동체 구성원 전체에 부과되는 공물이라는 성격을 지닌다. 이 공물은 대리 여가의 형태로 제공되며, 여기에서 발생하는 명예는 축일을 제정해 명성을 높이기로 한 사람이나 사실에 바쳐진다. 이처럼 사람들이 대리 여가를 통해 바치는 일종의 십일조는 초자연적인 유한계급에 속하는 구성원 모두가 누리는 특전이자 그들의 명성을 유지하는 데 필수적인 요소라고 할 수 있다. 축일이 없는 성자(Un saint qu'on ne chôme pas)는 사실상 흉일에 빠진 불행한 성자인 것이다.

세속의 사람들이 이처럼 대리 여가라는 십일조를 부담한다면 자신의 시간을 섬김에 전적으로 할애하는 특별한 부류의 사람들도 있는데, 그들은 사제부터 신전 노예에 이르기까지 다양한 등급으로 구성된다. 속된 노동을 삼가는 것이 사제 계급만의 의무는 아닌데, 특히 그 노동이 돈벌이가 되거나 인류의 현세적 안녕에 기여하는 것으로 여겨질 때 더욱 그렇다. 이러한 금기는 사제 계급에 한층 엄격하게 적용되었고, 산업에 몰두하지 않아 품위를 떨어뜨리지 않는 방식으로 세속적 이득을 얻는 게 가능할지라도 그러한 이득 추구 또한 금하도록 명령하는 형태로까지 세분화되었다. 물질적 이득을 추구하거나 세속적 문제에 몰두하는 것은 신을 섬기는 사람에게 합당하지 않고, 나아가 그가 섬기는 신의 존엄에도 걸맞지 않는다고 여겨진다. "온갖 경멸스러운 것 중에서 가장 경멸스러운 존재는 신의 사제를 자처하며 자신의 안락과 야망을 섬기는 사람이다."

인간의 충만한 삶에 기여하는 행동과 의인화된 신의 명성에 기여하는 행동 사이에는 일정한 경계선이 존재하는데, 종교 의례와 관련해 세련된 취향을 지닌 사람은 별다른 어려움 없이 경계선을 그릴 수 있다. 야만 문화의 이상적 틀에서 보자면, 사제 계급의 모든 활동은 경계선의 위쪽에 속한다. 경제학의 영역에 해당하는 것은 가장 높은 신분의 사제가 갈망해야 할 적절한 수준보다 아래쪽에 속한다.[9] 이러한 규칙에 대한 명백한 예외가 없지는 않다. 예를 들어 중세 교단의 일부 수도사는 몇몇 유용한 목적을 위해 실제로 노동했던 것이 사실이다. 그렇지만 이러한 예외가 규칙을 훼손할 정도는 되지 못한다. 전체 사제 계급의 중심에서 떨어져 있던 수도사들은 온전한 의미의 사제가 아니었다.[10] 이렇게 [사제로서의 성격이] 의심스러운 수도회는 구성원에게 노동으로 생계를 꾸려가라고 권장함으로써 그들이 속한 전체 공동체의 예절 감각을 뒤흔드는 모

---

9) 신의 명성에 기여하는 활동은 아무리 사소하더라도 인간의 충만한 삶에 기여하는 그 어떤 활동보다 가치가 높다는 인식을 뜻한다.

10) 수도원에서 고된 노동에 종사하던 수도사들은 사제직의 신분 사다리 중 맨 아래 계층에 속했고, 사제로서 요구되는 정신적·지적 훈련을 충분히 받지 못했다거나 노동을 강조함으로써 사제 공동체의 규범에 도전했기에 폄하되었다는 의미를 담고 있는 것으로 보인다.

습을 보였고, 이로 인해 오명을 얻었다는 점도 주목할 만하다.

사제는 기계를 사용해 생산해서는 안 되지만 소비는 대규모로 해야 한다. 그런데 그는 자신의 소비와 관련해서도 개인적인 안락이나 충만한 생활에 도움이 되지 않는 모양새를 취해야 하며, 이전 장의 표제 아래 설명했던 것처럼 대리 소비를 지배하는 규칙에도 순응해야 한다. 사제 계급이 비만한 풍채나 신이 나서 들떠 있는 모습을 보이는 것은 일반적으로 바람직하지 않다. 실제로 여러 세련된 종파에서 사제 계급을 향해 대리 소비 이외의 소비를 금하라고 내려졌던 명령은 육체의 고행을 명하는 것으로까지 나아갔다. 그리고 최근에 형성된 교리에 따라 오늘날의 산업 공동체에서 조직된 근대의 교단에서도 이 세상의 좋은 것에 관한 열광을 경박하게 공언하는 것은 진정한 성직자의 품위와 거리가 멀다는 정서를 엿볼 수 있다. 보이지 않는 주인의 종들이 주인의 영광을 높이려고 헌신하지 않고 자신을 위해 살고 있음을 암시하는 그 어떤 것도 근본적으로 그리고 영원히 잘못된 것으로 여겨지며 우리의 신경을 크게 거스를 것이다. 사제는 지극히 고귀한 주인의 종이고 주인의 후광 덕분에 사회적으로 높은 지위를 차지하지만, 그럼에도 하인 계급을 벗어나는 것은 아니다. 그들의 소비가 대리 소비일 수밖에 없는 이유가 여기에 있다. 그러므로 그들의 주인이 물질적 이득을 필요로 하지 않는 고등 종교에서 사제의 직분은 온전한 의미에서의 대리 여가를 수행하는 것이다. "그런즉 너희가 먹든지 마시든지 무엇을 하든지 다 하나님의 영광을 위하여 하라."[11]

일반 신자도 신의 종이라는 점에서 사제에게 동화될 수 있기에,

유한계급론

사제의 대리적 특성이 이들에게도 부여된다. 이러한 결과는 제법 넓은 범위에 적용될 수 있다. 이는 엄격하고 경건하며 금욕적 성격을 띠는 종교 생활의 개혁이나 회복을 위한 운동에서 분명하게 확인할 수 있다. 이러한 운동에서 피지배자로서의 인간은 그의 영적인 주권자의 종복으로서 그를 평생 섬겨야 하는 존재로 간주된다. 다시 말해 사제 제도가 사라지거나 우리의 세상만사 속에 신이 직접 그리고 완벽하게 현존한다는 감각이 매우 생생한 곳에서 평신도는 신과 직접적인 복종 관계에 놓여있는 것으로 여겨지며, 그의 인생은 주인의 위엄을 높이려고 대리 여가를 수행하는 삶으로 해석된다. 이처럼 원래 상태로 되돌아가는 경우에는 중개자가 없는 복종 관계로의 복귀가 독실한 종교적 태도의 지배적 양상으로 나타난다. 그리하여 은총의 수단으로서의 과시적 소비는 등한시되고, 금욕적이고 고통스러운 대리 여가가 강조된다.

사제직의 생활체계를 이렇게 특징짓는 것이 전적으로 타당한지에 대해서는 의문이 제기될 수 있다. 왜냐하면 근대의 사제직 중 상당수는 여러 세부적인 면에서 이러한 양식과 다른 모습을 보이기 때문이다. 대리 여가의 금욕적인 생활체계는 오래전에 확립되었던 신앙이나 의례의 일람표를 어느 정도 벗어던진 기독교 교파의 성직자에게는 해당하지 않는다. 이 새로운 유형의 성직자들은 그들 자신과 평신도의 현세적 행복도 중요하게 고려한다. 그들의 생활 방

---

11) 〈고린도전서〉 10장 31절.

식은 가정에서의 사생활뿐 아니라 심지어 대중 앞에서도 금욕적 외양이나 의고주의적 장치를 거의 보이지 않는다는 점에서 세속적 정신을 지닌 사람들의 생활 방식과 크게 다르지 않다. 이러한 특징은 원래 줄기에서 가장 멀리 떨어져 나온 교단에서 가장 잘 확인할 수 있다. 그런데 이러한 반례에 대해서는 성직자 생활 이론이 가지는 모순이 아니라 이런 부류의 성직자와 대리 여가의 생활체계 사이의 불완전한 일치를 나타내는 것일 뿐이라고 답할 수도 있다. 성직자들은 사제직에 대한 부분적이고 불완전한 대표자에 불과하므로, 성직자의 생활체계를 온전하고도 적절하게 보여준다고 말할 수는 없다. 이러한 종파나 교단의 성직자는 일반인의 성격도 혼재되어 있다는 점에서 절반의 사제 또는 숙성 중이거나 개조 중인 사제라고 표현될 법도 하다. 이와 같은 사제직을 보면 이질적인 동기와 전통이 뒤섞여 성직의 특성이 모호하게 느껴질 수 있는데, 이는 비국교도 종파[12]의 목적 속에 애니미즘과 신분 이외의 요소가 혼재해 있기 때문이다.

[새로운 부류의 성직자들에게 이의를 제기하려면] 성직에 합당한 예절에 대해 예민하고도 세련된 감각을 지닌 사람의 취향에 직접 호소할 수도 있고, 성직자가 비난 없이 할 수 있는 일이나 하지 말아야 할 일을 판단하고 비판하는 데 익숙한 모든 공동체에서 공

---

12) '비국교도 종파(non-conforming fraction)'는 영국의 국교회인 성공회의 통치 방식과 관습에 순응하지 않는 개신교파를 지칭한다. 19세기 후반에는 장로교, 침례교, 형제교, 감리교, 퀘이커교 등이 비국교도에 속했다.

유되는 성직자의 예의범절에 관한 보편적인 감각에 호소할 수도 있다. 극도로 세속화된 교단에서도 성직자의 생활체계와 일반 신도의 생활체계 사이에는 넘지 말아야 할 선이 존재한다. 감수성이 예민하지 않은 사람도 이러한 교단이나 종파의 성직자들이 전통적인 관습에서 벗어나 덜 금욕적이거나 덜 고풍스러운 태도와 복장을 보인다면 사제의 이상적인 예절에서 벗어난다고 느낄 것이다. 서양 문화에 속한 공동체와 종파 중 사제에게 일반 신도보다 폭넓은 방종을 허용하는 곳은 존재하지 않는다. 성직에 합당한 예절에 관한 사제의 감각이 자기 행동에 한계를 효과적으로 부과하지 못할 경우에는, 예절에 관한 공동체 전반의 정서가 노골적으로 표출됨으로써 방종한 사제를 다시 순응시키거나 성직에서 몰아낼 것이다.

성직자 중에 물질적 이득을 위해 급여 인상을 공공연히 주장하는 사람은 거의 없다. 만약 성직자가 노골적으로 급여 인상을 주장한다면 적정성에 관한 신도들의 감각에 불쾌감을 줄 것이다. 이와 관련해 종교를 조롱하는 이나 아주 둔감한 이를 제외한다면 누구라도 설교단에서 행해지는 농담에 대해 본능적으로 마음속 깊이 불편함을 느낄 것이다. 그리고 그것이 좋은 뜻으로 연출된 종류의 경박함인 경우를―의도적으로 품위를 낮추려는 경우를―제외한다면, 목회자가 삶의 곳곳에서 보이는 경박한 모습은 신도들의 존경심을 빼앗아간다는 점도 언급해두고 싶다. 성소와 사제직에 부합하는 용어는 실용적인 일상생활을 연상시키지 않아야 하며, 근대의 교역이나 산업에서 사용하는 단어에 의지해서도 안 된다. 마찬가지로 성직자가 산업이나 그 밖의 순수하게 인간적인 문제를 지나칠 정도로 상세하거나 깊이 다루면, 사람들의 예절 감각은 그가 성직에 합당한 품위를 갖추지 못했다는 느낌으로 곧바로 표출될 것이다. 설교와 관련해서도 일정 수준의 세련된 예절 감각이 요구되는데, 그로 인해 품위를 지키려는 성직자라면 세속적 관심사는 설교에서 다루지 않는 것이 일반적이다. 설교자는 인간적이고 단지 세속적 결과만을 갖는 사안에 대해서는 신을 대신하는 것임을 암시하는 수준의 일반성과 초연함으로 적절히 다뤄야만 하는데, 이때 세속적인 사안에 대한 신의 관심은 그것을 묵인하는 수준을 넘지 않아야 한다.

앞에서 살펴봤던 비국교도 종파와 그 밖의 분파는 성직의 이상적인 생활체계를 따르지 않는 정도가 제각각이라는 점에도 주목할 필요가 있다. 일반적으로 볼 때, 상대적으로 젊은 교단, 특히 하층 중간계급을 주축으로 하는 신생 교단에서 차이가 가장 크다. 이와 같은 교단에는 인도주의적·박애주의적 동기와 배움이나 유흥에 대한 열망과 같이 종교적 태도와는 무관한 그 밖의 다른 동기가 뒤섞여 있는데, 비종교적 동기도 교단 구성원이 보여주는 실질적인 관심의 주요 요소가 된다. 성직의 생활체계에 순응하지 않는 종파나 분파의 운동은 여러 동기가 혼합되어 전개되었는데, 그중 일부는 성직의 기반인 신분 의식과 어긋난다. 사실 그 동기의 주된 부분이 신분제에 대한 반발인 경우도 많았다. 이러한 이행 과정에서 성직 제도도 부분적으로 허물어졌다. 이러한 조직의 대표자는 처음부터 조직을 섬기고 대표하는 사람이지, 사제 계급의 구성원으로 신성한 주님을 섬기는 특별한 존재가 아니다. 이러한 대표자가 성직의 권위를 온전히 부여받고 그에 수반되는 근엄하고 고풍스러우며 대리적인 생활 방식과 함께 사제 본연의 지위를 다시 확보하는 것은 여러 세대에 걸쳐 이어지는 점진적인 전문화 과정을 통해서만 가능하다. 새로운 종파나 분파의 반발로 인해 종교 의례가 붕괴되었다가 복원되는 과정도 이와 비슷하다. 사제의 직무, 성직자의 생활체계, 종교 의례의 체계는 초자연적인 관심사와 관계된 질문에서 신앙적인 적절성에 관한 인간의 집요한 감각이 우위를 다시 확보함에 따라 점진적으로만, 그리고 눈에 띄지 않는 방식으로만 회복되는데, 구체적인 세부 사항에서는 다소간 차이를 보인다. 이때 신흥 교파는 부가 커질수록 유한계급의 관점과 사고 습관을 더 키운다는 점도 주목할 만하다.

사제 계급 위쪽의 위계에는 통상 성자나 천사와—또는 민족종교 속의 유사한 신과—같은 초인간적인 대리 유한계급이 자리 잡고 있다. 이들은 정교한 신분 체계에 따라 등급이 나뉜다. 신분의 원리는 가시적이거나 비가시적인 위계 체계 전체를 관통하며 작동한다. 초자연적인 위계 속에 놓인 각 계층의 영광을 위해서는 일반적으로 대리 소비와 대리 여가의 공물이 일정하게 요구된다. 따라서 초인간적인 유한계급은 대부분 그들을 위해 대리 여가를 벌일 수행원이나 시종으로 구성된 하위계급의 도움을 받는데, 이는 앞 장에서 살펴본 가부장제에서 종속적 유한계급이 처한 상황과 동일하다고 할 수 있다.

* * *

종교 의례와 그것이 내포한 특징적인 기질이, 그리고 그러한 종교와 관련한 재화와 서비스의 소비가 근대 사회의 유한계급과 어떤 관계를 맺고 있으며 근대의 생활체계에서 유한계급이 대표하는 경제적 동기와는 어떤 관련이 있는지를 알려면 충분한 고찰이 필요하다. 이를 위해서는 이와 관련된 특정한 사실을 개략적으로 검토하는 작업이 유용할 것이다.

앞서 논의한 구절에서 알 수 있듯이 오늘날의 집단생활, 특히 근대 공동체의 산업적 효율에 있어 종교적 기질은 도움이 되기보다 방해가 된다. 따라서 근대의 산업생활은 산업적 과정에 직접 종사하는 계급의 정신적 구성에서 인간 본성의 이러한 특성을 선별적으로 제거하는 경향이 있을 것이다. 이른바 유효한 산업 공동체의 구성원 사이에서 신앙심이 쇠퇴하거나 쓸모없어지는 경향이 있다는 것은 대체로 사실이다. 한편 공동체의 생활 과정에 산업적 요소로서 직접적으로나 주요하게 참여하지 않는 계급에서는 이러한 적성이나 습관이 훨씬 뚜렷하게 살아남아야 할 것이다.

산업적 과정의 도움을 받아 생활하지만 그 과정에 직접 참여하지 않는 계급은 크게 (1) 경제적 상황이 낳는 압박으로부터 보호받는 진정한 의미에서의 유한계급과, (2) 그러한 압박에 과도하게 노출된 가운데 살아가는 하층계급의 무법자를 포함한 빈곤 계급이라는 두 범주로 구성되는데, 이 점은 이미 지적한 바 있다. 고대의 사고 습관이 유한계급에 계속 잔존해있는 것은 변화하는 상황에 맞게 그들의 사고 습관을 적응시켜가도록 몰아붙이는 실질적인 경제적 압력이 존재하지 않기 때문이다. 반면 빈곤 계급이 산업적 효율의 변화된 요구에 사고 습관을 적응시켜가지 못하는 것은 영양실조, 원활한 적응에 필요한 잉여 에너지의 결여, 근대적 관점을 획득하고 습관화할 기회의 부족 때문이다. 두 계급 모두에서 선별 과정의 이러한 추세는 거의 같은 방향으로 진행된다.

근대의 산업생활이 주입하는 관점에서 보자면, 모든 현상은 항상 수량적이고 기계적인 인과관계 아래에 놓인다. 빈곤 계급은 이러한 관점에 기초한 최근의 일반화된 과학을 적절히 습득하고 흡수하는 데 필요한 약간의 여가조차 가지지 못할 뿐만 아니라, 금전적으로 우월한 사람들에 대한 개인적인 의존 및 복종 관계 속에 놓임으로써 신분제에 고유한 사고 습관에서 좀처럼 해방되지 못하고 있다. 그 결과, 빈곤 계급은 어느 정도는 기존의 일반적인 사고 습관을 고수하는데, 그것의 대표적인 표현이 강고한 개인적 신분 의식이며 그것의 한 가지 특징적 양상이 신앙심인 것이다.

유럽 문화에 속하는 전통적인 공동체에서 세습 유한계급은 근면한 중간계급이 어느 정도 존재하는 곳이라면 어디에서나 평균적인 중간계급에 비해 종교 의례를 더 적극적으로 지킨다는 특징을 빈곤 계급 집단과 공유한다. 그러나 전통적인 공동체 중에는 위에서 언급한 두 가지 범주의 보수적 인간 본성이 사실상 전체 인구의 전부인 나라도 있다. 이 두 계급이 크게 우세한 곳에서는 두 계급의 취향이 대중의 정서를 형성함으로써 상대적으로 미미한 중산층에서 발생할 수 있는 모든 경향을 압도하고 전체 공동체에 신앙심 깊은 태도를 부과한다.

그렇다고 해서 종교 의례에 유난스러운 공동체나 계급이 이런저런 신앙고백과 관련해 우리에게 익숙한 각종 도덕 규범의 세목 모두를 탁월하게 준수하는 경향이 있다는 의미는 아니다. 대다수의 독실한 종교적 사고 습관은 십계명이나 관습법의 명령을 엄격하게 준수하라고 요구하지 않는다. 실제로 유럽 사회에서 범법자의 생활을 관찰하는 사람들에게 범죄 계급과 방종 계급이 전체 인구의 평균에 비해 신앙심이 더 깊고 순진할 정도로 독실하다는 것은 어느 정도 상식이다. 종교적 태도로부터 비교적 거리를 두는 사람들은 금전적 중간계급과 법을 준수하는 시민들이다. 고등 종교의 교리와 제례가 지닌 가치를 가장 높게 평가하는 사람들은 이 모든 주장에 반대하면서 하층계급 무법자의 신앙심이란 가짜거나 기껏해야 미신적인 신앙심에 불과하다고 말할 것이다. 이는 확실히 일리가 있고 의도된 목적에도 직접적으로, 그리고 일관되게 부합한다. 그러나 우리 연구의 목적에 비춰보면, 이처럼 경제 외적이거나 심리 외적인 구별은 그것이 아무리 타당하고 본연의 목적에 결정적으로 부합하더라도 부득이 제쳐둘 수밖에 없다.

[금전적 중간계급과 법을 준수하는 시민들 같은] 이들이 종교 의례의 습관에서 해방됨으로써 실제로 일어난 일은 훗날 성직자들의 한탄이 잘 보여주듯이 교회가 직공 계급의 공감과 그들에 대한 지배력을 상실했다는 사태다. 그와 동시에 이른바 중간계급도 교회에서 마음이 떠났는데, 이들 중 성인 남성이 특히 그랬다. 이는 현재 인지할 수 있는 현상으로서 이러한 사실을 단순히 언급하는 것만으로도 여기서 개략적으로 제시한 주장을 충분히 입증할 것이다. 대중의 예배 참석과 교인 비율에 관한 일반적 현상에 호소하는 것은 여기에서의 주장에 대한 설득력 있는 근거가 될 것이다. 그러나

오늘날 선진적인 산업사회의 정신적 태도를 이처럼 변화시킨 사건의 진행 경과와 특정한 힘을 어느 정도 상세하게 추적할 필요는 여전하다. 이는 사람들의 사고 습관이 세속화되는 흐름에 경제적 원인이 영향을 미치는 방식을 잘 보여줄 것이다. 이 점에서 특히 미국 사회는 예외적으로 설득력 있는 예시를 제공할 수 있다. 왜냐하면 이 나라는 주요 산업 선진국 중 외부 환경의 구속을 가장 덜 받기 때문이다.

예외적인 상황과 산발적으로 발생하는 비정상적인 일탈을 적절히 감안하면, 미국의 현재 상황은 아주 간략하게 요약할 수 있다. 일반적으로 경제적 효율이나 지능 또는 두 가지 모두 낮은 계급은 특이하게도 신앙심이 깊다. 예를 들어 남부의 흑인 인구, 하류층에 속한 외국인 인구의 상당수, 농촌 인구의 상당수가 대표적이며, 교육과 산업 발전 단계 그리고 나머지 사회와의 산업적 접촉 등의 측면에서 뒤떨어진 부문이 특히 그렇다. 특수화되고 세습화된 빈곤 계급이나 분리된 범죄 계급 또는 방종 계급도 신앙심이 깊다. 그렇지만 이러한 계급에서 볼 수 있는 독실한 사고 습관은 공인된 교리를 공식적으로 고수한다기보다 행운과 샤머니즘적 관습의 효능을 애니미즘적 관점에서 순진하게 믿는 형태인 경우가 훨씬 더 많다. 반면 직공 계급은 공인된 의인관적 교리나 모든 종교 의례의 준수에서 벗어난 것으로 잘 알려져 있다. 직공 계급은 근대의 체계화된 산업의 특성인 지적·정신적 압박에 특별하게 노출되어 있다. 이들이 받는 지적·정신적 압박은 비인격적이며 객관적 사실의 연쇄로서의 현상을 있는 그대로 항상 인식하고 인과관계의 법칙에도 무조건 순응할 것을 요구한다. 또한 직공 계급은 영양이 부족하지 않고 과도한 노동에 시달리지도 않기 때문에 환경 변화에 적응하는 데 필요한 여분의 에너지를 갖고 있다.

미국의 하층 또는 어정쩡한 유한계급은―이른바 중간계급은―다소 특이하다. 미국의 중간계급은 유럽의 중간계급과 종교 생활에서 차이를 보이는데, 그것은 본질보다 정도나 방법 면에서의 차이다. 교회는 여전히 중간계급에서 금전적 지원을 받고 있다. 그렇지만 중간계급이 가장 용이하게 받아들이는 교리는 의인관적 내용과는 비교적 거리가 멀다. 그리고 중간계급의 실질적인 회중[13]은 대부분 여성과 미성년자에 집중되는 경향이 있다. 중간계급 성인 남성은 태어날 때부터 친숙했던 공인된 교리에 대해 자기만족적이거나 평판을 의식한 차원에서 어느 정도 긍정적이지만, 종교적 열정은 크게 부족하다. 그들의 일상생활이 산업적 과정과 긴밀하게 연결되어 있기 때문이다.

이처럼 여성과 자녀가 종교 의례를 떠맡는 독특한 성적 분화는 부분적으로는 대다수의 중간계급 여성이 (대리) 유한계급이라는 사실에 기인한다. 하층 직공 계급 여성에게서도 정도는 덜하지만 동일한 종교적 태도를 볼 수 있다. 그들은 산업 발전의 초기 단계부터 물려받은 신분제에서 살기 때문에 사물을 일반적으로 고대적 관점

---

13) 하나님의 백성 또는 특별한 목적을 위해 부르심을 받은 모임으로서의 신앙 공동체를 가리킨다.

에서 보게 만드는 정신 구조와 사고 습관을 유지한다. 동시에 그들은 근대의 산업적 목적에 도움이 되지 않는 사고 습관을 강력하게 해체하는 경향이 있는 산업적 과정 전반과 유기적인 관계를 직접 맺고 있지는 않다. 다시 말해 여성이 보이는 특유의 신앙심은 상당 부분 문명화된 사회의 여성이 누리는 경제적 지위에서 비롯한 보수주의의 특별한 표현인 것이다. 근대 남성에게 가부장적 신분 관계는 결코 생활의 지배적 특징이 아니다. 반면 여성에게는, 특히 규범과 경제적 상황에 의해 그 활동이 '가정 영역'으로 한정되는 상위 중간계급 여성에게는 이러한 가부장적 신분 관계가 생활에서 가장 현실적이고 중요한 요소라고 할 수 있다. 그리하여 종교 의례를 준수하고 생활 전반을 개인의 신분에 따라 해석하기를 좋아하는 사고 습관이 생겨난다. 여성이 겪는 일상적인 가정생활의 논리 및 논리적 과정이 초자연적인 세계로 옮겨지는 가운데, 여성은 남성이라면 매우 이질적이고 어리석다고 느낄 분야나 발상[14]에 대해서도 편하게 느끼고 만족하며 살아간다.

상위 중간계급에 속한 남성에게 신앙심이 없는 것은 아니지만, 그것은 일반적으로 열성적이고 활기찬 종류의 신앙심이 아니다. 상위 중간계급 남성은 종교 의례의 준수와 관련해 직공 계급에 속한 남성에 비해 더 자기만족적인 태도를 취하는 것이 보통이다. 이는 상위 중간계급 여성에게 통용되는 것이 정도는 덜할지라도 상위 중간

---

14) 점성술, 카드점, 타로점, 혼령과의 대화 모임 등이 대표적인 사례로 보인다.

계급 남성에게도 통용될 수 있다는 앞서의 논의와 같은 맥락이라고 할 수 있다. 상위 중간계급은 상당한 정도로 보호받는다. 그리고 그들의 부부생활이나 하인의 습관적인 이용 속에서 여전히 남아있는 가부장적 신분 관계는 고대의 사고 습관을 보존하는 쪽으로 작용하고, 그들의 사고 습관이 겪고 있는 세속화 과정을 지연시킬 것이다. 일반적으로 미국의 중간계급 남성은 경제 공동체와 매우 긴밀하고도 엄격한 관계를 맺고 있다. 그렇지만 그들의 경제활동이 종종 가부장적이거나 준약탈적 성격을 부수적이고 제한적으로 지닌다는 점에도 주목할 필요가 있다. 중간계급 사이에 높은 평판을 주고 계급적 사고 습관의 형성과도 긴밀하게 연관된 직업은 이전 장에서 비슷한 맥락으로 언급했던 금전적 활동이다. 여기에는 자의적인 명령과 복종 관계가 상당히 존재하며, 약탈적 사기와 매우 흡사한 기민한 행동도 적지 않게 존재한다. 이 모든 것은 종교적인 태도를 습관으로 지닌 약탈적 야만인의 생활 영역에 속한다. 여기에 더해, 상위 중간계급은 높은 평판을 얻을 수 있다는 이유로 종교 의례의 준수에 이끌린다. 그러나 신앙심에 대한 이러한 동기는 그 자체로 논의할 가치가 있으므로, 곧이어 다룰 것이다.

미국 사회에는 남부를 제외하면 영향력을 발휘하는 세습 유한계급이 존재하지 않는다. 남부의 유한계급은 종교 의례에 꽤 열성적으로 참여하는데, 이러한 종교적 성향은 비슷한 금전적 지위에 속한 다른 지역의 어떤 계급보다도 강하다. 그리고 남부의 교리가 북부의 교리에 비해 더 오래된 색채를 띤다는 점도 잘 알려진 사실이다. 남부의 고대적 신앙생활에 상응하는 것은 이 지역의 낮은 산

유한계급론

업 발전이다. 남부의 산업 조직은 아주 최근까지도 전체 미국 사회에 비해 원시적인 성격이 아주 강하다. 남부의 산업 조직은 기계장치가 부족하고 조야하다는 점에서 수공업에 가깝고, 지배와 종속의 요소도 훨씬 많다. 또한 이 지역의 독특한 경제적 상황으로 인해 백인과 흑인을 통틀어 남부 인구가 보이는 독실한 신앙심은 여러 면에서 산업 발전의 야만 단계를 연상시키는 생활체계와 관계된다는 점도 강조하고 싶다. 이와 같은 인구 사이에서는 고대적 성격의 범죄가 다른 곳에 비해 더 널리 퍼져있고 덜 비난받는다. 예를 들어 결투, 소란, 반목, 음주, 경마, 닭싸움, 도박, (상당한 수의 혼혈아로 입증되는) 남성의 성적 문란이 대표적이다. 그곳에서는 또한 스포츠인 정신의 표현이자 약탈적 생활의 파생물인 명예 의식도 더 강하다.

북부의 부유층, 즉 미국 최고의 유한계급에는 세습되는 종교적 태도가 거의 없다고 말할 수 있다. 이들은 최근에 성장한 계급이기 때문에, 이러한 점과 관련해 잘 가꿔져 전승된 습관이나 특별히 토착적인 전통을 지니고 있지 않다. 그럼에도 불구하고 공인된 교리 중 일부를 적어도 명목상으로는 지키려 하고 실제로도 어떤 부분은 고수하려는 경향이 이들에게서 감지된다. 또한 이들은 결혼식이나 장례식 등의 예식을 특별한 종교적 분위기에 맞춰 매우 엄숙하게 거행한다. [북부의 상층 유한계급이] 교리를 고수하는 것을 두고 어디까지가 독실한 종교적 사고 습관으로의 진정한(a bona fide) 회귀이고, 어디까지가 외래의 이상에서 빌려온 명성의 규범에 표면상 동화될 목적으로 행해지는 보호용 모방인지를 가려내는 것은 불가능하다. 상층계급의 신앙이 발전하는 과정에서 종교 의례가 각별하게 준수된다는 점을 볼 때, 이들에게도 종교적 성향이 상당하다는 것을 알 수 있다. 상층계급 신도 사이에는 의식을 중시하고 예배를 위해 마련된 화려한 장식품을 강조하는 교단에 가입하려는 경향이 감지된다. 그리고 상층계급 교인이 많은 교회에서는 예배나 종교 의례의 장치에서 지적인 성격을 희생시키고 의례적인 성격을 강조하는 경향을 보인다. 이러한 사정은 의식이나 의례 용구의 발달이 비교적 덜한 교단에 속한 교회도 마찬가지다. 의례적 요소의 이처럼 독특한 발전은 과시적 낭비의 장관(壯觀)에 대한 선호에서 비롯된 부분도 분명히 있지만, 신도들의 종교적 태도에서 비롯된 부분도 있을 것이다. 만약 후자가 타당하다면, 그것이 보여주는 것은 상대적으로 고대적인 형태의 종교적 습관이다. 종교 의례를 준수할 때 화려한 효과를 과시하는 것은 상대적으로 원시적인 문화 단계에 놓여있고 지적 발달이 미미한 종교 공동체의 두드러진 특징이다. 그것은 특히 야만 문화의 특성이다. 야만 문화의 종교 의례 속에는 모든 종류의 감각을 통해 감정에 직접적으로 호소하는 경향이 아주 일관되게 관철된다. 이처럼 순진하고 감각적인 호소 방식으로 회귀하려는 경향은 오늘날 상층계급이 다니는 교회에서도 뚜렷하게 나타난다. 하층 유한계급과 중간계급 신자가 많은 교파에서는 이러한 특성이 더 약하게 나타난다. 오늘날의 교회는 휘황찬란한 조명과 화려한 장식을 사용하고, 상징과 관현악과 향료를 아낌없이 이용하는 쪽으로 회귀하고 있다. 사람들은 '입장성가(processionals)'와 '퇴장성가(recessionals)', 그리고 대단히 다채롭게 펼쳐지는 무릎절[15]

속에서 성스러운 춤과 같이 고대의 예배를 화려하게 꾸몄을 원초적 상태로의 회귀를 감지할 수 있을 것이다.

이처럼 화려한 의식으로의 회귀가 상층계급 교파에 국한되지는 않는다. 그렇지만 이러한 회귀의 사례가 가장 잘 나타나고 가장 강조되는 곳은 재력이나 사회적 지위가 더 높은 계층이 속한 교파라고 할 수 있다. 남부 흑인이나 후진국에서 온 이민자 비중이 높은 공동체의 신앙심 깊은 하층계급이 속한 교파는 의식과 상징 그리고 화려한 효과에 강하게 끌리는 모습을 보여주는데, 이는 하층계급의 선조나 문화적 수준을 감안할 때 충분히 예상할 수 있다. 하층계급에 의례나 의인관이 널리 퍼진 것은 과거로의 회귀가 아니라 과거로부터 지속된 발전이라고 봐야 한다. 그러나 의례나 종교와 관련된 볼거리의 사용은 다른 방향으로도 확산되고 있다. 초기 미국 사회에서 지배적인 교파는 엄격하고 간소한 예배와 의례용품으로 시작했다. 하지만 시간이 흐르면서 이러한 교파도 한때 배격했던 화려한 요소를 다양한 정도로 대폭 수용했다는 점은 잘 알려져 있다. 일반적으로 이러한 발전은 신도들의 부가 증가하고 생활이 편리해진 것과 보조를 맞췄으며, 가장 높은 수준의 부와 명성을 획득한 계층에서 정점에 도달했다.

신앙심이 이처럼 금전적으로 계층화되는 원인은 사고 습관의 계

---

15) '무릎절(genuflexional evolutions)'은 몸을 똑바로 세운 채 오른쪽 무릎을 꿇거나 두 무릎을 모두 꿇은 자세로 존경을 나타내는 행위를 말한다.

급적 차이를 이야기할 때 일반론적으로 이미 지적되었다. 종교와 관련한 계급적 차이는 일반적인 사실의 특수한 표현일 뿐이다. 하위 중간계급의 느슨한 신앙심 또는 이른바 지극한 신앙심의 실패는 기계산업에 종사하는 도시 인구 사이에서 주로 볼 수 있다. 이제 누구도 기사나 기계공을 직업으로 갖는 계급에서 흠잡을 데 없이 지극한 신심을 찾아내려 하지 않는다. 이러한 기계적 직업은 기본적으로 근대적인 현상이다. 오늘날 기계공이 담당하는 것과 비슷한 성격의 산업적 목적을 위해 일했던 이전 시대의 수공업자들은 기계공과 달리 신앙심의 규율에 순종적이었다. 근대적인 산업 공정이 유행하면서 이러한 산업 분야에 종사하는 남성의 습관적인 활동은 지적 규율과 관련해 커다란 변화를 겪었다. 그리고 기계공이 일상 업무에서 접하는 규율은 일상 업무 밖의 사안과 관련한 사고방식이나 사고 표준에도 영향을 미쳤다. 고도로 조직화되고 객관화된 현재의 산업적 과정에 익숙해지면 애니미즘적 사고 습관도 흔들린다. 노동자의 업무는 기계적이고 감정에 지배되지 않는 연쇄적 과정을 재량껏 판단하고 감독하는 일만으로 점점 좁혀지고 있다. 개인이 그 과정에서 최고의 추진력이자 전형적인 추진력인 한, 그리고 개별 수공업자의 기량과 역량이 산업적 과정의 두드러진 특징인 한 개인적 동기와 성향의 관점에서 현상을 해석하는 습관은 사실로 인해 혼란을 겪지도 제거되지도 않을 것이다. 그러나 그 이후의 발달한 산업적 과정에서 그 과정을 움직이는 주요 추진력이나 장치가 객관적이고 비개인적인 특성을 가지면 노동자의 마음속에 습관적으로 자리 잡은 일반화의 근거나 그가 현상을 습관적으로 파악하는 관점은 객관적 사실의 연쇄에 주목하도록 강요받는다.[16] 노동자의 신앙생활과 관련해서 보자면 이는 신앙심 없는 회의주의 성향으로 이어진다고 할 수 있다.

***

그러므로 종교 의례의 사고 습관은 상대적으로 고대적인 문화와 함께 가장 발달하는 것으로 보인다. 물론 여기서 '종교 의례의 (devout)'라는 표현은 종교 의례를 준수한다는 인류학적 의미에서 단순히 사용될 뿐, 그 사실을 뛰어넘어 특정한 정신적 태도를 가리키는 것은 아니다. 또한 종교 의례의 태도는 인간 본성의 한 가지 유형을 나타내는데, 이 유형은 사회에서 최근에 발전한 더욱 일관되고 유기적인 산업생활 과정보다 약탈적 생활체계에 더 부합하는 것으로 보인다. 종교적 태도는 대체로 개인적 신분에 관한 고대의 습관적 감각의—지배와 복종 관계의—표현이므로 약탈적이고 준평화적인 문화의 산업적 틀에는 적합한 반면, 현재의 산업적 틀에는 적합하지 않다. 이러한 종교적 습관은 근대 사회에서는 일상생활이 산업의 기계적 과정에서 가장 멀리 떨어져 있고 다른 측면에서도 가장 보수적인 계급 사이에 가장 끈질기게 지속되는 것으로

---

16) 여기서 베블런은 개인적 동기와 성향의 관점으로 현상을 해석하는 수공업자의 습관과, 객관적 사실의 연쇄에 대한 강제된 인식에 근거해 현상을 파악하는 기계공의 습관을 대비시키고 있다.

보인다. 반면 근대의 산업적 과정과 습관적으로 직접 접촉하고, 따라서 사고 습관도 기술적 필요의 구속력에 노출된 계급에서는 현상에 대한 애니미즘적 해석이나 종교 의례를 준수하는 사람에 대한 존경이 줄어든다. 또한 현재의 논의와 특히 관련이 있는 것으로, 근대 사회에서 종교적 습관이 부와 여가가 가장 두드러지게 증가하는 계급 사이에 점점 더 확대되고 정교해지고 있다는 점도 주목할 필요가 있다. 유한계급 제도는 다른 관계에서와 마찬가지로 여기에서도, 후기 사회 발전 단계에서의 산업적 진화가 제거하고 있는 고대적 유형의 인간 본성과 고대적 문화의 요소를 보존하고, 심지어 복원하는 역할까지 수행하고 있다.

시샘을 유발하지 않는
관심의 부활

시간이 흐르면서 경제적 필요의 압박이 커지고 신분제의 쇠퇴에 따라 의인관과 종교 의례의 규범도 점차 붕괴한다. 이러한 붕괴 과정에서 종교적 태도에는 다른 동기나 충동이 결부되고 섞이는데, 이와 같은 동기나 충동이 항상 의인관에서 비롯된 것도, 개인적 복종의 습관에서 생겨난 것도 아니다. 이후의 종교 생활에서 독실한 신앙의 습관과 뒤섞이는 부수적인 충동이 모두 독실한 종교적 태도나 세상만사에 대한 의인관적 인식과 전적으로 조화를 이루지는 않는다. 이처럼 다른 동기나 충동은 그 기원이 같지 않으므로 종교 생활의 틀에 미치는 영향 또한 다른 방향으로 나타난다. 이들은 여러 면에서 복종이나 대리 생활의 지배적인 규범과 충돌하는데, 이때 그 규범은 종교 의례의 계율이나 교회와 성직 제도가 기초하는 실질적 토대라고 할 수 있다. 이질적 동기의 존재로 인해 사회적·산업적 신분 체제는 점차 해체되고, 개인적 복종의 계율도 오랜 전통의 지지를 잃는다. 외부의 습관과 성향이 이 계율에 의해 지배되던 활동 영역을 침범함에 따라, 교회와 성직 구조 중 일부가 다른 용도로 전환되었는데, 그 용도는 사제직이 가장 활발하고 특징적으로 발전하던 시절에 존재했던 종교적 생활체계의 목적과는 상당히 이질적이다.

이후 종교적 체계의 성장에 영향을 미치는 이질적 동기에는 자선이나 사회적 친교, 연회가 있고, 좀 더 일반적인 용어로는 인간의 연대 의식과 공감과 관련한 다양한 표현이 거론될 수 있다. 교회를 이처럼 종교 바깥의 목적을 위해 사용하는 것은, 신앙을 기꺼이 포기할 의향이 있는 사람들 사이에서 교회라는 명칭과 형식이 존속되도록 하는 데 실제로 기여할 것이라는 점도 덧붙여야 할 것이다. 종교적 생활체계를 공식적으로 뒷받침하는 동기 중 좀 더 특징적이고 보편적인 이질적 요소로는 자연환경과의 심미적 조화라는 비숭배적 감각이 있는데, 이는 오늘날 의인관적 내용을 제거한 신앙 활동의 잔존물 중 하나다. 이러한 동기는 복종의 동기와 섞임으로써 성직 제도의 유지에 크게 기여했다. 이러한 심미적 조화의 감각이나 충동은 일차적으로는 경제적 특성을 보이지 않지만, 산업 발전의 후기 단계에서 경제적 목적에 부합하는 방향으로 개인의 사고 습관을 형성하는 데는 꽤 간접적인 영향력을 발휘했다. 이와 관련해 가장 눈에 띄는 효과로 신분제가 강고했던 초기 단계에 전통으로 내려왔던 다소 뚜렷한 자기중심적 편향을 완화하는 쪽으로 방향이 전환되었다는 점을 들 수 있다. 따라서 자연과의 심미적 조화라는 충동의 경제적 영향은 종교적 태도의 경제적 영향과 충돌하는 것으로 보인다. 전자는 자기와 타인 사이의 대립이나 적대를 지양함으로써 자기중심적 편향을 완전히 제거하지는 못하더라도 그것에 제약을 가한다. 반면 후자는 개인적인 복종과 지배의 감각을 표출함으로써 이러한 적대를 강화하고 자기중심적 관심과 인간의 전반적인 생활 과정에 관한 관심 사이의 괴리를 고집한다.

자선이나 사교성의 충동뿐만 아니라 서열을 매기거나 시샘을 유발할 목적과 무관한 종교 생활의 잔존물은─환경이나 보편적인 생명 활동 과정과 교감하는 감각은─경제적인 목적에 적합한 인간의 사고 습관을 형성하는 데 폭넓게 작용한다. 하지만 이러한 부류의 성향에 따른 작용은 다소 모호하기에 그 효과를 상세히 추적하기는 어렵다. 그렇기는 해도 이러한 부류 전체의 동기나 적성에 따른 작용이 앞서 규정했던 유한계급 제도의 기본 원리에 반하는 방향으로 나아가는 경향이 있다는 점은 분명하다. 문화적 발전에 있어 유한 계급 제도는 그와 연관된 의인관과 마찬가지로 시샘을 유발하려는 비교의 습관에 바탕을 두고 있는데, 이러한 습관은 현재 논의 중인 동기나 적성을 발휘하는 것과 잘 어울리지 않는다. 유한계급의 생활체계가 따라야 할 실질적인 계율은 시간과 물자의 과시적 낭비와 산업적 과정의 기피라고 할 수 있다. 반면 여기에서 주목하는 특정한 적성은 낭비와 무용한 생활 방식을 경제적 측면에서 거부하고, 경제적 측면이든 다른 어떤 단계나 양상이든 생활 과정에 참여하거나 그것과 일체감을 느끼려는 충동으로 표출된다.

삶의 과정에 참여하거나 그 속에서 일체감을 느끼려는 특성이 유한계급의 생활양식에 어긋나는 것은 분명하다. 그리고 우호적인 환경 속에서 이와 같은 특성이 지배적으로 펼쳐짐에 따라 생겨나는 생활 습관 역시 유한계급의 생활양식에 어긋난다고 할 수 있다. 그러나 후기 발전 단계에서 알 수 있듯이, 유한계급의 틀에 기반한 생활이 이러한 특성을 일관되게 억압하거나 그 특성이 표출한 사고 습관과 일관되게 괴리되는 경향을 보이는지는 분명치 않다. 유한계급의 생활체계에서 관철되는 [품위를 지켜야 한다는] 적극적인 규율은 이러한 특성을 억압하는 방향으로 작동한다. 유한계급의 생활체계는 규범과 선별적 제거를 통해 적극적인 규율을 대대적으로 발휘함으로써 생활의 모든 영역이 낭비를 늘리고 시샘을 자아내는 비교를 하라는 계율에 지배되도록 만든다. 그러나 유한계급의 규율이 [산업적 활동을 자제시키는] 소극적인 효과를 발휘할 때는 유한계급 생활체계의 근본적인 계율에 분명히 부합하는 경향을 보이지 않는다. 유한계급의 계율은 금전적 품위라는 목적을 위해 사람들의 활동을 단속하면서 산업적 활동을 기피하라고 요구한다. 다시 말해 유한계급의 계율은 공동체에서 살아가는 경제적으로 취약한 구성원이 일상적인 노동에 접근하지 못하도록 막는다. 이러한 금지 관행은 여성에게, 특히 선진적인 산업사회의 상층계급과 상위 중간계급 여성에게 아주 완고하게 작용하는데, 금전적 활동을 통해 준약탈적 방식으로 부를 축적하려는 경쟁적 과정에서까지도 물러나라고 요구할 정도다.

금전 문화나 유한계급의 문화는 장인 정신 충동의 경쟁적 변종에서 시작했지만, 최근의 발전 단계에서는 효율성은 물론 심지어 금전적 지위와 관련한 시샘을 유발하려는 비교의 습관까지도 제거함으로써 자신의 고유한 기반을 약화시키기 시작했다. 그런데 유한계급의 구성원은 남녀를 불문하고 동료들과의 경쟁적 투쟁 속에서 생계 수단을 찾아야 할 필요성이 크지 않다. 이러한 사실로 인해

유한계급론

그들은 치열한 투쟁에서 성공하는 데 필요한 특성을 물려받지 못했더라도 생존할 수 있고, 자신의 취향을 일정한 한도 내에서 고수할 수도 있다. 다시 말해 유한계급 제도가 최근 가장 완전하게 발달한 상태에서, 구성원의 생계는 성공한 약탈적 인간에게 고유한 특성의 소유와 부단한 발휘에 의존하지 않는다. 따라서 이러한 특성을 타고나지 않은 개인이 상층 유한계급 사람이라면 전체 인구의 평균에 해당하는 보통 사람에 비해 경쟁 체제에서 살아남을 가능성이 더 높다.

9장에서 고대적 특성의 생존 조건을 논의하면서, 유한계급의 독특한 지위로 인해 초기의 퇴화된 문화 단계에 적합했던 유형의 인간 본성을 특징짓는 특성이 살아남는 데 매우 유리한 기회가 제공된다는 점을 확인했다. 유한계급은 경제적으로 긴급한 필요의 압박에서 보호받았고, 이런 의미에서 경제적 상황에 적응할 것을 강요하는 힘의 거센 충격도 피할 수 있었다. 약탈 문화를 상기시키는 특성과 유형이 유한계급 속에서, 그리고 유한계급의 생활체계 아래에서 살아남았다는 점은 이미 논의한 바 있다. 이러한 적성과 습관은 유한계급 체제에서 살아남는 데 대단히 유리하다. 유한계급은 지금까지 잘 보호받았던 금전적 지위에 힘입어 근대의 산업적 과정에 종사하는 데 필요한 적성을 갖추지 못했더라도 생존에 유리한 환경을 제공받을 뿐만 아니라, 그와 동시에 품위를 지켜야 한다는 계율로 인해 특정한 약탈적 적성을 과시적으로 행사할 것도 요구받는다. 약탈적 적성을 발휘할 수 있는 직업은 부와 출생 그리고 산업적 과정의 기피를 입증하는 증거가 된다. 유한계급 문화에서 나타나는 약탈적 특성의 보존은 소극적 힘과 적극적 힘 양쪽 모두에 의해 촉진되는데, 소극적인 힘으로는 유한계급의 산업적 자제를, 적극적인 힘으로는 유한계급으로서 품위를 지켜야 한다는 계율의 제재를 들 수 있다.

약탈적 야만 문화 이전 단계의 평화나 선의를 애호하는 특성이 살아남는 것은 다른 경우다. 유한계급이 보호받는 위치에 있다는 점은 이와 같은 특성의 존속에 우호적으로 작용한다. 하지만 [유한계급의] 적정성 규범이 평화나 선의를 애호하는 적성이 발휘되도록 유도하는 방향으로 제재를 가하는 것은 아니다. 전약탈적 문화를 상기시키는 기질을 타고난 유한계급 내의 개인은 비경쟁적 생활로 이끌리는 이러한 적성을 억제해야 할 상황을 강요받지 않는다는 점에서, 비슷한 기질을 타고난 유한계급 바깥의 개인에 비해 유리한 위치에 놓여있다. 그러나 그러한 개인은 여전히 이러한 성향을 무시하도록 강요하는 모종의 도덕적 제약에 노출되어 있는데, 이는 적정성 규범이 그들에게 약탈적 적성에 기반한 생활 습관을 강요하기 때문이다. 신분제가 그대로 유지되는 한, 그리고 무의미하게 시간을 낭비하며 피로감에 시달리는 것 이외의 다른 비산업적 활동이 유한계급에 제공되는 한 유한계급이 명성을 추구하는 생활체계에서 크게 벗어날 것이라고 기대하기는 어렵다. 이러한 상황에서 유한계급 내부에 비약탈적 기질이 발생하는 것은 간헐적으로 출현하는 격세유전의 사례로 간주될 수 있다. 그러나 경제 발전의 도래, 대형 전리품의 소멸, 전쟁의 감소, 칙허 식민지[1]의 쇠퇴, 사제직의 쇠락 등으로 인해 인간의 행동 성향을 충족시킬 명예롭고 비산업적

유한계급론

인 배출구는 머지않아 사라질 것이다. 이렇게 되면 상황은 변화하기 시작할 것이다. 인간의 생활은 다른 방향에서 표출되지 못한다면 한 방향으로 표출될 수밖에 없다. 따라서 약탈적 배출구마저 실패한다면 다른 곳에서 구원을 찾아야 한다.

앞에서 언급했듯이 금전적 압박에서 가장 크게 해방된 이들은 선진 산업사회의 유한계급 여성이다. 따라서 유한계급 여성이 유한계급 남성에 비해 시샘을 자아내지 않는 기질로 더욱 분명하게 회귀할 것이라 예상할 수 있다. 그러나 유한계급 남성들 사이에서도 자기중심적인 것으로 분류되지 않고 그 목적 또한 시샘을 유발하는 구별과 무관한 적성에서 비롯된 활동이 그 범위와 영역을 현저하게 넓히고 있다. 예를 들어 기업을 재무적으로 관리함으로써 산업에 연결된 다수의 남성은 그 일이 잘 수행되고 산업적으로 효과적이라는 사실을 확인하는 것에서 모종의 흥미와 자부심을 느끼는데, 이는 이러한 종류의 개선으로 인해 발생할 수 있는 금전적 이익과 별개로 일어나는 현상이다. 상인 단체나 제조업자 협회가 시샘을 유발하지 않는 방향으로 산업적 효율성을 높이려고 애쓴다는 것은 잘 알려진 사실이다.

---

1) '칙허 식민지(proprietary government)'는 17세기 영국의 아메리카 식민지 정부 형태 중 하나다. 아메리카 식민지는 크게 칙허 식민지, 왕실 식민지(royal or crown colonies), 계약 식민지(covenant colonies)로 나뉜다. 칙허 식민지는 국왕이 왕실 칙령(royal charters)에 근거해 식민지를 경영하고 세금을 징수할 특권을 특정 개인에게 부여함에 따라 설립된 식민지 정부를 뜻한다.

생활 속에서 서열을 매기고 시샘을 자아내려는 것이 아닌 다른 목적을 향한 움직임이 수많은 조직에서 나타나고 있는데, 이러한 조직의 목적은 자선이나 사회 개량2)에 있다. 이러한 조직은 종종 그 성격이 종교에 가깝거나 유사종교적이며, 남성과 여성 모두 참여한다. 생각해보면 많은 예가 떠오르겠지만, 여기에서 논의 중인 경향의 범위와 그 특성을 명확하게 확인할 목적으로 몇 가지 구체적인 사례만을 살펴보자. 예컨대 금주 및 이와 유사한 사회 개혁, 교도소 개혁, 교육 보급, 악덕 억제, 중재와 군비 축소 및 기타 수단에 의한 전쟁 방지 등을 위한 운동이 있다. 그리고 정착촌 운동3), 근린 사회봉사단, 기독청년회나 기독청년면려회 같은 다양한 단체, 자선

---

2) '사회 개량(social amelioration)'은 자본주의의 모순에서 비롯된 노동계급의 빈곤을 해결하려고 체제를 완전히 바꾸는 것이 아니라 부분적으로 수정하려는 경향이나 사조를 말한다.

3) '인보관(隣保館) 운동'으로도 번역되는 '정착촌 운동(university settlements)'은 대학이 사회적·경제적 약자의 삶을 개선하기 위해 이론적으로나 실천적으로 기여해야 한다는 문제의식으로 시작됐다. 19세기 말~20세기 초의 시카고에서는 교회·자선단체·시민단체가 지역의 사회과학자들과 함께 정착촌 운동을 펼쳤다. 정착촌 운동은 복지관을 중심으로 복지 서비스와 교육 프로그램을 수행해 빈곤층의 정착을 돕고 그들의 생활 조건과 기회를 개선하고자 노력했다. 이는 진보주의 운동(Progressive Movement)의 일환이었는데, 당대의 진보주의에는 독점 금지 조치, 친노동법, 기업의 공공 소유 등의 국가 행동을 통해 약탈적 자본주의를 규제하려는 흐름, 지방 정부의 부패와 비효율을 청산하려는 흐름, 정착촌을 통해 빈곤층의 자립·자활을 꾀하는 흐름이 공존했다. 베블런의 지도 교수였고 시카고대학 경제학과를 이끌었던 로플린은 계급투쟁과 국가의 역할을 강조하는 마르크스주의의 대안으로 시카고의 사우스사이드에 정착촌을 세우고 다양한 사회 개혁 조치를 통해 자본주의의 약탈적 측면을 길들이고자 했다. 시카고대학 교수진과 대학원생 다수도 정착촌 운동에 동참했다.

재봉봉사회, 사교클럽, 예술클럽, 심지어 상인회 등도 그러한 특성을 보인다. 부유한 개인이나 다수의 시민에게서 받은 자금으로 자선·교육·오락 용도의 준공공시설을 운영하는 재단도 정도는 덜하지만 이러한 범주에 속하는데, 다만 그 시설이 종교적 성격을 띠지 않아야 한다.

물론 이들의 노력이 전적으로 자기중심적인 종류가 아닌 다른 동기에서 비롯한다고 말하려는 것은 아니다. 여기에서 주장하고자 하는 것은 다른 종류의 동기가 일반적인 사례에서도 나타난다는 점이다. 그리고 이런 종류의 노력은 신분의 원리가 온전하게 관철되는 체제보다 근대의 산업생활 환경에서 더 널리 눈에 띄게 퍼져있는데, 이는 경쟁적 생활체계의 전면적 정당성에 대한 회의적 태도가 근대인의 생활 속에 실존함을 뜻한다. 이러한 부류의 활동으로 이끄는 유인 중에는 외재적 동기, 곧 자기중심적인 종류의 동기와 서열을 매기고 시샘을 자아내려는 구별의 동기가 일반적으로 포함된다는 점은 진부한 농담이 될 정도로 잘 알려져 있다. 이것이 사실인 한, 사심 없는 공공 정신을 표방한 많은 사업은 의심할 여지없이 주로 기획자의 명성을 높이거나 심지어 금전적 이득을 얻을 목적으로 시작되고 수행되었을 것이다. 이러한 종류의 조직이나 기관 중에는 사업의 설립자나 후원자 들의 지배적인 동기가 자신을 내세우고 시샘을 자아내려는 데 있는 경우도 적지 않다. 이러한 진술이 특히 들어맞는 경우로 대규모의 과시적 지출을 통해 사업 수행자를 돋보이게 해주는 사업을 들 수 있는데, 대학의 설립[4]이나 공공 도서관 또는 박물관의 설립이 대표적이다. 하지만 그 진술은 상층계급의 특색 있는 조직이나 운동에 참여하는 좀 더 흔한 사업에 대해서도 비슷하게 들어맞을 것이다. 그와 같은 사업은 구성원과 사회 개량 사업의 대상인 하층계급을 대비시킴으로써 그들의 우월한 지위가 기꺼이 각인되도록 할 뿐만 아니라 구성원의 금전적 명성을 증명하는 역할도 하는데, 예컨대 현재 유행처럼 번지고 있는 정착촌 운동이 대표적인 사례다. 그러나 이러한 요인을 모두 감안하더라도 비경쟁적인 종류의 동기가 어느 정도는 남아있다. 사람들이 이러한 방법으로 특별함이나 품위의 평판을 추구한다는 사실 자체가 경쟁적이지 않고 시샘을 유발하지 않는 관심이 정당하다는 감각과 그러한 관심의 효과가 크다는 감각이 근대 사회의 사고 습관을 구성하는 요소로서 널리 퍼져있음을 입증한다.

오늘날 유한계급이 시샘을 자아내지도 않고 종교와도 무관한 관심사를 바탕으로 다양한 영역에 걸쳐 추진하는 모든 활동을 보면, 여성이 남성에 비해 더 적극적으로, 그리고 더 지속적으로 참여한다는 점을 확인할 수 있다. 물론 막대한 비용을 지출해야 하는 사업

---

4) 베블런이 다녔던 대학들도 이러한 동기에서 설립되었다. 칼턴칼리지는 1867년 노스필드칼리지로 개교했다가 보스턴의 놋쇠 제조업자인 윌리엄 칼턴(William Carleton, 1797~1876)이 오늘날의 금액으로 110만 달러를 기부하면서 칼턴칼리지로 개명했고, 존스홉킨스대학은 볼티모어&오하이오 철도회사(B&O Railroad)가 오늘날의 금액으로 7억 8,000만 달러를 제공하면서 세워졌다. 베블런이 경제학을 본격적으로 공부했던 코넬대학은 막대한 기부금을 낸 백만장자 에즈라 코넬(Ezra Cornell, 1807~1874)의 이름을 따서 명명되었으며, 그가 학자로서 전성기를 보냈던 시카고대학은 당시 미국 최고의 부자였던 존 록펠러(John D. Rockefeller, 1839~1937)의 돈으로 세워질 수 있었다.

은 예외다. 여성은 금전적으로 종속되어 있기 때문에 대규모 지출이 요구되는 사업을 할 수 없다. 일반적인 사회 개량 사업과 관련해 유한계급 여성과 함께 사업에 참여하는 이들은 종교적 경건성이 덜한 종파나 세속화된 교단의 사제 또는 성직자다. 이는 이론에도 부합한다. 성직자들은 다른 경제적 관계에서도 유한계급 여성과 경제활동에 종사하는 유한계급 남성 사이에 다소 애매한 위치에 서 있다. 전통과 지배적인 예절 감각에 따르면 성직자와 부유한 계급의 여성은 모두 대리 유한계급의 지위에 놓여있는데, 두 계급의 사고 습관을 형성하는 특징적인 관계는 복종의 관계, 즉 인격적 기준으로 인식되는 경제적 관계다. 결과적으로 성직자와 유한계급 여성 모두 인과적 순서보다 개인적 관계의 관점에서 현상을 해석하는 성향을 보이고, 이들 모두 품위의 계율로 인해 의례적 관점에서 불결한 과정으로 여겨지는 돈벌이나 생산적인 직업에 접근하는 것이 금지됨으로써 오늘날의 산업생활 과정에 대한 참여가 도덕적으로 원천 봉쇄된다. 이러한 의례적 규범으로 인해 저속한 종류의 생산적 활동을 할 수 없게 됨에 따라, 근대의 유한계급 여성과 사제 들은 자기중심적인 관심사가 아닌 다른 관심사에 상대적으로 많은 에너지를 투입하고 있다. 이 규범 자체가 목적을 가진 행동을 펼치려는 충동을 표출할 대안적인 방향을 제시하는 것은 아니다. 유한계급 여성은 산업적으로 유용한 활동이 계속해서 억제됨에 따라 장인 정신 충동을 영리적 활동 이외의 방향으로 부단히 표출할 뿐이라는 것이다.

이미 언급했던 것처럼 상층계급 여성과 성직자의 일상생활에는 평균적인 남성에 비해, 특히 오늘날 엄밀한 의미에서의 산업 직종에 종사하는 평균적인 남성에 비해 신분적 요소가 더 많이 포함되어 있다. 따라서 종교적 태도는 근대 사회의 일반적인 남성보다 이들에게서 더 잘 보존된다. 그리고 이러한 대리 유한계급 구성원이 비금전적 활동 속에서 표출하는 에너지의 상당 부분은 종교 의례와 경건한 사업에 바쳐질 것이다. 여성에게 과도한 종교적 성향이 있다는 앞 장의 언급도 부분적으로는 이런 맥락에서 이해할 수 있다. 그러나 현재의 논점과 관련해 주목해야 할 것은 이처럼 과도한 종교적 성향이 여기에서 논의 중인 비금전적 운동과 조직의 행동을 빚어내고 그 목적에 색을 입히는 데 미치는 영향이다. 이러한 종교적 색채의 존재는 조직의 활동이 지향하는 경제적 목적과 관련해 조직의 직접적인 효율성을 떨어뜨린다. 자선이나 사회 개량을 위한 많은 조직의 관심은 크게 그들이 돕고자 하는 수혜자들의 종교적 안녕과 세속적 안녕으로 나뉜다. 만약 이러한 조직이 수혜자의 세속적 이익에도 온전한 관심과 노력을 똑같이 진지하게 기울인다면, 그들이 수행하는 사업의 직접적인 경제적 가치가 지금보다 훨씬 더 높을 것이라는 점은 의심할 여지가 없다. 이와 반대로 통상 존재하기 마련인 세속적 동기와 목표의 방해를 받지 않는다면 종교적 개량 사업의 직접적인 효율성이 더 클 것이라고 비슷하게 말할 수 있을 것이다.

이처럼 서열을 매기지 않고 시샘을 유발하지 않는 부류의 사업에 종교적 관심이 침투하면 사업의 경제적 가치는 어느 정도 줄어들게 마련이다. 그런데 이질적인 동기가 장인 본능을 비경쟁적으로 표출하는 경제적 흐름을 방해함으로써 경제적 가치가 크게 감소하는 경우도 있다. 개선하고자 하는 개인이나 계급의 생활을 충족시키고 편리하게 만든다는 관점에서 이런 부류의 사업을 모든 요인을 고려해 자세히 살펴보면, 막상 경제적 가치가 거의 없는 것으로 밝혀질 때가 적지 않다. 예를 들어 대도시 빈곤층의 생활 개선과 관련해 호평을 받으며 유행하는 사업 중에는 문화 사절단 성격을 지닌 것도 많다. 문화 사절단 사업은 상층계급 문화의 특정 요소가 하층계급의 일상적인 생활체계 속에 긍정적으로 수용되는 속도를 높이려고 수행된다. '정착촌' 운동은 가난한 사람들의 산업적 효율을 높이고 그들이 수중의 수단을 좀 더 적절하게 활용할 수 있도록 가르치는 데 목적을 둔다. 하지만 그에 못지않게 교훈과 본보기를 통해 예절과 관습에 대한 상층계급의 규범을 꼼꼼하게 가르치는 데에도 한결같았다. 면밀히 검토해보면 이러한 예절 규범의 경제적 핵심은 시간과 재화의 과시적 낭비임을 알 수 있다. 가난한 사람들을 인간화하려고 나서는 선한 사람들은 예의 바르고 품위 있는 삶을 대단히 중시했고 이를 은근하면서도 주도면밀하게 고집하는 경우가 많다. 그들은 보통 모범적으로 살아가는 사람들로, 일상에서 소비되는 다양한 물품의 의례적인 청결을 완강하게 고집하는 재주가 있다. 이처럼 시간과 재화의 소비와 관련해 올바른 사고 습관을 심어주는 것의 문화적·계몽적 효과는 아무리 높게 평가해도 지나치지 않으며, 훌륭한 평판의 높은 이상을 획득한 개인이 얻을 경제적 가치도 적지 않을 것이다. 기존의 금전 문화 환경에서 개인의 평판과 그에 따른 성공은 시간과 재화의 습관적 낭비를 분명히 보여주는 행동거지나 소비 방식이 얼마나 능숙한지에 크게 좌우된다. 그러나 이처럼 품위 있는 방식의 삶을 위한 훈련이 경제적으로 가져온 숨겨진 영향은 부정적이다. 경제적 가치의 핵심이 물질적 결과인 상황에서, 새로운 효과는 동일한 물질적 결과를 더 비싸거나 덜 효율적인 방법으로 달성하도록 한 것에 지나지 않기 때문이다. 문화를 선전하는 활동은 대부분 새로운 취향을 주입하거나 새로운 예절 규범의 여러 항목을 가르치는 것이다. 이러한 활동은 지위와 금전적 품위의 원리에 관해 유한계급이 만들어놓은 틀에 맞춰졌고, 상층계급의 생활체계에 부합하도록 조정되었다. 산업적 과정 밖에서 생활하는 유한계급이 정교하게 만들어낸 규범에 기초한 예절의 적정성에 관한 새로운 세목이 하층계급의 생활체계를 침범한다. 이때 이렇게 침범한 세목이 하층계급의 생활에서 일어나는 긴급한 요구를 반영해 그들 사이에 이미 유행하던 기존의 세목보다 더 적절하게 부응하리라고 기대하기는 어렵다. 근대의 산업생활의 압박에 맞서 하층계급이 스스로 만들어낸 세목과 비교한다면 그 한계는 더욱 커질 것이다.

물론 이 모든 논의가 새로운 세목의 예절 규범이 대체된 기존 세목의 규범에 비해 더 고상하다는 사실 자체를 문제 삼는 것은 아니다. 여기에서 제기하려는 의문은 단지 이러한 재생 사업[5]의 경제적

---

5) 하층계급의 예절 규범과 관련해 산업 종사자의 규범을 유한계급의 규범으로 대체하는 과정을 지칭하는 것으로 보인다.

편익에—어느 정도 확신을 갖고 변화의 효과를 확인할 수 있고 개인이 아닌 집단생활의 편의 증진이라는 관점에서 볼 때 즉각적이고 중대한 경제적 편익에—관한 것이다. 따라서 이러한 사회 개량 사업의 경제적 편익을 제대로 평가할 수 있으려면 그 사업의 주된 목적이 경제적인 것이고 사업을 추진할 때의 관심도 자기중심적이거나 시샘을 유발하는 것이 결코 아니더라도, 실제의 사업을 눈에 보이는 그대로 이해해서는 안 된다. 이때 수행되는 경제적 개혁**6)**은 대부분 과시적 낭비의 방식을 살짝 바꾼 것에 불과하기 때문이다.

그러나 이처럼 금전 문화에 특징적인 사고 습관의 영향을 받는 부류의 모든 사업에 수반되는 사심 없는 동기 및 절차적 규범의 성격과 관련해 추가로 언급해야 할 것이 있는데, 이는 이미 도달한 결론에 대한 추가적인 유보나 제한을 가져올 수 있다. 이전 장에서 살펴본 바와 같이 금전 문화에 존재하는 명성이나 품위에 대한 규범은 금전적으로 흠결 없는 생활의 표시로서 노력의 습관적 낭비를 강조한다. 그로 인해 유용한 직업을 경시하는 습관이 생겨날 뿐만 아니라, 사회적으로 좋은 평판을 얻고자 하는 모든 사람의 조직화된 행동에 영향을 미칠 좀 더 중요한 결과도 발생한다. 우리에게는 생활의 물질적 필요와 관계된 과정이나 세부 사항에 익숙해지는 것은 저속한 일이라며 이를 금지하는 전통이 있다. 누군가는 기부를 통해, 또는 기금 관리 업무를 통해 저속한 사람들의 안녕에 대

---

6) 이때 '경제적 개혁'은 사회 개량 사업에서의 '개량'과 크게 다르지 않은 의미로 보인다.

해 수량적 관심을 보이고 칭찬을 받을 것이다. 누군가는 저속한 사람들의 기호를 고급스럽게 만들고 영혼을 아름답게 가꿀 기회를 제공할 방법을 고안함으로써 그들의 문화적 복지에 대해 구체적이고도 전반적인 관심을 보이고 더 큰 칭찬을 받을 수도 있다. 이와 같은 단체의 활동이 물질적인 유용성에 실질적으로 기여하려면 저속한 생활의 물질적 토대나 하층계급의 사고 습관에 관한 깊은 지식이 반드시 필요하지만, 이러한 지식을 무심코라도 드러내서는 안 된다. 하층계급의 삶의 조건에 관해 지나치게 내밀한 지식을 드러내기를 꺼리는 태도는, 개인마다 정도의 차이는 있지만 이런 종류의 단체라면 어디에나 있으며 단체의 활동 방향에도 심대한 영향을 미친다. 저속한 생활에 부적절하게 밀착했다는 인상을 주지 않으려다 드러나는 위축된 태도는 이러한 단체의 관행과 선례에 차곡차곡 쌓여간다. 이 과정에서 사업을 시작할 때의 동기가 점차 뒷전으로 밀려나고 좋은 평판이라는 지도 원리가 선호된 끝에 금전적 가치의 원리가 강조되는 경향으로 이어진다. 따라서 오랫동안 지속된 조직에는 하층계급의 생활을 편안하게 만들겠다는 최초의 동기가 점차 겉치레에 머물고, 본연의 목적에 유효하지만 저속해 보이는 활동은 퇴색하는 경향이 있다.

이처럼 시샘 유발과 무관한 사업을 위한 조직의 효율성에 관한 설명은 같은 동기로 사업을 펼치는 개인에 적용될 수 있는데, 이를 좀 더 명확히 밝히려면 개인에 대해 좀 더 많은 단서를 추가해야 할 것이다. 공익사업을 열망하는 사람들에게는 낭비적으로 지출하고 비천한 생활을 멀리하라는 유한계급의 계율로 가치를 측정하는 습관이 생산 측면이든 소비 측면이든 강하게 자리 잡게 마련이다. 만약 그 사람이 자신의 지위를 망각하고 저속한 효과를 달성하려 한다면 공동체의 상식이—금전적 품위의 감각이—그의 사업을 곧바로 거부하고 그를 바로잡아줄 것이다. 이러한 사례는 공공의 행복과 이익을 위한 마음을 지닌 사람들이 (적어도 표면적으로는) 인간 생활의 편의를 특정한 측면에서 증진시킨다는 단 하나의 목적을 위해 남긴 재산이 어떻게 관리되는지를 통해 확인할 수 있다. 현재 이러한 부류의 유증(遺贈)이 가장 빈번하게 이뤄지는 대상은 학교, 도서관, 병원 그리고 병약자나 사회에서 버림받은 사람을 위한 보호 시설이다. 이러한 경우 유증자가 천명한 목적은 유증에 명기된 특정한 방면에서의 인간 생활의 향상이다. 하지만 사업을 실행에 옮기는 과정에는 다른 동기가, 즉 처음의 동기와 빈번히 충돌할 수밖에 없는 동기가 적지 않게 존재하며, 결국에는 그와 같은 동기가 유증을 통해 따로 떼어놨던 재산 중 상당한 몫을 특정한 방식으로 처분하도록 결정한다는 불변의 규칙이 있다. 예컨대 일정한 기금이 고아원이나 상이군인 병동을 위한 재단으로서 별도로 설정될 수 있는데, 이때 존경을 나타내는 낭비적 지출을 위한 기금의 전용은 낯설지 않으며 그렇기에 놀라거나 웃을 일이 아니다. 기금의 상당 부분은 심미적으로 불쾌감을 주지만 값이 비싼 석재로 덮여있고, 기괴하면서도 어울리지 않는 세부 장치로 장식되어 있으며, 총안이 있는 흉벽과 포탑 그리고 웅장한 정문과 잘 계획된 통로를 통해 모종의 야만적인 전투 방법을 연상하도록 설계된 건축물을 짓는 데 사용된다. 구조물의 내부에서도 과시적 낭비와 약탈적 공훈의 계율이 마찬가지로 널리 관철되고 있음을 확인할 수 있다. 여기서 더 자세히 들어가지는 않겠지만, 창문은 내부 수혜자의 편의나 안락함이라는 표면적인 목적을 위한 효율성보다 외부에서 우연히 보는 사람에게 건물의 금전적 탁월성을 각인시킬 목적으로 배치된다. 내부에 배치된 세세한 장치는 금전적 아름다움이라는 이질적이면서도 위압적인 요건에 최대한 부합할 것을 요구받는다.

물론 이 모든 과정에서 증여자가 직접 경영권을 행사했다면 잘못을 발견했을 것이라거나 다른 방식으로 경영했을 것이라고 추정해서는 곤란하다. 왜냐하면 개인적으로 사업을 지휘하는 경우에도— 유증이 아니라 직접적인 지출과 감독으로 사업을 수행하는 경우에도—경영의 목표와 방식은 이러한 측면에서 별반 다르지 않을 것이기 때문이다. 수혜자는 물론 편안함이나 허영심에 즉각적으로 영향받지 않는 외부의 관찰자도 기금을 다른 방식으로 처분하는 방식을 반기지 않을 것이다. 재단이 처음 설립되었을 당시의 물질적 목적을 위해 수중의 자원을 가장 경제적이고 효과적으로 사용하기를 우선하며 사업을 수행한다면 누구도 만족시키지 못할 것이다. 관계된 모든 이는 그들의 관심이 즉각적이고 자기중심적이든 관조적이든, 지출의 상당 부분이 약탈적 공훈과 금전적 낭비라는 시샘 유발을 위한 비교 습관에서 비롯된 좀 더 높은 수준의 필요 또는 정신적 필요를 위해 사용되어야 한다는 데 의견을 같이한다. 그러나 이것은 경쟁과 금전적 평판의 계율이 공동체의 상식으로 널리 퍼져있으며, 그로 인해 시샘을 유발하지 않는 관심에 전적으로 기초해 진행된다고 널리 표방된 사업조차 계율을 피하거나 외면할 수 없음을 의미할 뿐이다.

이러한 사업이 명예를 얻고 기증자의 명성을 높일 수 있다면, 그 것은 시샘을 유발하지 않는 동기 덕분일 수 있다. 그러나 이러한 동 기에도 불구하고 시샘을 유발하려는 관심에 따른 지출이 일어날 수 있다. 이러한 종류의 비경쟁적 사업에도 경쟁적이거나 시샘을 유 발하는 요소에서 비롯되는 동기가 실재한다는 것은 앞에서 언급한 부류의 사업을 통해 길고 상세하게 설명할 수 있다. 그러한 사례에 서 존경받을 만한 세부 사항이 발생할 때, 그들은 보통 심미적·윤 리적·경제적 관심사에 속하는 명칭으로 자신을 위장한다. 금전 문 화의 표준과 규범에서 파생된 특수한 동기는 행위자의 선한 의도 를 어지럽히거나 그가 하는 일의 본질적인 무용성을 일깨우지 않 으면서도, 시샘을 유발하지 않는 부류의 노력이 실질적인 공헌으 로 전개되는 것을 은밀하게 방해한다. 이와 같은 동기가 발휘하는 효과는 시샘 유발에 대한 관심 없이 사회를 개량하려는 사업의 세 부 항목과 전체 일정을 통해 추적할 수 있는데, 이는 부유한 사람들 의 공개적인 생활체계에서 매우 중요하고 특별히 두드러지는 특징 이다. 그러나 이론적 함의는 더 이상의 예시가 필요 없을 정도로 명 확하다. 그리고 이러한 흐름에 속한 특정한 사업에—고등교육 기 관에—대해서는 또 다른 연결고리를 통해 특별히 상세하게 살펴볼 것이다.

유한계급은 보호된 환경 속에서 약탈 이전 시대의 미개 문화의 특징이었던 시샘을 유발하지 않는 다양한 충동으로 회귀하는 모습 을 보인다. 이러한 격세유전에는 장인 정신 감각은 물론 나태나 친목의 성향도 포함된다. 그러나 근대의 생활체계에서는 금전적 가치나 시샘을 유발하는 가치에 근거한 행동 규범이 이러한 충동의 자유로운 발현을 가로막고 있다. 이러한 행동 규범은 압도적인 영향력을 발휘함으로써, 시샘 유발과 무관한 관심사에서 비롯된 노력이 금전 문화의 토대인 시샘 유발적 관심사를 달성하는 쪽으로 돌려지게끔 만든다. 금전적 품위의 규범은 이러한 목적과 관련해서 낭비, 무용(無用), 난폭의 원리로 환원된다. 다른 활동과 마찬가지로 사회 개량 사업에서도 평판을 유지해야 한다는 요구가 긴급하게 대두되고, 사업의 관리 및 운영과 관련된 모든 세부 사항이 요구에 부합하는지에 관한 선택적인 감독이 행해진다. 품위의 규범은 감독의 방법을 상세하게 안내하고 조정함으로써 시샘 유발과 무관한 모든 열망이나 노력을 무의미하게 만든다. 무용성 원리는 개인을 뛰어넘어 널리 퍼진 가운데 우리의 일상과 함께하면서, 전약탈 단계에서 계승되었고 장인 본능으로 분류할 수 있는 여러 특성이 효과적으로 표출되는 것을 가로막는다. 그러나 무용성의 원리 자체가 이러한 특성의 전파를 막거나 그 특성을 표출하려는 끊임없는 충동을 차단할 수 있는 것은 아니다.

최근 들어 금전 문화가 더욱 발전함에 따라, 산업적 과정에서 벗어남으로써 사회적 오명을 피해야 한다는 요구가 경쟁적 활동을 기피하는 차원으로까지 확대되었다. 이러한 발전 단계에서 금전 문화는 산업적이거나 생산적인 종류의 활동에 비해 경쟁적·약탈적·금전적 활동의 장점을 부각시키던 기존의 입장을 완화함으로써 시샘 유발과 무관한 성향의 표출을 소극적으로나마 선호한다. 위에서 살

유한계급론

펴본 바와 같이 인간에게 유용한 모든 활동에서 벗어나라는 요구
는 다른 어떤 계급보다 상층계급 여성에게 가장 엄격하게 적용되었
다. 특정 종파의 사제직이 유일한 예외로 거론될 수 있는데, 사제의
경우는 아마도 실제보다 과장되었을 것이다. 동일한 금전적·사회적
등급의 남성에 비해 이 부류의 여성에게 무용한 생활이 더 극단적
으로 요구되는 이유는 그들이 상층 유한계급임과 동시에 대리 유한
계급이기 때문이다. 그들에게는 유용한 노력에서 한결같이 면제되
는 이중의 이유가 있는 것이다.

어떤 공동체와 그곳의 특정 계층이 달성한 문화의 수준을 가장
뚜렷하게 보여주는 지표가 여성이 그곳에서 차지하는 지위라는 점
은, 사회구조와 기능의 주제에 관한 지성인의 상식을 대표하는 유
명 작가와 연사 들이 반복적으로 잘 설명해왔다. 이러한 언급은 다
른 어떤 발전보다도 경제 발전 단계와 관련해 가장 타당할 것이다.
동시에 어떤 공동체와 문화권이든, 널리 용인되는 생활체계 속에서
여성에게 부여된 지위는 전통의 대대적인 표현이다. 이때의 전통은
과거 발전 단계에 의해 형성된 것으로, 근대의 경제 상황에서 살아
가는 여성에게 깃든 사고 습관과 기질의 긴급한 요구에 부분적으로
만 부합한다는 점에도 주목할 필요가 있다.

현대의 경제 체계에서 여성이 처한 지위가 같은 계급의 남성이
차지하는 지위에 비해 장인 본능의 자극과 더 광범위하게 그리고
더 일관되게 충돌한다는 것은 일반적으로는 경제 제도의 성장을 논
의하는 과정에서, 특수하게는 대리 여가와 대리 복장을 논의하는
과정에서 이미 언급한 바 있다. 또한 여성의 기질에는 평화를 좋아

하고 무용함을 싫어하는 장인 본능이 더 많이 포함되어 있다는 것
도 분명한 사실이다. 따라서 근대 산업사회의 여성들이 널리 승인
되는 생활체계와 경제 환경의 긴급한 요구 사이의 균열을 더욱 생
생하게 의식하는 것은 우연이 아니다.

  '여성 문제'의 여러 국면은 초기 발전 단계의 경제 환경 아래 형성
된 일련의 상식이 근대 사회에서, 특히 근대의 상류사회에서 살아
가는 여성의 생활을 얼마나 규제하는지를 알기 쉽게 보여준다. 여
성의 삶은 시민적·경제적·사회적 차원에서 본질적으로, 그리고 통
상적으로 누군가를 대리하는 삶이며, 그 공과(功過)는 본질적으로
여성에 대한 소유권을 갖거나 후견인 관계에 있는 다른 개인에게
귀속되는 것으로 여겨진다. 예컨대 용인된 예의범절의 세목에 포함
된 금지명령을 위반하는 여성의 모든 행동은 주인인 남성의 명예를
곧바로 훼손하는 것으로 여겨진다. 물론 이 과정에서 그 여성이 연
약하거나 삐딱하다며 이런 종류의 판단을 내리는 사람도 모종의 위
화감을 느낄 수 있다. 그러나 이러한 사안에 대한 공동체의 상식적
인 판단은 결국 별다른 주저 없이 수용되며, 어떠한 경우에도 후견
인이나 보호자가 모욕당했다는 느낌의 정당성을 문제 삼을 남성은
거의 없을 것이다. 이와 달리 함께 살아가는 남성의 악행으로 인해
여성이 불명예를 얻는 경우는 상대적으로 거의 없다.

  좋고 아름다운 생활체계는─즉, 우리에게 익숙한 삶의 틀은─
여성에게 남성의 활동을 보조하는 '영역'을 배정하며, 이렇게 배정
된 일련의 의무를 요구하는 전통에서 벗어나는 것은 여성스럽지 못
한 것으로 느끼게 만든다. 문제가 시민권이나 참정권에 관한 것이

라면 이 점에 대한 우리의 상식은—즉, 우리의 일반적인 생활체계가 문제의 핵심에 대해 제공하는 논리적 설명은—여성이 국가 속에서, 그리고 법 앞에서 자기 인격에 의해서가 아니라 자신이 속한 가정의 가장을 매개로 대표되어야 한다는 것이다. 자기주도적이고 자기중심적인 삶을 열망하는 것은 여성스럽지 못하다. 우리의 상식에 따르면 시민적이든 산업적이든 여성이 공동체의 문제에 직접 참여하는 것은 금전 문화의 전통에 따라 형성된 사고 습관의 표현인 사회질서에 대한 위협이 된다. "여성을 남성의 노예 상태에서 해방시키자."는 식의 이 모든 분노와 객담은 엘리자베스 케이디 스탠턴[7]의 간결하고도 의미심장한 언어를 뒤집어 말하자면 "완전한 헛소리"다. 남녀의 사회적 관계는 천성에 의해 정해진 것이다. 우리의 문명 전체는, 즉 우리 안에 있는 좋은 것 모두는 가정에 기초를 두고 있다. '가정'은 남성을 가부장으로 둔 집안을 뜻한다. 보통 더욱 투박하게 표현되는 이와 같은 견해는 여성의 지위에 대한 지배적인 시각으로서, 문명화된 사회의 남성들뿐만 아니라 여성들 사이에서도 널리 퍼져있다. 여성은 예의범절 체계가 무엇을 요구하는지에

---

7) 엘리자베스 케이디 스탠턴(Elizabeth Cady Stanton, 1815~1902)은 미국 여성 참정권 운동의 지도자로, 퀘이커교도이자 노예제 폐지론자인 루크레치아 모트(Lucretia Mott, 1793~1880)와 함께 1848년 뉴욕주의 중서부 도시인 세네카팔스(Seneca Falls)에서 최초의 여성인권대회를 조직했다. 스탠턴은 1851년 평생의 동지인 노예제 폐지론자 수전 B. 앤서니(Susan B. Anthony, 1820~1906)를 만났으며, 1869년부터 1890년까지 전국여성참정권협회(National Woman Suffrage Association)의 초대 회장을 역임했다. 미국에서 여성의 선거권이 헌법에 의해 공식적으로 보장된 것은 1920년에 이르러서였다.

관해 매우 예민한 감각을 지니고 있고, 그중 많은 이가 규범이 부과하는 세부 사항 때문에 불편해하는 것도 사실이다. 하지만 기존의 도덕적 질서가 오랜 관행의 신성한 권리에 따라 여성을 남성의 보조적인 위치로 제한하는 것은 불가피하다고 인정하지 않는 여성은 거의 없다. 결국 무엇이 좋고 아름다운 것인지에 관한 여성 자신의 감각에 따르면, 여성의 생활은 남성의 생활을 간접적으로 표현한 것이며 이론상으로도 그렇게 되어야만 하는 것이다.

그러나 여성에게 좋고 자연스러운 자리가 무엇인지에 관해 널리 퍼져있는 이러한 감각에도 불구하고, 후견과 대리의 생활이나 공과의 귀속 등 이 모든 방식이 어딘가 잘못되었다는 정서가 조금씩 형성되는 분위기도 감지된다. 또는 그러한 방식이 시대와 장소에 맞는 자연스러운 성장이자 훌륭한 장치일 수 있고 명백한 심미적 가치까지 지니고 있을지라도, 근대 산업사회의 일상생활에서 요구되는 좀 더 많은 목적에는 적절치 않다는 최소한의 정서를 감지할 수 있다. 전통적 예절 규범에 관한 차분하고도 원숙한 감각을 갖추고 있어 이러한 신분 관계가 근본적으로 그리고 영원히 옳다고 확신하는 상층계급과 중간계급의 교양 있는 여성은 물론 보수적인 태도를 가진 여성조차, 이와 관련한 구체적인 세부 사항에서는 현재 있는 그대로의 모습과 마땅히 그러해야 할 모습 사이에서 미묘한 불일치를 발견하곤 한다. 그러나 젊음과 교육 그리고 기질에 힘입어 문화로부터 물려받은 신분의 전통에서 어느 정도 벗어나 있고, 자기표현과 장인 정신 충동의 지나친 회귀로 인해 전통적인 규범으로 관리하기 쉽지 않은 일군의 근대적 여성이 존재한다. 이들은 가만히

유한계급론

있기에는 너무도 격렬한 불만에 휩싸여 있다.

　빙하기 이전에 여성이 누렸던 지위를 회복하려는 이 맹목적이고 모순적인 노력을 지칭하는 '신여성' 운동[8]에는 적어도 두 가지 요소가 눈에 띄는데, 모두 경제적인 성격을 지니고 있다. 이 두 가지 요소 또는 동기는 '해방'과 '일'이라는 두 개의 표어로 표현된다. 각각의 단어는 당시 널리 퍼져있던 불만에 깃든 무언가를 상징한다고 알려져 있다. 이러한 정서가 널리 퍼져있다는 것은 현재 상황에서 불만을 가질 만한 실질적인 근거가 없다고 생각하는 사람들도 인정하는 사실이다. 이러한 불만 의식은 산업 발전이 가장 앞선 사회에서 살아가는 상층계급 여성들 사이에서 가장 생생하고 가장 빈번하게 표출된다. 다시 말해 모든 종류의 신분 및 후견 관계나 대리적 삶에서의 해방을 진지하게 요구하는 흐름이 있는 것이다. 그런데 이와 같은 반발이 특히 두드러지는 곳으로는 신분제를 계승한 생활 체계에 의해 부과된 대리적인 삶을 계속 살아야 하는 여성 계급과, 신분제가 처음 출현한 환경으로부터 가장 멀리까지 경제를 발전시킨 사회를 들 수 있다. 여성 해방에 대한 요구는 좋은 평판의 규범으로 인해 모든 실질적인 일에서 배제된 여성 집단, 그리고 [과시적] 여가와 과시적 소비를 수행하도록 철저하게 구속된 여성 집단에서 주로 나타난다.

---

8)　신여성 운동(New-Woman Movement)은 여성의 경제적·법적·사회적·정치적 권리 증진을 촉진하는 사회 운동을 가리킨다. 영국에서 처음 시작되어 1800년대 중반까지 유럽 대륙과 미국으로 확산되었으며, 격렬한 찬성과 반대를 불러일으켰다.

그런데 많은 비평가가 이 새로운 여성 운동의 동기를 오해하고 있다. 미국의 '신여성' 문제는 최근 사회현상의 관찰자로 잘 알려진 어느 비평가가 꽤 따뜻한 어조로 요약한 바 있다. "그녀는 세상에서 가장 헌신적이고 가장 근면한 남편의 사랑을 받고 있다. …… 그녀는 교육은 물론 거의 모든 면에서 남편보다 우월하다. 그녀는 수없이 섬세한 관심으로 둘러싸여 있다. 그러나 그녀는 만족하지 않는다. …… 앵글로색슨의 '신여성'은 현대의 가장 우스꽝스러운 산물이며, 금세기의 가장 끔찍한 실패작이 될 운명에 처해 있다."[9] 이러한 진술은 여성에 대한 비난을 감추고 있음을 제외하더라도 여성 문제에 모호함을 더할 뿐이다. 여성 운동의 성격에 대한 이처럼 전형적인 묘사는 여성이 만족해야 할 이유를 거론하고 있지만, 신여성의 불만은 바로 거기에서 비롯한다. 여성은 사랑을 받고 있으며, 남편이나 그 밖의 후견인을 대신해 대대적으로 그리고 과시적으로 소비하는 것이 허용되거나 심지어 요구된다. 여성은 혈연적이거나 금전적인 후견인의 좋은 평판을 위해 대리로 여가를 수행하려고 천박하고 유용한 일에서 면제되거나 금지된다. 이와 같은 임무는 자유롭지 못한 사람을 상징하는 전통적인 표지로, 목적이 있는 활동을 원하는 인간적 충동과 양립할 수 없다. 그러나 여성도 남

---

9) 프랑스, 영국과 미국에서 활동한 작가이자 언론인 레옹 폴 블루에(Léon Paul Blouet, 1847~1903)가 막스 오렐(Max O'Rell)이라는 필명으로 1896년 《노스아메리칸리뷰 (The North American Review)》에 기고한 〈페티코트 정부(Petticoat Government)〉에 나오는 문구다.

유한계급론

성과 마찬가지로 생활이나 지출의 무용함을 혐오하는 장인 본능을 부여받았는데, 이 본능은 남성보다 여성에게 더 강하게 남아있다고 믿을 만한 이유가 있다. 여성은 그녀가 접촉하고 있는 경제적 환경의 직접적이고도 즉각적인 자극에 반응하면서 자신의 생명 활동을 펼쳐야만 한다. 자신의 방식으로 스스로의 삶을 살아가고 공동체의 산업적 과정에 최대한 가깝게 진입하려는 충동은 여성 쪽이 남성보다 더 강할 것이다.

여성이 단조로운 고역을 반복하는 위치에 머무르는 한, 대부분은 자신의 운명에 불만을 느끼지 못할 것이다. 그녀는 구체적이고 목적도 뚜렷한 일을 갖고 있을 뿐만 아니라, 자신에게도 전승된 자기주도적 성향을 반항적으로 표출하는 데 생각이나 시간을 할애할 여유가 없다. 그리고 모든 여성이 고된 노동에 시달리는 단계를 지나 힘든 일을 하지 않는 대리 여가가 부유층 여성의 공인된 업무가 된 후에는 의례적인 무용성의 준수를 요구하는 금전적 품위 규범의 명령으로 인해, 고상한 여성은 자기주도적 활동을 향한 모든 종류의 정서적인 편향과 '유용성의 영역'에서 오랫동안 차단되었다. 이러한 현상은 금전 문화의 초기 단계에서 특히 두드러졌다. 이 시기 유한계급의 여가 중 상당 부분은 여전히 약탈적 활동이었다. 유한계급의 여가는 수치심 없이 손댈 수 있다고 진지하게 받아들여질 정도로 시샘 유발을 두드러지게 내세우면서 적극적으로 지배력을 천명했다. 그러한 상태가 현재까지도 계승되는 사회도 적지 않다. 이때 약탈적 활동을 계승하는 정도는 사람마다 다르다. 이는 각자 타고난 신분 의식이 얼마나 강고하게 남아있는지, 그리고 장인 정신의 자극 강도가 얼마나 희미한지에 따라 다르다. 그러나 사회의 경제 구조가 신분 중심의 생활체계를 뛰어넘은 곳에서 개인적 복종 관계는 더는 유일하게 '자연스러운' 인간관계로 느껴지지 않는다. 그곳에서는 목적을 향한 활동을 중시하던 태곳적 [미개인의] 습관이 덜 순응적인 개인을 통해 나타나기 시작할 것이다. 그들은 약탈적이고 금전적인 문화가 우리의 생활체계에 가져다준 좀 더 최근의, 그리고 상대적으로 표피적이고 한시적인 습관이나 견해에 맞서는 사람들이다. 이러한 습관과 견해는 약탈적이고 준평화적인 규율에서 비롯된 심적 습관이나 삶의 견해가 이후에 발달한 경제 상황과 더는 조화를 이루지 못하면서 사회나 계급에 대한 강압적 힘을 상실하기 시작한다. 이 점은 근대 사회의 근면 계급[10]에서 분명하게 확인할 수 있다. 유한계급의 생활체계는 그들에 대한 구속력을 많이 상실했는데, 특히 신분이라는 요소와 관련해서 더욱 그렇다. 그러나 이러한 현상은 똑같은 방식은 아니지만 상층계급에서도 분명히 확인할 수 있다.

약탈적이고 준평화적인 문화에서 파생된 습관은 인간 종의 근본적 성향과 정신적 특성의 변종으로, 그러한 성향과 특성에 비해 역사가 더 짧다. 인간 종의 근본적 성향과 정신적 특성은 평화롭고 상대적으로 미분화된 경제생활을 영위하던 원생 유인원[11] 문화 단계

---

10) 베블런은 근대 사회의 근면 계급으로 공장에서 일하는 노동자나 엔지니어 등을 염두에 둔 것으로 보인다.

부터 지속된 규율에 빚진 부분이 크다. 당시의 경제생활은 비교적 단순하고 변화도 거의 없는 물질적 환경과의 접촉 속에서 수행되었다. 경쟁적 생활 방식에 의해 [기존 습관에 새롭게] 덧붙은 습관이 현존하는 경제 상황의 긴급한 요구를 충족시키지 못하면, 더 최근에 성장했고 덜 일반적인 성격의 사고 습관이 더 오래되었고 인류의 더 널리 퍼진 정신적 특성에 자리를 내주는 해체 과정이 시작된다.

그렇다면 신여성 운동은 인간 특성의 더 보편적인 유형으로의 회귀, 또는 인간 본성의 덜 분화된 발현으로의 회귀를 보여준다. 신여성 운동은 원생 유인원으로 특징지을 수 있는 인간 본성의 한 유형이자, 지배적 특성의 외관이 아니라 실체를 볼 때 유인(類人)으로 분류될 수 있는 문화 단계에 속한다. 물론 신여성 운동이나 그들의 진화적 양상은 후기 사회 발전의 여타 단계와도 이러한 특징을 공유한다. 이는 그러한 사회 발전이 초기의 미분화된 경제적 진화 단계를 특징짓는 정신적 태도로 회귀했다는 증거를 보여주는 한에서 그렇다. 이처럼 서열을 매기고 시샘을 자아내려는 관심의 지배에서 벗어나려는 일반적인 경향을 보여주는 증거는 풍부하지도 않고 의심할 여지없이 설득력이 높은 것도 아니지만, 그렇다고 해서 전적으로 부족한 것도 아니다. 근대 산업사회에서 신분 의식이 전반적

---

11) 이와 같은 분류는 인간이 원숭이와 같은 계보에 놓인다는 다윈과 헉슬리 시대의 진화관에 따르는 것으로 보인다. 여기서 말하는 '원생 유인원(原生 類人猿)'은 '현재의 인간에 가장 근접한 조상' 정도로 이해할 수 있다.

으로 퇴조하는 현상은 이러한 방향으로의 변화를 보여준다. 그리고 인간의 생활에서 무용성을 혐오하고 공동체나 다른 사회집단을 희생시키면서 개인의 이득만 추구하는 활동을 혐오하는 흐름으로 분명하게 회귀하는 현상도 마찬가지로 증거가 될 수 있다. 약탈적인 모든 활동의 평판을 떨어뜨리고 누군가에게 고통을 가하는 활동을 비난하는 경향이 두드러지게 나타나고 있다. 이러한 흐름은 심지어 서열을 매기고 시샘을 자아내려는 관심의 발현이 공동체에 실질적인 손상을 가하지 않거나 그러한 발현을 나쁘게 말한 개인에게 해를 끼치지 않는 경우에도 마찬가지로 나타난다. 근대 산업사회를 살아가는 남성의 평균적이고 감정에 좌우되지 않는 의식에 비춰볼 때, 이상적인 품성은 자기이익 추구나 폭력, 기만, 지배에 기여하는 특성이 아니라 평화나 친선, 경제적 효율에 기여하는 특성이라고 할 수 있다.

유한계급의 영향은 원생 유인원에 기반한 인간 본성의 부활을 일관되게 돕지도, 저지하지도 않는다. 원생 유인원의 특성을 예외적으로 많이 부여받은 개인이 생존할 가능성을 생각해보자면, 유한계급은 보호받는 지위로 인해 그런 특성을 타고난 구성원이 금전적 투쟁에서 벗어나 생존할 수 있도록 직접적으로 돕는다. 하지만 유한계급은 재화와 노력을 과시적으로 낭비하라는 규범을 강요함으로써 간접적으로는 전체 인구 속에서 이러한 본성을 지닌 개인이 존속할 가능성을 낮춘다. 품위를 지키려면 낭비하라는 요구로 인해 사람들이 지닌 여분의 에너지는 서열을 매기고 시샘을 자아내려는 투쟁으로 발산되고, 서열을 매기지 않고 시샘을 자아내지 않는 활동 속에서 삶을 표현할 여지 또한 사라진다. 예절 규율의 간접적이고 비가시적인 정신적 효과도 같은 방향으로 작용하는데, [원생 유인원의 본성을 억제한다는] 동일한 목적에 더 유효할 것이다. 품위 있는 삶의 규범은 시샘을 유발하는 비교의 원리를 정교화한 것이다. 그러므로 이와 같은 규범은 시샘을 유발하지 않는 모든 노력을 억제하고 자기중심적인 태도를 심어주는 방향으로 일관되게 작용한다.

14장

고등교육과
금전 문화의 표현

특정한 주제에 적합한 사고 습관이 다음 세대에도 보존되도록 하려면 학문적 훈육(a scholastic discipline)[1]을 공동체의 상식을 통해 공인된 생활체계 속에 통합할 필요가 있다. 교사와 학문적 전통이 지도하는 사고 습관은 경제적 가치를―개인의 유용성에 영향을 미치는 가치를―지니고 있는데, 이 가치는 그러한 지도 없이 일상생활의 훈육 아래 형성된 사고 습관이 갖는 경제적 가치만큼이나 현실적이다. 유한계급의 취향이나 금전적 가치의 규범에 근거해 인가받은 학문 체계와 훈육은 어떠한 특성을 지니든 유한계급 제도의 이익으로 귀착될 것이고, 이러한 특징을 지닌 교육 체계는 어떠한 경제적 가치를 지니든 유한계급 제도 가치의 상세한 표현이 될 것이다. 따라서 유한계급의 생활체계에 기초한 교육 시스템의 고유한 특징을 살펴볼 필요가 있는데, 구체적으로는 훈육의 목적과 방

---

1) discipline는 '규율', '훈련', '교과목', '훈육' 등으로 번역된다. 마지막 장은 학문과 교육이 주제이므로, discipline을 훈련과 교과목을 포괄하는 '훈육'으로 번역했다.

법 그리고 심어주려는 지식체계의 범위와 성격에 초점을 맞출 것이다. 유한계급의 이상이 미친 영향이 가장 명백한 곳은 엄밀한 의미에서의 교육, 좀 더 구체적으로는 고등교육이다. 여기에서의 목적은 금전 문화가 교육에 미치는 영향에 관한 자료를 빠짐없이 취합하는 것이 아니라 유한계급이 교육에 영향을 미치는 방법과 경향을 분명히 보여주는 것이므로, 이 목적에 부응하는 수준에서 고등교육의 뚜렷한 특징을 살펴볼 것이다.

기원과 초기 발달이라는 관점에서 볼 때, 교육은 공동체의 종교적 기능, 특히 초자연적 유한계급이 자신을 표현할 때 거행하는 일련의 의례와 밀접하게 관련된다. 원시 종교에서 초자연적 힘을 달래려는 목적으로 행해지는 의례는 사람들에게 유용성을 제공하거나 물질적 이득을 얻으려고 공동체의 시간이나 노력을 투입하는 활동과 다르다. 그러므로 그러한 의례는 상당 부분 초자연적 힘을 대신해 수행하는 대리 여가로 분류할 수 있는데, 초자연적 힘과 교섭을 벌여 의례와 복종의 공언을 바치고 초자연적 힘의 호의를 얻고자 함이 목적인 것이다. 초기의 배움은 대부분 초자연적 힘을 섬기는 의례에 필요한 지식과 재주를 습득하는 것으로 구성되었다. 따라서 그것은 가정에서 현세의 주인을 섬기기 위해 요구되는 훈련과 그 성격이 무척 비슷하다. 원시 공동체에서 사제가 스승에게서 습득하는 것은 대부분 의례 절차와 격식에 관한 지식, 즉 초자연적 힘에 접근하고 그를 섬길 때의 가장 적절하고 효과적이며 바람직한 방식에 관한 지식이었다. 이때 사제는 자신을 초자연적 힘에 없어서는 안 될 존재로 만드는 방법, 그래서 초자연적 힘에 어떤 사건의 진행

과정을 중재하거나 특정한 일에 개입하지 말 것을 요청하고 심지어 요구할 수 있는 위치에 설 방법을 배운다. 초자연적 힘을 달래는 것이 배움의 목표였고, 이러한 목표는 대부분 복종하는 재주를 습득함으로써 달성할 수 있었다. 주인을 효율적으로 섬기는 것 이외의 다른 요소도 점차적으로 사제나 샤먼[2]을 위한 교육 과정 속에 포함되었던 것으로 보인다.

외부 세계에서 움직이는 이처럼 불가해한 힘을 섬기는 사제는 이러한 힘과 이들에게서 멀리 떨어져 있는 보통 사람을 중재하는 위치에 섰다. 왜냐하면 사제는 불가해한 힘 앞에 직접 나설 수 있게 해주는 초자연적 예절에 관한 지식을 가지고 있었기 때문이다. 그리고 세속의 사람들과 주인을—자연적 존재든 초자연적 존재든 간에—중재하는 사람들은 중재를 거듭하는 과정 속에서, 이 불가해한 힘이 자신의 요청에 응할 것임을 세속인에게 상기시키고 확신시킬 수 있는 수단을 확보하면 편리하다는 사실을 알게 되었다. 따라서 경이로운 현상을 설명하는 데 사용될 특정한 자연적 과정에 대한 지식은 그리 오래지 않아 약간의 교묘한 술수와 함께 사제가 갖춰야 할 전승적 지식에서 필수적인 부분을 차지했다. 이런 종류의 지식은 '불가지(unknowable)'에 관한 지식으로 통했으며, 그 이해하기 어려운 특성에 힘입어 성직의 목적에 유용하게 기여할 수 있었

---

2) '샤먼(Shaman)'은 신령·정령·사령(死靈) 등과 영적으로 교류할 수 있으며, 예언·치병 (治病)·악마 퇴치·공수 등의 행위를 하는 사람을 가리킨다.

다. 제도로서의 학문은 바로 여기서 시작된 것으로 보인다. 학문은 그 모태인 주술적 의식과 샤머니즘적 기만에서 분화되는 더디고 지루한 과정을 거쳐 왔는데, 이러한 분화는 가장 진보한 고등교육 기관에서도 아직 완전하게 진행되지 못한 상태다.

학문이 갖는 이해하기 어렵다는 특성은 모든 시대에서 그랬던 것처럼 배우지 못한 사람들에게 깊은 인상을 주고 나아가 그들을 속여서 이용하기까지 한다는 목적에 비춰볼 때, 매우 매력적이고 효과적인 요소다. 글을 전혀 배우지 못한 사람들의 마음속에서 현자의 지위는 신비로운 힘과의 밀착이라는 측면에서 높은 평가를 받는다. 전형적인 사례로 노르웨이의 농민들이 있다. 그들은 19세기 중반까지도 루터, 멜랑히톤, 페테르 다스 같은 신학자는 물론, 그룬트비 같은 최근의 신학자까지도 흑마술(Black Art)의 측면에서 학식이 탁월하다는 느낌을 본능적으로 키워왔다.[3] 이들과 여러 명사는 산 자와 죽은 자를 막론하고 온갖 마술의 대가라는 명성을 얻었으며, 선량한 사람들[4]은 신학자들이 교회에서 높은 지위를 차지하고

---

3) 마르틴 루터(Martin Luther, 1483~1546)는 종교개혁(Reformation)의 주요 지도자였고 필립 멜랑히톤(Philip Melanchthon, 1497~1560)은 루터의 동료였다. 페테르 다스(Petter Dass, 1647~1707)는 노르웨이의 시인이자 루터파 성직자였고 니콜라이 프레데릭 세베린 그룬트비(Nikolaj Frederik Severin Grundtvig, 1783~1872)는 덴마크의 신학자였다. 당시 노르웨이 농민들은 학식 있는 신학자의 가르침을 애니미즘적인 감각으로 받아들였다는 것이 베블런의 관점이다.

4) 앞에서 언급한 노르웨이 농민을 뜻하는 것으로 보인다. 노르웨이 이민 농가에서 태어나고 자란 베블런에게 노르웨이 농민은 그의 직접적인 조상이라고 할 수 있다.

유한계급론

있으니 마술이나 오컬트[5] 과학에 대단히 정통할 것이라고 생각했다. 이와 유사하게 대중은 학식과 불가지 사이에도 밀접한 관계가 있다고 인식한다. 이러한 인식은 유한계급 생활이 인지적 관심과 관련된 취향을 어떻게 다듬었는지도 대략적으로나마 보여줄 수 있을 것이다. 이러한 믿음이 유한계급에 국한되는 것은 아니지만, 오늘날 유한계급에는 온갖 종류의 오컬트 과학을 믿는 사람이 유난히 많다. 근대 산업과 접촉하면서 사고 습관을 형성하지 않은 사람에게는 불가지에 관한 지식이 유일하게 참된 것은 아니더라도 여전히 궁극적인 지식으로 느껴질 것이다.

따라서 학문은 어떤 의미에서는 사제직에 종사하는 대리 유한계급의 부산물로 시작되었다. 그리고 고등 학문은 적어도 최근까지 어느 정도는 사제 계급의 부산물이거나 직업으로 남아있다. 일련의 체계화된 지식이 늘어남에 따라 곧바로 비교적(esoteric) 지식과 통속적(exoteric) 지식의 구별이 생겨났는데, 이는 교육사의 먼 과거로까지 거슬러 올라간다. 두 지식 사이에 본질적인 차이가 있다면 전자는 경제적 효과나 산업적 효과가 없는 지식을 주로 포함하고, 후자는 산업적 과정에 관한 지식과 생활의 물질적 목적을 달성하려고 습관적으로 이용되는 자연현상에 관한 지식이 주를 이룬다는 점이다. 두 지식 사이의 이러한 경계선은 시간이 지나면서 적어도 대중

---

5) '오컬트(occult)'는 과학적으로 해명할 수 없는 신비적·초자연적 현상이나 그런 현상을 일으키는 기술을 지칭한다.

의 인식에서는 고등 학문과 저급한 학문을 나누는 정상적인 경계선으로 자리 잡았다.

모든 원시 공동체의 지식계급은 형식과 선례, 신분의 서열, 의례 절차, 의례용 복장, 학문적 부속물 전반에 대해 매우 까다로운 사람들이다. 이는 그들 계급이 사제직의 기술과 밀접한 관련이 있음을 보여준다는 점에서, 그리고 그들의 활동이 예절과 훈육으로 알려진 과시적 여가의 범주에 상당 부분 속해 있음을 보여준다는 점에서 중요하다. 이는 당연히 예상할 수 있는 일인데, 초기 단계의 고등교육은 유한계급의 업무였다고―좀 더 명확하게는 초자연적 유한계급을 섬기려고 고용된 대리 유한계급의 업무였다고―말할 수 있다. 그러나 학문적 부속물에 대한 애호는 사제 직분과 학자 직분 사이의 또 다른 접점이나 연속성을 나타내는 것이기도 하다. 기원의 관점에서 보자면 사제직뿐만 아니라 학문도 본질적으로는 공감적 마술의 산물이다. 그러므로 이 마술적 장치의 형식과 예법은 원시 사회의 식자 계급 속에서 적합한 장소를 발견한다. 의식이나 소도구는 신비로운 효능을 발휘하며 마법의 목적에 부합했다. 따라서 이들은 마법과 과학이 초기 단계에 발전하는 데 필수적인 요소로 작용했는데, 이처럼 의식이나 소도구가 널리 사용되었던 것은 상징에 대한 애정 어린 관심과 더불어 그것이 주는 편익 때문이었다.

물론 상징적 의식의 효능에 대한 이러한 감각, 그리고 행위나 목적을 위해 전통적인 소품을 능숙하게 연출함으로써 공감을 이끌어내는 효과에 대한 감각은 과학보다, 심지어 오컬트 과학보다 마술의 실행에서 더 분명하고 더 크게 나타난다. 그러나 학문적 가치에 관해 세련된 감각을 가진 사람 가운데 과학을 의례적 장식물로 치장할 필요가 전혀 없다고 생각하는 이는 거의 없을 것이다. 이러한 제의적 도구가 이후의 발전 과정에서도 매우 끈질기게 지속되었다는 사실은 우리 문명에서의 학문의 역사를 고찰해본 사람이라면 누구나 알 수 있다. 오늘날에도 학문 공동체에는 학위모와 가운, 입학식, 입회식, 졸업 행사 그리고 일종의 학문적 사도 계승[6]을 암시하는 학위·위계·특권의 부여 등과 같은 관례가 존재한다. 학문적인 의례와 예복, 성사 입문, 안수기도를 통한 특별한 기품이나 덕목의 전수와 같은 이 모든 특징은 분명히 사제 계급의 관례에서 비롯한다. 그러나 학문 공동체가 구사하는 도구의 기원은 사제가 한편으로는 마법사와 구별되고 다른 한편으로는 세속적 주인의 비천한 종과도 구별되는 분화의 과정으로부터, 엄밀한 의미에서 전문화된 사제 계급이 그러한 도구를 받아들이던 때까지로 거슬러 올라가야 한다. 학문 공동체와 사제직에서 볼 수 있는 이러한 관례와 도구가 의지하는 개념은 그 기원과 심리적 내용에 관한 한, 사실상 에스키모 샤먼(angekok)이나 기우사(祈雨師, rain-maker)가 존재하던 문화 발전 단계에 속한다. 학문 공동체가 구사하는 도구들이 이후의 종교 의례나 고등교육 시스템 속에 놓인 자리는 인간 본성의 발전 단계 중 극히 초기인 애니미즘적 단계에서 비롯한다.

---

6) '사도(apostle)'는 예수가 복음을 널리 전하려고 특별히 뽑은 열두 제자를 이른다. '사도 계승(apostolic succession)'은 가톨릭교회나 영국 국교회가 사도에게서 권위를 계승했다는 의미를 담은 말이다.

현재나 가까운 과거의 교육 시스템에서 나타나는 이러한 의례적 특징은 기술적이거나 실용적인 것을 가르치는 하위 등급이나 분야의 교육 기관보다 교양과 고전을 가르치는 고등교육 기관에서 훨씬 더 중요하게 다뤄진다고 말할 수 있다. 전체 교육 체계에서 평판이 더 낮은 하위 부문에 속한 교육 기관은 그보다 평판이 더 높은 기관에서 의례적 특성을 빌려온다. 상위의 고전적인 교육 기관이 계속해서 모범을 보이지 않았다면 실용적인 교육 기관에서 그러한 특성을 지속적으로 유지하기란 불가능에 가까웠을 것이다. 낮은 등급의 실용적인 학교와 학자들이 이러한 관례를 수용하고 함양하는 것은 높은 등급의 학교와 학자들이 계속해서 누리는 학문적 평판의 높은 표준에 최대한 부합하고자 하는 욕망에서 비롯한다. 이들이 모방의 대상으로 삼는 높은 등급의 학교와 학자들은 [사도 계승의 원리인] 직계 계승의 권리를 통해 이처럼 장식적인 특징을 합법적으로 획득한다.

이러한 분석은 한 걸음 더 나아갈 수 있다.[7] 의례적인 유물과 회귀가 자유로운 분위기 속에서 가장 활기차게 나타난 곳은 사제 계급 및 유한계급의 교육과 주로 관계된 학문의 전당이었다. 따라서

---

7) 이하의 내용은 오랜 기간에 걸쳐 미국의 중서부 명문대학 여러 곳에서 학업과 연구를 진행했던 베블런의 개인적 체험을 바탕으로 하고 있어서 그 내용이 특히 생생하다. 베블런은 17세인 1874년 칼턴칼리지에 입학한 이래 1891년까지 존스홉킨스대학, 예일대학, 코넬대학에서 학업을 이어갔고, 1892년부터 1906년까지 시카고대학에서 재직했다. 이후 스탠퍼드대학과 미주리주립대학을 거쳐 62세인 1919년 뉴스쿨로 자리를 옮겼다.

유한계급론

당장 사용할 수 있는 지식 분야를 중심으로 하층계급을 가르치려고 설립되었다가 고등교육 기관으로 성장한 대학은 소박하고 실용적인 영역에서 고상하고 고전적인 영역으로 전환함에 따라, 의례적인 의식과 부속물 그리고 정교한 학문적 '기능'이 함께 성장하리라고 예상할 수 있다. 학부 중심 대학과 대학원 중심 대학에서 일어난 최근의 발전을 조사해보면 실제로도 그랬음을 확인할 수 있다. 이와 같은 학교의 최초 목적은, 그리고 두 단계의 진화 중 초기 단계에서 주로 수행해야 했던 과업은 근면 계급의 젊은이를 일에 적합한 존재로 만드는 것이었다. 학교가 통상 지향하는 고상하고 고전적인 학문의 차원에서 보자면, 후기 단계의 지배적인 목표는 사제계급과 유한계급의 청년이—또는 갓 유한계급이 된 청년이—전통적으로 용인된 품위 있는 범위와 방법에 맞게 유무형의 재화를 소비할 수 있도록 준비시키는 것이다. 이렇게 [유한계급에] 행복한 결말은 곤경에 처한 젊은이를 도우려는 의도로 '민중의 벗'이 세운 학교의 일반적인 운명이었는데, 이러한 전환이 순조롭게 이뤄진 곳에서는 일반적으로 의례적인 생활에 부합하는 변화가 일어났다.

오늘날의 학교생활에서 학업과 관련한 의례가 일반적으로 조화를 가장 잘 이루는 곳은 '인문학(humanities)'의 함양을 주된 목적으로 한 학교다. 이러한 상관관계는 다른 어느 곳보다 최근 성장한 미국의 학부 중심 대학과 대학원 중심 대학의 생활사에서 잘 드러날 것이다. 물론 이 규칙에는 많은 예외가 있을 수 있다. 특히 전형적으로 평판이 높고 의례를 중시하는 교회가 설립했기에 처음부터 보수적이고 고전적인 차원에서 시작되었거나 우회적인 방법으로 고전적인 위치에 도달한 학교가 대표적이다. 그러나 19세기 동안 미국의 지역사회에서 새롭게 설립된 대학은 지역사회가 가난한 상태에 머물러 있고[8] 학생들의 부모가 산업과 절약의 습관을 계속 지니고 있는 한, 주술사를 연상시키는 요소를 학내 생활체계에 거의 포함시키지 않았다. 그러나 부가 지역사회에 본격적으로 축적되고 유한계급 구성원을 기반으로 삼는 학교가 늘어나기 시작함에 따라, 학문적 의례가 강조되기 시작했고 예복이나 사교 및 학문적 의식 절차에 관한 고대적인 양식을 준수해야 한다는 주장도 눈에 띄게 늘어났다. 예를 들어 중서부의 특정 대학을 후원하는 구성원의 부가 증가하던 시기[9]와, 남성용 연미복과 여성용 데콜테[10]가 대학 사회 내부에서 학문적 의식 절차나 사교계의 분위기에 부합하는 정장으로서 입어도 무방한 수준을 넘어 필수적인 유행으로 수용되던 시기가 거의 일치한다. 이러한 상관관계는 아주 방대한 작업에 따른 기계적인 어려움을 제외하면 그리 어렵지 않게 추적할 수 있는데, 학사모와 학위복의 경우도 마찬가지다.

학사모와 학위복은 지난 몇 년 동안 중서부 지역의 많은 대학에서 학문적 휘장으로 채택되었다. 이러한 학문적 소도구는 훨씬 더

---

8) 옥스퍼드판은 이 대목에서 "so long as the community has remained poor"를 빠뜨렸다.

9) 미국 중서부의 대표적인 학교인 시카고대학이 19세기 후반 미국 최대의 부자인 존 D. 록펠러(John D. Rockefeller, 1839~1937)의 기부금으로 설립된 해가 1890년이었다.

10) '데콜테(décolleté)'는 목에서 쇄골로 이어지는 부분을 지칭하는 프랑스어로, 의복에서는 해당 부위를 노출하는 옷을 통칭한다.

유한계급론

이른 시기에는, 또는 교육의 정당한 목표에 대한 고대적 관점으로 회귀하려는 경향을 강력하게 지지하는 유한계급 정서가 공동체 내에서 충분한 규모로 성장하기 전까지는 거의 찾아볼 수 없었다. 학문적 의례와 관계된 이처럼 특정한 물품은 화려한 효과에 대한 고대적인 취향과 고풍스러운 상징에 대한 기호에 호소한다는 점에서 사물의 적정성에 관한 유한계급의 감각에 부합할 뿐만 아니라, 과시적 낭비라는 눈에 띄는 요소를 포함하고 있다는 점에서 유한계급의 생활체계에도 부합한다. 많은 학교에서 거의 동시에 학사모와 학위복으로 회귀했다는 사실과 그 조치가 취해진 바로 그 시점을 통해, 이러한 회귀가 어느 정도 당시 미국 사회 전체를 휩쓸었던 관습에 대한 순응과 명성을 향한 격세유전적 감각의 물결에서 비롯했음을 알 수 있다.

이처럼 흥미로운 과거 회귀는 다른 분야에서도 절정에 달했던 격세유전의 정서 및 전통의 유행과 시기적으로 일치한다는 점에 주목할 필요가 있다. 이러한 회귀의 물결을 처음 촉발시켰던 것은 남북전쟁으로 인한 심리적 붕괴였을 것이다. 전쟁에 익숙해지면서 일련의 약탈적 사고 습관이 다시 등장했고, 이로 인해 부족주의가 연대 의식을 어느 정도 대체했으며, 모두에게 일상의 유용성을 제공하려는 충동을 대신해 시샘을 유발하는 구별의 감각이 힘을 얻었다. 이러한 요인이 누적적으로 작용한 결과, 우리는 전쟁을 거친 세대에게서 신분의 요소가 사회생활 속에서, 그리고 종교 의례와 여타 상징적이거나 의례적인 예법의 체계 속에서 회복되는 것을 쉽게 목격할 수 있다. 1870년대부터 준약탈적 사업 습관을 선호하는 정서, 신분에 대한 강조, 의인관, 전반적인 보수주의의 물결이 서서히 퍼져 나갔는데, 1880년대에는 이러한 물결이 더 뚜렷하게 감지되었다. [반면] 무법 행위의 재발이라든가 일부 '산업의 수장'이 자행한 지극히 화려한 준약탈적 사기 행각 등 야만인 기질을 반영하는 좀 더 직접적이고 노골적인 표현은 너무 일찍 정점에 이르러 1870년대 말에는 눈에 띄게 감소하는 추세를 보였다. 의인관의 부활도 1880년대 말 이전에 가장 격심한 단계를 지나갔던 것으로 보인다. 그러나 여기서 말하는 학문적 의례와 소도구는 야만인의 애니미즘적 감각을 더 멀리서 더 난해하게 표현하고 있다. 따라서 학문적 의례나 소도구의 유행 및 정교화는 더디게 진행되었고, 더 늦은 시기에 이르러서야 최고의 발전 상태에 실질적으로 도달할 수 있었다. 이제는 그러한 정점이 지나갔다고 믿을 만한 이유가 있다. 새로운 전쟁이 안겨준 새로운 자극이 없었다면, 그리고 성장한 부자 계급이 모든 의례에 제공하는 지원, 특히 낭비적이며 신분의 등급을 암시하는 모든 의식에 제공하는 지원이 없었다면 최근까지 계속되는 학문적 휘장과 의례의 개량이나 확대는 점차 쇠퇴했을지도 모른다. 학사모와 학위복 그리고 그와 함께 요구되는 학문적 규율의 더욱 엄격한 준수가 남북전쟁 이후 전개된 야만 문화로의 회귀라는 파도에 휩쓸려 들어온 것은 사실로 보인다. 그러나 유한계급이 원하는 학문적 요건에 부합하도록 미국 전역의 대학을 바꾸는 움직임에 필요한 금전적 기반을 갖출 만큼의 막대한 부가 유한계급의 수중에 축적되지 못했더라면, 대학의 생활체계 속에서 그러한 의례로의 회귀가 현실화되지 못했을 것이라는 점도 분명하다. 학사모와 학위복의 채택은

유한계급론

근대 대학생활에서 눈에 띄는 격세유전적 특징 중 하나이며, 이러한 사실은 대학이 현실적인 성취와 열망이라는 측면 모두에서 확실하게 유한계급의 기관이 되었음을 보여준다.

교육 시스템과 공동체의 문화적 표준 사이에 긴밀한 관계가 있음을 보여주는 또 다른 증거로, 고등교육의 전당을 이끄는 수장 자리에 사제 대신 산업의 수장을 임명하는 최근의 경향에도 주목할 필요가 있다. 물론 산업의 수장이 사제를 완전히 또는 무조건적으로 대체했다는 말은 아니다. 사제의 역할과 고도의 금전적 효율성을 겸비한 사람이 고등교육 기관의 수장으로 가장 선호되기 때문이다. 이와 비슷하면서도 덜 알려진 사실로, 고등교육 기관은 금전적으로 자격을 갖춘 남성에게 가르치는 일을 맡기는 경향이 있다. 가르치는 일을 맡는 자격과 관련해 관리 능력이나 사업을 홍보하는 기술이 예전보다 훨씬 더 중요해졌다. 이는 일상생활의 사실과 가장 긴밀하게 관계된 과학 분야에 특히 해당되며, 경제적 목표에 전념하는 지역사회 소재 대학에서는 더더욱 그렇다. 이처럼 금전적 효율성이 종교적 효율성을 부분적으로 대체하는 현상은 오늘날 과시적 소비가 과시적 여가를 대신해 평판의 주요 수단으로 전환하는 현상과 함께 일어난다. 이 두 사실의 상관관계는 명백하기에 더는 상세한 논의가 필요 없을 것이다.

여성 교육에 대한 학교와 식자 계급의 태도를 보면 학문이 사제와 유한계급의 특권이라는 오래된 자리에서 어떤 방식으로, 그리고 얼마만큼 벗어났는지를 알 수 있다. 또한 진정으로 배운 사람들이 근대의 경제적이거나 산업적인 실무적 관점에 어떻게 접근하고 있는지도 확인할 수 있다. 최근까지도 여성이 고등교육 기관과 학문적 직업에 진출하는 것은 금기시되었다. 애초에 이런 제도는 사제와 유한계급의 교육을 목적으로 설립되었고, 그 이후에도 이러한 교육이 큰 비중을 차지하고 있다.

다른 곳에서 살펴본 바와 같이 여성은 최초의 예속계급이었으며, 특히 그들의 명목상 또는 의례적 지위와 관련해보자면, 그 관계가 현재까지도 어느 정도 유지되고 있다. 그로 인해 여성에게 (엘레우시스의 비밀 의례[11]와 같이) 고등교육의 특권을 허용하는 것은 학술적 기량의 품격을 손상시킨다는 정서가 팽배해 있다. 따라서 극히 최근에 와서야 산업적으로 가장 선진적인 지역사회를 중심으로 고등교육 기관이 여성에게 자유롭게 개방되었다. 그런데 최고의 명문대학들은 [산업적으로 더욱 발전해야 한다는] 근대 산업사회의 긴급한 요구에도 불구하고 이러한 방향으로의 변화를 극도로 꺼리고 있다. 지적 품격의 우열이라는 구별에 따라 남녀의 명예를 차별하는 계급적 가치관의 감각, 즉 신분에 대한 감각이 귀족적인 학문 집단 속에 여전히 강하게 남아있는 것이다. 그리고 여성은 모든 예법 중 다음과 같은 두 항목으로 분류되는 지식만을 획득해야 한다고 여겨졌다. (1) 가사의 수행 항목에 속하는 것으로, 가정에서 집안

---

11) '엘레우시스의 비밀 의례(Eleusinian mysteries)'는 고대 그리스에서 죽음과 재생의 순환을 상징하려고 비밀리에 행해졌다. 대지의 여신 데메테르의 딸인 페르세포네가 명부의 신 하데스에게 납치되었다가 어머니의 도움으로 지하 세계에서 돌아온 것을 축하하려고 아테네 인근의 소도시 엘레우시스에서 열렸다.

일을 더 잘 수행하는 데 직접적으로 이바지하는 지식. (2) 대리 여가의 수행 항목에 속하는 것으로, 얼마간 학문의 성격과 예술의 성격을 보이는 기량과 재주. 학습자 자신의 삶을 표현하고 학습자 자신의 인지적 관심에 따라 습득할 수 있는 지식, 그리고 예의범절의 규범으로 촉발되지 않고 그것의 활용이나 과시로 얻는 안락함이나 좋은 평판이 주인의 몫으로 돌려지지 않는 지식은 비(非)여성적인 지식으로 간주된다. 따라서 대리 여가가 아닌 여가의 증거로 유용한 모든 지식도 여성적인 지식이라고 할 수 없다.

고등교육 기관이 공동체의 경제생활과 맺는 관계를 이해하는 데 있어, 지금까지 검토한 현상은 일반적인 태도를 나타내는 지표로서 중요한 것이지, 그 자체가 중요한 경제적 의의를 갖는 사실은 아니라는 점도 명심할 필요가 있다. 이와 같은 현상은 산업 공동체의 생활 과정에 대한 식자 계급의 본능적인 태도와 의지가 무엇인지를 보여준다. 이러한 현상은 고등 학문과 식자 계급이 산업적 목적과 관련해 도달한 발전 단계를 나타내는 지표이기도 하다. 따라서 이는 식자 계급의 학문과 생활이 공동체의 경제적 삶과 효율성에 즉각적으로, 그리고 시대의 요구에 부합하는 방향으로 생활체계가 조정되는 데에도 영향을 미치던 바로 그 시점에 식자 계급으로부터 정당하게 기대할 수 있는 것이 무엇인지에 관한 지표를 제공한다. 고등 학문과 식자 계급에서 볼 수 있는 의례적인 유물은, 특히 전통적인 학문을 함양하는 고등교육 기관에 반동적인 정서라고까지 말할 수는 없더라도 보수주의가 만연해 있음을 보여준다.

이러한 보수적 태도를 보여주는 지표에 유사한 방향의 또 다른 특성을 추가할 필요가 있다. 하지만 이 특성은 사소한 형식이나 의식을 선호하는 유희적인 특성에 비해 훨씬 더 중대한 의미를 지닌다. 예컨대 미국의 대다수 학부 중심 대학과 대학원 중심 대학은 특정 교단에 소속되어 있으며 종교 의례를 어느 정도 거행하고 있다. 대학의 교수진은 과학적 방법과 과학적 관점에 친숙할 것으로 추정되기에 애니미즘적 사고 습관에서 자유로울 것 같지만, 그들 중 상당수가 과거 문화에서 행해지던 의인관이나 의례에 여전히 애착을 느낀다고 고백한다. 종교적 열정에 관한 이러한 고백은 법인격을 지닌 대학에 있어서나 교수진 개개인에게 있어서나 어느 정도는 편의를 위한 것이고 형식적인 것이겠지만, 고등교육 기관에 의인관적 정서가 상당하다는 것도 명백한 사실이다. 그렇다면 이러한 사정은 고대적이고 애니미즘적인 심적 습관이 표출된 것으로 간주해야 한다. 이러한 심적 습관은 제공되는 교육에서도 어느 정도 필연적으로 드러날 수밖에 없는데, 학생의 사고 습관 형성에 영향을 미치는 정도에 따라 보수주의와 격세유전에 기여하고, 결국 학생들이 산업의 목표에 가장 부합할 사실적 지식을 향해 발전하는 것을 방해한다.

오늘날 명문대학에서 크게 유행하는 대학 스포츠도 비슷한 방향으로 나아가고 있는데, 실제로 스포츠는 심리적 기반과 규율 효과라는 측면 모두에서 대학의 종교적 태도와 공통점이 많다. 그러나 야만적 기질의 이러한 표출은, 가끔씩 일어나는 것처럼 대학이나 교직원이 스포츠의 성장을 적극적으로 지지하고 육성하는 경우를 제외하고는 학교 자체의 기질보다 주로 학생들의 기질에 기인하는 바가 크다. 대학의 사교 동아리도 대학 스포츠와 비슷한 흐름을 보이는데, 둘 사이에는 차이도 있다. 대학 스포츠가 단순한 약탈적 충동을 주로 표출한다면, 대학의 사교 동아리는 고대의 약탈적 야만인이 지녔던 기질적 특징인 배타성의 유산을 더 특별하게 표현하고 있다. 그리고 대학의 사교 동아리와 스포츠 활동 사이에 긴밀한 관계가 존재한다는 점도 주목할 만하다. 앞선 장에서 스포츠와 도박 습관에 대해 많이 이야기했으므로, 스포츠에서의 훈련이나 파벌 조직 및 활동에서의 훈련이 지니는 경제적 가치를 추가로 논의할 필요는 없을 것이다.

그러나 식자 계급의 생활체계와 고등 학문을 보존하려는 기관에서 볼 수 있는 이러한 모든 특징은 대부분 부수적인 것에 불과하다. 이와 같은 특징은 대학에서 존재 이유로 내세우는 연구와 교육이라는 공언된 업무의 유기적 요소라고 하기에는 무리가 있다. 그러나 이러한 징후적 지표는 수행된 연구와 교육의 특성을 경제적 관점에서 추정하고, 대학의 후원 아래 수행되는 진지한 연구와 교육이 대학에 의지하는 청년들에게 주는 편향을 추정하는 데 활용될 수 있다. 이미 제시된 고려 사항에 근거한 추정에 따르면, 대학은 의례는 물론 본연의 업무에서도 보수적인 입장을 취하고 있을 것이라 예상할 수 있다. 그러나 이러한 추정은 실제로 수행되는 연구와 교육 업무의 경제적 특성에 관한 비교를 통해, 그리고 대학이 보존하려는 학문에 대한 모종의 조사를 통해 검증되어야 한다. 이와 관련해, 널리 알려진 대학이 최근까지 보수적인 입장이었다는 것은 잘 알려진 사실이다. 대학은 모든 혁신에 반대하는 태도를 보이고 있다. 새로운 관점이나 지식의 새로운 체계는 학교 외부에서 먼저 성공을 거둔 이후에야 학교 내에서도 인정받고 수용되는 것이 일반적이다. 이러한 규칙의 예외로 전통적인 관점이나 관행적인 생활체계에 실질적인 영향을 미치지 않는 비과시적 종류의 혁신이나 일탈이 언급된다. 예를 들어 수리물리학 분야의 세부적인 사실, 고전에 대한 새로운 독해와 해석, 특히 문헌학적 또는 문학적 영향만을 미치는 새로운 독해와 해석이 여기에 해당한다. 좁은 의미의 '인문학' 영역을 제외하면, 그리고 혁신가들이 인문학에 관한 전통적인 관점을 온전히 유지하는 경우를 제외하면 널리 인정되는 식자 계급과 고등 학문의 전당은 모든 혁신을 의심의 눈초리로 바라보는 것이 일반적이다. 과학 이론의 새로운 관점과 새로운 출발점은, 특히 인간관계 이론에 어느 지점에서든 영향을 미치는 새로운 출발점은 따뜻하게 환영받지 못했고 미온적으로 수용되면서 대학의 체계 속에 뒤늦게 자리를 잡았다. 그리고 인간의 지식을 넓히려 노력했던 사람들은 일반적으로 동시대의 식자층에서 좋은 반응을 얻지 못했다.[12] 혁신이 젊음과 유용성의 상당 부분을 상실하기 전까지―혁신이 새로운 학문적 지식과 새로운 관점 아래 성장하고, 이러한 지식과 관점을 통

---

12) 여기서 "과학 이론의 새로운 관점과 새로운 출발점"은 생물학 등 자연과학의 성과를 인간의 행동이나 사회의 진화를 설명하는 데 적용하려는 분과 학문을 지칭하는 것으로 보인다. 여기에는 시카고대학에 새로 설립된 경제학과도 포함될 것이다. 또한 "인간의 지식을 넓히려 노력했지만 동시대의 식자층에서 좋은 반응을 얻지 못한 연구자"는 베블런 자신을 가리켰을 것으로 보인다.

유한계급론

해 사고 습관을 형성한 새로운 세대의 보편적인 지적 기반으로 자리 잡기 전까지―대학은 방법이나 내용 면에서 중대한 진전을 이룬 지식을 적극적으로 지지하지 않는 것이 일반적이다. 가까운 과거에 대해서는 분명히 이렇게 말할 수 있다. 하지만 지금 이 시점에 대해서도 이렇게 말할 수 있을지는 분명치 않다. 왜냐하면 현재의 사실을 상대적인 균형감을 가지고 온당한 관점에서 바라보기란 불가능하기 때문이다.[13]

이제까지 부유층의 메세나[14] 기능에 대해서는 언급하지 않았는데, 이는 문화와 사회구조의 발전을 다루는 작가와 연사 들이 오랫동안 습관적으로 다뤘던 주제다. 메세나 역할을 맡은 유한계급의 기능은 고등교육과 지식 및 문화의 확산에 중요한 영향을 미친다. 유한계급이 이러한 종류의 후원을 통해 학문을 어떻게 그리고 얼마나 창달했는지는 잘 알려져 있다. 이러한 사실은 해당 주제에 정통해서 이러한 문화적 요소의 중대한 의의를 청중에게 잘 이해시킬 수 있는 대변인들이 열정적이고도 효과적인 언어로 자주 제시했

---

13) 베블런은 이 책이 출판되고 나서 20년 가까운 세월이 흐른 1918년《미국의 고등교육(The Higher Learning in America: A Memorandum on the Conduct of Universities by Business Men)》을 세상에 선보였다. 이 책에는 미국의 대학 교육에 대한 보다 체계적인 분석과 신랄한 비판이 담겨있다.

14) 오늘날 '메세나(Maecenas)'는 기업이 문화·예술·과학·스포츠 따위를 지원하는 활동을 가리킨다. 이 명칭은 제정 로마 초기에 아우구스투스 황제(Caesar Augustus, 기원전 63~기원후 14)의 최측근이자 호라티우스나 베르길리우스 같은 예술가를 적극 후원했던 가이우스 마이케나스(Gaius Maecenas, 기원전 70년경~기원전 8)에게서 유래했다.

다. 그러나 이들은 이 문제를 경제적 관심이 아니라 문화적 관심이나 평판에 대한 관심이라는 관점에서 부각시켰다. 경제적 관점에서 이해하고 산업적 유용성이라는 목적에서 평가하는 한, 부유층의 메세나 기능은 부유층 구성원의 지적 태도와 마찬가지로 주목할 만한 가치가 있으며 실제 사례도 많다.

외부에서 메세나 관계를 단순히 경제적 또는 산업적 관계로 간주할 경우, 이 관계의 특징은 신분 관계로 규정된다. 후원을 받는 학자는 자신의 후원자를 대신해 학문적 삶을 살아갈 의무가 있다. 이때 후원자는 어떤 형태든 대리 여가가 수행되면 주인이 명성을 얻는 것과 같은 방식으로 모종의 명성을 얻는다. 또한 역사적 사실에 비춰볼 때, 메세나 관계에 힘입은 학문의 발전이나 학술 활동의 유지는 대체로 고전 지식이나 인문학의 기량 증진과 관련이 깊었다는 점에도 주목할 필요가 있다. 이러한 지식은 공동체의 산업적 효율을 높이기보다 낮추는 경향이 있다.

나아가 유한계급 구성원이 지식의 증진에 직접 참여하는 경우도 살펴보자. 유한계급에 속한 사람들은 일반적으로 평판을 좋은 삶의 기준으로 삼기 때문에 공동체의 산업생활과 어느 정도 관련 있는 과학보다 고전적이고 형식적인 학문에 더 많은 지적 관심을 기울인다. 유한계급 구성원이 고전학 이외에 가장 빈번하게 빠져드는 분야는 법학과 정치학, 특히 행정학 같은 과학(science)이다.[15] 이른바 과학은 본질적으로 유한계급의 독점적인 통치 업무에 필요한 지침에 사용될 방편의 원리라고 할 수 있으며, 사유재산권의 기초 위에서 수행된다. 따라서 행정학에 대한 관심은 단지 지적이거나 인지적인 차원에서만 발생하지 않는다. 그것은 주로 유한계급의 구성원이 놓인 지배관계의 긴급한 필요에 따른 현실적인 관심이다. 기원의 측면에서 보자면 통치 업무는 약탈적 기능을 수행하는 것으로, 고대 유한계급의 생활체계와 통합적으로 연결되어 있으며 유한계급의 생계를 뒷받침하는 인구를 통제하고 강압한다. 따라서 행정학과 그것의 토대가 되는 구체적인 실제 사례는 인지적인 모든 문제와 별개로 유한계급에 매력적으로 다가간다. 이 모든 것은 통치 업무가 형식적으로나 실질적으로나 [유한계급에 의해] 독점적으로 수행되는 한 어디서나 유효하다. 정부 관련 진화의 고대적인 단계에 형성되었던 전통이 계속 남아있는 한, 행정학과 유한계급 사이의 긴밀한 관계에 관한 이와 같은 진술은 유한계급에 의한 독점적 정부가 사라지기 시작한 근대 사회에서도 여전히 유효하다.

인지적이거나 지적인 관심이 지배적인 분야에서는—엄밀한 의미에서 과학이라고 불리는 분야에서는—유한계급의 태도나 금전 문화의 전반적인 흐름이 다소 다른 양상을 보인다. 지식 그 자체를 위한 지식은, 다른 숨겨진 목적이 없는 포괄적인 이해력의 행사는 아마도 긴급한 물질적 관심도 없어 탐구를 방해받지 않는 사람들의 몫이 되어야 할 것이다.[16] 유한계급은 산업적 활동을 수행하지 않아도 된다. 그러므로 유한계급 구성원은 인지적 관심을 자유롭게

---

15) 법학, 정치학, 행정학에 science라는 단어를 사용하고 있다는 점에 주목할 필요가 있다. 베블런에 따르면 과학은 인지적 또는 지적 관심이 지배적인 학문 분야이며, 현상의 인과적 순서를 명확하게 인식하려는 시도를 뜻한다.

발휘할 수 있다. 많은 작가가 확신을 가지고 주장하듯이, 우리 사회에는 유한계급 출신으로 과학적 탐구나 사색에 대한 자극을 유한생활의 규율에서 얻는 학자·과학자·석학의 비율이 아주 높다. 그러한 결과는 어느 정도 예상할 수 있지만, 이미 충분히 논의했던 것처럼 유한계급의 생활체계에는 그들의 지적 관심이 과학의 주된 내용을 구성하는 현상의 인과관계가 아니라 다른 주제로 쏠리도록 유도한다는 특징이 있다. 유한계급 생활을 특징짓는 사고 습관은 지배라는 인격적 관계는 물론, 명예·가치·공적·평판 등 시샘 유발과 관계된 파생적 개념에도 기반하고 있다. 이러한 관점에서는 과학의 사안인 인과관계를 볼 수 없으며, 사실에 관한 세속적으로 유용한 지식에 좋은 평판을 부여하지도 않는다. 따라서 유한계급은 금전적 공적이나 그 밖의 명예로운 공적과 관계된, 시샘을 자아내려는 비교에 관심을 기울이고 인지적 관심은 소홀히 할 가능성이 있다. 이러한 상황에서는 인지적 관심이 표출되더라도 일반적으로 과학적 지식의 탐구가 아니라, 높은 평판을 주지만 무익한 사변이나 조사

---

16) 이 점은 베블런이《장인 본능》에서 강조한 '한가로운 호기심(idle curiosity)'과 직결된다. 한가로운 호기심은 사물에 대한 지식을 얻고자 하는 공평무사한 성향이며, 이러한 지식을 이해할 수 있는 체계로 환원하게 해준다. 이때의 호기심은 정보 그 이상을 추구하는 성향으로, 알려진 것의 논리적 연결을 추구한다. 또한 호기심은 지시나 순종보다 활기차고 장난스럽지만 고된 지적 작업, 예를 들어 순수 수학이나 고심에 찬 학문적 연구에 활력을 불어넣을 수 있다. 베블런에게 호기심의 '한가로운' 측면은 게으름이나 나태함이 아니라 즉각적인 금전적 이익이나 다른 수단적 이익으로부터의 거리를 의미한다. 이러한 입장에서 보자면, 고등교육과 대학의 가장 큰 존재 이유는 한가로운 호기심의 자유로운 발휘에 있다.

유한계급론

를 향해 돌려지기 쉽다. 사제와 유한계급이 수행한 학문의 역사를 보면, 상당한 정도로 체계화된 지식이 학문 이외의 원천에서 학문 영역 안으로 침투하지 않는 한 실제로 그러했음을 알 수 있다. 그러나 지배와 복종의 관계가 사회적 삶의 과정에서 지배적이고 형성적인 요인으로 더는 존재하지 않으면서, 삶의 과정의 다른 특징과 관점이 학자들에게 강요되고 있다.

제대로 길러진 유한계급 신사는 인격적 관계의 관점에서 세상을 바라봐야 하며 실제로도 그렇게 하고 있다. 그리고 신사의 내면에서 표출되는 인지적 관심은 이러한 관점에서 현상을 체계화하려고 시도할 것이다. 유한계급의 이상을 온전하게 간직했던 구식의 신사가 실제로 그랬고, 오늘날의 후손 중에서도 상층계급의 모든 덕목을 온전히 계승한 사람이라면 같은 태도를 보일 것이다. 그러나 유전의 길은 구불구불하기에 신사의 아들이라고 해서 모두 영주로 태어나는 건 아니다. 특히 약탈적 주인을 특징짓는 사고 습관은 유한계급의 규율이 최근의 한두 단계에만 발휘된 혈통에서는 다소 불안정하게 전승된다. 인지적 적성을 강하게 발휘하는 성향이 선천적 또는 후천적으로 형성될 가능성은 하층계급이나 중간계급 출신의 유한계급 구성원에게서 가장 두드러진다. 이들은 근면 계급에 고유한 보완적 적성을 물려받은 사람들로, 유한계급의 생활체계가 형성되었던 옛날보다 현재 시점에서 더 중요한 자질을 소유한 덕분에 유한계급의 자리를 차지할 수 있었다. 이처럼 나중에야 유한계급으로 진입한 사람들의 외부에도 시샘을 자아내려는 관심이 지배적이지 않았기 때문에, 이론에 대한 독자적인 견해를 형성한 사람이나 이론을 강하게 지향해 과학적 탐구로 손쉽게 나아간 사람이 상당수 존재한다.

과학이 고등 학문에 들어올 수 있었던 것은 부분적으로는 이러한 유한계급 변종 자손 덕분인데, 이들은 비인격적 관계를 중시하는 근대적 전통의 영향을 크게 받았고 신분제의 특징적 기질과 크게 다른 보완적인 인간적 특성을 물려받았다.[17] 그러나 생경한 일군의 과학적 지식이 고등 학문에 존재할 수 있게 만든 더 중요한 계급은 근면 계급이었다.[18] 근면 계급 구성원은 일상적인 생계 수단을 찾는 것 이외의 다른 사안에도 관심을 돌릴 수 있을 정도로 충분히 여유로운 환경에 놓였고, 그들의 지적 과정은 과거로부터 물려받은 적성이나 의인관적 관점에 지배되지도 않았다. 과학적 진보를 이끄는 실질적인 세력인 이 두 집단 중 기여를 더 많이 한 것은 근면 계급이다. 그런데 이 두 집단은 진보의 원천이 아니며, 진보적 전환의 매개물이나 기껏해야 도구라고 보는 것이 더 정확할 듯싶다. 근대의 연계된 삶과 기계적 산업의 긴급한 요구라는 새로운 환경의 압박 속에서, 공동체의 사고 습관이 이들 집단에 힘입어 이론적 지식을 중시하는 방향으로 변화할 수 있었기 때문이다.

---

17) 베블런이 대학에서 만났던 여러 스승은 실제로 유한계급 출신이 다수였으며, 근대 과학의 정신을 발전시키려 했다는 공통점이 있다.

18) 근면 계급 출신의 대표적인 학자가 바로 베블런이다. 그의 스승 중에는 예일대학에 있었던 윌리엄 그레이엄 섬너가 여기에 해당되는데, 섬너의 아버지는 영국 이민자로 철도 수리공이었다.

유한계급론

과학은 물리적 현상이든 사회적 현상이든 현상의 인과적 연쇄를 명확하게 인식하려는 시도라고 할 수 있다. 이러한 의미에서의 과학이 서양 문화의 특징으로 떠오른 것은 서양 사회의 산업적 과정이 기계장치의 실질적인 조작 과정으로 자리 잡은 이후부터인데, 이때 인간은 물질적 힘을 식별하고 그 가치를 평가하는 역할을 맡는다. 과학은 공동체의 산업생활이 이러한 패턴을 따르는 정도에 비례해서, 그리고 산업적 관심이 공동체의 삶을 지배하는 정도에 비례해서 번성한다. 또한 과학, 특히 과학적 이론은 인간의 생활 및 지식과 관계된 여러 부문에서 진전을 이뤘는데, 각각의 부문이 산업적 과정 및 경제적 관심과 점점 더 밀접해지는 것에 비례해서 발전할 수 있었다. 어쩌면 과학은 각각의 부문이 인격적 관계나 신분 개념의 지배에서 점점 더 벗어나는 것에 비례해서, 그리고 의인관적 적합성이나 명예적 가치가 발휘하는 파생적인 규율의 지배에서 점점 더 벗어나는 것에 비례해서 발전했다는 진술이 더 정확할 수도 있겠다.

근대 산업생활의 긴급한 상황은 인류로 하여금 환경과 실질적으로 접촉할 때 인과적 연쇄를 인식하도록 강요한다. 이로 인해 인간은 그가 접촉한 환경은 물론, 자신이 환경과 접촉한다는 사실까지도 인과적 연쇄의 측면에서 체계화할 수 있었다. 그러므로 스콜라 철학[19]과 고전주의의 완벽한 꽃으로서 최고의 발전을 이룬 고등 학문이 사제의 직분과 유한 생활의 부산물이라면, 근대 과학은 산업적 과정의 부산물이라고 할 수 있다. 근대의 산업생활이 강요한 사고 습관은 가장 중요한 작업을 대학이라는 보호구역 밖에서 수행했던 탐구자·석학·과학자·발명가·사색가 등 여러 집단의 구성원에 힘입어, 현상의 인과적 관계를 다루는 일련의 이론적 과학으로서 체계적인 표현과 정교함을 갖출 수 있었다. 그리고 대학 외부에서 수행된 과학적 성찰을 토대로 학문의 방법과 목적에 변화가 일어났고, 이러한 변화가 대학의 학문 분야 속으로 간간이 유입되었다.

이와 관련해 중등교육 기관과 고등교육 기관이 제공하는 교육과 초등교육 사이에 내용과 목적 면에서 매우 뚜렷한 차이가 있다는 점에도 주목할 필요가 있다. 전달된 정보의 즉각적인 실용성에서의 차이나 습득한 기량에서의 차이도 중요한 의미를 지닐 수 있고 때때로 주목할 만한 가치가 있지만, 무엇보다 각각의 교육 기관이 함양시키려는 심리적이거나 정신적인 소질 사이에 본질적인 차이가 존재한다. 고등교육과 초·중등교육 사이에 나타나는 교육상의 상이한 흐름은 최근 선진 산업사회에서 발전 중인 초등교육과 관련해 특히 뚜렷하다. 초등교육은 비인격적 사실을 존경의 영역이 아니라 인과적 영역 속에서 파악하고 활용하는 데 요구되는 지적·육체적 기량이나 숙련의 함양에 주로 맞춰진다. 초등교육 또한 유한계급의 전유물이었던 과거의 전통을 계승한 초등학교에서는 근면을 촉진

---

19) '스콜라철학(scholasticism)'은 8세기부터 17세기까지 가톨릭교회의 부속학교에서 교리의 학문적 근거를 체계적으로 확립하려고 전개한 신학 중심의 철학을 일컫는다. 스콜라철학은 고대 철학의 전통적 권위, 특히 플라톤과 아리스토텔레스의 철학을 원용해 구축되었고, 토마스 아퀴나스(Thomas Aquinas, 1225~1274)가 체계를 완성했다고 알려져 있다.

유한계급론

시키려고 경쟁을 자유롭게 활용해온 것이 사실이다. 그러나 초·중등교육이 종교적이거나 군사적인 전통 아래 놓이지 않은 지역사회의 교육 기관에서는 이처럼 경쟁을 방편으로 이용하는 것마저도 눈에 띄게 줄고 있다. 이러한 특징은 교육 시스템 중 유치원의 방법과 이상에 직접적으로 영향을 받은 곳에서 한층 뚜렷한데, 정신적인 측면에서 특히 그렇다.

유치원의 훈육은 시샘을 자아내지 않는다는 점에서 독특하며, 자신의 고유 영역을 넘어서 초등교육에도 유사한 특성을 전파한다. 유치원의 훈육이 보여주는 이러한 경향은 근대의 경제 환경에서 유한계급 여성이 지니는 독특한 정신적 태도에 관해 앞에서 이미 살펴본 것과 연관해 이해할 필요가 있다. 유치원의 훈육이 최상으로 수행되는 곳은 고대 가부장제의 교육적 이상에서 가장 멀리 떨어진 곳, 바로 선진 산업사회다. 이곳에서는 지적이면서 한가로운 여성들이 상당수 존재하고, 산업생활의 해체적 영향과 군사적·종교적 전통을 뒷받침할 일관된 체계의 부재로 인해 엄격한 신분제도 어느 정도 이완되어 있다. 유치원의 훈육은 여유가 있는 환경에서 살아가는 여성들에게서 도덕적 지원을 받는다. 유치원의 목적과 방법에 대한 각별한 공감은 평판에 높은 가치를 부여하는 금전적 규범의 생활에 만족하지 않는 부류의 여성들에게서 나온다. 그러므로 근대적 상황에서 유한계급의 삶이 그 규율에 가장 직접적으로 노출된 여성들에게 강요하는 무용성과 시샘 유발적 비교에 대한 혐오감을 설명하려면, '신여성 운동'에 더해 유치원, 그리고 근대 교육에서 유치원 정신이 중요하게 여기는 모든 것도 같이 고려해야 한다. 유한계급 제도는 이렇게 간접적인 방식을 통해서도 시샘을 유발하지 않는 태도의 성장을 다시 한번 돕는 것으로 보인다. 이는 궁극적으로 유한계급 제도 자체의 안정성과 나아가 그 기반이 되는 개인 소유권 제도에 대한 위협으로 판명될 수도 있다.

***

최근 학부 중심 대학과 대학원 중심 대학의 교육에 몇 가지 눈에 띄는 변화가 일어났다. '문화', 품성, 취향 그리고 이상에 기여한다고 믿어졌던 전통적인 분과인 인문학이 시민적 효율이나 산업적 효율에 기여하는 좀 더 실제적인 분과로 조금씩 대체되는 것이 변화의 주된 내용이다. 다시 말해 효율(궁극적으로는 생산적 효율)을 높이는 지식 분야가 소비를 늘리고 산업적 효율을 낮추는 데 기여하거나 신분제에 적합한 인격을 만드는 데 필요한 지식 분야에 대해 서서히 우위를 점하는 것이다. 교육 체계의 이러한 적응 과정에서 대학은 보수 쪽에 서 있는 것이 일반적이다. 대학이 앞을 향해 내딛는 한 걸음 한 걸음에는 마지못한 양보의 성격이 있다. 과학이 대학의 교육과정 속으로 들어온 것은 아래에서가 아니라 바깥에서였다. 인문학이 과학에 어쩔 수 없이 터전을 내주는 과정에서 전통적인 자기중심적 소비 체계에 따라 학생들의 성격을 빚어내는 획일적인 방향으로 개조되었다는 점도 눈에 띈다. 이제 인문학은 적정성과 탁월성이라는 관습적인 표준에 따라 참되고 아름다우며 선한 것을 관조하고 향유하는 체계가 되는데, 그 대표적인 모습이 바로 품위 있는 여가(otium cum dignitate)다. 인문학의 대변자들은 자기들에게 익숙한 고대의 고상한 관점으로 치장된 언어에 따르면 "대지의 열매를 소비하려고 태어났다."[20]는 격언에 담긴 이상을 수호하고 있다. 대학이 유한계급 문화에 의해 형성되었고 그 문화에 기반을 두고 있다는 점을 고려할 때 이러한 태도는 놀랍지 않다.

문화의 표준과 방법을 고대로부터 물려받은 상태로 최대한 유지하려고 공개적으로 천명한 근거 역시 고대의 기질적 특성이나 유한계급 생활 이론의 특성과 유사하다. 예를 들어 고전고대[21]의 유한계급 사이에 유행했던 삶이나 이상, 사색, 시간 및 재화의 소비 방법에 관한 습관적인 관조에서 얻는 희열이나 애호는, 근대 사회를 살아가는 평범한 인간의 일상·지식·열망에 마찬가지로 익숙해지면서 얻는 희열이나 애호에 비해 '더 높고', '더 고상하며', '더 가치 있는' 것이라고 느껴진다. 후대의 인간과 사물에 대한 완전한 지식을 배우는 행위는 그에 비해 '저급하고', '수준이 떨어지며', '하찮다'고 여겨지며, 인간과 일상생활에 대한 사실적인 지식에는 '하등 인간의 것(sub-human)'이라는 멸칭까지 붙는다.

인문학을 옹호하는 유한계급 대변인의 이러한 주장은 기본적으

---

20) 고대 로마의 시인 호라티우스(Quintus Horatius Flaccus, 기원전 65~기원전 8)의 《서간집(Epistles)》에 나오는 구절이다. "우리는 대지의 열매를 소비하려고 태어난 하찮은 존재에 불과하다(Nos numeros sumus et fruges consumere nati)."

21) '고전고대(classical antiquity)'는 서양의 고전 문화를 꽃피운 고대 그리스·로마 시대를 이른다.

로 타당하다고 생각한다. 기본적인 사실관계로 보자면 고전고대 유한계급 신사의 의인관이나 부족주의, 여유로운 자기만족을 관조하는 습관에서 생겨났거나 애니미즘적인 미신이나 호메로스의 서사시에 나오는 영웅들의 약동하는 호전성에 대한 친숙함에서 생겨난 희열과 문화 또는 정신적 태도나 사고 습관은, 사물에 대한 사실적 지식과 후대의 시민적 효율이나 장인적 효율을 관조하는 것에서 생겨난 희열과 문화 또는 정신적 태도나 사고 습관에 비해 심미적으로 더 훌륭하다고 간주된다. 심미적 가치나 명예적 가치, 따라서 비교의 판정 기준이 될 '가치'와 관련해서는 첫 번째 습관이 우월하다는 데 의문의 여지가 없다. 취향의 규범, 특히 명예의 규범의 구체적인 내용은 본질적으로 종족(race)의 과거 생활과 환경의 결과물이며, 유전이나 전통을 통해 후대에 전승된다. 유한계급의 약탈적인 생활체계가 오랫동안 지배하면서 과거에 살았던 종족의 심적 습관과 관점에 심대한 영향을 미쳤다는 사실은, 현재의 취향이라는 주제와 관련된 많은 부분에서 그러한 생활체계가 심미적으로 높게 평가받게 만드는 것에 대한 충분한 근거가 된다. 당면한 목적에 비춰볼 때, 취향의 규범은 종족 차원의 습관으로, 취향에 관한 호불호가 내려지는 부류의 사물에 대한 승인이나 반대가 오랫동안 반복됨으로써 습득된 것이다. 다른 조건이 동일하다면 습관화된 기간이 더 길고 더 오랫동안 중단 없이 지속될수록, 문제의 취향에 대한 규범도 더 큰 정당성을 얻는다. 이 모든 진술은 일반적으로 취향보다 가치나 명예에 관한 판단일 때 더 타당할 것으로 보인다.

그러나 인문학의 대변인들이 새로운 학문에 내린 경멸적인 판단

유한계급론

의 심미적 정당성이 무엇이든, 그리고 고전 지식이 더 가치 있고 진정으로 인간적인 문화와 인격을 낳는다는 주장에 얼마나 가치가 있든 이는 당면한 문제와 무관하다. 이러한 학문 분야가, 그리고 교육 시스템에서 이러한 학문으로 대표되는 관점이 근대의 산업적 환경에서 살아가는 집단적 삶의 효율을 어느 정도까지 돕거나 방해할지, 즉 오늘날의 경제 환경에 얼마나 순조롭게 적응할 수 있도록 촉진할지가 당면한 문제인 것이다. 이 질문은 심미적 질문이 아니라 경제적 질문이다. 현재의 목적에 비춰본다면, 사실적 지식에 대한 대학의 비하적 태도에서 드러나는 유한계급의 학문적 표준은 이러한 관점에서 평가해야 한다. 이를 위해 '고귀한', '천한', '고급한', '저급한' 등과 같은 형용사를 사용하는 것은 이러한 단어가 오래된 것과 새로운 것 중 어느 쪽이 더 가치 있는지를 주장하는지와 무관하게, 논쟁하는 자들의 적대감이나 관점을 드러낸다는 점에서만 의미가 있다. 이러한 형용사는 모두 명예나 굴욕을 뜻한다. 다시 말해 이와 같은 형용사는 서열을 매기고 시샘을 자아내는 비교의 단어로, 호평과 악평 중 어느 한 범주에 속한다. 이러한 형용사는 신분 체제의 생활체계를 특징짓는 관념에 속하며, 본질적으로 스포츠인 정신, 즉 약탈적이고 애니미즘적인 심적 습관을 표출한다. 이와 같은 형용사는 고대의 관점과 생활의 논리를 나타내는데, 이러한 관점과 논리는 이들이 생겨났던 약탈적 단계의 문화나 경제 조직에는 적합할지 모르지만, 넓은 의미에서의 경제적 효율성이라는 시각으로 보면 유해하고 시대착오적이다.

고전은, 그리고 고등교육 기관이 애착을 가지고 고수하는 교육 체계에서 고전이 차지하는 특권적 위상은 새로운 학문 세대의 지적 태도에 영향을 미치고 경제적 효율을 떨어뜨리는 원인이 된다. 고전은 남성다움에 관한 고대의 이상을 떠받쳐줄 뿐만 아니라 내세울 만한 지식과 그렇지 못한 지식에 대한 차별 감각을 심어줌으로써 그러한 결과를 초래한다. 이와 같은 결과는 두 가지 방식으로 달성된다. (1) 순수하게 명예로운 학문과 대비되며 유용성만을 갖는 학문을 습관적으로 혐오하거나 산업적 또는 사회적 이득을 가져다주지 않는 방향으로 지성을 행사할 때만, 또는 그것과 거의 비슷하게 지성을 행사할 때만 희열을 느끼는 것이 옳다고 믿는 쪽으로 초심자의 취향을 형성시킴으로써 이뤄진다. (2) 학습자의 시간과 노력을 쓸모없는 지식을 습득하는 데 헛되이 사용함으로써 이뤄진다. 단, 이러한 학습이 관례적으로 학자에게 요구되는 학문 전체에 통합됨으로써 실용적인 지식 분과에서 사용되는 용어나 어휘에도 영향을 미치는 경우는 예외다. 이러한 용어상의 어려움을―이는 그 자체가 과거 고전의 유행에 따른 결과다―제외한다면, 고대 언어에 대한 지식은 언어적 특성이 강한 연구에 종사하지 않는 학자들에게 실질적인 도움이 되지 않을 것이다. 물론 이 모든 논의는 고전의 문화적 가치와 무관하며, 고전의 훈육을 비난하거나 고전 공부가 학생에게 전해주는 취향을 폄하하려는 의도는 전혀 없다. [다만] 이와 같은 취향은 경제적으로 유해한 종류로 보인다. 하지만 다소 악명 높은 이런 사실이 고전 지식에서 위안과 용기를 발견하는 운 좋은 사람들을 불안하게 만들지는 않을 것이다. 고전 학습이 학습자의 장인적 적성을 혼란스럽게 만든다는 사실이 고상한 이상의 함양보다

유한계급론

장인 정신을 가볍게 여기는 사람들에게는 큰 문제로 여겨지지 않을 것이기 때문이다.

> 이제 신뢰와 평화, 명예와 겸손이
> 오래도록 외면당했던 미덕과 함께 돌아오리라.[22]

이러한 지식이 우리 교육 시스템의 기초적인 필수교과에 포함됨에 따라, 남유럽의 특정 사어(死語)를 사용하고 이해하는 능력은 이러한 측면에서 자신의 성취를 과시할 기회를 찾는 사람들에게 큰 기쁨을 준다. 그와 더불어 이와 같은 지식을 갖고 있다는 것은 학자를 일반인이든 식자층이든 청중 앞에서 매력적으로 보이게 하는 데 도움이 된다. 이처럼 실질적으로 쓸모없는 지식을 습득하는 데는 상당한 기간이 소요될 수밖에 없다. 따라서 그러한 지식이 없으면 그 학문은 조급하고 불안정할 뿐만 아니라 저속하고 실용적이기만 한 것으로 간주되는데, 이는 건전한 학문과 지적 능력에 관한 관습적인 표준에 비춰볼 때 모두 다 부정적인 특성이다.

이 경우는 재료나 제작 솜씨를 전문적으로 판단할 수 없는 구매자가 소비용품을 구매할 때 발생하는 상황과 유사하다. 그는 해당 물품의 본질적인 유용성과 직접적으로 관련 없는 장식이 얼마나 비

---

22) "Iam fides et pax et honos pudorque Priscus et neglecta redire virtus Audet." 호라티우스의 《백년제 찬가(Carmen Saeculare)》 57~59행에 나오는 구절이다.

싸 보이도록 마감되었는가를 근거로 물품의 가치를 추산한다. 이는 물품의 실질적인 가치와 판매를 위해 추가된 장식 비용 사이에 명확하게 정의되지 않는 모종의 비례관계가 존재한다는 추정을 전제로 한다. 고전과 인문학에 대한 지식이 결여된 곳에는 일반적으로 올바른 학문이 존재할 수 없다는 가정으로 인해, 수많은 학생이 그러한 지식을 습득하려고 시간과 노력을 과시적으로 낭비하고 있다. 모든 명망 높은 학문에 약간의 과시적 낭비가 수반된다는 통념은 동일한 원칙이 공산품의 유용성에 대한 우리의 판단에 영향을 미치는 것과 거의 같은 방식으로, 학문에서도 취향과 유용성에 관한 우리의 규범에 영향을 미치고 있다.

평판을 얻으려는 수단이라는 측면과 관련해, 과시적 소비가 과시적 여가를 점점 더 압도함에 따라 죽은 언어의 습득이 예전처럼 필수적이지 않고 학문의 증표로서 지닌 부적과 같은 장점도 훼손된 것이 사실이다. 그러나 고전이 학문적 존경을 나타내는 보증서로서의 절대적 가치를 거의 잃지 않은 것도 사실이다. 왜냐하면 이러한 목적을 위해 학자들은 시간이 낭비되었음을 관습적으로 증명하는 학습 결과를 제시할 수 있어야 하는데, 고전은 이러한 용도로 매우 수월하게 사용될 수 있기 때문이다.

실제로 고전이 고등 학문의 체계에서 특권적 지위를 확보하고 모든 학문 중 가장 영예로운 학문으로 추앙받는 것은 낭비된 시간과 노력을 보여주는 증거로 유용하기 때문이고, 따라서 이러한 낭비를 감당하는 데 필요한 금전적 능력을 보여주는 증거로도 유용하기 때문이라는 점은 의심의 여지가 없을 것이다. 고전은 다른 어떤 지식보다도 유한계급의 학문이라는 장식적 목적에 훌륭하게 기여했으며, 그렇기 때문에 평판의 효과적인 수단이 된다.

이와 관련해 고전에 필적할 만한 경쟁자는 최근까지 거의 없었다. 아직도 유럽 대륙에는 고전을 위협할 만한 경쟁자가 없다. 하지만 최근 대학 체육(athletics)이 학문적 성취의 공인된 전문 영역으로 그 지위를 인정받으면서, 바로 이 학문 분과가—체육을 학문으로 분류해도 무방하다면—유한계급 교육의 최고 자리를 놓고 미국과 영국의 학교에서 고전의 경쟁자로 부상하고 있다. 유한계급의 교육이라는 목적에 비춰보면 체육은 고전에 비해 분명한 장점이 있다. 왜냐하면 운동을 잘하는 사람으로서 성공한다는 것은 시간과 돈의 낭비는 물론, 성격과 기질의 측면에서도 매우 비산업적인 고대적 특성의 소유를 전제로 하기 때문이다. 독일의 대학에서는 체육과 그리스 글자로 이름을 붙인 사교 클럽(Greek-letter fraternities)을 대신해 체계화된 음주벽과 겉으로만 그럴싸한 결투가 유한계급 학생들이 수행해야 할 과업으로 어느 정도 자리를 잡았다.

고전을 고등 학문 체계에 도입할 때 유한계급과 그들이 중시하는 표준적인 덕목이—의고주의와 낭비가—그것에 곧바로 관여하지는 않았을 것이다. 그러나 대학이 고전을 완강하게 고수하는 것이나 고전에 높은 명성이 여전히 따라붙는다는 것은 고전이 의고주의나 낭비의 요건을 훌륭하게 충족시킬 수 있었다는 사실과 분명히 관련 있을 것이다.

'고전'은 항상 낭비적이고 고풍스럽다는 의미를 함축한다. 죽은 언어를 지칭하는 데 사용되는 경우는 물론이고, 살아있는 언어지만 쓸모없어졌거나 퇴화하고 있는 형태의 사고와 어법을 지칭하는 데 사용되는 경우도 그렇다. 적절성이 떨어지는 학문적 활동이나 장치를 지칭하는 데 사용될 때도 마찬가지다. 그래서 영어의 고풍스러운 관용구를 '고전적인' 영어라고 부른다. 중요한 주제에 관해 말하거나 글을 쓸 때 필수적으로 사용해야 한다고 간주되는 이러한 관용구를 능숙하게 사용하면 아주 평범하고 사소한 대화에도 품격을 부여할 수 있다. 최신 형태의 영어 입말이 문장으로 구현될 수는 없다. 말을 할 때 의고적 표현을 요구하는 유한계급의 품격 의식이 대단히 강력한 힘을 발휘하기 때문에 교양이 크게 부족하거나 대단히 선정적인 작가들도 그러한 일탈을 감행하지 못한다. 한편 의고체 중 가장 격조가 높고 관습화된 양식이 적절하게 사용되는 상황은 의인관적 신과 그의 종이 소통할 때뿐이다. 양극단의 중간에는 유한계급의 대화와 문학작품에 등장하는 일상의 언어가 있다.

글이든 말이든 품격 있는 언어 사용은 좋은 평판을 얻는 효과적인 수단이다. 특정한 주제에 대해 말할 때 의고체가 관습적으로 얼마나 요구되는지를 어느 정도 정확하게 아는 것은 매우 중요하다. 설교단부터 장터에 이르기까지 사용되는 어법은 장소마다 상당히 다르다. 장터에서는 누구라도 예상할 수 있듯이 비교적 새롭고 실용적인 단어를 사용하거나 표현 방식을 바꾸는 것이 허용되는데, 까다로운 사람들도 그렇게 할 것이다. 신조어를 차별적으로 회피하는 행동은 명예롭다. 왜냐하면 이는 쓸모없어진 언어 습관을 획득하는 데 시간을 낭비했음을 입증할 뿐만 아니라, 화자가 어릴 때부터 쓸모없는 관용어에 익숙한 사람과 늘 연결되어 있다는 점도 보여주기 때문이다. 따라서 이는 그의 조상이 유한계급임을 뜻한다. 대단히 순정한 언어를 사용하는 것은 여러 세대에 걸쳐 저속하고 유용한 직종에 종사하지 않았음을 추정케 해주지만, 그렇다고 그러한 언어 습관이 이를 완벽하게 증명해주지는 못한다.

극동 이외의 지역에서 발견되는 무익한 고전주의의 아주 적절한 사례가 바로 영어의 관습적인 철자법이다. 철자법을 위반하는 것은 참되고 아름다운 것에 대한 감각이 발달한 모든 사람의 눈에 매우 거슬리는 행위로서, 글쓴이에 대한 신뢰를 떨어뜨릴 것이다. 영어 철자법은 과시적 낭비의 법칙과 평판의 규범이 요구하는 모든 것을 충족시킨다. 영어 철자법은 복고적이고 번거로우며 비효율적이어서 습득하는 데 많은 시간과 노력이 소요되기 때문이다. 철자법을 습득하지 못한 사람은 쉽게 간파당한다. 따라서 영어 철자법은 학업에서의 좋은 평판을 검증하려고 최초로 대기 중인 시험으로, 이 의례에 부합하는 학생들만이 당당하게 학창생활을 할 수 있다.

의고주의와 낭비의 규범에 의존하는 관행과 관련된 다른 주제에 대해서 그랬듯이, 인습적 관행의 대변인들은 언어의 순수성이라는 주제에 대해서도 본능적으로 변명조의 태도를 보인다. 고대의 공인된 관용구를 격식에 맞게 사용하는 것이 최신의 구어체 영어를 그대로 사용하는 것에 비해 생각을 더 적절하고 정확하게 전달하는 데 실질적으로 도움이 된다는 주장도 있다. 하지만 오늘날의 생각은 오늘날의 일상어로 충분히 표현할 수 있다는 것이 상식이다. 고전 언어는 품격의 명예로운 덕목을 가지고 있다. 그것은 유한계급의 생활체계가 널리 공인한 의사소통 방법으로서 관심과 존경을 받는데, 이는 화자가 산업적 활동에서 면제되었음을 함축적으로 보여주기 때문이다. 그리고 공인된 관용어의 장점은 명성을 준다는 점에 있다. 그 이유는 공인된 관용어가 매우 다루기 어렵고 시대에 뒤떨어져 있기 때문이다. 따라서 공인된 관용어는 시간의 낭비를 보여주고 센 언어를 직설적으로 사용할 필요에서 면제되었다는 점을 입증함으로써 명성을 얻게 해준다.

'우상 파괴자' 베블런이라는 신화

소스타인 번디 베블런(Thorstein Bunde Veblen, 1857~1929)은 미국 자본주의의 어두운 이면을 예리하게 비판한 '화성에서 온 사람'이자 괴팍하고 까다로운 심성을 가진 '외부자'로 흔히 알려져있다. 베블런에 관한 이러한 통념은 조셉 도프먼(Joseph Dorfman, 1904~1991)이 쓴 베블런의 전기《소스타인 베블런과 그의 미국(Thorstein Veblen and His America, 1934)》에서 비롯한다. 그가 세상에 전한 베블런은 가난하고 무지한 노르웨이 이민 가정에서 성장했고 영어도 대학 입학과 함께 처음 배웠으며, 주류 사회에 적응하지 못해 평생을 주변에서 외롭게 살다 간 외부자였다. 도프먼에 따르면 이러한 주변성이 베블런을 사회로부터 소외시켰고 '올림푸스 산 위에서 내려다보는 듯한 초연함'을 고취시킴으로써, 이단적인 아이디어를 고수하고 자신이 속한 사회의 경제적 동학을 가혹하게 비판하도록 만들었다는 것이다.

이후 많은 사람이 학계에서 동떨어진 외부자라는 왜곡된 이미지를 전제로 베블런에 관한 찬사와 비난을 펼쳤다. 예컨대 저명한 사회학자인 찰스 라이트 밀스(Charles Wright Mills, 1916~1962)는 베블런을 외부자의 전형으로 설정하고, 그가 미국의 대표적인 비판자로 탈바꿈하는 과정에서 느꼈던 문제의식을 지적으로 정교하게 만든 결과물이 베블런의 작업이라고 주장했다. 1960년대의 저명한 경제학자인 존 케네스 갤브레이스(John Kenneth Galbraith, 1908~2006)에 따르면, 베블런은 기득권에 맞서는 투박한 개척자로서 냉철하면서도 날카로운 인식으로 이단적인 경제 분석을 발전시킨 인물이다.

그러나 세간의 오해와 달리 베블런의 가족은 근면과 검약으로 커다란 부를 일궜고, 노르웨이 전통을 고수하면서도 미국 사회에 훌륭하게 적응했으며, 자식들 중 두 명이 대학 교수였고 딸 중에는 학위를 받은 최초의 노르웨이계 여성이 나왔다. 10대의 베블런은 소설을 읽는 데 열중했고 역사와 신화, 과학에 대한 책을 탐독했으며, 독학으로 독일어를 습득했고 영어와 노르웨이어로 시를 지었다. 그는 대학 시절에도 가장 뛰어난 학생으로, 눈에 띄는 총명함과 사람을 끌어당기는 성격을 가졌다는 평가를 받았다. 무엇보다도 베블런은 동료 연구자들과 강한 유대관계를 맺고 있었으며 인생사의 어려운 고비마다 그를 기꺼이 도우려는 학자가 적지 않았다. 베블런을 개인적으로 알고 지낸 학자들은 그를 '진심으로 친근한 사람', '소년 같고 꽤 수다스러운 사람'이라고 묘사했다.

베블런에 관한 잘못된 이미지는 그의 학생이자 친구인 웨슬리 클레어 미첼(Wesley Clair Mitchell, 1874~1948)이 베블런의 사망 이후 그를 추모할 때 '이방인(stranger)'이라고 회고했던 것에서 시작했다고 한다. 그런데 도프먼이 미첼의 표현을 '외부자(outsider)'라는 부정적인 이미지로 바꾸는 바람에 오해를 증폭시켰다는 것이 중론이다. 1980년대 이후 베블런에 관한 자료가 축적되고 공개되면서 그를 둘러싼 많은 오류는 상당 부분 바로잡혔다. 그렇지만 베블런을 비주류나 이단적 학자로 이해하려는 흐름은 여전히 강고하게 남아있다. 최근까지도 많은 베블런 연구자가 그를 '시대의 이방인'으로 규정하고 그의 이단적 이론 역시 이방인이라는 입장에서 출현했다고 본다. 그들에 따르면 '우상 파괴자(iconoclast)' 베블런은 진리를 자유롭게 추구하기 위해 기꺼이 이방인이 되었으며, 모든 것을 의심하는 비판적 정신 위에서 독창적인 연구 성과를 일궈낼 수 있었다.

그들의 논지를 따랐을 때 베블런은 미국 자본주의에 대한 가장 치열한 비판자이고, 베블런의 주저인 《유한계급론》은 미국 자본주의를 날카롭게 비판한 연구서로서 카를 마르크스(Karl Marx, 1818~1883)의 영국 자본주의 연구나 막스 베버(Max Weber, 1864~1920)의 독일 자본주의 연구에 버금가는 의의를 지닌다. 이때 베블런이 당대의 미국 자본주의를 철저하게 비판할 수 있었던 것은 우상 파괴의 정신에 더해 경제학의 주류에서 벗어나 다양한 지적 자원을 능동적으로 수용하고 섭취했기 때문이다. 이러한 지적 자원으로는 미국 산업화의 큰 흐름, 농민 급진주의와 인민주의(populism), 에드워드 벨러미(Edward Bellamy, 1850~1898)의 유토피아 소설 《뒤를 돌아보면서: 2000-1887(Looking Backward: 2000-1887)》, 찰스 로버트 다윈(Charles Robert Darwin, 1809~1882)과 허버트 스펜서(Herbert Spencer,

1820~1903)의 진화론, 프란츠 보아스(Franz Boas, 1858~1942)의 인류학 등이 거론된다.

베블런이 경제학의 좁은 울타리를 뛰어넘어 다양한 분야에서 지적 도구를 받아들이고 인습 타파의 정신 위에 당대의 사회와 경제를 날카롭게 비판했던 것은 사실이다. 그러나 미국 자본주의에 대한 비판적 시각이나 산업적/약탈적 활동과 같은《유한계급론》의 핵심 개념이 인민주의나 벨러미 등 미국 급진주의 담론에 빚진 바 크다는 주장은 사실이 아닐 가능성이 높다. 베블런이 가졌던 비판적 시각 중 대부분이 그가 어린 시절부터 접한 루터교의 교리문답, 보통학교의 교과서, 학부와 대학원 시절 미국의 학계를 이끌던 저명한 스승들로부터 배웠던 내용에서 형성된 것으로 보이기 때문이다. 또한 그가 우상 파괴자였던 것은 사실이지만, 이방인이었기에 우상 파괴자가 될 수 있었던 것은 아니다. 오히려 베블런은 경제학계의 중심에 있었고, 우상 파괴는 당대의 시대정신이었다.

당대 최고의 경제학자 베블런이 만들어지기까지

베블런은 미국 학계의 주변인이나 국외자가 아니었다. 그는 대학에 기반을 둔 학자로서 당대의 연구 동향을 주도했던 일급의 대표적인 연구자였다. 또한 제도 바깥의 올림푸스 산 위에서 경제적 삶을 초연한 시선으로 내려다보며 자신만의 급진적 견해를 발전시킨 '문제적 지식인'도 아니었다. 베블런은 칼턴칼리지에서 학부를 마치고 존스홉킨스대학과 예일대학, 코넬대학 등 미국을 대표하는 학문의 전당에서 대학원 과정을 밟았으며, 당대 최고의 경제학자들로부터 지도를 받으며 경제학자의 길에 들어설 수 있었다. 그를 가르쳤던 존 베이츠 클라크(John Bates Clark, 1847~1938), 리처드 시어도어 엘리(Richard Theodore Ely, 1854~1943), 제임스 로런스 로플린(James Laurence Laughlin, 1850~1933)은 미국 경제학계의 설계자들이었으며, 각각 한계학파, 역사학파, 고전학파 등 19세기 말 경제 사상의 주요 학파를 대표하는 학자들이었다.

베블런이 대학에서 배웠던 것은 경제학에 국한되지 않는다. 존스 홉킨스에서는 철학자 조지 실베스터 모리스(George Sylvester Morris, 1840~1889), 프래그머티즘의 선구자 찰스 샌더스 퍼스(Charles Sanders Peirce, 1839~1914), 역사학자 허버트 백스터 애덤스(Herbert Baxter Adams, 1850~1901)의 수업을 들었고, 예일에서는 당대 미국의 사회과학을 대표하며 역사학, 과학철학, 인류학, 사회학, 경제학을 강의했던 윌리엄 그레이엄 섬너(William Graham Sumner, 1840~1910), 성서학자이자 철학자인 조지 트럼불 래드(George Trumbull Ladd, 1842~1921), 총장직을 맡고 있었던 도덕철학자 노아 토머스 포터(Noah Thomas Porter III, 1811~1892) 등의 지도를 받으며 예일이 배출한 네 번째 철학박사가 될 수 있었다. 두 번째 박사학위를 경제학 전공으로 취득하기 위해 34세에 입학한 코넬에서는 모세 코잇 타일러(Moses Coit Tyler, 1835~1900)로부터 미국 역사를, 허버트 터틀(Herbert Tuttle, 1846~1894)로부터는 영국 헌법의 역사를 배웠고, 고전학파 경제학의 대표자였던 로플린의 지도를 받으며 경제학자로서의 역량을 한껏 키울 수 있었다.

베블런이 한 학교, 한 지성계에서 한 명의 멘토에게만 도제식 교육을 받은 것이 아니었다는 점에도 주목할 필요가 있다. 그는 대학에서 17년이라는 긴 기간 동안 당대 최고의 학자들로부터 여러 분야의 교육을 받으며 학자의 길을 다져갔던 예외적인 학생이었다. 베블런은 새로운 교육을 대표하는 존스홉킨스와 과거의 모델을 대표하는 예일 등 대조적인 성격을 지녔던 당대의 대표적인 연구 중심 대학원을 의식적으로 선택했다. 베블런은 경제학뿐만 아니라 철학, 역사학, 심리학, 사회학 등 다양한 분야를 공부했으며, 그가 다녔던 대학의 지리적 위치 또한 미네소타주 노스필드(칼턴), 코네티컷주 뉴헤이븐(예일), 뉴욕주 이타카(코넬) 등 작은 마을과 메릴랜드주 볼티모어(존스홉킨스), 일리노이주 시카고(시카고) 등 대도시로 무척 다양했다.

베블런의 스승들은 학문적 생산성이 대단히 높았던 당대 미국 최고의 학자들이었으며, 독자적인 아이디어를 펼치고 발전시킬 학자 양성의 중요성을 진지하게 인식했던 교육자들이기도 했다. 그들의 분야는 철학, 역사학, 경제학 등으로 다양했지만, 그들이 현상을 파악하고 이해하는 방식은 대단히 비슷했다. 사회적·경제적 현상이 역사적·진화적으로 끊임없이 변화한다고 봤고, 그 현상을 보다 큰 유기적 전체의 일부로 사고했다. 그들은 스스로를 학문적 금기와 오류에 맞서 싸우는 우상 파괴자로 규정했고 논쟁을 꺼리지 않았다. 베블런의 스승들은 선행 연구의 전제가 역사적 사실에 부합하는지를 항상 문제 삼았고, 선행 연구의 현실적 함의에 대해 고민했으며, 전제와 결론 사이에 존재하는 모든 것의 논리적 일관성과 현실 설명력을 따져보려 했다. 베블런은 17년이라는 긴 기간 동안 다양한 지식 생산 현장의 한가운데에서 여러 스승과 긴밀하게 접촉함으로써 그들의 지식 생산 관행과 지적 습관을 자신의 것으로 만들었고 여러 지적 도구를 습득할 수 있었다. 오랜 수련 과정을 마무리하고 시카고에서 독립적인 경제학자로 마침내 자리 잡았을 때, 그는 이러한 지적 도구를 한껏 활용해 고유한 지식 생산 작업을 독창적으로 수행할 수 있었다.

1929년 베블런이 세상을 떠났을 때, 사람들은 그를 미국 경제학계의 가장 중요한 사상가이기는 하지만 본격적인 경제학자라기보다 사회학자로 기억해야 한다고 평가했다. 그러나 그는 1892년부터 1909년까지 시카고대학과 스탠포드대학에 재직했던 기간 동안 미국을 대표하는 최고의 경제학자라는 위상을 굳건히 지켰으며, 당대의 저명한 경제학자들도 베블런이 경제학자라는 사실을 전혀 의심하지 않았다.

베블런은 미국 최고의 연구 중심 대학이라는 명성을 빠르게 얻어갔던 시카고대학에서 14년 동안 경제학을 연구하고 가르쳤다. 그는 대학원생을 대상으로 미국 농업의 문제, 사회주의, 정치경제학의 범위와 방법, 정치경제학의 역사, 문명의 경제적 요인 등의 과목을 강의했고, 독일의 고전적인 경제학 문헌도 번역했다. 또한 당대 최고의 경제학 학술지인 《정치경제학 저널(Journal of Political Economy)》의 편집인으로 활동했고, 스승과 동년배, 제자 등 여러 세대에 걸친 경제학자들과 우호적인 학술적 관계를 형성했다. 그는 이 기간 동안 70편의 논문과 서평을 발표했고, 전문 학술서인 《유한계급론》

(1899)과 《영리기업론(The Theory of Business Enterprise, 1904)》을 출간했다. 그는 연구 중심 대학의 잘 확립된 학문 분과에서 연구와 교육, 학내 업무 등 학자로서의 의무를 훌륭하게 수행했다.

그는 경제학이라는 학문 분과에서 최고 수준의 교육을 받은 전문가로서, 다른 전문가들과 교류하며 기존의 경제학적 지식을 발전시킬 것을 소명으로 삼았던 대표적인 학자였다. 그의 작업은 고전학파 이론에 대한 비판의 성격을 강하게 갖고 있었는데, 이는 고전학파 경제학에 대해 비판적인 학자들의 지도를 받았던 직접적인 결과라고 할 수 있다. 베블런은 당시 경제학계에서 광범위하게 형성되었던 합의를 토대로 경제학을 경제 제도의 기원과 성장에 대한 진화론적 과학으로 발전시키려 했고, 이 과정에서 인간 행동의 심리적·사회적·제도적 특성을 부각시키려 했다. 어빙 피셔(Irving Fisher, 1867~1947)나 프랭크 나이트(Frank Knight, 1885~1972) 등 20세기 미국의 신고전학파 경제학을 대표하는 저명한 학자들은 베블런의 연구를 노골적으로 공격했는데, 이는 베블런이 지녔던 경제학자로서의 위상을 역설적으로 보여준다.

《유한계급론》이 출간된 직후 베블런의 스승이자 시카고대학 경제학과의 학과장이었던 로플린은 스탠포드대학의 데이비드 스타 조던(David Starr Jordan, 1851~1931) 총장에게 베블런이 가장 똑똑하고 깊이 있는 경제학자 중 한 명이라고 추천했으며, 미국 경제학자들의 대표적인 학회인 전미경제학회(American Economic Association)는 1900년 베블런을 연례 학술대회의 연사로 초청했다. 1906년 봄 베블런이 스탠포드대학 경제사회과학부 교수 후보에 올랐을 때 저명한 한계주의 경제학자인 앨린 앨봇 영(Allyn Abbott Young, 1876~1929)은 총장에게 "미국의 경제학자들 중 학문의 폭과 분석의 섬세함에서 베블런보다 뛰어난 사람은 없다."고 보고했으며, 이는 베블런의 스탠포드 임용으로 이어졌다. 시카고대학 시절 베블런의 학생이었고 경기변동 이론의 대표적인 학자이자 수십 년 동안 전미경제연구소(NBER)를 이끌었던 웨슬리 미첼은 베블런이 시카고대학의 다른 교수들 위에 우뚝 선 거인이었으며, 고전학파 경제학자들과 다른 전제에 기반해 그들보다 더욱 확실한 성과를 거뒀다고 회고한 바 있다.

베블런과 그의 시대

베블런이 경제학자로 성장한 시기는 근대 미국의 형성기였다. 북유럽에서 이민자들이 대규모로 유입되었고 중서부 목초지로의 이주가 본격화되었으며, 산업화·기계화·도시화가 진행되던 시기였다. 또한 자본주의적 기업의 법인적 형태가 본격화되고, 대량 소비를 자극하는 도구가 출현하는 등 미국의 제도적 인프라가 근본적인 변형을 겪던 시기이기도 했다.

그런데 베블런에 따르면, 미국에서 남북전쟁(The American Civil War, 1861~1865) 이후의 시기는 야만 문화로의 회귀 현상이 발생한 시대다. 사람들이 전쟁에 익숙해지면서 약탈적 사고 습관이 다시 등장했고, 부족주의가 연대의식을 대체했으며, 모두에게 일상의 유용성을 제공하려는 충동을 대신해 시샘을 유발하는 구별의 감각이 힘을 얻었다는 것이다. 1870년대부터 준약탈적 사업 습관을 선호하는 정서, 신분에 대한 강조, 전반적인 보수주의의 물결이 퍼져 나갔고, 1880년대에는 이러한 물결이 더욱 뚜렷하게 감지되었다. 베블런은 이러한 변화를 세기말에 출간된《유한계급론》속에 반영했다.

한편 미국에서 19세기 후반은 연구 중심 대학이 출현하고 대학원 교육이 강화되는 시기이기도 했다. 당시 미국 대학의 총장들은 학문의 최첨단이었던 독일 모델을 도입했다. 독일 모델은 자연이든 사회든 세상을 영원한 것이 아니라 지속적으로 변화하는 것으로 보고, 세계를 원자화된 단위가 아니라 전체론적 범주로 인식하며, 다른 유형의 인간 활동에 비해 생산적인 일의 가치를 높게 평가하고, 전통적인 형태보다 새로운 형태의 인간 지식을 존중하는 지적 관행이 핵심이었다. 미국의 연구자들과 대학은 이러한 흐름을 적극 수용했고, 이와 같은 지적 분위기는 상아탑을 넘어 사회 전반으로 확산되었다. 야만 문화의 성행과 대기업의 횡포, 부와 소득의 양극화에 문제의식을 가진 언론과 단체의 회합은 물론 각종 지역 모임의 일상적인 대화에서도 이러한 주제가 널리 논의되었다.

극심한 경기변동, 소득과 부의 분배 악화, 법인기업의 등장, 대기업의 권력 강화 등의 문제가 심화됨에 따라 정부 규제, 화폐 개혁, 사회주의의 전망 등 새로운 경제적 이슈가 대중의 관심을 끌었고, 이들 사안에 해결책을 줄 수 있는 새로운 경제적 지식에 대한 갈증과 경제 전문가에 대한 수요가 커졌다. 이에 대응해야 할 19세기 말~20세기 초 미국의 경제학계는 크게 고전학파와 역사학파 그리고 오스트리아학파로 나뉘어 있었다.

고전학파(Classical economics)는 애덤 스미스(Adam Smith, 1723~1790)의 《국부론(An Inquiry into the Nature and Causes of the Wealth of Nations, 1776)》에 토대를 둔 학파였다. 스미스는 《국부론》에서 노동, 자본, 토지 등 생산요소 사이의 분배를 임금, 이윤, 지대로 개념화하고, 생산, 분배, 교환을 결정하는 보편적인 원리 또는 법칙의 체계화를 시도했다. 1880년대에 가장 많이 읽혔던 고전학파 경제학 서적은 존 스튜어트 밀(John Stuart Mill, 1806~1873)의 《정치경제학 원리(Principles of Political Economy, 1848)》였다. 밀은 경제학이 귀납적으로 생성된 전제에 기초한 연역과학으로 정립되어야 한다고 주장했다. 그런 점에서 고전학파는 경제법칙을 물리학에서 볼수 있는 '불변의' 인과법칙에 비유하고, 도덕적 판단에 오염되지 않는 보편적 법칙으로서의 경제 이론을 추구했다.

당시 고전학파의 반대쪽에는 역사학파(Historical school of economics)가 있었다. 독일의 카를 크니스(Karl Knies, 1821~1898)가 대표하는 역사학파는 고전학파 경제학이 개인의 부를 추구하는 활동에 원자적이고 몰역사적으로 접근했기 때문에 경제의 발전 법칙을 확보하는 데 실패했다고 비판했다. 이들은 경제가 진화하는 제도의 유기적 복합체라는 인식 위에, 경제학이 사람들의 전반적인 복리를 진흥할 수단을 제시해야 한다고 봤고, 이를 위해 인류 역사의 상이한 발전 단계에 상응하는 경제생활의 본성에 대한 귀납적 연구를 촉구했다.

마지막으로 오스트리아학파(Austrian school)는 카를 멩거(Carl Menger, 1840~1921)와 오이겐 폰 뵘바베르크(Eugen von Böhm-

Bawerk, 1851~1914) 등이 주창한 것으로 잘 알려져 있다. 소비를 중시하고 한계효용에 주목한 오스트리아학파는 생산을 강조한 고전학파를 비판했고, 연역적이고 추상적인 이론을 강조함으로써 귀납적이고 역사적인 방법을 중시한 독일 역사학파도 극복하려 했다. 이들은 경제학이 일반 법칙을 체계화하는 추상적인 과학이라는 믿음을 고전학파와 공유했지만, 가치를 투하된 노동 대신 한계효용(구매하고자 하는 마지막 한계 단위에 대해 소비자들이 각자 부여하는 중요성)에서 찾는다는 점에서 고전학파와 차별성을 보였다. 이들의 한계효용 이론은 어떤 상품의 공급이 증가하면 그 상품을 받는 개인의 효용은 감소한다는 보편적인 '심리적' 원칙에 기반하고 있다. 미국에서는 칼턴칼리지 시절 베블런을 가르쳤던 존 베이츠 클라크가 1890년대를 기점으로 이들의 이론을 수용하며 미국 경제학을 주도했고, 코넬에서 베블런을 지도했고 시카고대학의 교수직을 제공했던 제임스 로런스 로플린이 주요한 비판자로 활동했다. 로플린에 따르면 한계효용 이론은 경제생활에서 작동하는 물질적 힘을 개인 욕구의 포만감이 감소한다는 법칙 하나로 모두 설명하려 한다는 점에서 심리학을 왜곡해 잘못 적용한 이론에 불과했다.

왜 《유한계급론》을 썼나: '수용'에서 새로운 '이론'의 제시로

학문에 새로 진입하는 새내기 학자들은 기존의 이론이나 경험적 연구를 수용하고 이를 입증하거나 확장하는 노선과, 기존 이론에 반대하고 대안적 아이디어를 제시하는 노선 중 하나를 선택하는 것이 일반적이다. 베블런은 대학원생이었던 시절에는 로플린의 가르침에 따라 뵘바베르크의 한계효용 이론에 맞서 고전학파 이론을 옹호하는 연구와 미국의 밀 가격을 실증 분석하는 연구를 함께 수행했다. 그러나 1893년 중반 시카고대학에서 교수로 승진할 무렵부터는 앞서 언급한 경제학의 세 가지 주요 흐름을 확장하려던 노선에서 벗어나 자신의 고유한 이론을 새롭게 제시하는 길을 밟기 시작했다.

베블런이 선택한 주제는 경제학의 영원한 난제이자 당대의 가장 뜨거운 관심사였던 '부의 분배'였다. 당시 미국 사회는 노동계급과 자본계급 중 어느 쪽이 경제성장의 기여자인지에 관한 사실적 문제와 어떤 계급에 수혜자의 자격이 있는지에 대한 규범적 문제를 놓고 격렬하게 대립했다. 노동을 옹호하는 사람들의 관점에서 보자면, 약탈적인 자본가들이 부당한 제도나 권력에 힘입어 막대한 부를 축적하고 노동자들의 정당한 몫을 빼앗고 있는 것이 당시의 현실이었다. 이와 달리 자본의 입장에서 선 사람들은 노동자들이 노동조합을 결성하고 파업을 감행해 임금을 계속해서 상승시킴에 따라, 자본이 마땅히 가져가야 할 몫이 계속 줄어들면서 산업의 피해가 커지고 있다고 주장했다.

이 논쟁에 참여한 경제학자들은 상반된 주장을 판단할 일관되고 통일된 기준, 즉 보편적인 분배 법칙을 원했는데, 이러한 지적 상황에서 가장 큰 성공을 거둔 것이 바로 존 베이츠 클라크가 제시한 '한계생산성 분배 이론'이었다. 클라크에 의하면 노동이나 자본의 추가적인 증가분이 생산을 계속 증가시키는 한 노동과 자본에 각각 할당된 임금과 이윤은 국민소득의 정당한 몫이 된다. "진정한 노동도 진정한 자본도 항상 생산적"이며 "우리는 생산한 만큼을 얻는데 이것이 바로 삶의 지배적인 규칙"이라는 것이다. 노동과 자본 모두 생산에 기여한다는 인식의 전환, 생산적 기여에 대한 정당한 보상의 왕국으로서의 경제에 대한 미화, 기업 이윤에 대한 옹호는 당시 미국 자본주의를 심정적으로 지지하던 많은 이에게 강력한 이론적 무기가 되었고, 클라크는 '경제학의 콜럼버스'라는 칭송까지 얻었다.

그런데 베블런이 보기에 한계생산성 분배 이론은 현실과 어긋날 뿐 아니라 과학적으로도 문제가 많았다. 그는 진화과학과 인류학, 민족학, 심리학 등의 연구 성과 위에서 한계생산성 분배 이론의 문제점을 다각도로 비판하고, 진화과학과 정렬될 수 있는 제대로 된 분배 이론의 수립을 목표로 삼아 《유한계급론》의 집필에 들어갔다. 《유한계급론》은 한계생산성에 기반한 분배 이론의 전제와 추론, 경험적 주장에 대한 전면적인 공격이자 이를 대체할 새로운 이론을 세우려는 지적 기획이었다.

한계생산성 분배 이론에 도전하다

베블런이 오랜 숙고 끝에 최종적으로 결정한 제목은 《유한계급론: 제도 진화의 경제적 연구(The Theory of the Leisure Class: An Economic Study in the Evolution of Institutions)》였다. 여기에 담긴 단어로 미뤄 볼 때, 베블런은 이 책이 경제 제도와 그 진화에 대한 분석이자 경제 이론에 대한 비판적이고 건설적인 기여임을 암시하려 했던 것으

로 보인다. 이 책의 출판 이전에도 유한계급은 대중적이든 학술적
이든 독자들이 종종 접하는 주제였다. 유한계급을 동경하고 그들의
생활양식을 모방하려는 사람이 있는가 하면, 그들을 사회에 해악을
끼치는 기생충이라고 조롱하는 사람도 있었다. 《유한계급론》의 출
간 이전에도 많은 이가 근면과 검약을 강조했고 생산적 활동과 비
생산적 활동을 대비하면서 생산적 활동의 가치를 강조했다. 그런데
베블런은 풍자 작가나 사회 개혁가의 문제의식으로 이 책을 쓴 것
이 아니었다. 그는 19세기 후반의 미국인 경제학자였으며, 400쪽에
달하는 유한계급에 대한 해부학은 처음부터 끝까지 과학적 이론을
제공하는 경제학 연구였다.

《유한계급론》에서 수행된 한계생산성 분배 이론 비판 작업은 크
게 한계학파의 가치 이론 비판, 한계학파의 정태적 분석과 몰역사
적 관점 비판, 한계학파의 부의 획득에 대한 인식 비판으로 요약할
수 있다.

한계생산성 분배 이론에 대한 첫 번째 비판은 한계학파의 가치
이론에 대한 것이다. 한계학파가 재화의 소비를 개별 소비자가 얻
는 한계효용이라는 관점에서 검토한 것과 달리, 베블런은 재화의
소비를 개인이 아니라 사회의 관점에서 접근했다. 그에 따르면 재
화의 가치는 개별 소비자가 마지막으로 구입한 단위에 부여하는 중
요성이 아니라 재화의 사회적 중요성에서 비롯한다. 즉, 어떤 물건
의 가치는 추가적 단위를 통해 얻는 만족의 쾌락주의적 심리보다
그 물건이 사회 속에서 담당하는 기능에 의해 결정된다. 이때 사회
의 구성원은 평판 추구, 경쟁심, 과시, 집단 고려 본능, 장인 정신 등

역동적 심리에 따라 행동한다. 어떤 재화에 가치를 부여하는 것은 소비자의 육체적 욕구나 나아가 영적·심미적·지적 등 소위 더 높은 종류의 욕구를 충족시키는 효용이 아니라 평판을 부여할 수 있는 능력으로, 이러한 흐름은 과시적 소비와 과시적 여가의 규범을 사회 전반에 확산시킴으로써 강화된다.

베블런은 이러한 일련의 과정을 구체적으로 입증하기 위해 고가의 의류와 화려한 식기류, 나아가 다양한 종류의 애완동물 등에 관한 폭넓은 지식과 날카로운 안목을 드러내며 과시적 낭비의 다양한 양상을 소개한다. 이러한 서술 방식은 가급적 직접적인 관찰이나 널리 알려진 사실 등 우리의 일상생활에서 가져온 자료를 바탕으로 경제 이론을 제시하겠다는 천명을 실천에 옮긴 것이라고 할 수 있다. 여기에는 귀납적 방법에 기초해 이론을 구축하는 것은 물론, 독자들이 당연하게 여기는 사고 습관을 바꾸려는 의도도 깔려있었을 것이다. 그러나 일상생활 곳곳의 다양한 소비 행태에 대한 미시적 분석을 현란하게 펼친 나머지, 한계생산성 분배 이론 비판과 독자적인 분배 이론 제시라는 숲은 감춰지고 유한계급의 과시적이고 낭비적인 소비 행태에 대한 야유와 풍자라는 나무만 부각되기도 했다. 베블런이 진지한 경제학자라기보다 신랄한 풍자가이자 예리한 우상 파괴자로 기억되고, 《유한계급론》 역시 '제도 진화의 경제학'이 아니라 '소비의 사회학'으로 규정되는 결과가 빚어진 것은 이러한 측면과 관련이 깊다.

한계생산성 분배 이론에 대한 두 번째 비판은 한계학파의 방법론에 대한 것으로, 이 책에서 베블런은 오랫동안 공부하며 익숙해진 지적 관행을 적극 활용한다. 세계를 원자론적 범주가 아니라 유기적 관점에서 바라보고, 낭비적인 활동이 아니라 생산적인 활동에 가치를 부여하며, 사회를 정태적·몰역사적이 아니라 동태적·진화적으로 분석하려는 지적 관행이 그것이다. 1890년대의 한계생산성 이론가들은 동태적 연구를 미룬 채 현재의 경제생활을 모든 시간과 공간에 통용되는 표본으로 간주했다. 베블런은 한계학파가 분석 대상과 적절하게 거리를 유지하는 데 실패했기 때문에 현재 상황의 기원과 인과관계에 대한 연구를 외면했고, 인류 역사의 가장 중요한 특징인 유한계급의 과시적 소비도 무시했다는 문제의식 속에서 유한계급 제도의 진화를 경제학적으로 검토했다.

그는 이 과정에서 당대의 역사학과 인류학, 심리학의 연구방법론을 적극 수용했다. 당시에는 수십만 년에 걸친 경제생활의 변화에 관심을 기울이기 시작한 학자도, 과거를 수십 년, 수백 년 등 훨씬 더 작은 단위로 나누고 경제적 생산 및 분배 조직의 변화를 초래하는 특정한 활동과 제도를 조사하는 학자도 등장하고 있었다.《유한계급론》에는 이러한 흐름을 반영해 두 가지 역사적 가닥, 즉 진화적 관점과 특정 시공간에 대한 분석이 함께 펼쳐져있다. 진화적 관점은 구체적인 역사적 탐구에 초점과 방향을 제시했고, 역사적 탐구는 진화적 일반화가 현장에서 어떻게 작동하는지를 실증적으로 보여줄 수 있었다. 또한 경제적 생산·획득·분배 과정에서 발생한 시대적 변화를 조명함으로써 한계생산성 분배 이론의 문제점인 몰역사적 성격을 분명하게 밝힐 수 있었다.

한계생산성 분배 이론에 대한 세 번째 비판은 부의 기원과 유한계급의 기생성에 관한 것이다. 부유한 유한계급이 생산적인 노동은 하지 않으면서도 과도한 소비에 탐닉한다는 주장은, 한계생산성 이론가들이 제기하지 않았고 제기할 수도 없었던 질문, 곧 생산적인 일을 하지 않는 사람들이 과시적 재화와 시간의 소비에 필요한 부를 어떻게 획득할 수 있었느냐는 질문으로 이어진다. 《유한계급론》은 이에 대해 진화적이고 역사적인 서술을 통해, 비생산적인 사람들이 부를 획득하는 이유는 그들이 약탈자이기 때문이고 그들이 약탈할 수 있는 것은 약탈적 제도 속에 안전하게 자리 잡고 있기 때문이라고 명쾌하게 대답한다. 베블런에 따르면 사회의 진화에 있어 약탈은 처음에는 노동하는 사람들로부터 물건을 탈취하는 방식으로 시작했지만, 시샘을 유발하는 비교 속에서 사유재산 제도의 성립과 부의 축적으로 이어졌고 결국에는 금전적 제도와 금전적 활동이라는 형태로 발전했다. 《유한계급론》은 소유자인 유한계급이 생산적 노동을 행하지 않고 부를 축적했음을 역사적·진화적으로 입증함으로써 사유재산과 금전 계급 중심의 소득분배를 옹호한 고전학파 경제학도 비판한다.

인간 본성과 사회 발전의 동학을 깊이 있게 통찰하다

《유한계급론》은 이처럼 한계생산성 분배 이론에 관한 체계적 비판이라는 의미를 지니지만, 그와 동시에 인류의 사회적·경제적 삶을 진화적·역사적·제도적 관점에서 분석함으로써 인간 본성의 양면성을 드러내고 이에 기반한 사회 발전의 동학 또한 제시한다. 베블런은《유한계급론》출간 1년 전 〈경제학은 왜 진화과학이 아닌가?(Why is Economics not an Evolutionary Science?, 1898)〉라는 논문을 통해 근대 과학의 연구 성과를 언급하면서, 자연이나 역사에는 목적이 없지만 그 속에서 활동하는 개체나 개인에게는 목적이 있으며, 인간은 단순히 욕망의 묶음이 아니라 본능과 습관의 구성물로서 모종의 의도된 목적을 가지고 행동하는 존재라고 주장했다. 이때 본능과 습관은 유전적 특성과 반복된 경험의 산물로, 인간에게 목적이나 목표를 주고 그것을 달성할 수단이나 도구도 제공한다. 베블런에 따르면 인간이 구체적으로 무엇을 목적으로 삼을지는 각자의 욕망과 습관, 그가 속한 사회의 규범과 문화, 제도에 좌우되는 것으로, 미리 정해져 있는 것도 영구불변의 것도 아니다. 그러나 인간이라는 존재가 목적이나 목표를 달성하기 위해 각자의 능력을 발휘하고 다양한 종류의 활동을 펼쳐 나간다는 점은 분명하며, 경제학은 이러한 목적 지향적 활동을 체계적으로 분석해야 한다는 것이 베블런의 확신이었다.

베블런은 이러한 목적 지향적 활동이 인간 본연의 본성 및 본능의 토대 위에서 전개된다고 봤다. 인간은 생존을 위해서 스스로를 돌보고 지켜야 할 뿐 아니라 홀로는 살아갈 수 없기에 자신이 속한 집단의 안녕에도 관심을 기울여야 한다. 이 점에서 인간에게는 전자의 목적을 위한 자기중심적·약탈적 본성과 후자의 목적을 위한 집단 고려적·평화적 본성이 깃들어 있다. 이처럼 상반된 본성은 다시 다양한 본능으로 연결되는데, 전자의 본성에는 경쟁심, 호전성, 자기과시 본능 등이 포함되고, 후자의 본성에는 부모 성향, 장인 본능, 호기심 본능 등이 포함된다.

이때 본능은 즉각적인 자극에 반응하는 단순한 반사 작용이 아니라, 스스로 가치를 부여하고 특정한 목표를 의식적으로 추구하도록 만드는 작인을 가리킨다. 여러 본능은 인간의 생명 활동에 필요한 목표를 의식적으로 추구하도록 돕는다는 점에서 공통적이지만, 상이한 목적과 목표 그리고 대상과 연결된다는 점에서 서로 구분된다. 그리고 장인 본능은 특정한 목표에 맞춰지기보다 모든 종류의 목표를 달성할 수단이나 도구를 찾아내고 이들 목표를 향해 분투하도록 돕는다는 점에서 다른 본능과 차이가 있다(베블런은 《장인 본능: 그리고 산업 기술의 상태(The Instinct of Workmanship: And the State of the Industrial Arts, 1914)》에서 이러한 문제를 상세하게 다룬다).

이들 두 유형의 본성은 인간이 행하는 활동의 차이로 연결되는데, 산업적 활동과 약탈적 활동의 대립이나 노동과 공훈의 대립이 그것이다. 두 본성은 인간이 서로에게 보이는 관심의 차이로도 연결되는데, 베블런은 사람들의 관심 또한 시샘을 유발하는 종류의 자기중심적 관심과 이와 무관하게 자선, 친교, 연회, 연대, 공감 등에서 비롯되는 집단 고려적 관심으로 나뉜다고 봤다. 베블런은 이들 두 유형의 본성이 환경, 사고습관, 관습, 문화, 제도 등과 상호작용하면서 어느 한쪽 유형이 더 강하게 발현되는 역사적 과정을 보여주는 데 많은 노력을 기울였다.

인류의 초기 단계인 미개 문화에서는 독립적인 개인으로 살아가는 것 자체가 원천적으로 불가능했기에 집단 고려적·평화적 본성이 더 강했다. 반면에 자기중심적·약탈적 본성은 크게 억제되었는데,

그로 인해 평화롭고 비교적 평등한 사회가 오랫동안 지속되었다. 이후 도구가 발달하고 생산성이 향상되는 등 경제 환경이 변화함에 따라 자기중심적·약탈적 본성이 힘을 얻었으며, 그에 따라 경쟁심이나 호전성, 자기과시 본능 등이 크게 활성화되었다. 이때 장인 본능은 경쟁심의 영향을 받아 왜곡된 상태로 발휘되었다. 그리고 근대 산업이 본격적으로 발전하면서 경제 제도는 부의 획득을 위한 금전적 제도와 생산을 위한 산업적 제도로 분화되었다. 전자는 시샘을 유발하는 경제적 관심에 기여하는 제도로서 돈을 버는 '사업(business)'과 관계되고, 후자는 시샘을 유발하지 않는 경제적 관심에 기여하는 제도로서 공동체 전체의 편익을 제고하는 '산업(industry)'과 관계된다. 유한계급이 더 관심을 갖는 것은 사업이지만, 공동체의 사안을 숙고하고 심의할 권한과 의무가 이들 계급에 부과된 결과, 산업에 대한 결정권도 이들이 행사하기 때문에 산업에 전혀 무관심할 수는 없다.

베블런은《유한계급론》중〈고대적 특성의 보존〉장과〈근대에 살아남은 용맹의 유산〉장에서, 유한계급이 펼치는 금전적 활동과 사업이 난폭성, 자기이익 추구, 기민함과 책략으로 목적을 달성하려는 집요함 등 고대의 자기중심적·약탈적 특성을 부추기는 반면, 근대 산업문명이 지속되는 과정에서 기계의 발달로 생산의 효율이 계속 개선됨에 따라 금전적 활동과 사업의 필요성이 점차 줄어든다는 점에 주목한다. 그리고 기술적 업무에 종사하거나 산업 과정과 늘 접촉하는 사람들에게서 고대의 약탈적 특성이 빠르게 퇴화하고 있으며, 근대 사회의 산업적 효율을 보다 증진하기 위해서는 집단 연대감이나 장인 본능과 같은 고대의 집단 고려적·평화적 특성이 요구된다는 점도 강조한다. 또한 〈시샘을 유발하지 않는 관심의 부활〉 장을 통해 근대 산업사회의 발전 속에서 유한계급의 약한 고리인 여성이나 성직자를 중심으로 자선, 친교, 연회 그리고 연대와 공감 등이 실제로 늘어나고 있다는 점을 확인한다.

근대 산업이 계속 발전함에 따라 금전적 업무의 필요성도 줄어들며, 집단 고려 본성이 자기과시 본성을 압도함으로써 지금까지와는 전혀 다른 종류의 사회와 경제가 출현할 수도 있을 것이다. 경제적 효율의 제고나 집단적 삶의 편익 증진이라는 목적에서 보자면 집단 고려 본성이 자기과시 본성을 압도하는 쪽이 바람직하다. 그렇지만 베블런은 이러한 미래가 반드시 도래할 것이라고 확신하지 않았다. 인류의 역사는 선악극이 아니며 어떤 보편의지가 관철되는 목적론적 과정 또한 아니라고 믿었기 때문이다. 그가 《유한계급론》에서 제시한 분석을 적용해보자면 앞으로의 방향은 사고 습관과 문화 그리고 제도가 어떻게 형성되고 변모될지에 좌우된다. 그것은 다시 한 사람 한 사람이 어떤 종류의 본성과 본능을 선호할지, 어떤 방향의 목적을 지향할지, 그리고 각자의 관심과 염원이 전체 집단 차원에서 어떤 방식으로 수렴되고 반영될지에 따라 크게 달라질 것이다.

유한계급론

《유한계급론》은 1899년에 미국에서 출간된 책이다. 124년 전에
출간된《유한계급론》을 다시 번역해 한국 사회에 새롭게 선보이는
이유는, 이 책이 아주 오래전에 집필된 저작임에도 불구하고 시공
간을 뛰어넘는 가치와 시대적 의의 그리고 아름다움을 지니고 있다
고 판단했기 때문이다.《유한계급론》에 대한 오늘날의 일반적인 인
식은 훌륭한 책이지만 한계도 분명하다는 것으로 요약할 수 있다.
《유한계급론》은 유한계급이 주도하는 과시적 낭비의 규범 속에서
서열을 가르고 시샘을 자아내려는 속물적인 행태를 예리하게 비판
하고 빛나는 풍자를 통해 다채로운 문학적 향연을 펼치지만, 당대
의 사회에 대한 비판의식이 지나친 나머지 선악의 이분법을 벗어나
지 못했다고 보는 것이다. 베블런을 진지한 경제학자로 기억하기보
다 치열한 우상 파괴자이자 신랄한 풍자가로,《유한계급론》을 '제도
진화의 경제학'이 아니라 '소비의 사회학'으로만 규정하는 것도 이
러한 인식과 관련이 깊다.

《유한계급론》이 이렇게 평가될 여지가 있는 것은 사실이다. 하지
만 이것은《유한계급론》이라는 숲 전체가 아니라 그 숲을 구성하는

여러 나무 중 일부에만 초점을 맞춘 결과다. 풍자와 선악의 이분법이라는 잣대로 《유한계급론》을 평가하는 것은 베블런이 이 책을 통해 추구했던 목적이나 그 목적을 달성하기 위해 구사한 방법에 비춰볼 때 옳지 않다. 이 책의 목적은 당대 미국 사회를 비판하고 조롱하거나 기성 제도를 비난하고 깎아내리는 데 있지 않았다. 베블런은 한계효용과 한계생산성에 기초한 분배 이론을 비판하고 자신이 살아가던 사회와 이를 떠받치는 제도의 기원과 성격을 해명하고자 했다. 그리고 이러한 목적을 달성하기 위해 연구 대상에 대한 적절한 거리 두기, 정확한 관찰, 인과적 분석이라는 자연과학자의 태도와 방법을 최대한 구사하려 노력했다.

《유한계급론》에는 경제학은 물론 인류학, 민족학, 역사학, 철학, 심리학 분야에서 축적된 연구 성과에 대한 깊은 지식이 녹아 들어 있다. 그리고 생산·소비와 같은 경제적 활동, 예술·종교·스포츠와 같은 문화적 활동, 자선·사회 개혁·여성의 지위 개선 등 사회적 활동에 대한 치밀한 관찰과 이들 현상에 대한 밀도 높은 사유도 깃들어있다. 베블런은 이러한 지식과 관찰과 사유를 바탕으로 본능과 습관 그리고 환경과 제도의 상호작용에 대한 분석을 수행함으로써, 인간의 경제적·문화적·사회적 삶을 해부하고 체계화하는 대단히 정교한 지적인 구조물, 곧 인간 행동과 제도 진화의 경제 이론을 생산하려 했다. 독자들은 《유한계급론》을 읽으면서 우리가 언제 기뻐하고 분노하며 상처받는지, 어떤 활동을 통해 삶을 영위하고 보람과 긍지를 얻는지, 돈을 어디에 왜 지출하며 어떤 종류의 만족을 얻는지, 심미적·윤리적·경제적 가치판단이 어떠한 원리를 통해 형성되며 무슨 차이가 있는지, 욕구와 판단과 행동이 사고 습관과 규범과 제도에 의해 어떻게 묶여있는지에 대해 새롭게 깨닫고 성찰해보는 경험을 할 수 있을 것이다.

그런 의미에서, 당대의 사회에 대한 비판의식이 지나친 결과 선악의 이분법을 벗어나지 못했다는 평가는 《유한계급론》의 진면목을 가린다. 이 책에 선악의 요소가 전혀 없는 것은 아니다. 베블런은 집단적 삶의 과정에 기여하는 활동과 이를 방해하는 활동을 구분했고, 전자를 바람직한 것으로, 후자를 바람직하지 않은 것으로 봤다. 그리고 인간에게는 집단과 타인을 배려하는 평화적 본성과 자기를 앞세우고 타인의 것을 빼앗으려는 약탈적 본성이 공존한다고 생각했다. 이들 두 본성에는 여러 본능이 포함되는데, 평화적 본성은 최선을 다해 주어진 목표를 최고의 효율로 달성함으로써 공동체 전체의 생활에 기여하는 장인 정신이, 약탈적 본성은 끊임없이 비교하고 이기려 함으로써 공동체 내에 서열을 매기고 시샘을 자아내는 경쟁심이 대표한다. 베블런은 유한계급이 주도하는 야만 문화나 금전 문화는 약탈적 본성과 경쟁심에 기초하고 있으며, 근대 산업사회의 발전에 방해가 된다고 봤다. 이러한 이분법적 대립 구도는 인간 사회를 선과 악으로 나눠 쉽게 재단하려 했다는 인상을 줄 여지가 있다. 하지만 베블런이 경쟁심이나 약탈적 본성 자체를 비난하거나 사라져야 한다고 주장한 것은 아니다. 《유한계급론》은 이들 요소가 개인의 생존에 필수 불가결하다는 점, 자연적·사회적 환경과 시대의 긴급한 필요가 무엇인지에 따라 공동체의 유지나 발전에 결정적으로 기여한다는 점을 일관되게 제시하고 있기 때문이다. 베블런에게 중요했던 것은 평화적 본성은 좋고 약탈적 본성은 나쁘다는 '도덕적 판단'이 아니었다. 그는 인간의 여러 본능과 그에 기초한 습관이나 제도가 주어진 환경과 시대의 긴급한 요구에 어떻게 부응하며 전개되는지, 그리고 이들이 서로 영향을 주고받으며 변화가 어떻게 일어날지에 관한 '과학적 판단'을 얻고자 했던 것이다.

베블런은 근대 산업사회가 등장하고 발전함에 따라, 오랜 기간에 걸쳐 인류의 유전자 속에 깊이 각인된 장인 정신과 평화적 본성이 그 힘을 다시 키우고 있으며 이는 산업사회의 발전에도 도움이 된다는 과학적·경제적 판단을 내렸다. 그렇지만 당대의 미국 사회가 장인 정신을 꽃피우고 공동체의 집단적 삶을 한껏 만개시키는 방향으로 반드시 나아갈 것이라고 전망하지는 않았다. 왜냐하면 유한계급이 주도하는 사고 습관과 규범과 제도의 힘이 강고하고, 사람들의 내면에는 변화를 꺼리는 보수주의가 뿌리 깊게 자리 잡고 있으며, 거기에는 나름의 합당한 이유가 있음을 잘 알고 있었기 때문이다.

독자들은 《유한계급론》을 읽어 나가는 과정에서, 유한계급과 자본가가 지배하는 '악한 사회'를 향해 분노를 터트리거나 근면 계급과 노동자가 주도하는 '선한 사회'를 촉구하는 것과는 다른 그림이 펼쳐지고 있음을 직접 확인할 수 있을 것이다. 베블런은 자기 주장의 전제가 역사적 사실에 부합하는지를 항상 문제 삼았고, 연구의 현실적 함의에 대해 고민했다. 그리고 전제와 결론 사이의 논리적 일관성과 현실적 설명력을 확보함으로써 납작한 이분법적 인식을 극복하고 현실에 대한 입체적 분석과 깊이 있는 통찰을 제시하려 했다. 베블런의 입장에서 보자면, 그의 임무는 변화의 조건이나 메커니즘을 과학자의 냉철한 태도와 인과적 방법에 기초해 최대한 엄정하게 해석하는 것이었다. 다만 우리가 《유한계급론》에서 배울 수 있는 것은, 변화가 실제로 일어날지 여부는 당대를 살아가는 사람들이 그들의 사고 습관이나 제도를 어떻게 바꿔 나갈지에 달려있다는 점이다.

베블런은 20세기 들어서도 왕성하게 연구 활동을 벌였다. 대표적인 저작으로 미국에서 영향력을 키워가던 대기업의 활동 메커니즘을 본격적으로 분석한 《영리기업론》과 인간 본성의 여러 측면에 대한 깊은 분석을 바탕으로 인류의 방대한 경제사를 새롭게 구성한 《장인 본능》 등이 있다. 《유한계급론》에 이들 후기 저작의 주요 개념과 핵심 통찰이 담겨있다는 점도 이 책의 가치를 더욱 높여준다.

인류 사회가 어떻게 조직되었고 어떻게 변화해왔으며 어떤 방향으로 나아갈 것인지에 관한 《유한계급론》의 분석은 우리가 지금 이곳에서 직면한 여러 난제를 해결하는 데 소중한 시사점을 제공해준다. 오늘날 우리 사회는 부와 소득과 기회가 극심하게 양극화되어있고, 여기에 더해 인공지능의 출현과 저출산·고령화 그리고 환경 문제가 겹겹이 쌓이고 있다. 격렬한 경쟁심을 내면화한 사람들이 서열을 가르면서 타자에 대한 증오와 갈등을 키우는 가운데 모두가 불행해지는 상황으로 스스로를 내몰고 있다. 이 점에서 우리는 그동안 가져왔던 경제적·사회적 삶의 방식을 새롭게 바꿔야 하는 시대적 과제를 안고 있다. 우리는 시샘을 유발하지 않는 관심에 집중하고 타고난 장인 정신과 한가로운 호기심을 최대한 북돋고 한껏 발휘하면서, 공동체의 발전에 기여하는 활동의 즐거움과 긍지와 보람을 느끼는 세상을 만들어가야만 한다. 베블런의 통찰에 따르면, 그것은 사람들의 사고 습관이 얼마나 바뀔 것인지, 타고난 자기중심적 본능과 경쟁심이 공동체의 발전을 향해 움직이도록 이끌 규범과 제도를 어떻게 세울지에 달려있다. 이 책을 읽는 우리부터 집단 연대감과 장인 정신과 한가로운 호기심의 덕목을 실천하고 그 기풍을 이웃에 전파한다면, 그것이 우리의 미래를 바꿀 작지만 의미 있는 걸음이 될 것이다.

휴머니스트로부터 이 책의 번역을 제안받고 우리말로 옮기는 작업을 시작했을 때도 지금처럼 단풍이 물드는 계절이었다. 《유한계급론》의 번역을 마침내 마무리하고 세상에 선보이기까지 꽤 많은 시간이 흘렀다. 《유한계급론》에는 여러 개념과 다양한 사례가 얽혀 있고, 난해하고 긴 문장도 많다. 번역하는 과정에서 단어 하나하나의 쓰임새를 헤아리고, 모든 문장의 의미를 확인하며, 문장과 문장 사이의 논리적 연결을 점검하는 데 수많은 시간을 썼다. 의미를 정확하게 헤아리는 일 못지않게, 길고 난해한 영어 문장을 한국어 문장으로 바꾸는 일에도 적지 않은 시간이 소요되었다. 아주 지루하고 진이 빠진다고 느낄 때도 있었다. 하지만 인간 본성과 사회 발전에 관한 거대 담론이 사람들의 일상생활을 치밀하게 포착한 미시적 서사로 구체화되는, 정확하고 우아한 만연체의 산문을 읽어가면서 책 읽기의 즐거움을 만끽했다. 반대 논거나 상반되는 사실에도 충분한 무게를 부여하는 세련된 균형 감각이 좋았고, 연회, 의상, 음주, 건축, 예술, 출판, 반려동물, 여성 운동, 교육 등 삶의 다양한 영역과 관련해 그가 보여준 식견과 통찰도 인상적이었다.

유한계급론

이번에《유한계급론》을 옮기면서 느꼈던 경이로움은 베블런의 또 다른 명저인《미국의 고등교육》을 번역했을 때 느꼈던 것보다 훨씬 컸다. 베블런에 대해 전보다 더 많은 것을 배웠고 경제학자로서의 베블런을 존경하는 마음도 커졌다. 이 책을 번역하는 과정에서 누렸던 행복을 더 많은 사람과 공유하고 싶다는 열망이 커졌고, 베블런의 의도에 최대한 가깝게 번역해야 한다는 사명감도 생겼다.《유한계급론》은 통찰이 넘치지만 거친 주장이 주로 제시될 뿐 중언부언으로 가득하며 난삽하다는 그간의 인상에서 독자들이 벗어나는 데 조금이라도 도움이 되길 바란다.

《유한계급론》에는 여러 개념과 사실이 복잡하게 얽혀있지만, 베블런이 밝히고자 하는 주장은 명확하다. 베블런은 주장을 뒷받침하는 논거와 상반된 관점에서 제출된 반대 논변을 차곡차곡 쌓아간 뒤에 결론과 함의를 제시한다. 이 점에서 이 책은 아주 논리적이면서도 입체적으로 쓰였으므로, 집중해서 정독한다면 독자들에게 복잡한 퍼즐을 맞출 때 느끼는 것과 비슷한 종류의 희열을 선사할 것이다. 새 번역이 우리말의 아름다움을 살리지 못한 것 같아 아쉽지만, 원문의 뜻을 정확하게 전달하려 노력했다는 점만큼은 자부하고 싶다. 그리고 원문의 다소 불친절한 진술 방식은 비교적 상세한 역주를 통해 보완했다는 점도 말씀드리고 싶다. 이제 한국의 독자들이 베블런이 '실제로 말하고 있는' 것에 근거해서 새로운 지식과 지혜를 얻고, 그의 이론에 대한 제대로 된 비판 작업도 수행할 수 있기를 조심스럽게 기대해본다.

베블런을 공부하고《유한계급론》을 번역하는 과정에서 많은 분으로부터 직간접적으로 도움을 받았다. 10여 년 전《미국의 고등교육》을 같이 번역하면서 난해한 경제학 고전을 어떻게 읽고 우리말로 어떻게 옮겨야 하는지에 대해 모범을 보여주셨던 홍훈 선생님께 특별히 감사의 인사를 드린다. 베블런의 저작을 우리말로 옮겼거나 그의 학문 세계를 깊이 있게 안내해준 김성균, 김영용, 박홍규, 성낙선, 양소연, 원용찬, 유승호, 이종인, 정헌주, 한성안, 홍기빈 선생님의 작업으로부터도 많은 도움을 받았다. 가장 가까운 공간에서 일상생활을 함께하고 흥미로운 토론을 통해 지적 자극을 준 송원근 선생님, 장인 정신을 한껏 발휘해 이 책의 완성도를 높이고 아름답게 꾸며준 휴머니스트에도 감사의 인사를 전한다.

2023년 단풍이 짙게 물든 늦가을
박종현

Camic, Charles, *Veblen: The Making of an Economist Who Unmade Economics*, Harvard University Press, 2020.

Edgell, Stephen, *Veblen in Perspective: His Life and Thought*, Routledge, 2015.

McCormick, Ken, *Veblen in Plain English: A Complete Introduction to Thorstein Veblen's Economics*, Cambria Press, 2006.

Plotkin, Sidney, *Veblen's America: The Conspicuous Case of Donald J. Trump*, Anthem Press, 2018.

Tilman, Rick, *Thorstein Veblen and His Critics, 1891-1963: Conservative, Liberal, and Radical Perspectives*, Princeton University Press, 1992.

Veblen, Thorstein, "Why is Economics not an Evolutionary Science?," *The Quarterly Journal of Economics*, Vol. 12, No. 4, 1898, pp. 373-397.

Veblen, Thorstein, *The Theory of the Leisure Class: An Economic Study in the Evolution of Institutions*, Macmillan, 1899.

Veblen, Thorstein, *The Instinct of Workmanship: And the State of the Industrial Arts*, B. W. Huebsch, 1914. (소스타인 베블런, 《장인 본능: 그리고 산업 기술의 상태》, 양소연·유승호 옮김, 지식을만드는지식, 2020)

김영용, 〈맑스—베블렌 커넥션: 정치경제학과 제도경제학의 잃어버린 고리에 관한 연구〉, 《경제학연구》 제51권 제4호, 한국경제학회, 2003, 249~278쪽.

박종현, 〈경쟁적 경제시스템의 윤리적 가치판단: 나이트와 베블런을 중심으로〉, 《경제학연구》 제70집 제4호, 한국경제학회, 2022, 93~130쪽.

성낙선, 〈베블런의 진화경제학과 다윈주의〉, 《동향과 전망》 제100호, 한국사회 과학연구회, 2017, 211~243쪽.

소스타인 베블런, 《자본의 본성에 관하여 외》, 홍기빈 옮김, 책세상, 2009.

소스타인 베블런, 《유한계급론(천줄읽기)》, 한성안 옮김, 지식을만드는지식, 2011.

소스타인 베블런, 《기업이론》, 정헌주 옮김, 박영사, 2021.

소스타인 베블런, 《소유의 기원: 여성 의상의 경제학》, 정헌주 옮김, 간디서원, 2022.

원용찬, 《유한계급론: 문화·소비·진화의 경제학》, 살림, 2007.

홍훈, 《인간을 위한 경제학: 고전으로 읽는 경제사상사》, 도서출판 길, 2008.

1857년 7월 30일 미국 위스콘신주 케이토에서 태어나다. 베블런은 노르웨이 이민자들의 자녀로서 열두 아이 중 여섯째다. 같은 해에 사회진화론(Social Darwinism)의 대표자 허버트 스펜서가 〈진보의 법칙과 원인(Progress: Its Law and Cause)〉을 발표하다.

1859년 찰스 다윈이 《종의 기원》을 출판하다.

1861년 남부 주들의 연방 탈퇴로 남북전쟁이 발발하다.

1864년 스펜서가 〈사회유기체(The Social Organism)〉 등이 포함된 《보편적 진보의 소묘(Illustrations of Universal Progress: A Series of Discussions)》를 출판하다. 노예제 폐지를 공식화한 수정헌법(Amendment XIII)이 미 의회 상원을 통과하다.

1865년 동 수정헌법이 하원을 통과하다. 미연방의 승리로 남북전쟁이 종결되다.

1874년 17세에 칼턴칼리지에 입학해 신고전파(한계효용학파) 경제학의 거두가 되는 존 베이츠 클라크와 만나다. 클라크로부터는 시민정부 분석, 문명의 역사, 정치경제학 등 6개 과목을 수강하고, 고전문헌학, 철학, 자연사 등 여러 분야의 교육을 받으며 과학적 지식의 중요성을 익히다.

1880년 칼턴칼리지 졸업 후 모노나 아카데미(Monona Academy)라는 소규모 사립 고등학교에 교사로 부임하다.

1881년 존스홉킨스대 대학원에 입학해 철학 및 경제학 전공 수업을 한 학기 동안 수강하다. 경제학자 리처드 시어도어 엘리와 역사학자 허버트 백스터 애덤스로부터는 역사학파 전통의 경제학을, 철학자 조지 실베스터 모리스로부터는 인간 지식의 진화에 대한 헤겔 전통의 연구를, 프래그머티즘의 선구자 찰스 샌더스 퍼스로부터는 논리학 과목 수강을 통해 다원주의의 관점과 확률적 인식을 배우다.

1882년 예일대 대학원으로 옮겨 인지철학 및 윤리학과 정치학 및 역사를 전공으로 선택해 연구하다. 당시에는 정치학 · 역사학부에서 경제학을 가르쳤는데, 이 학부를 이끌며 역사, 과학철학, 인류학, 사회학, 경제학을 강의했던 윌리엄 그레이엄 섬너로부터 큰 영향을 받다. 성서학자이자 철학자인 조지 트럼블 래드로부터는 다원주의적 심리학을 배우고, 총장직을 맡았던 도덕철학자 노아 토머스 포터에게서는 칸트의 통찰을 배우며 연구를 수행하다.

1884년 〈1837년 잉여 세수의 분배〉라는 논문으로 대학원 논문 공모전에 입상하고, 칸트의 《판단력 비판》을 다룬 최초의 영어 논문인 〈칸트의 판단력 비판〉을 《사변철학 저널》에 게재하다. 노아 총장의 지도 아래 〈응보의 원리에 대한 윤리적 토대〉라는 논문을 쓰고 철학박사 학위를 받다. 교수직이 부족해 대학에 자리를 잡지 못하고 건강이 악화된 상황에서 부모의 농장으로 돌아가 책을 읽으며 수년 간 소일하다.

1888년 18세 때 칼턴칼리지에서 만났던 엘런 롤프(Ellen Rolfe)와 14년 만에 결혼하다.

1891년 코넬대 대학원에서 두 번째 박사학위에 도전하다. 경제학을 전공으로, 미국사와 영국 헌정사를 부전공으로 선택해 다섯 학기 동안 재학하다. 역사학 분야에서는 모세 코잇 타일러로부터 미국 역사를, 허버트 터틀로부터는 영국 헌법의 역사와 프로이센 국가의 특성을 배우다. 미국 최고의 고전학파 경제학자인 제임스 로런스 로플린에게서 경제학을 배우다. 이 과정에서 부전공을 미국사와 영국 헌정사에서 사회주의와 금융으로 변경하다.

1892년 1891년 가을부터 1892년 여름까지 《계간 경제학 저널(Quarterly Journal of Economics)》 등 저명한 학술지에 〈사회주의 이론에서 간과된 몇 가지 점〉, 〈뵘바베르크의 자본의 정의와 임금의 원천〉, 〈과잉 생산의 오류〉라는 제목의 논문을 게재하다. 1892년 가을 시카고대학 경제학과 학과장으로 취임한 로플린의 도움으로 시카고대학에서 펠로직을 받아 연구를 계속하며 미국 농업의 문제, 사회주의, 정치경제학의 범위와 방법, 정치경제학의 역사, 문명의 경제적 요인 등 과목을 강의하다. 《정치경제학 저널(Journal of Political Economy)》의 편집을 맡았고, 주요 학술지에 다수의 학술논문을 게재하다. 1892년부터 1894년까지 대표적인 논문으로는 〈1867년 이후 밀의 가격〉, 〈식량 공급과 밀의 가격〉, 〈연방의 군대〉, 〈여성 복장의 경제 이론〉 등이 있다. 1898년과 1899년에는 〈경제학은 왜 진화과학이 아닌가?〉, 〈경제과학의 예견〉, 〈장인 본능과 노동 혐오〉, 〈소유권의 시작〉, 〈여성의 야만적 지위〉를 발표하다.

1899년 첫 책 《유한계급론》을 출판하다. 출간에 힘입어 조교수로 승진해 연봉을 인상하고 큰 명성도 얻다.

1904년 《영리기업론》을 출판하다.

1906년 하터 총장과의 불화와 아내에 의해 제기된 스캔들로 인해 스탠포드대학으로 이직하다.

1909년 아내가 덧씌운 도덕적 낙인과 집요한 공격으로 스탠포드대학에서도 퇴출되다.

1911년 미주리주립대학 경제학과의 학과장이었던 허버트 J. 데이븐포트의 도움으로 미주리주립대학 경제학과에 자리를 잡다. 1913년 엘런과 이혼하며 25년에 걸친 고통스러운 결혼 생활을 청산하다.

1914년 시카고대학 시절의 제자였던 앤 브래들리 비번스(Ann Bradley Bevans)와 재혼하다. 딸들의 회고에 따르면 앤은 여성 참정권 지지자이자 사회주의자였고, 미연방과 노동권의 확고한 옹호자였다. 같은 해에 《장인 본능: 그리고 산업 기술의 상태》를 출판하다. 제1차 세계대전이 발발하다.

1915년 제1차 세계대전에서 독일이 보인 행태를 바탕으로 《독일제국과 산업혁명(Imperial Germany and the Industrial Revolution)》을 출판하다.

1917년 워싱턴 D.C.로 가 전후 평화의 조건을 분석하고 우드로 윌슨 대통령에게 자문을 제공하는 학자 그룹에 참여하다. 이를 바탕으로 《평화의 본성과 지속 기간에 대한 논고(An Inquiry into the Nature of Peace and the Terms of Its Perpetuation)》를 출판하다.

1918년 미국 식품청(The United States Food Administration)에서 일한 뒤 뉴욕 소재의 진보적인 정치·문학평론지 《다이얼(The Dial)》의 편집자로 짧은 기간 근무하다. 《미국의 고등교육》을 출판하다.

1919년 《다이얼》이 매각되고 잡지의 성격이 모더니즘 문학지로 바뀌면서 자리를 잃다. 실용주의자 존 듀이(John Dewey, 1859~1952) 등과 설립한 뉴스쿨(The New School for Social Research)에서 1926년까지 가르치다. 《현대 문명에서 과학의 자리(The Place of Science in Modern Civilisation and Other Essays)》와 《기득권과 산업 기술의 상태(The Vested Interests and the State of the Industrial Arts)》를 출판하다. 파리강화회의가 열리고 연합국 대표들이 베르사유조약을 발표하면서 제1차 세계대전의 전후 처리가 어느 정도 마무리되다.

1920년 앤 브래들리가 세상을 떠나다. 베블런은 앤이 이전 결혼에서 낳은 두 딸의 아버지 노릇을 계속했다. 앤의 딸인 베키와 앤 중 베키는 베블런을 따라 캘리포니아로 이주했고 말년의 베블런을 돌봤다. 오랜 여성 참정권 운동의 결과, 미국 전역에서 여성이 투표에 참여하는 것을 거부하지 못하게 하는 수정헌법(Amendment XIX)이 의회 상·하원을 통과하다.

1921년 《엔지니어와 가격체계(The Engineers and the Price System)》를 출판하다.

1923년 《최근의 부재소유권과 영리기업》을 출판하다.

1929년 8월 3일 캘리포니아주 멘로파크에서 세상을 떠나다.

유한계급론

제도 진화의 경제적 연구

1판 1쇄 발행일 2023년 12월 18일

지은이 소스타인 베블런
옮긴이 박종현

발행인 김학원
발행처 (주)휴머니스트출판그룹
출판등록 제313-2007-000007호(2007년 1월 5일)
주소 (03991) 서울시 마포구 동교로23길 76(연남동)
전화 02-335-4422 **팩스** 02-334-3427
저자·독자 서비스 humanist@humanistbooks.com
홈페이지 www.humanistbooks.com
유튜브 youtube.com/user/humanistma **포스트** post.naver.com/hmcv
페이스북 facebook.com/hmcv2001 **인스타그램** @humanist_insta

편집주간 황서현 **편집** 김주원 임미영 **디자인** 김태형
조판 홍영사 **용지** 화인페이퍼 **인쇄·제본** 정민문화사

ⓒ 박종현, 2023

ISBN 979-11-7087-080-7 03300